Skype

Die Anleitung in Bildern

von
Patrick Hollecker

Sie haben Fragen, Wünsche oder Anregungen zum Buch?
Gerne sind wir für Sie da:

Anmerkungen zum Inhalt des Buches: maike.luebbers@vierfarben.de
Bestellungen und Reklamationen: service@vierfarben.de
Rezensions- und Schulungsexemplare: britta.behrens@vierfarben.de

An diesem Buch haben viele mitgewirkt, insbesondere:

Lektorat Maike Lübbers
Korrektorat Petra Biedermann, Reken
Herstellung Iris Warkus
Einbandgestaltung Janina Conrady
Coverentwurf Daniel Kratzke
Coverfotos christina veit, iStockphoto, Nr. 15481946; AVAVA, iStockphoto, Nr. 10961960 und Nr. 11124474; Amaviael, Veer, Nr. 3493778
Typographie und Layout Vera Brauner
Satz Markus Miller, München
Druck Offizin Andersen Nexö, Leipzig

Gesetzt wurde dieses Buch aus der Linotype Syntax (10,25 pt/14,25 pt) in Adobe InDesign CS5. Und gedruckt wurde es auf mattgestrichenem Bilderdruckpapier (115 g/m^2). Hergestellt in Deutschland.

Bibliografische Information der Deutschen Nationalbibliothek
Die Deutsche Nationalbibliothek verzeichnet diese Publikation in der Deutschen National-bibliografie; detaillierte bibliografische Daten sind im Internet über http://dnb.d-nb.de abrufbar.

ISBN 978-3-8421-0045-9

1. Auflage 2012
© Vierfarben, Bonn 2012
Vierfarben ist ein Verlag der Galileo Press GmbH
Rheinwerkallee 4, D-53227 Bonn
www.vierfarben.de

Der Verlagsname Vierfarben spielt an auf den Vierfarbdruck, eine Technik zur Erstellung farbiger Bücher. Der Name steht für die Kunst, die Dinge einfach zu machen, um aus dem Einfachen das Ganze lebendig zur Anschauung zu bringen.

Skype Update 31.5.13

...er Leser,

...etzten Jahren fast zu einem Synonym für
...et geworden und wurde inzwischen sogar
...ie zahlreichen Möglichkeiten der Kommu-
...en nicht nur für geschäftliche Zwecke über
...den – auch Familie und Freunde bringen
...t ist es beispielsweise kein Problem und
...hr für das Au-pair, seine Lieben zu Hause
anzurufen, für die Eltern, ihren Sohn zu erreichen, der im Ausland studiert,
oder für die Großeltern, ihre Enkel öfter zu sehen.

Mithilfe der verständlichen Schritt-für-Schritt-Anleitungen dieses Buches
erfahren Sie, wie Sie Skype für sich nutzen können, um öfter mit Familie,
Freunden und Kollegen in Kontakt zu treten. Patrick Hollecker erklärt Ihnen
ganz genau, wie Sie Skype installieren, welche Einstellungen Sie vornehmen
sollten und was Sie sonst noch beachten müssen. Und wenn Sie selbst oft
unterwegs sind, erfahren Sie unter anderem auch, wie Sie Skype als App auf
dem Smartphone verwenden. So lernen Sie, alle Skype-Funktionen einzusetzen, um Kontakt zu halten und stets auf dem Laufenden zu sein.

Dieses Buch wurde mit größter Sorgfalt geschrieben und hergestellt. Sollten Sie dennoch einmal Fehler finden oder inhaltliche Anregungen haben,
freue ich mich, wenn Sie mit mir in Kontakt treten. Für konstruktive Kritik
bin ich dabei ebenso dankbar wie für lobende Worte. Doch zunächst einmal wünsche ich Ihnen viel Freude beim Lesen!

Ihre Maike Lübbers
Lektorat Vierfarben

maike.luebbers@vierfarben.de

Inhalt

Inhalt

4 Videogespräche führen 84

5 Chatten und Daten austauschen 96

6 Kontakte finden und verwalten 122

Inhalt

7 Die besten Zusatzprogramme für Skype ... 164

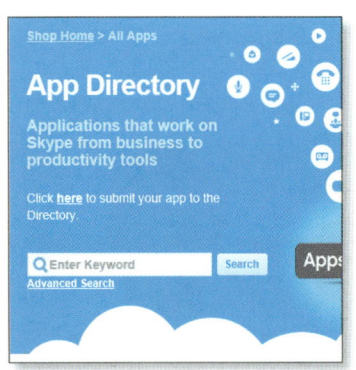

8 Kostenpflichtige Skype-Dienste: Voicemail, Festnetz, eigene Nummer 196

Inhalt

Kapitel 1
Skype installieren

Bislang ist das Programm Skype normalerweise nicht auf Computern vorinstalliert, daher müssen Sie diese Software zunächst herunterladen und anschließend installieren. Außerdem ist für den Einsatz von Skype ein Benutzerkonto nötig, das sich aber leicht online anlegen lässt. Wie Sie sich Skype beschaffen, erfahren Sie in diesem Kapitel.

Voraussetzungen für die Verwendung von Skype

Prüfen Sie, ob Ihr System die Voraussetzungen für den Einsatz der Skype-Software erfüllt. Je nach Computer und Software finden Sie die entsprechenden Angaben ❶ in den Systemeinstellungen (**Start ▸ Systemsteuerung ▸ System**).

Alles Nötige von der Skype-Webseite beziehen

Auf der Homepage von Skype (*http://www.skype.com/intl/de/home*) ❷ finden Sie alles, was Sie für den Einsatz der Software benötigen. Hier können Sie die Installationsdatei herunterladen und sich für ein Skype-Konto registrieren. Es gibt sogar einen Bereich, in dem Sie Zubehör für die Kommunikation mit Skype bestellen können.

Skype für verschiedene Computersysteme

Natürlich wollen wir hier nicht nur Windows-Anwendern zeigen, wie sie Skype installieren ❸ und damit umgehen, sondern auch Mac-Benutzer sollen erfahren, wie sie Skype auf ihrem Betriebssystem einrichten können.

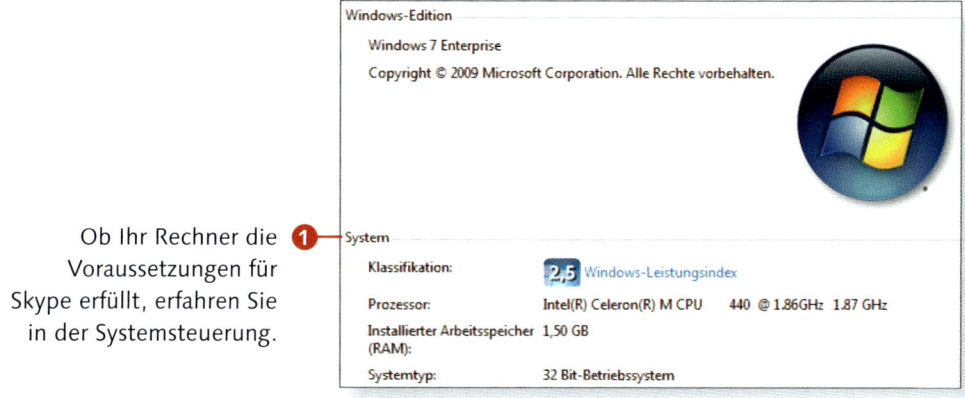

Ob Ihr Rechner die Voraussetzungen für Skype erfüllt, erfahren Sie in der Systemsteuerung.

Die Skype-Homepage mit ihren verschiedenen Bereichen bietet alles, was Sie für den Einsatz von Skype brauchen.

Wählen Sie aus dem Online-angebot von Skype die passende Programmversion für Ihr System aus.

Was Sie brauchen, um Skype zu nutzen

Achten Sie bereits im Vorfeld darauf, dass Sie die nötigen technischen Voraussetzungen mitbringen, um Skype optimal nutzen zu können.

Schritt 1

Finden Sie zunächst mehr über die Systemvoraussetzungen heraus. Besuchen Sie dazu die Skype-Webseite. Es genügt, wenn Sie *www.skype.de* in die Browserleiste ❶ eingeben, auch wenn dort beim Seitenaufbau schließlich eine längere Adresse anzeigt wird ❷.

Schritt 2

Zeigen Sie mit dem Mauszeiger auf den Wählbereich **Support**, und klicken Sie dann ganz unten im zugehörigen Menü auf den Link **Support-Homepage** ❸.

Schritt 3

Die Support-Seite öffnet sich. Scrollen Sie ein wenig nach unten, und klicken Sie im Bereich **Technische Probleme** auf **Installation und Upgrade**.

Schritt 4

Auf der Hilfeseite **Installation und Upgrade** von Skype klicken Sie auf den Eintrag **Wie lauten die Systemanforderungen für Skype?**.

Schritt 5

Sie gelangen nun direkt auf eine Übersichtsseite mit Angaben zu den Mindestanforderungen für den Einsatz von Skype. Scrollen Sie nach unten, wenn Sie neben denen für Windows auch die Voraussetzungen anderer Systeme begutachten wollen.

Schritt 6

Um Skype in all seinen Möglichkeiten auszureizen, sollten Sie über ein Mikrofon und eine Webcam verfügen. Auch auf der Skype-Webseite finden Sie unter **Zubehör** Angebote zu dieser Hardware.

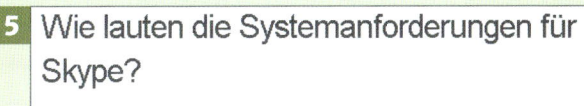

> **Skype unter Windows und Mac**
> Selbstverständlich kann Skype nicht nur auf Windows-Rechnern, sondern auch auf Macs verwendet werden. Da Skype zu Microsoft gehört, beschränken wir uns aber auf die Beschreibung der Nutzung unter Windows. Wie Sie Skype auf einem Mac installieren, erfahren Sie dennoch im Abschnitt »Skype auf dem Mac installieren« ab Seite 20.

Was Sie brauchen, um Skype zu nutzen (Forts.)

Schritt 7

Sie finden dort verschiedene Produkte, die Sie interessieren könnten. Die Seite ist aufgeteilt in eine direkte Artikelauswahl ❶ und eine Kategorisierung ❷ nach Einsatzbereichen von Skype.

Schritt 8

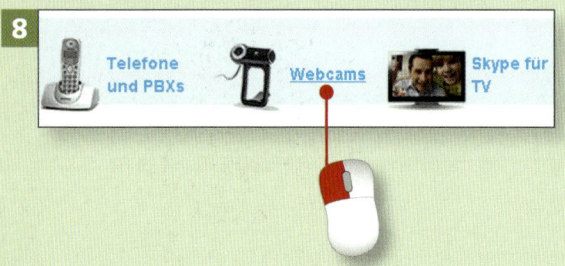

Ist in Ihrem Notebook keine Webcam verbaut und besitzen Sie auch kein externes Gerät, stöbern Sie ein wenig in diesem Bereich, indem Sie auf den Bereich **Webcams** klicken.

Schritt 9

In diesem Produktbereich werden verschiedene Webcams angeboten, die Sie unterschiedlich platzieren können. Es gibt Kameras zum Abstellen auf dem Schreibtisch oder solche mit einer Klemmvorrichtung für die Befestigung am Monitor.

⁺⁺ Alternative Angebote

Natürlich sind Sie nicht auf den Online-Shop von Skype angewiesen, wenn Sie sich Geräte für das Programm besorgen möchten. Besuchen Sie z. B. verschiedene Preisvergleichs-Webseiten oder das Angebot von *http://www. conrad.de* (**Computer & Office ▸ Computer Zubehör ▸ Webcams & Headsets**).

Schritt 10

Auch ein Mikrofon ist wichtig, damit Sie mit Ihrem Gesprächspartner kommunizieren können. Oft ist ein solches bereits im Gehäuse eines Notebooks oder in einer Webcam eingebaut. Falls nicht, klicken Sie auf den Link **Headsets**, um sich die Angebote anzusehen, die Kopfhörer und Mikrofon kombinieren.

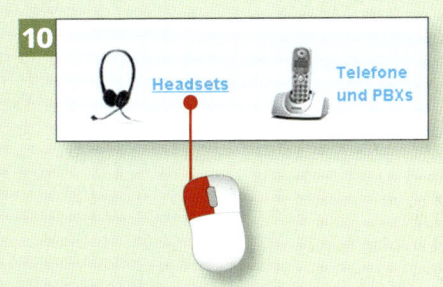

Schritt 11

Es gibt aber z. B. auch Angebote, bei denen mehrere Produkte zu einem Komplettpaket kombiniert wurden, inklusive Headset, Webcam und Aufbewahrungsbox.

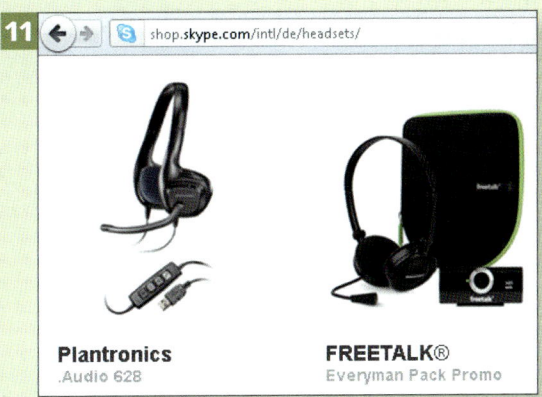

Schritt 12

Wenn Sie einen Artikel anklicken, bekommen Sie weitere Informationen, unter anderem dazu, für welche Systeme er geeignet ist. Über die Schaltfläche **Jetzt kaufen** gelangen Sie zu einem Bestellbereich.

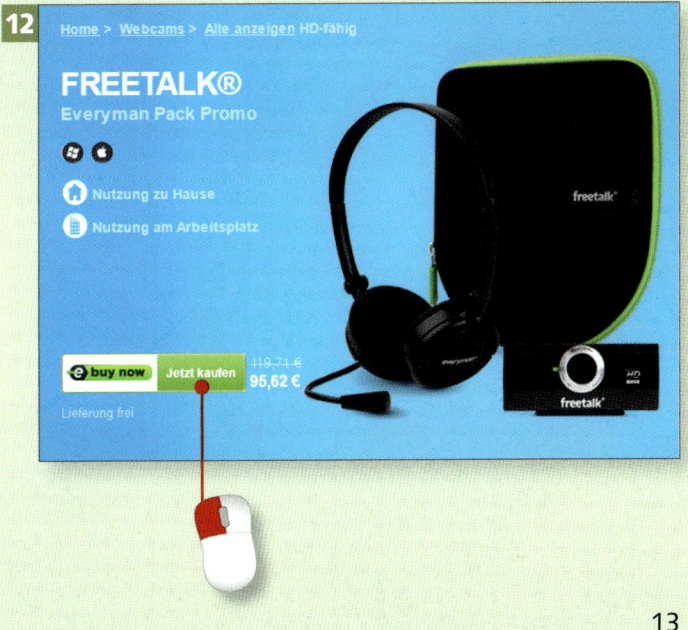

Systemeinstellungen

Klicken Sie auf die **Start**-Schaltfläche, dann auf **Systemsteuerung** und dort auf **System**. Im Fenster, das sich daraufhin öffnet, können Sie Ihre Systemspezifikationen einsehen und sie mit den Skype-Voraussetzungen abgleichen.

Die Skype-Software herunterladen

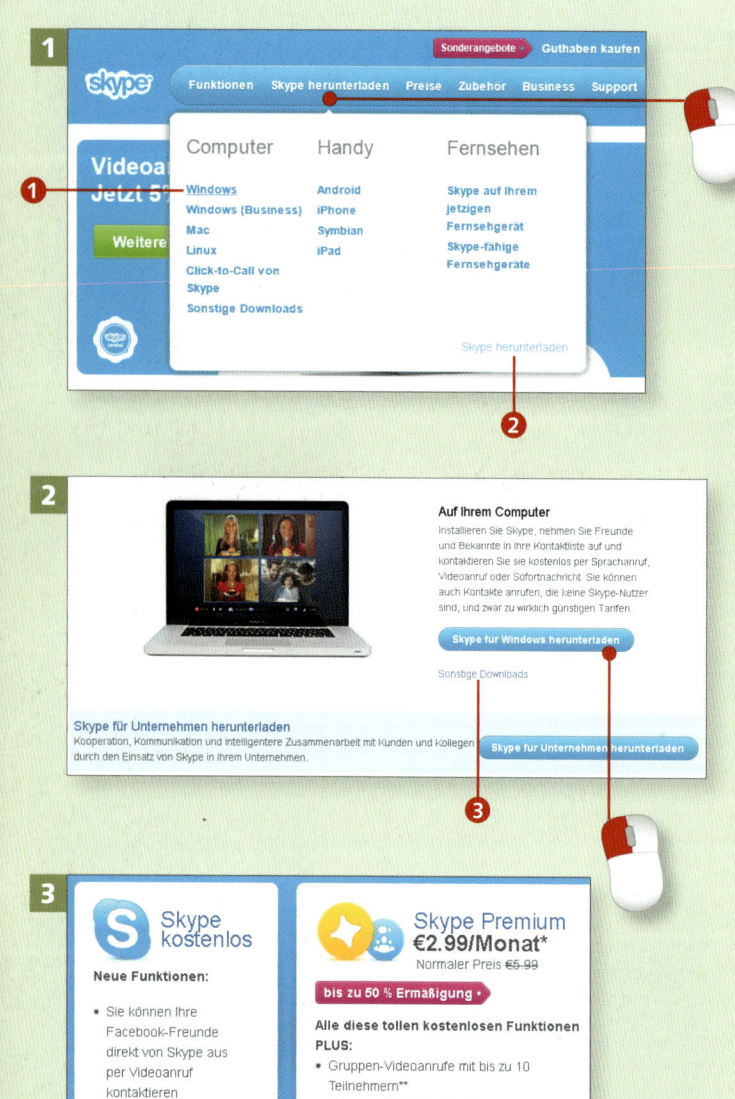

Sie können sich das Hauptprogramm in Form einer Installationsdatei von der Skype-Webseite herunterladen.

Schritt 1

Klicken Sie auf den Menübereich **Skype herunterladen** auf der Skype-Homepage. Wählen Sie aus der zugehörigen Übersicht mit einem Klick die passende Skype-Version für Ihr System, z. B. Windows ❶.

Schritt 2

Wenn Sie stattdessen auf **Skype herunterladen** ❷ klicken, gelangen Sie zu einer Art Zwischenschritt. Wählen Sie hier **Skype für Windows herunterladen**, wenn Sie einen Windows-PC besitzen. Für andere Computerversionen klicken Sie darunter auf **Sonstige Downloads** ❸.

Schritt 3

Nun können Sie sich zwischen der kostenlosen Standardversion (links) und *Skype Premium* entscheiden, zu der eine monatliche Gebühr anfällt (siehe dazu den Abschnitt »Skype Premium: Gruppen-Videotelefonate und mehr« ab Seite 228). Klicken Sie auf die Schaltfläche unter dem jeweiligen Angebot.

Schritt 4

Nun beginnt der Download. Je nach Browsereinrichtung erfolgt dieser automatisch oder muss zunächst bestätigt werden. Klicken Sie dazu im entsprechenden Dialogfenster auf **Speichern**.

Schritt 5

Wenn Sie nicht bereits in den Optionen Ihres Internetbrowsers ein Standardverzeichnis für Downloads hinterlegt haben, wählen Sie nun einen Speicherort ❹ für die heruntergeladene Datei *SkypeSetup.exe* und klicken auf **Speichern**.

Schritt 6

Nach dem Downloadvorgang finden Sie die heruntergeladene Datei ❺ in dem Bereich, den Sie als Speicherort für Downloads angegeben haben. Sie können sie aber z. B. auch direkt über das Downloadfenster aufrufen, indem Sie auf **Ausführen** klicken.

i Skype installieren

Mit dem Herunterladen ist es natürlich nicht getan. Wie Sie die Skype-Software installieren, erfahren Sie in den Abschnitten »Skype unter Windows installieren« ab Seite 16 und »Skype auf dem Mac installieren« ab Seite 20.

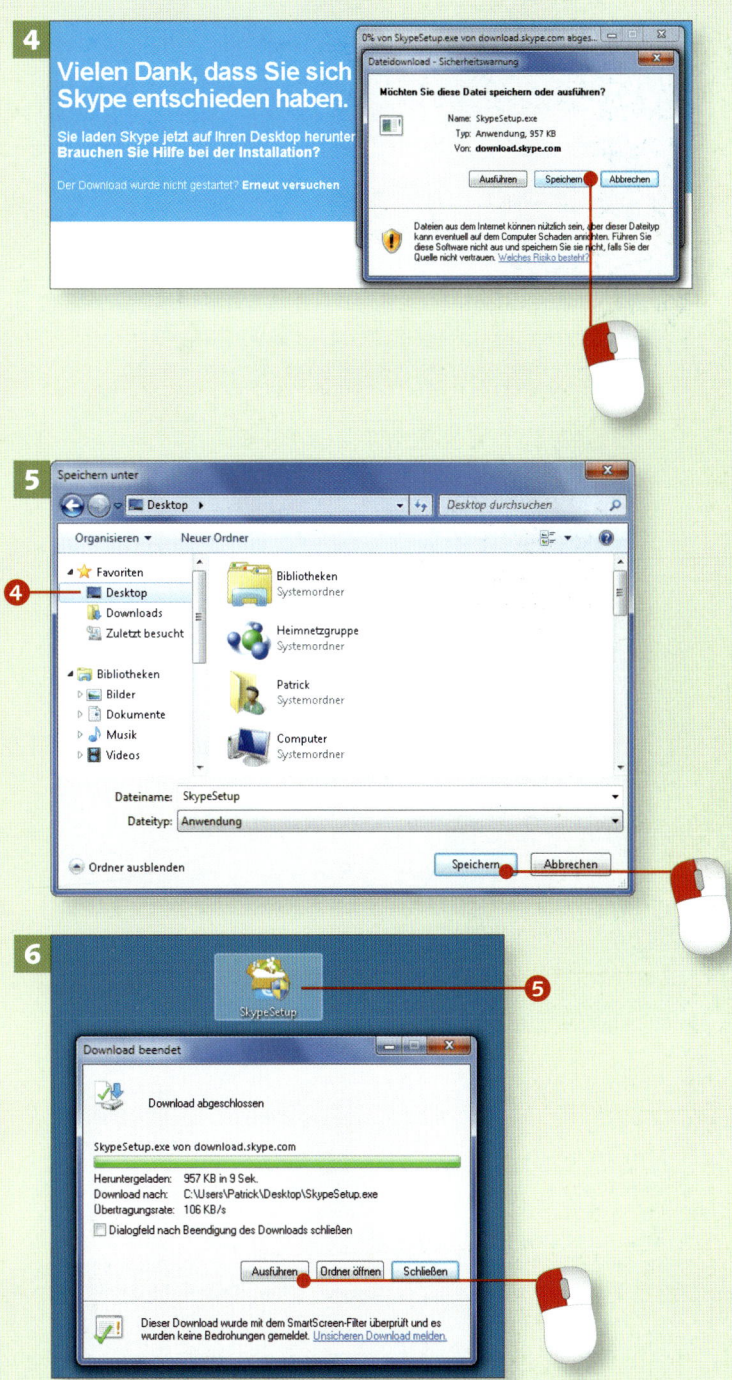

15

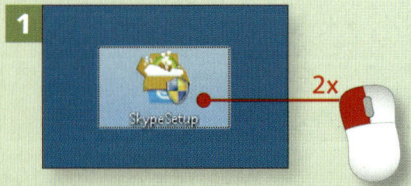

1

2x

Mithilfe der Downloaddatei können Sie Skype installieren und dabei weitere Einstellungen vornehmen.

Schritt 1

Wählen Sie die heruntergeladene Skype-Installationsdatei mit einem Doppelklick an, um sie zu öffnen.

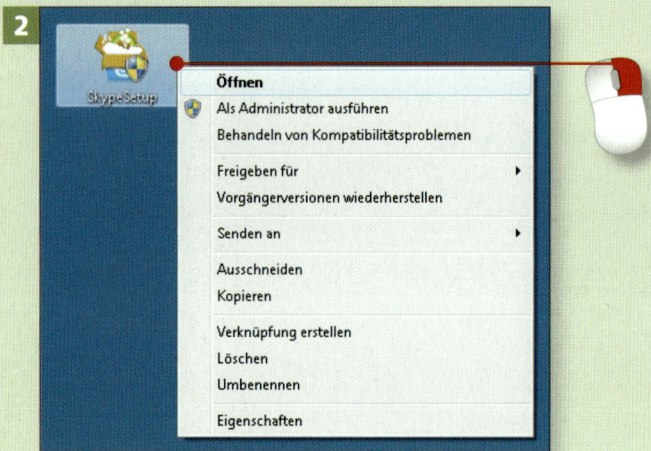

2

Öffnen

Als Administrator ausführen

Behandeln von Kompatibilitätsproblemen

Freigeben für

Vorgängerversionen wiederherstellen

Senden an

Ausschneiden

Kopieren

Verknüpfung erstellen

Löschen

Umbenennen

Eigenschaften

Schritt 2

Alternativ klicken Sie sie mit der rechten Maustaste an und wählen den Punkt **Öffnen** im Kontextmenü.

Schritt 3

Der Installationsdialog öffnet sich. Wählen Sie hier zunächst die Programmsprache aus, indem Sie auf den Pfeil am Feld **Wählen Sie Ihre Sprache** klicken.

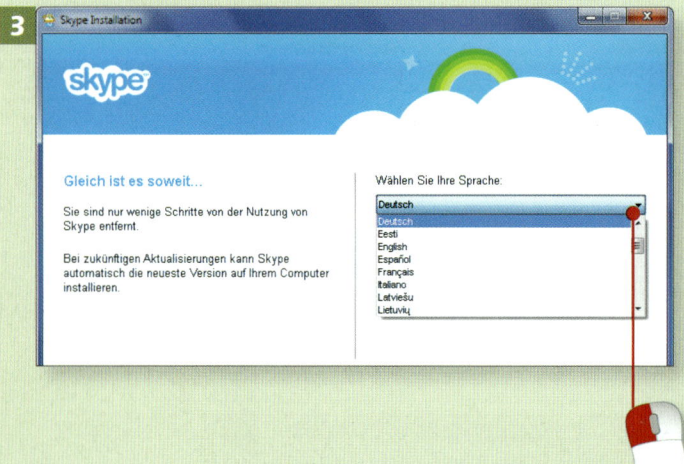

3

Skype Installation

Gleich ist es soweit...

Sie sind nur wenige Schritte von der Nutzung von Skype entfernt.

Bei zukünftigen Aktualisierungen kann Skype automatisch die neueste Version auf Ihrem Computer installieren.

Wählen Sie Ihre Sprache:

Deutsch
Deutsch
Eesti
English
Español
Français
Italiano
Latviešu
Lietuvių

Die Programmsprache

Sie können die Programmsprache auch noch nachträglich in Skype selbst verändern, wenn Sie möchten. Klicken Sie dazu auf den Menübereich **Aktionen** und treffen in dem Nebenmenü zu **Sprache ändern** Ihre Auswahl.

Schritt 4

Um zusätzliche Installationsoptionen aufzurufen, klicken Sie auf den Link **Weitere Optionen**.

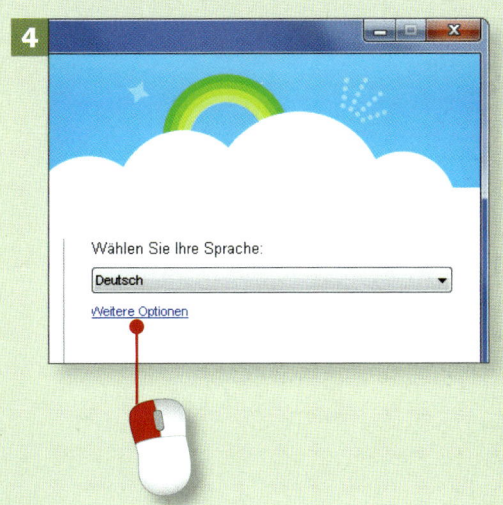

Schritt 5

Im Textfeld **Wählen Sie den Installationsort für Skype** können Sie dann z. B. angeben, wo die Software auf Ihrem Computer installiert wird bzw. wo Sie die zugehörigen Einzeldateien später wiederfinden.

Schritt 6

Einfacher ist es vermutlich, wenn Sie auf die Schaltfläche **Durchsuchen** ❶ klicken und im Dialogfenster **Ordner suchen** mit einem Klick einen passenden Ordner auswählen. Wenn Sie danach auf **OK** klicken, wird der ausgewählte Ordner in das Feld **Wählen Sie den Installationsort für Skype** übernommen.

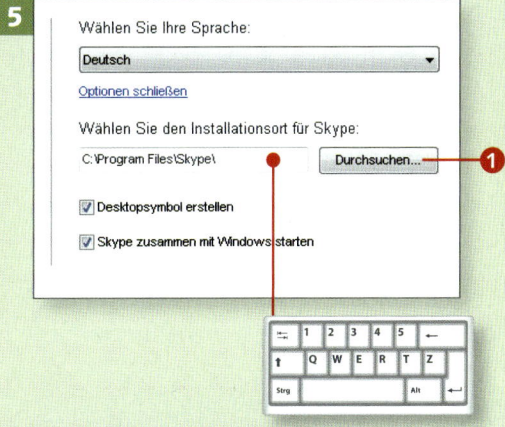

Alternative Speicherorte

Wenn Sie eine externe Festplatte oder einen USB-Stick als Speicherort für die Installation wählen, beachten Sie, dass Ihr Computer darauf auch später immer zugreifen können muss, um Skype zu starten.

Skype unter Windows installieren (Forts.)

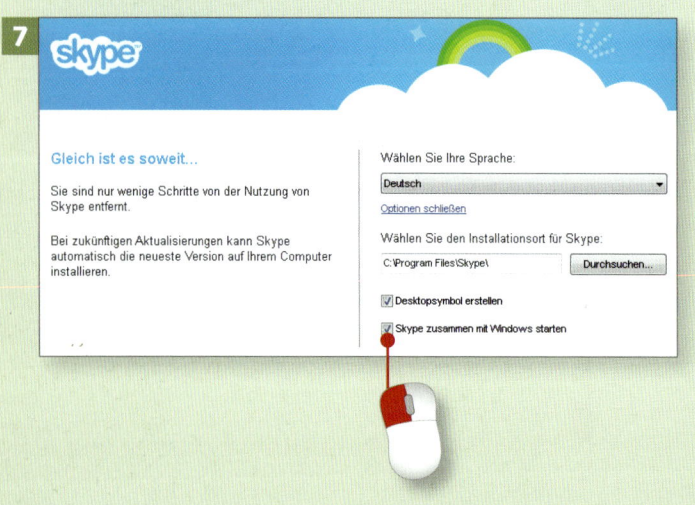

Schritt 7

Unter dem Ordnerfeld sehen Sie die beiden Checkboxen **Desktopsymbol erstellen** und **Skype zusammen mit Windows starten**. Wenn Sie diese Optionen nicht nutzen wollen, entfernen Sie das jeweilige Häkchen mit einem Mausklick.

Schritt 8

Klicken Sie zu guter Letzt auf **Stimme zu – weiter**, wenn Sie mit allen Einstellungen fertig sind. Die Installation beginnt daraufhin.

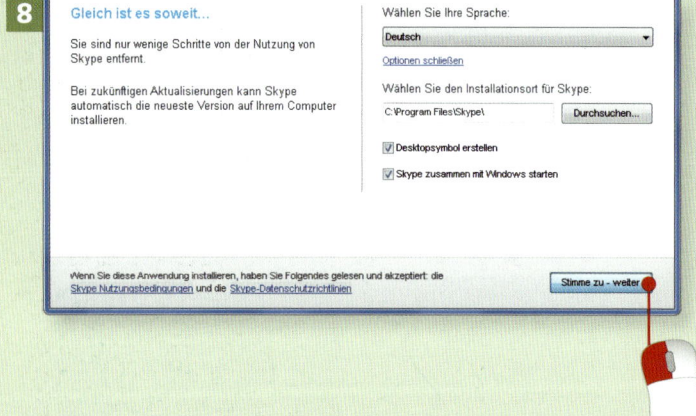

Schritt 9

Sie werden über ihren Fortschritt informiert. Klicken Sie in diesem Fenster auf das rote **Schließen**-Kreuz, wenn Sie sie vorzeitig beenden möchten.

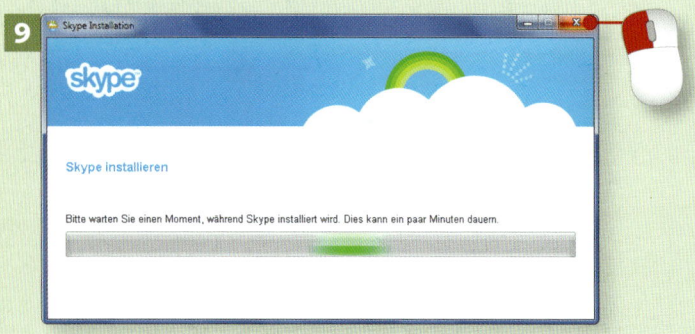

! Abgebrochene Installation

Falls Sie sich tatsächlich einmal für einen Abbruch der Installation entscheiden, kann es sein, dass Ihr System nicht gleich einen neuen Versuch initiieren kann. Starten Sie den Computer neu, und öffnen Sie dann erneut die Installationsdatei.

Schritt 10

Falls Sie auf das Kreuz klicken, werden Sie noch einmal um eine Bestätigung gebeten. Klicken Sie auf **OK**, um die Installation vorzeitig abzubrechen, oder auf **Abbrechen**, um den Vorgang weiterlaufen zu lassen.

Schritt 11

Wenn der Installationsvorgang erfolgreich war, erscheint auf dem Desktop eine Programmverknüpfung ❶. Klicken Sie doppelt darauf, um Skype zu starten. Wenn Sie es vor der Installationsbestätigung nicht abgewählt haben (siehe Schritt 7), öffnet sich Skype jetzt aber ohnehin automatisch mit dem Willkommensbereich.

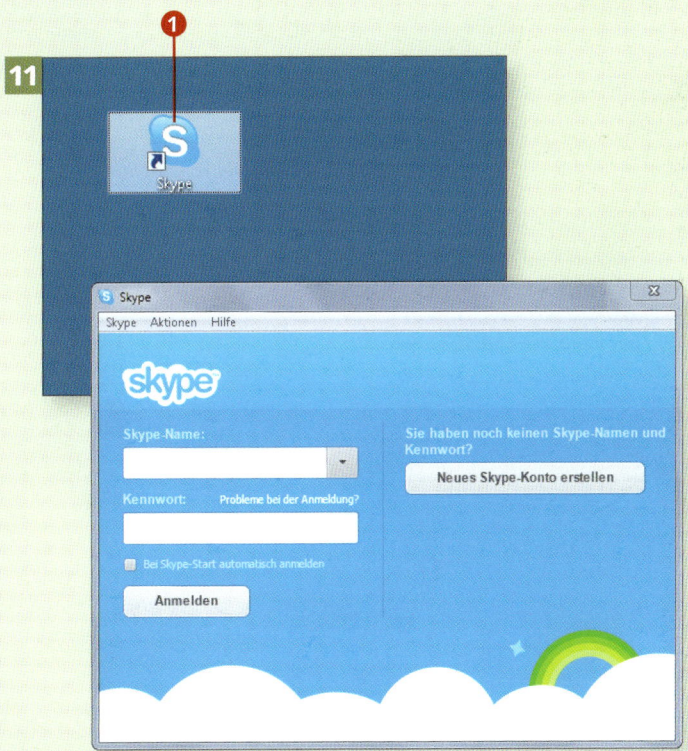

Skype an Taskleiste heften

Wenn die Skype-Verknüpfung auf Ihrem Desktop Sie stört, ziehen Sie das Symbol einfach mit gedrückter Maustaste auf die Taskleiste, um es dort anzuheften. Anschließend können Sie das Desktopsymbol löschen und jenes aus der Taskleiste zum Öffnen von Skype verwenden.

Skype auf dem Mac installieren

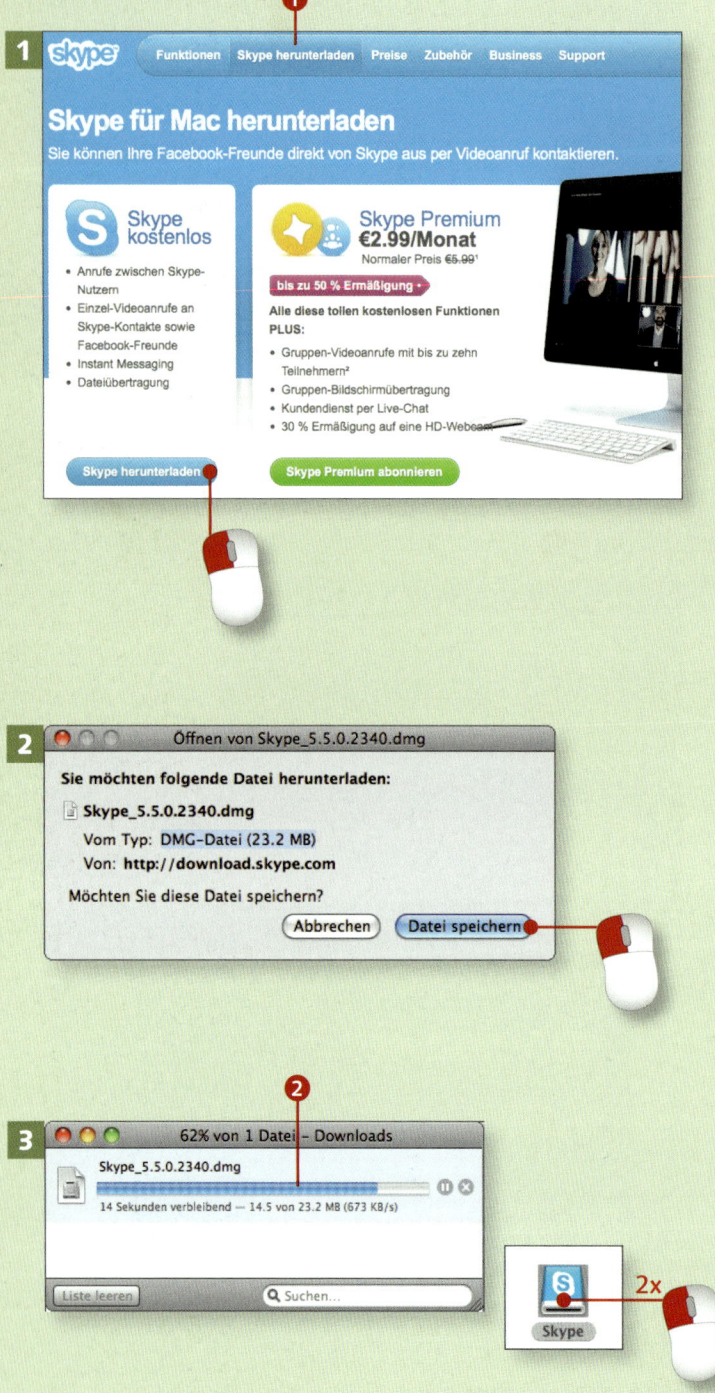

Wenn Sie keinen Windows-PC haben, sondern einen Mac, können Sie Skype natürlich trotzdem installieren. Das geht mindestens ebenso einfach.

Schritt 1

Besuchen Sie den Downloadbereich ❶ auf der Skype-Homepage (siehe den Abschnitt »Die Skype-Software herunterladen« ab Seite 14). Hier suchen Sie die Programmvariante für den Mac und klicken auf **Skype herunterladen**.

Schritt 2

Ein Dialogfenster öffnet sich, mit dem Sie den Download der Installationsdatei bestätigen, indem Sie auf **Datei speichern** klicken.

Schritt 3

Nun beginnt der Download der Datei ❷. Warten Sie diesen Vorgang ab. Sobald er abgeschlossen ist, wird die Skype-Installationsdatei auf Ihrem Mac-Desktop abgelegt. Klicken Sie doppelt darauf.

Schritt 4

Nun öffnet sich das Finder-Fenster. Hier nehmen Sie die eigentliche Installation der Software vor. Ziehen Sie das Skype-Logo mit gedrückter Maustaste auf den Ordner **Applications**.

Schritt 5

Automatisch wird Skype als neue Software in den Programmbereich Ihres Macs integriert. Klicken Sie dort doppelt auf das Skype-Symbol **❸**, und klicken Sie im Dialogfenster, das sich daraufhin zeigt, auf die Schaltfläche **Öffnen**.

Schritt 6

Nun gelangen Sie zum Login-Bereich der Skype-Software. Mehr dazu lesen Sie in den Abschnitten »Bei Skype registrieren« ab Seite 22 und »Skype beim Systemstart automatisch öffnen« ab Seite 24.

Hilfe für die Mac-Version

Wie Sie Skype auf dem Mac verwenden, erfahren Sie auf der Webseite *http://www.skype.com/ intl/de/support/user-guides/skype-for-mac/getting-started/*. Die Verwendung ähnelt im Großen und Ganzen aber der unter Windows.

Bei Skype registrieren

Wenn Sie Skype zum ersten Mal verwenden, müssen Sie vor dem Einsatz der Software ein Benutzerkonto auf der Webseite von Skype einrichten.

Schritt 1

Sie müssen Ihre Benutzerdaten eingeben, um sich in Skype einzuwählen. Falls Sie noch keine haben, klicken Sie auf die Schaltfläche **Neues Skype-Konto erstellen**.

Schritt 2

Sie gelangen nun zu dem Bereich, in dem Sie ein neues Benutzerkonto erstellen können. Geben Sie Ihren Vor- und Nachnamen und zweimal Ihre E-Mail-Adresse an.

Schritt 3

Scrollen Sie dann zum Bereich **Profilinformationen**. Hier können Sie mehrere Angaben zu Ihrer Person machen. Bis auf die Felder **Land/Region** und **Sprache** können Sie alles offenlassen und später nachtragen.

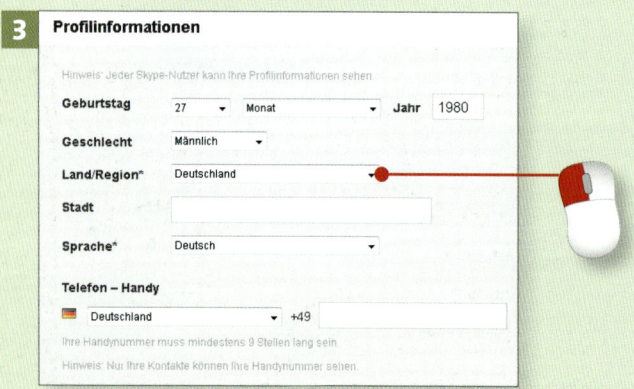

Benutzername bereits vergeben?
Wenn Sie sich während des Registrierungsvorgangs einen Benutzernamen aussuchen, der bereits an einen anderen Anwender von Skype vergeben ist, schlägt Ihnen der Dienst andere Namen vor.

Schritt 4

Darunter wählen Sie aus, zu welchem Zweck ❶ Sie Skype einsetzen werden. Geben Sie dann einen Nutzernamen in das Feld **Skype-Name** ein. Wenn er bereits vergeben ist, macht Skype alternative Vorschläge ❷. Wenn Sie dann noch ein Passwort ❸ festlegen, haben Sie Ihre Einwahldaten zusammen.

Schritt 5

Im letzten Abschnitt entfernen Sie die Häkchen bei **Per SMS** und **Per E-Mail** ❹, wenn Sie keine Werbung erhalten wollen. Bestätigen Sie Ihre Eingaben mithilfe des CAPTCHAs ❺, und klicken Sie auf **Ich erkläre mich einverstanden – Weiter**.

Schritt 6

Wenn Ihre Registrierung angenommen wurde, werden Sie weitergeleitet. Sie verfügen jetzt über ein eigenes Skype-Konto und die entsprechenden Zugangsdaten.

i CAPTCHA

CAPTCHA steht für *Completely Automated Public Turing Test to Tell Computers and Humans Apart*. Mit seiner Eingabe bestätigen Sie quasi, dass Sie ein menschlicher Anwender sind und kein automatisiertes, oft missbräuchlich eingesetztes Computerprogramm.

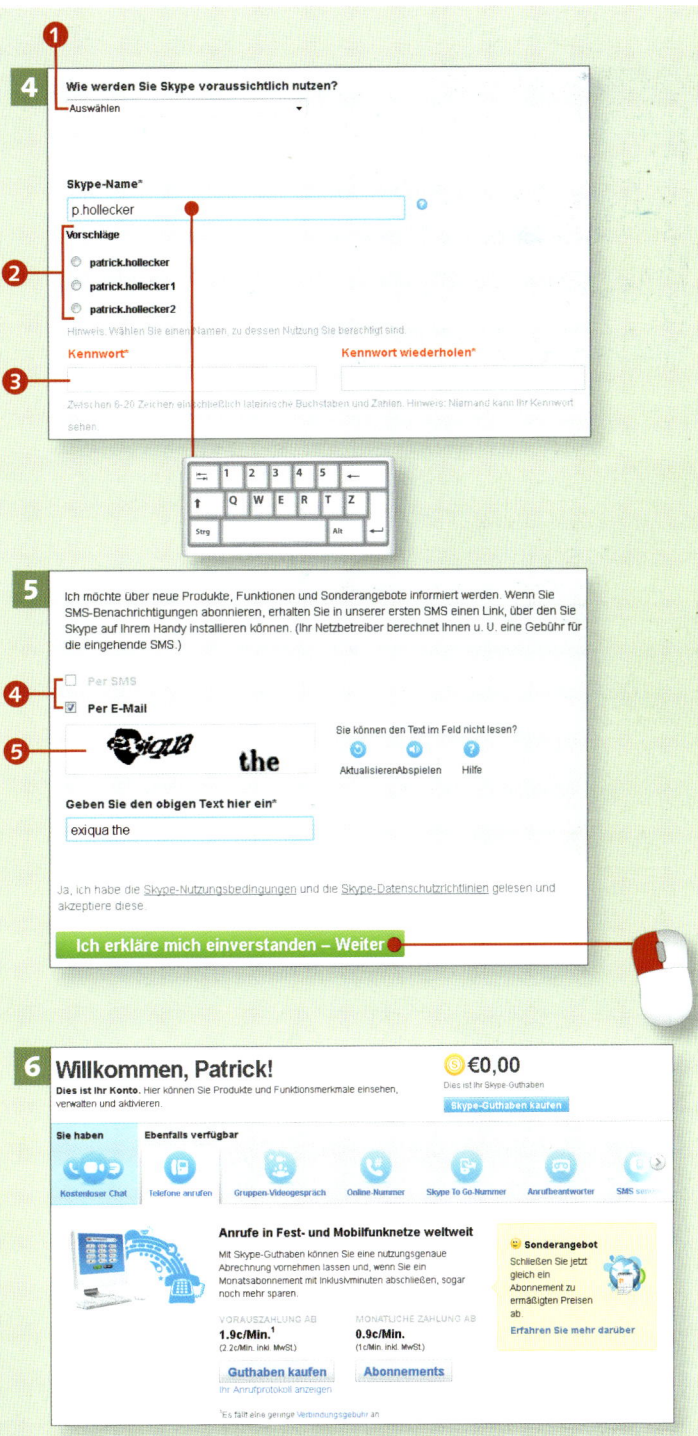

Skype beim Systemstart automatisch öffnen

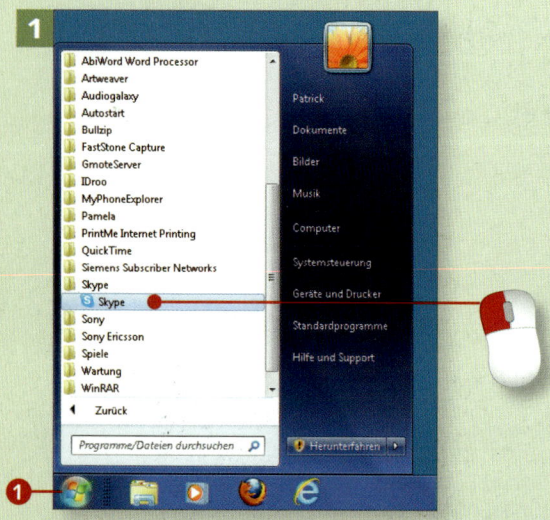

Wenn Sie es nicht vorab eingestellt haben, wie im Abschnitt »Skype unter Windows installieren« ab Seite 16 beschrieben, können Sie auch nachträglich festlegen, dass Skype automatisch startet, sobald Sie den Computer anstellen.

Schritt 1

Klicken Sie doppelt auf das Desktopsymbol von Skype. Alternativ können Sie auch auf den entsprechenden Eintrag in der Programmübersicht klicken (**Start ❶ ▸ Alle Programme ▸ Skype**).

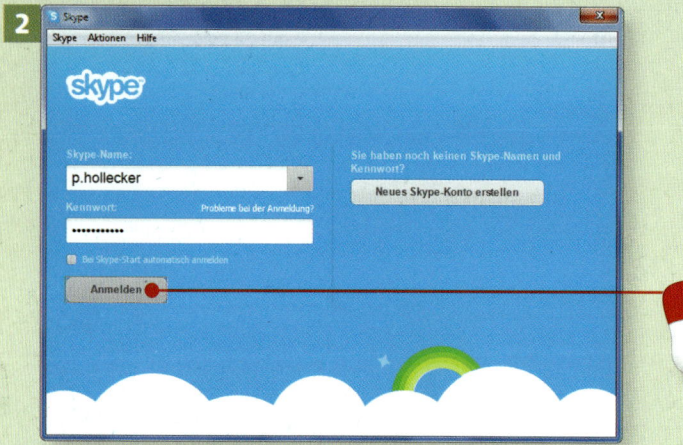

Schritt 2

Geben Sie Ihre Benutzerdaten ein (in die Felder **Skype-Name** und **Kennwort**), und klicken Sie anschließend auf die Schaltfläche **Anmelden**.

Schritt 3

Um den automatischen Programmstart zu aktivieren, klicken Sie im Skype-Programmfenster auf den Menüeintrag **Aktionen** und wählen den Punkt **Optionen** im Menü.

Skype schließen

Um das Programmfenster zu schließen, wählen Sie **Skype ▸ Schließen** im Menü oder klicken auf das rote Schließkreuz oben rechts.

Schritt 4

Damit gelangen Sie im Fenster **Optionen** direkt in den Bereich **Allgemeine Einstellungen ❷**. Auch hier finden Sie den Eintrag **Skype beim Windows-Start ausführen**. Setzen Sie ein Häkchen, und klicken Sie dann unten rechts im gleichen Fenster auf **Speichern**.

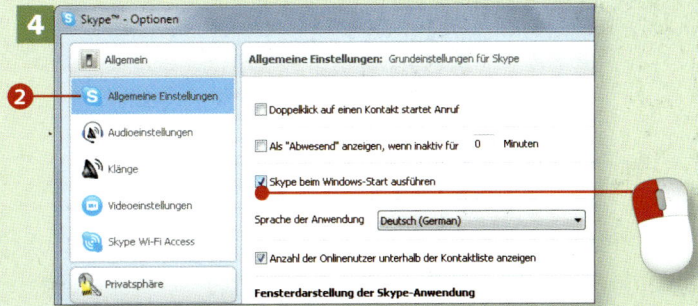

Schritt 5

Wenn Sie Ihren Rechner hochfahren, wird Skype von nun an automatisch geöffnet und minimiert auf der Taskleiste abgelegt. Wenn Sie mit der Maus auf das Symbol zeigen, ohne zu klicken, sehen Sie eine Miniatur des Programmfensters.

Schritt 6

Klicken Sie auf das Programmsymbol in der Taskleiste, um den Skype-Einwahlbereich zu öffnen. Wenn Sie die Option **Bei Skype-Start automatisch anmelden ❸** aktivieren, überspringen Sie zukünftig sogar diese Anmeldung und steigen direkt in die Programmoberfläche ein.

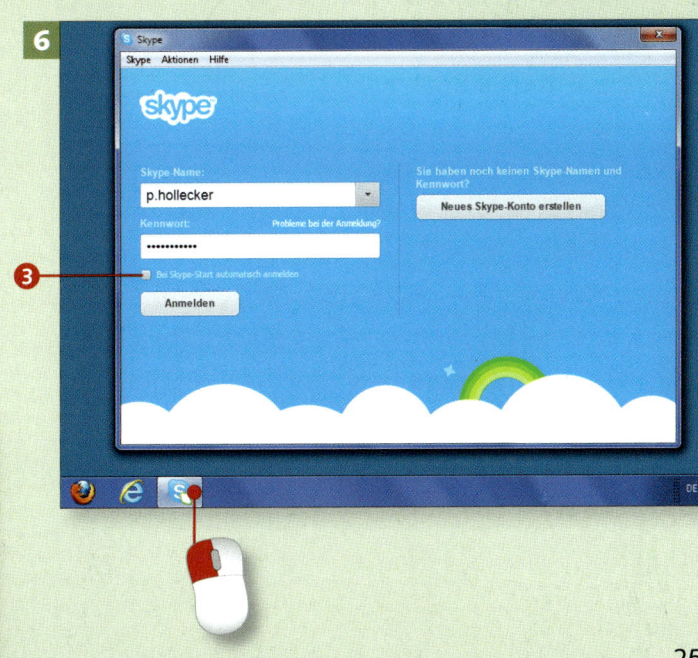

Skype beenden

Um das Programm ganz zu beenden, klicken Sie mit rechts auf das Skype-Symbol in der Taskleiste und wählen **Skype beenden**.

Kapitel 2
Erste Schritte mit Skype

Vor der ersten Kontaktaufnahme sollten Sie Skype individuell einrichten. Dazu gehören natürlich Ihr persönliches Benutzerprofil – wenn Sie möchten mit Bild – sowie Einstellungen zum Schutz Ihrer Privatsphäre. Aber auch technische Aspekte sind wichtig, beispielsweise die Erkennung und passende Einstellung von Mikrofon und Webcam. In diesem Kapitel erfahren Sie, wie Ihre ersten Schritte mit Skype aussehen.

Mikrofon und Webcam einrichten und verwenden

Vor dem ersten Einsatz von Skype brauchen Sie ein Mikrofon und eine Webcam, damit Ihr Gesprächspartner Sie nicht nur hören, sondern auch sehen kann. Wir zeigen Ihnen, wie einfach es ist, diese Hardware vorzubereiten ❶, sie zu testen und schließlich einzusetzen.

Ein Benutzerprofil mit Bild anlegen

Verpassen Sie Ihrem persönlichen Skype-Benutzerprofil den letzten Schliff mit einem eigenen Profilbild ❷, das Sie als Bilddatei von Ihrem Computer laden oder gleich mit der Webcam erstellen können.

Ihren Kontaktstatus angeben

Wenn Sie Skype zwar geöffnet haben, aber gerade mit etwas anderem beschäftigt sind, können Sie das Ihren Skype-Kontakten über den Kontaktstatus ❸ anzeigen. **Online** bedeutet, dass Sie erreichbar sind, **Abwesend** heißt, Sie haben Skype zwar angeschaltet, aber länger nichts mehr damit gemacht, **Beschäftigt** bedeutet, Sie haben gerade etwas anderes zu tun, **Offline** heißt, Sie haben Skype nicht aktiviert. Mit dem Status **Als Offline anzeigen** können Sie schließlich so tun, als seien Sie nicht da, wenn Sie z. B. ungestört mit einer Person kommunizieren wollen.

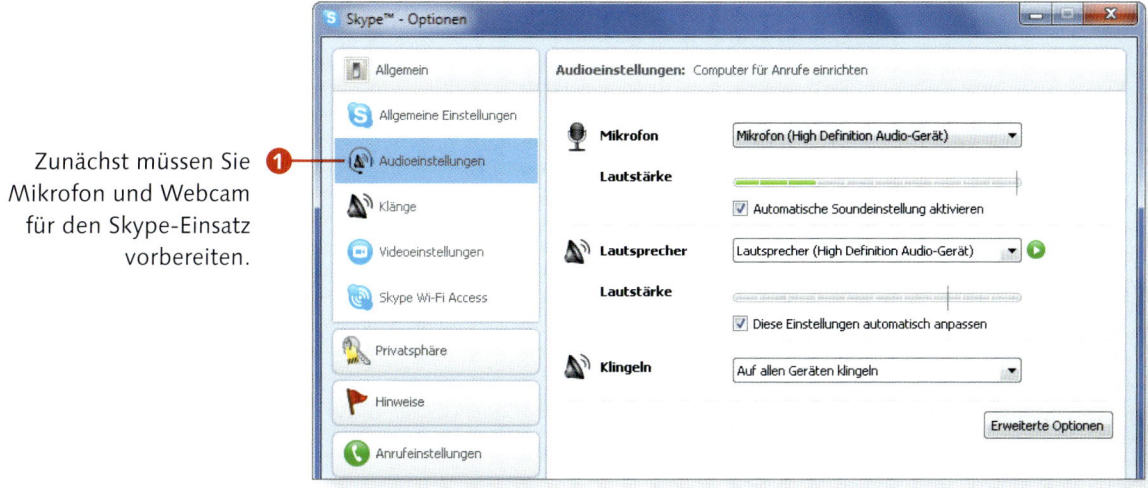

Zunächst müssen Sie Mikrofon und Webcam für den Skype-Einsatz vorbereiten. ❶

❷ Wenn Sie möchten, fügen Sie Ihrem Skype-Profil ein Benutzerbild hinzu.

Zeigen Sie Ihren Skype-Kontakten, ob Sie gerade erreichbar sind oder lieber nicht gestört werden möchten ❸

Das Mikrofon einrichten

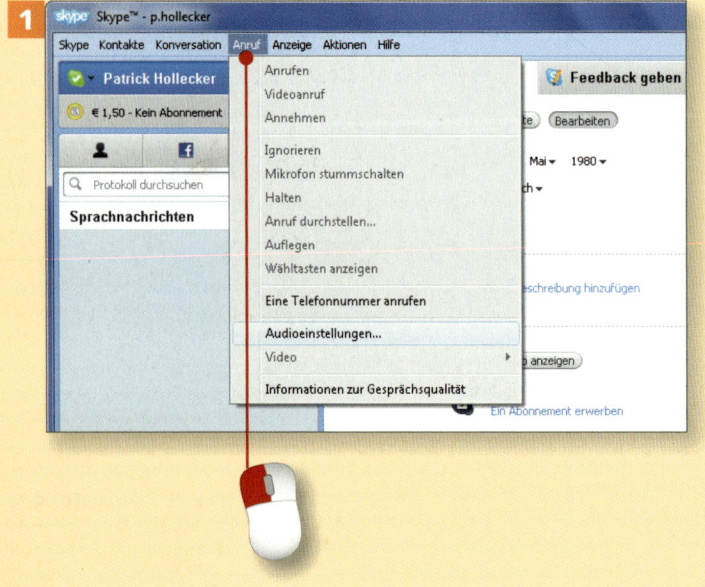

Wichtig für die sprachliche Kommunikation ist natürlich ein funktionierendes Mikrofon. Schließen Sie also Ihr Mikrofon oder Headset an, und testen Sie es zunächst.

Schritt 1

Klicken Sie in der Menüleiste auf den Eintrag **Anruf** und im Menü dann auf **Audioeinstellungen**.

Schritt 2

Das Fenster **Optionen** öffnet sich mit der Kategorie **Audioeinstellungen ❶**. Sprechen Sie nun in Ihr Mikrofon. Wenn es vom Computer bzw. von Skype erkannt wurde, steigt der Pegel **Lautstärke ❷**.

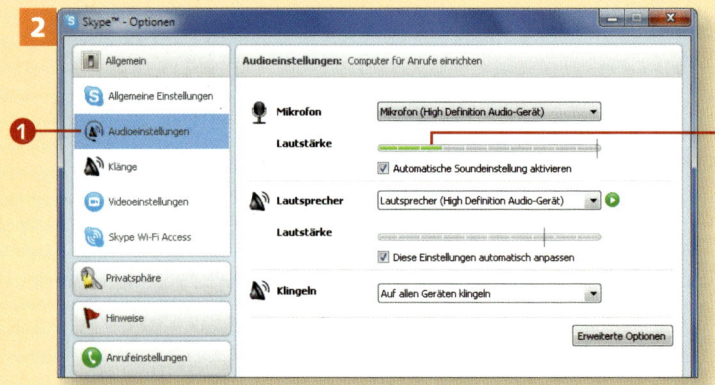

Schritt 3

Deaktivieren Sie mit einem Klick den Punkt **Automatische Soundeinstellung aktivieren ❸**, wenn Sie die Lautstärke manuell vorgeben möchten, falls Ihre Stimme Ihrem Gegenüber zu laut erscheint. Um den Pegel zu verändern, verschieben Sie den Marker mit gedrückter Maustaste.

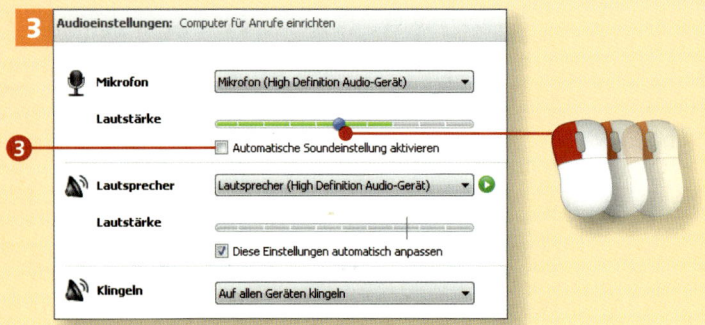

Schritt 4

Falls Sie zusätzliche Mikrofone oder sonstige Audioverbindungen installiert haben, können Sie das passende über die Auswahlliste **Mikrofon** auswählen.

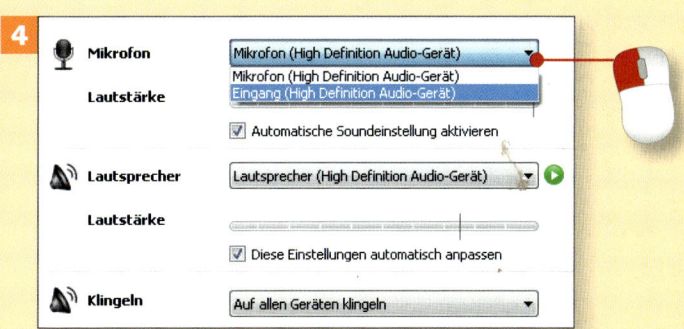

Schritt 5

Wenn sich am Pegel **Lautstärke** beim Eintrag **Mikrofon** nichts tut, obwohl Sie alle Mikrofone ausprobiert haben, klicken Sie auf den Link **Mehr Informationen zur Einrichtung Ihrer Audiogeräte**.

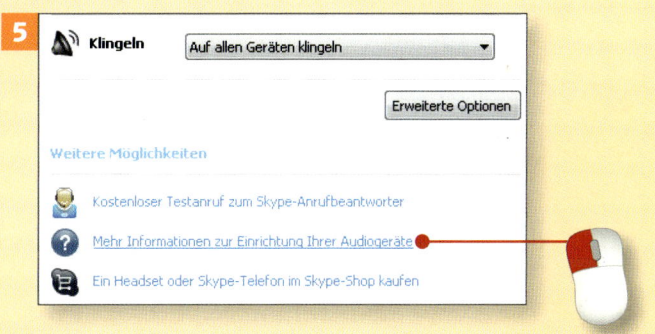

Schritt 6

Auf der nächsten Seite wählen Sie dann Ihr Computersystem mit einem Klick aus, z. B. **PC mit Windows 7**, um einen Überblick darüber zu bekommen, wie Sie auf dessen Audioeinrichtungen zugreifen und sie mikrofontauglich machen können.

Die Soundeinstellungen

Je nach Computersystem und persönlicher Einrichtung können der Zugriff und die Handhabung Ihrer Soundeinstellung und jener der Klang-Hardware unterschiedlich ausfallen. Informieren Sie sich bei anhaltenden Soundproblemen gegebenenfalls über spezialisierte Internetforen zu Skype und/oder Soundeinrichtung.

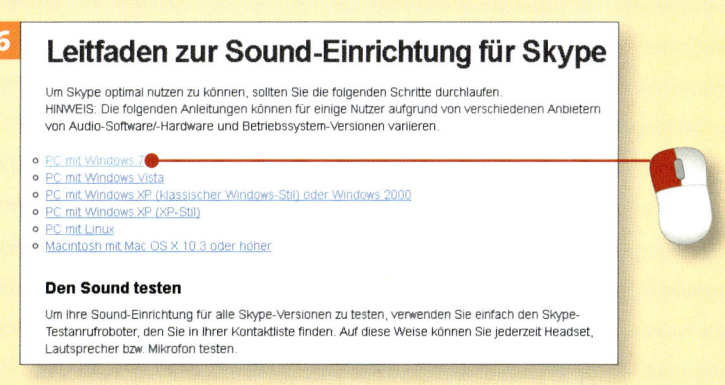

29

Das Mikrofon einrichten (Forts.)

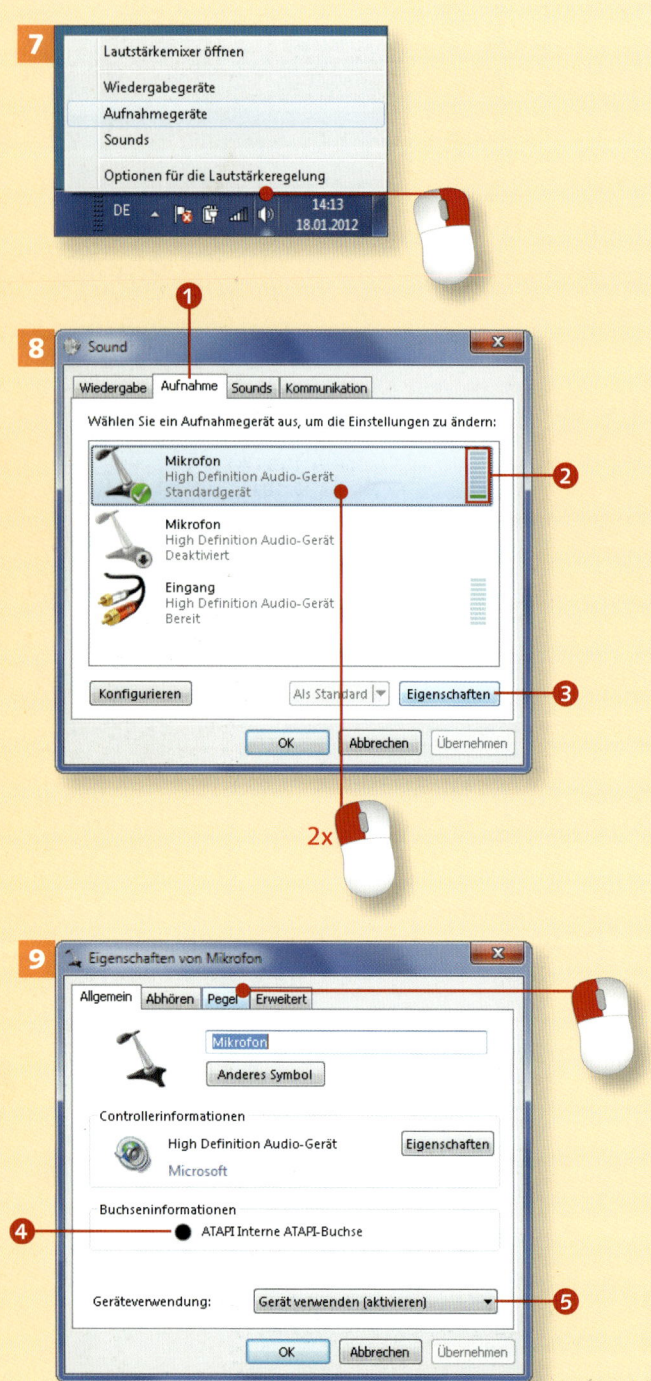

Schritt 7

Klicken Sie rechts unten in der Windows-Taskleiste mit der rechten Maustaste auf das Lautsprechersymbol, und wählen Sie im Kontextmenü den Eintrag **Aufnahmegeräte**.

Schritt 8

Nun öffnet sich der Dialog **Sound** mit der Registerkarte **Aufnahme** ❶. Auch hier erkennen Sie an einem Klangpegel ❷, ob das Standardmikrofon Geräuschsignale empfängt. Klicken Sie doppelt auf den Eintrag **Mikrofon**, um dessen Eigenschaften zu sehen. Sie können auch auf die Schaltfläche **Eigenschaften** ❸ klicken.

Schritt 9

Daraufhin öffnet sich der Dialog **Eigenschaften von Mikrofon**. Auf der Registerkarte **Allgemein** steht unter anderem, welche Buchse ❹ für dieses Mikrofon vorgesehen ist und ob das Gerät überhaupt verwendet wird ❺. Klicken Sie nun auf den Reiter **Pegel**.

Schritt 10

Auf dieser Registerkarte regeln Sie die Lautstärke und die Verstärkung des Mikrofons. Wenn Ihre Skype-Gesprächspartner Sie nur sehr leise hören, ziehen Sie die Regler **Mikrofon** ❻ und **Mikrofonverstärkung** mit gedrückter Maustaste nach rechts, und klicken Sie abschließend auf **OK**.

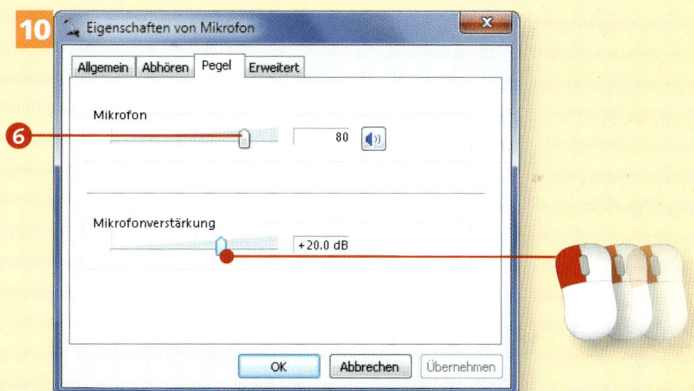

Schritt 11

Sie gelangen so zurück zur Übersicht. Falls Sie ein weiteres Mikrofon haben und es auch angeschlossen ist, aber als **Deaktiviert** ❼ angezeigt wird, öffnen Sie seine Eigenschaften mit einem Doppelklick.

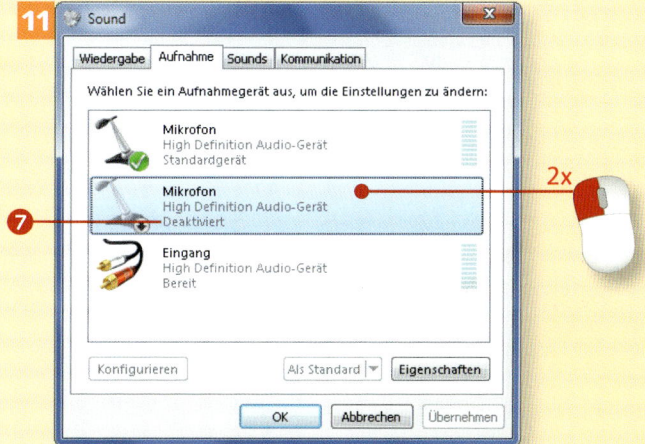

Schritt 12

Wählen Sie aus der Auswahlliste **Geräteverwendung** den Punkt **Gerät verwenden (aktivieren)**, und klicken Sie abschließend auf **OK**. Nun lässt sich auch dieses Mikrofon verwenden, wenn es mit der richtigen Buchse verbunden ist.

Soundqualität testen

Bevor Sie wichtige Gespräche mit Skype führen, sollten Sie die Qualität der Mikrofonübertragung vorab gründlich testen. Siehe hierzu auch den Abschnitt »Einen Testanruf tätigen« ab Seite 34.

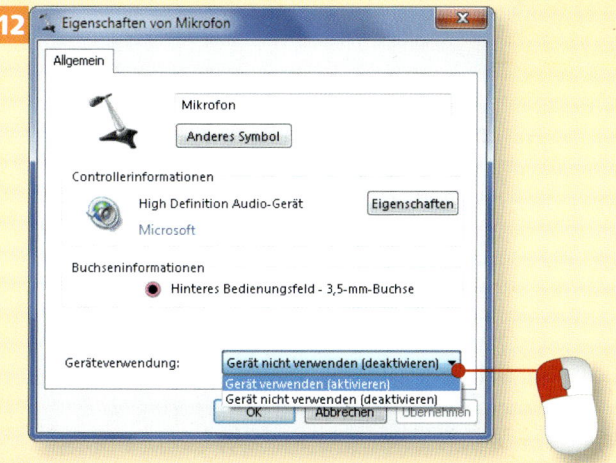

Die Webcam testen

Bei modernen Webcams – ob ange-schlossen oder im Computer verbaut – übernimmt Skype das Webcam-Signal, ohne dass Sie viel einstellen müssen.

Schritt 1

Kontrollieren Sie zunächst, ob Skype ein Videosignal von Ihrer Kamera empfängt. Öffnen Sie dazu den Menüpunkt **Aktionen ▶ Optionen**.

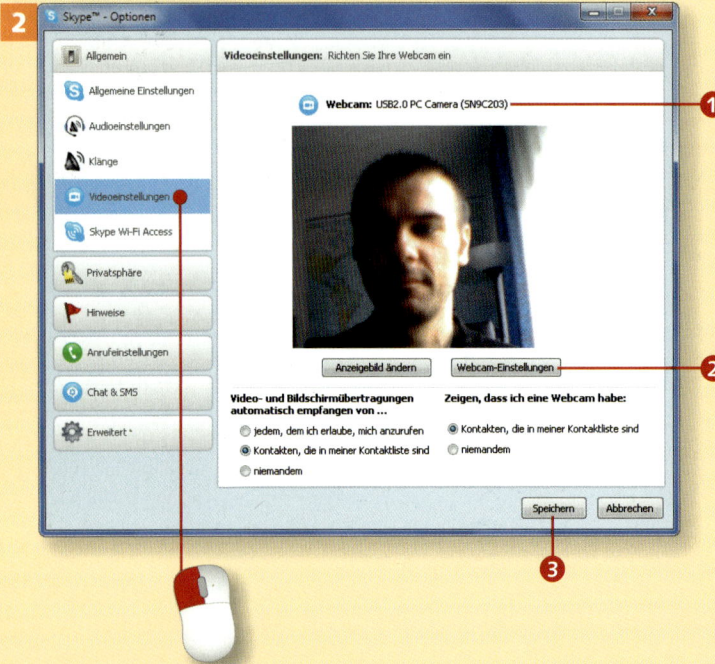

Schritt 2

Im Dialogfenster **Optionen** öffnen Sie den Bereich **Videoeinstellungen**. In der Mitte zeigt dieser den Namen der aktiven Kamera ❶ und das aktu-elle Kamerabild, das Sie natürlich nur sehen, wenn die Kamera funktio-niert. Darunter können Sie verschie-dene Einstellungen vornehmen. Mit **Webcam-Einstellungen** ❷ gelangen Sie gegebenenfalls zu weiteren Op-tionen. Wenn Sie fertig sind, klicken Sie auf **Speichern** ❸.

Schritt 3

Die Kamerafunktionalität lässt sich aber auch anders testen. Rufen Sie mit einem Klick einen Ihrer Kontakte ❹ auf (dies kann auch der Testser-vice von Skype sein), und klicken Sie auf die Schaltfläche **Informationen zur Gesprächsqualität**.

Schritt 4

Ein weiteres Menü öffnet sich, in dem Sie einen schnellen Check zur Gesprächsqualität durchführen können. Rufen Sie mit einem Klick den Bereich **Webcam** auf. Hier sehen Sie das Kamerabild ❺ in einem kleinen Format sowie eine Bewertung ❻ der Videoqualität.

Schritt 5

Falls Sie mehrere Webcams installiert oder angeschlossen haben, können Sie eine davon über die Auswahlliste auswählen. Auf die Art können Sie auch deren unterschiedliche Bildqualität austesten (und z.B. sehen, ob die Qualität der im Notebook integrierten Kamera oder die einer gegebenenfalls zusätzlich angeschlossenen Kamera höher ist).

Schritt 6

Macht Ihre Kamera Probleme, rufen Sie in Windows 7 das Startmenü auf und klicken dort auf **System-steuerung**. Dann klicken Sie auf **Geräte-Manager** ❼ und suchen im gleichnamigen Dialog Ihre Kamera. Klicken Sie mit rechts darauf, und aktualisieren Sie z.B. die Treiber-software.

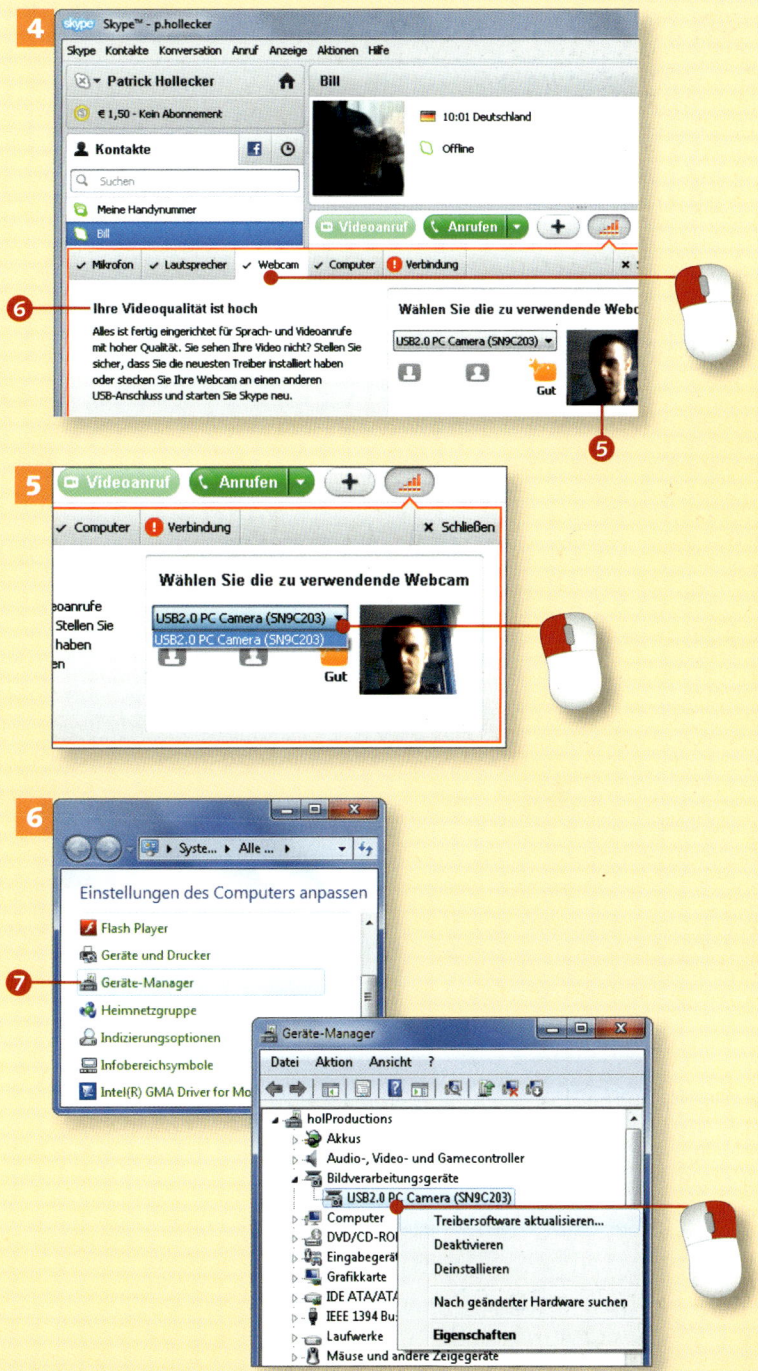

Einen Testanruf tätigen

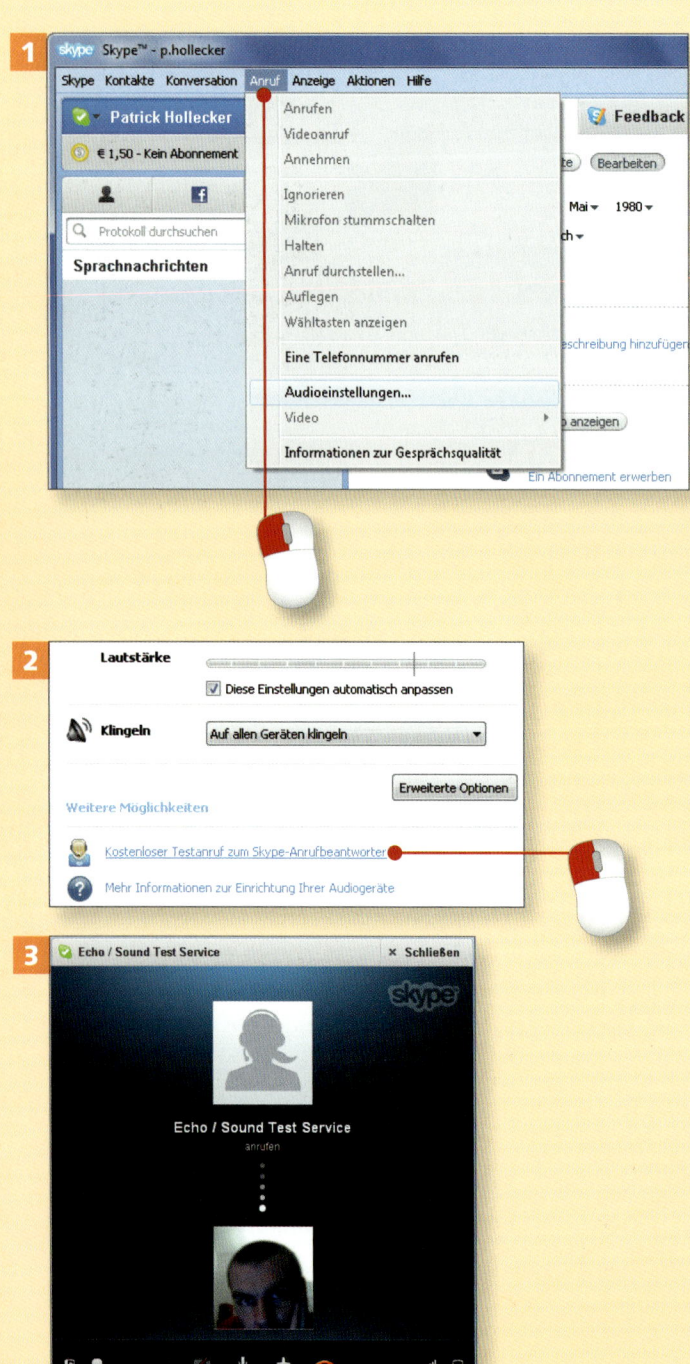

Um Mikrofon, Kamera und Lautsprecher für den Einsatz zu überprüfen, sollten Sie einen Testanruf an den automatischen Skype-Service wagen.

Schritt 1

Klicken Sie in der Menüleiste auf **Anruf ▸ Audioeinstellungen**.

Schritt 2

Das Dialogfenster **Optionen** öffnet sich mit der Kategorie **Audioeinstellungen**. Klicken Sie auf den Link **Kostenloser Testanruf zum Skype-Anrufbeantworter** im unteren Teil des Dialogfensters.

Schritt 3

Skype baut nun die Verbindung zum *Sound Test Service* auf. Nach einem kurzen Moment nimmt dieser Ihren Anruf entgegen.

Zu laut, zu leise?

Der Testanruf funktioniert wie eine Art Anrufbeantworter, dessen Aufnahme Sie sich anhören können. Damit ermitteln Sie auch leicht, ob Ihr Mikrofon vielleicht zu weit von Ihnen entfernt ist oder aktuell über einen zu geringen Soundpegel verfügt. (Siehe hierzu auch Schritt 10 im Abschnitt »Das Mikrofon einrichten« ab Seite 28.)

Schritt 4

Sie werden mit einer automatischen Sprachaufzeichnung verbunden, die Ihnen auch die Gelegenheit gibt, selbst einen Text zu sprechen, um Ihr Mikrofon zu testen.

Schritt 5

Der Anruf wird vom Service selbst beendet. Sie erkennen dies daran, dass die Anzeige auf der linken Seite das Telefonat für einen Moment als **Beendet** ❶ aufführt. Auch im Kontaktfenster wird dies inklusive der Gesprächsdauer ❷ angezeigt.

Schritt 6

Sie können so viele Testanrufe durchführen, wie Sie möchten. Sie können das direkt über die Kontaktliste tun: Markieren Sie den Kontakt ❸ mit einem Mausklick, und klicken Sie dann auf die Schaltfläche **Anrufen**.

Test der Videoqualität

Die Testanruf-Option dient lediglich zur Überprüfung der Soundeinrichtung, also der Funktionalität und Qualität von eingehendem und ausgehendem Klang. In Bezug auf die Videoqualität halten Sie sich an den Abschnitt »Die Webcam testen« ab Seite 32.

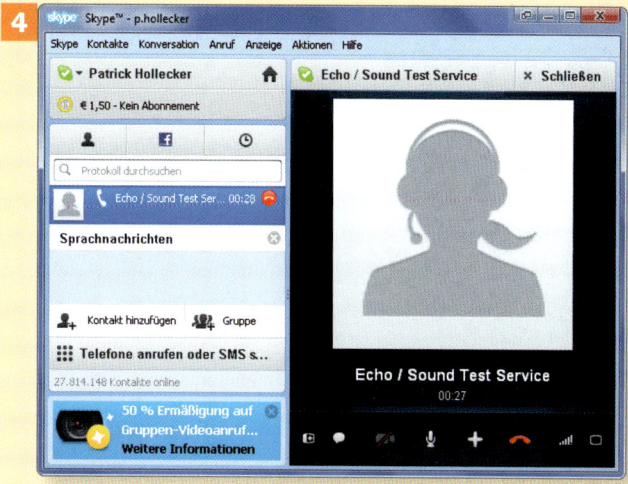

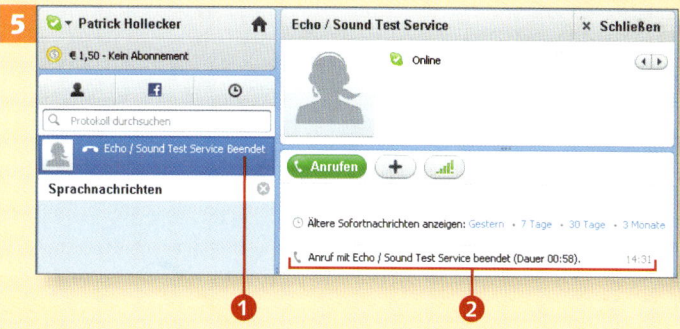

Ihr Nutzerprofil einrichten und erweitern

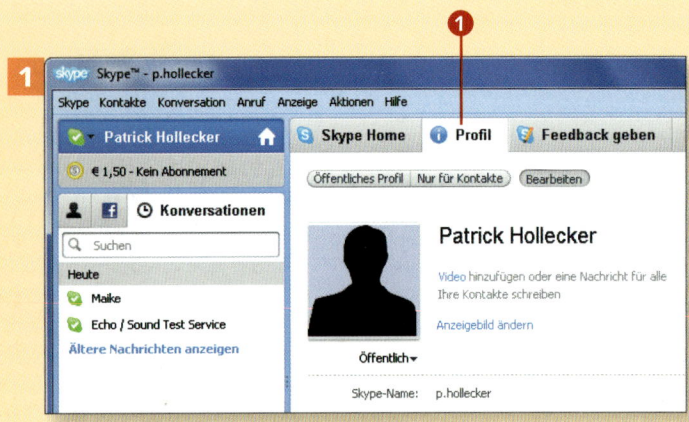

Zuerst sollten Sie Ihr Nutzerprofil vervollständigen, wenn Sie Ihre Kontakte mit persönlichen Informationen versorgen wollen.

Schritt 1

Auf der Registerkarte **Profil** ❶ wird Ihr persönliches Skype-Benutzerprofil angezeigt, das Sie Punkt für Punkt anpassen können.

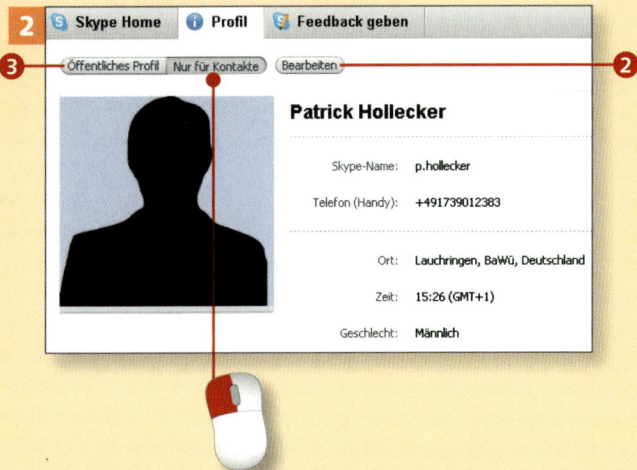

Schritt 2

Standardmäßig ist dort die Anzeige **Bearbeiten** ❷ aktiv. Wenn Sie auf **Nur für Kontakte** klicken, können Sie prüfen, was Ihre Kontakte von Ihrem Profil zu sehen bekommen. Unter **Öffentliches Profil** ❸ sehen Sie, was der kompletten Skype-Gemeinde offenbart wird.

Schritt 3

Klicken Sie nun wieder auf **Bearbeiten** ❹ und dann auf Ihren Namen. Wenn Sie lieber nicht mit Ihrem vollständigen Namen auftreten wollen, geben Sie einen alternativen Profilnamen ein. Klicken Sie zur Bestätigung auf das Häkchen ❺.

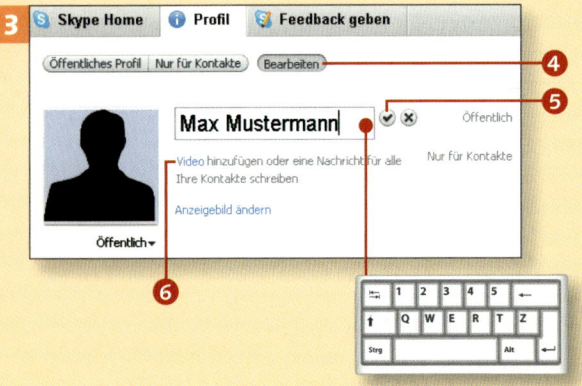

Profil mit Video
Klicken Sie auf den Link **Video** ❻, und folgen Sie den Vorgaben.

Schritt 4

Im Textfeld unterhalb Ihres Namens können Sie Ihren aktuellen Status eintragen, also was Sie gerade tun. Dieser Text erscheint bei Ihren Kontakten direkt neben Ihrem Profil in der Kontaktliste. Übernehmen Sie auch diesen Eintrag mit einem Klick auf das Häkchen ❼.

Schritt 5

Als Nächstes geben Sie Ihre Telefonnummer an. Das ist praktisch, wenn einer Ihrer Kontakte Sie über Skype direkt auf einer der angegebenen Nummern anrufen möchte. Sie wird nur Ihren Kontakten angezeigt.

Schritt 6

Wenn Sie ein Stückchen nach unten scrollen, haben Sie die Möglichkeit, die vorgegebene **E-Mail-Adresse** zu verändern oder weitere Adressen hinzuzufügen.

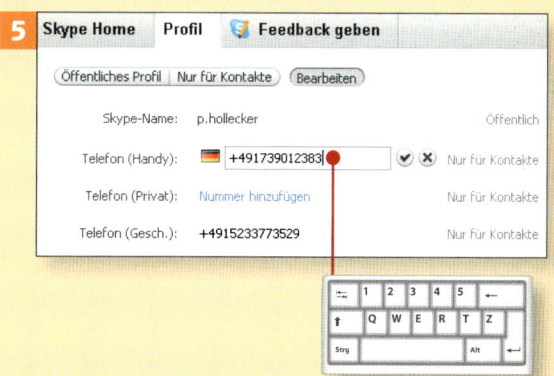

Mehrere E-Mail-Adressen

Skype übernimmt zunächst Ihre E-Mail-Adresse aus dem Anmeldevorgang (siehe den Abschnitt »Bei Skype registrieren« ab Seite 22). Diese und alle weiteren Adressdaten, die Sie dort angegeben haben, werden als **Privat** kategorisiert, sind also lediglich für Sie selbst und den Skype-Service ersichtlich.

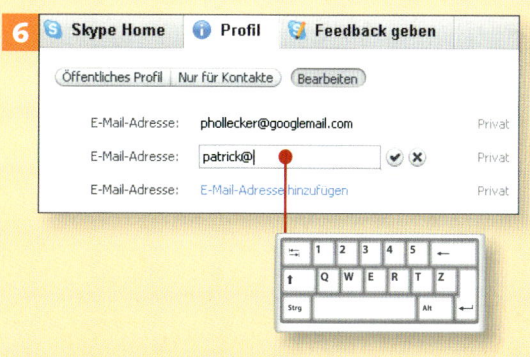

Ihr Nutzerprofil einrichten und erweitern (Forts.)

Schritt 7

Dann folgen einige geografische Angaben. Wählen Sie über die Auswahlliste **Land/Region** Ihren Standort aus. Praktischerweise werden hier auch sofort die jeweiligen Landesvorwahlen mit angezeigt.

Schritt 8

Wenn Sie möchten, tragen Sie auch Ihr Bundesland ein. Ihren Wohnort ❶ und die Zeitzone ❷ können Sie ebenfalls angeben. Bei der Zeitzone können Sie mithilfe einer Auswahlliste ❸ festlegen, ob sie nur von Ihren Kontakten oder von allen Profilbesuchern eingesehen werden kann.

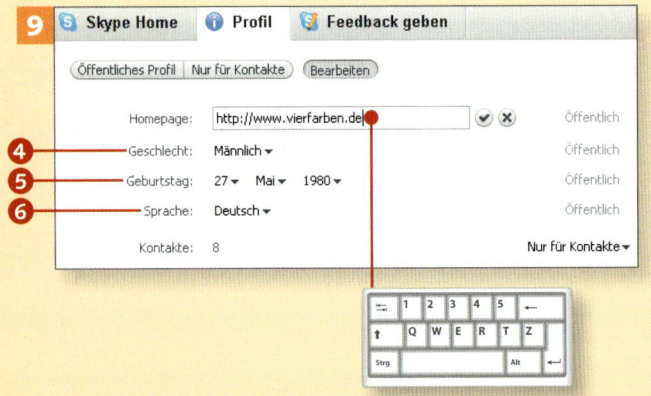

Schritt 9

Weiter unten können Sie gegebenenfalls auch eine Homepage angeben. Sie kann von Profilbesuchern dann direkt aufgerufen werden. Wie die Homepage werden auch Angaben zu Geschlecht ❹, Geburtstag ❺ und Sprache ❻ jedem Skype-Nutzer angezeigt, wenn Sie hier etwas eintragen.

Schritt 10

Falls Sie Ihrem Profil noch ein paar allgemeine Informationen zu Ihrer Person hinzufügen möchten, tragen Sie diese im Feld **Über mich** ein und speichern das Ganze wie immer mit einem Klick auf das Häkchen ➐.

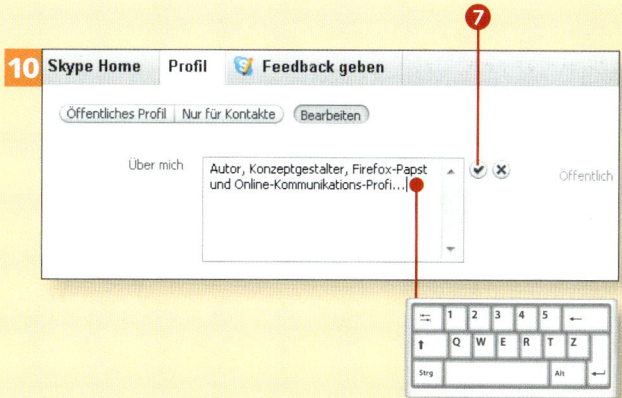

Schritt 11

Der letzte Abschnitt des Profilbereichs widmet sich Ihrem Skype-Konto. Klicken Sie dort auf die Schaltfläche **Konto anzeigen**, wenn Sie einen Einblick in Ihr Konto bekommen möchten.

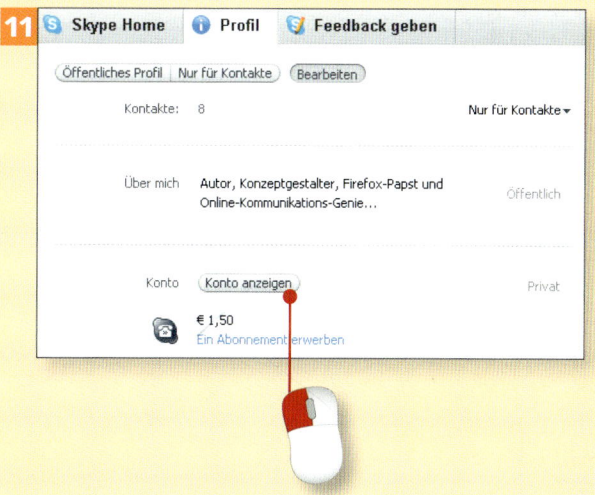

Schritt 12

Die Kontoübersicht zeigt Ihr persönliches Skype-Konto, mit Angaben unter anderem zu den verfügbaren Funktionen ➑, Ihrem Guthaben ➒ und den zuletzt angerufenen Telefonnummern ➓.

Persönliche Angaben ausblenden

Sie können die Anzeige einiger weniger Angaben umstellen, sodass sie nur für Sie selbst sichtbar sind (z. B. die Anzahl Ihrer Kontakte). Klicken Sie auf den kleinen Pfeil, und ändern Sie Ihren Status im Auswahlmenü von **Nur für Kontakte** zu **Privat**.

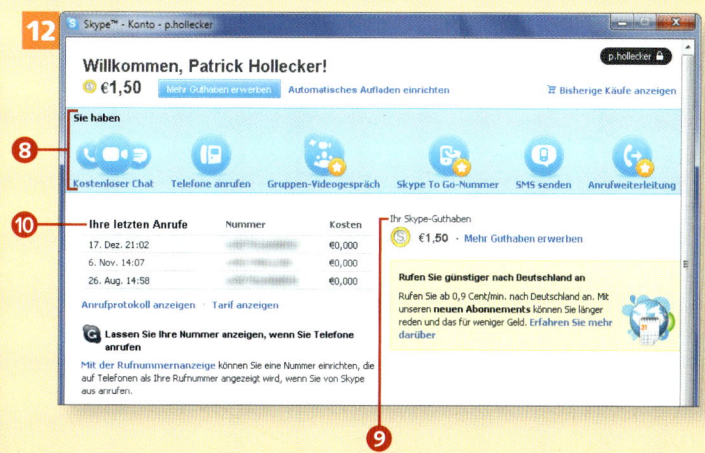

Das Profilbild festlegen

Damit Ihr Benutzerprofil auch optisch einen vollständigen und weniger anonymen Eindruck macht, sollten Sie dort ein Bild von sich hinterlegen.

Schritt 1

Öffnen Sie den Profilbereich ❶ im Hauptfenster, und klicken Sie anschließend auf den Profilbild-Platzhalter (oder auf **Anzeigebild ändern** ❷).

Schritt 2

Das Fenster **Anzeigebild einrichten** öffnet sich. Wenn Ihre Webcam installiert ist und funktioniert, sollten Sie nun sich im Fenster sehen. Außerdem ist die Funktion **Schnappschuss** anwählbar. Klicken Sie darauf.

Schritt 3

So nehmen Sie ein Foto auf. Sie können den Ausschnitt verändern, indem Sie darauf klicken und ihn mit gedrückter Maustaste verschieben. Um die Bildgröße anzupassen, verwenden Sie die Zoom-Leiste ❸ unterhalb des Bildes.

Schritt 4

Wenn Sie einen solchen Schnappschuss machen und ihn als Profilbild eingesetzt haben, wird er als
Grafikdatei auf Ihrem Computer
gespeichert. Klicken Sie auf **Auswählen**, um diese oder andere
Bilddateien aufzurufen.

Schritt 5

Ein Explorer-Fenster öffnet sich, in
dem Sie nach dem Schnappschuss
oder einem anderen Bild stöbern
können. Klicken Sie auf eine Bilddatei ❹ und dann auf **Öffnen**.
Dadurch wird das Bild in das Anzei-
gebild-Fenster übernommen. Mit
Speichern bestätigen Sie schließlich
Ihr neues Profilfoto.

Schritt 6

Das neue Bild ist nun in Ihrem im
Profilbereich und auch für andere
Skype-Benutzer zu sehen. Ob das
Bild als **Öffentlich** gekennzeichnet
und damit für alle Nutzer sichtbar
ist, regeln Sie über die Auswahlliste
unterhalb des Profilbildes.

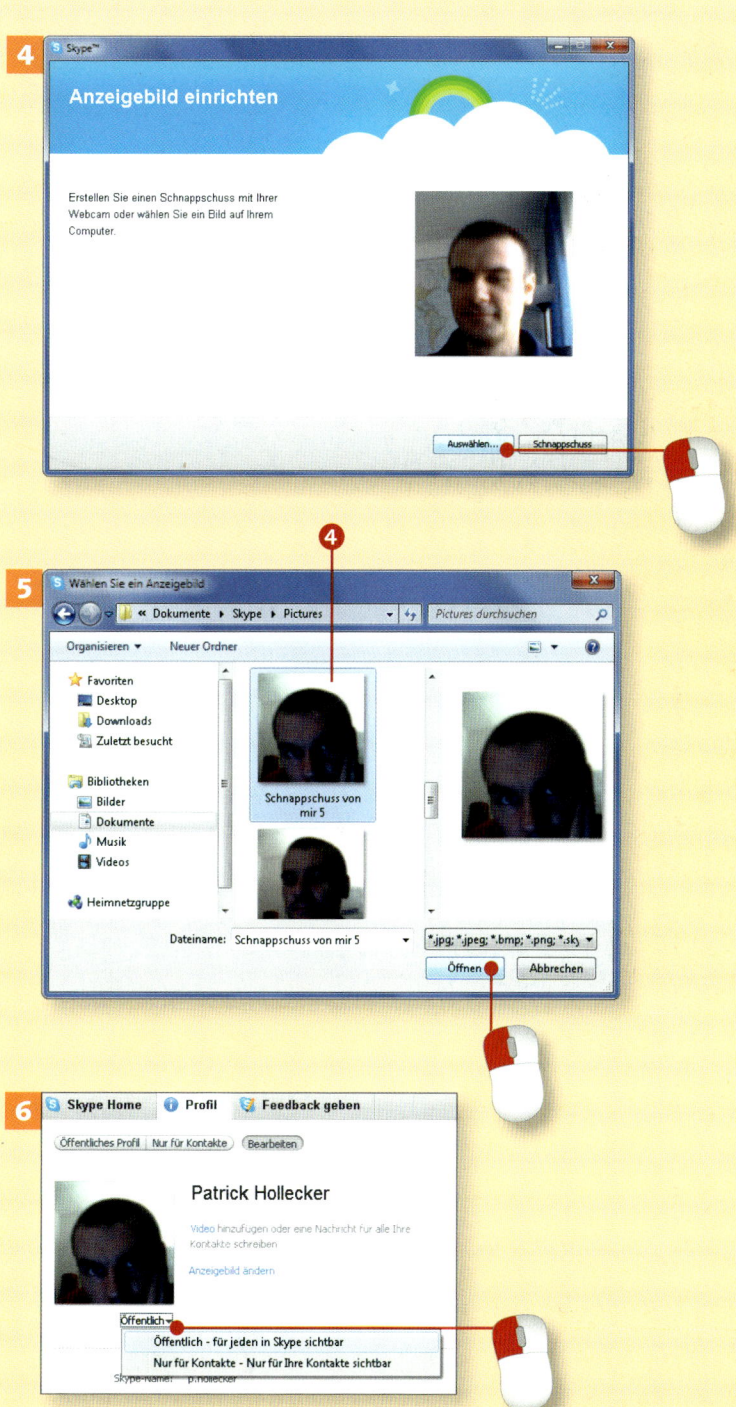

Die Privatsphäre schützen

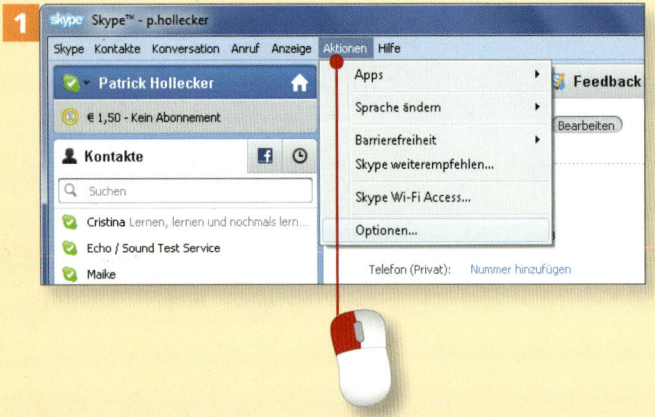

Neben den Einstellungen zur Sicht-barkeit Ihrer Profilinformationen können Sie auch funktionelle Anpas-sungen vornehmen, um Ihre Privat-sphäre zu schützen.

Schritt 1

Klicken Sie im Skype-Programmfens-ter auf den Eintrag **Aktionen** in der Menüleiste und dann auf **Optionen**.

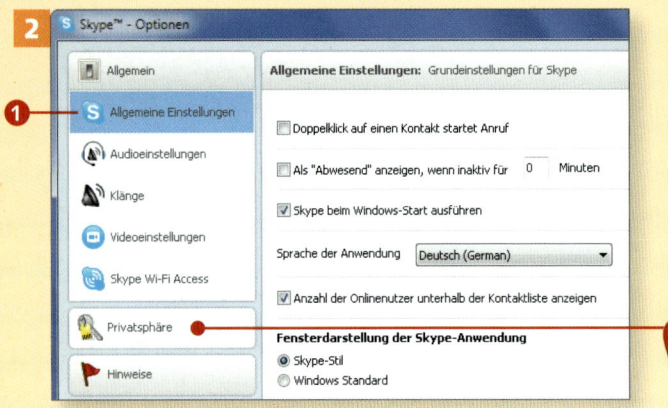

Schritt 2

Das Dialogfenster **Optionen** öffnet sich mit der Kategorie **Allgemeine Einstellungen** ❶. Wählen Sie mit einem Mausklick den Punkt **Privat-sphäre** aus.

Schritt 3

Sie bekommen nun einen Überblick über die einzelnen Einstellungen zur Privatsphäre, mit denen Sie bei-spielsweise unerwünschte Anrufe oder Nachrichten blockieren können.

Sichtbarkeit Ihres Profils

Im Abschnitt »Ihr Nutzerprofil ein-richten und erweitern« ab Seite 36 erfahren Sie, wie Sie bestimmen, wer Ihre Profilinformationen sehen kann: nur Ihre Kontakte oder alle Skype-Nutzer.

Schritt 4

Unter **Erlaube Anrufe** legen Sie fest, ob sämtliche Skype-Nutzer Sie anrufen dürfen oder nur die in Ihrer Kontaktliste gespeicherten Personen.

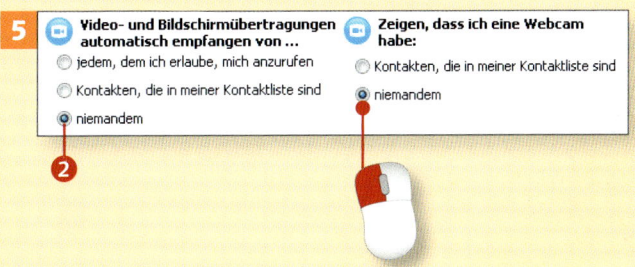

Schritt 5

Darunter können Sie die Einstellungen für Videogespräche vornehmen. Wählen Sie **niemandem**, wenn Sie nicht automatisch per Videoübertragung angerufen werden wollen ❷ oder nicht möchten, dass Ihre Kontakte sehen können, ob Sie über eine Webcam verfügen.

Schritt 6

Darüber hinaus können Sie angeben, ob Sie Textnachrichten (*Sofortnachrichten*) von jedem Skype-Benutzer oder lediglich von Ihren Kontakten zulassen wollen.

Cookies

Cookies sind Dateielemente, die Ihre Onlineschritte speichern, damit Sie sich beim wiederholten Besuch einer verschlüsselten Seite nicht erneut anmelden müssen. Dies geht allerdings auf Kosten des Datenschutzes, weil Ihre Onlinehistorie auf diesem Wege in Dateiform gespeichert wird.

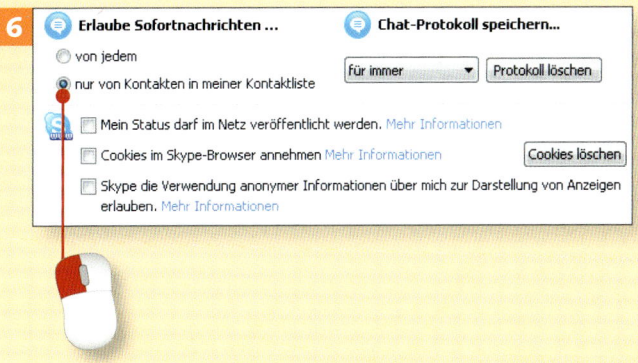

Die Privatsphäre schützen (Forts.)

Schritt 7

Gespräche, die Sie über die Chatfunktion führen, werden gespeichert. Wenn Sie diese Protokolle löschen möchten, klicken Sie im Bereich **Chat-Protokoll speichern** auf die Schaltfläche **Protokoll löschen** ❶. Bestätigen Sie den Hinweis, der dann erscheint, mit einem Klick auf **Löschen**.

Schritt 8

Mit der Auswahlliste links daneben geben Sie an, wie lange Ihre Chatprotokolle archiviert werden sollen. Hier können Sie auch festlegen, dass die Gespräche von vornherein nicht gespeichert werden.

Schritt 9

Die Option **Mein Status darf im Netz veröffentlicht werden** ❷ bezieht sich auf eine Verlinkung Ihres Skype-Profils im Internet ❸. Weitere Informationen dazu erhalten Sie, wenn Sie daneben auf den Link **Mehr Informationen** klicken. Im Abschnitt »Personen direkt über Skype-Links anrufen« ab Seite 82 beschreiben wir diese Einstellung noch genauer.

Schritt 10

Cookies speichern Ihre Online-aktionen, z. B. wenn Sie den Bereich **Skype Home** verwenden. Sie können das verhindern, indem Sie das Häkchen vor **Cookies im Skype-Browser annehmen** ❸ entfernen. Klicken Sie dann auf **Cookies löschen** ❹, und bestätigen Sie die Nachfrage mit **OK**, um bestehende Cookies zu entfernen.

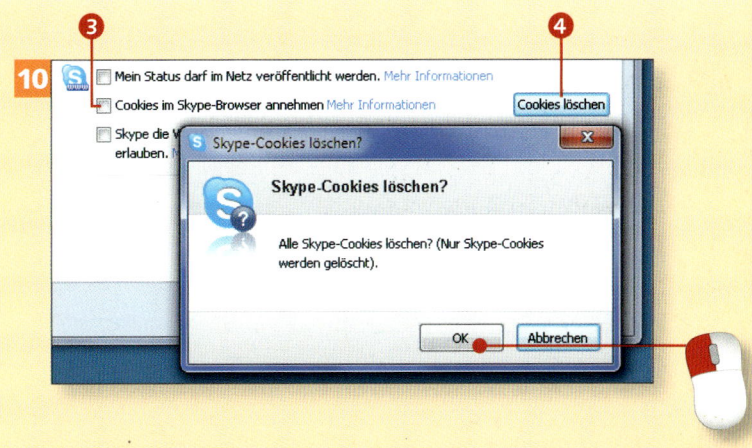

Schritt 11

Die letzte Option zur Darstellung von Anzeigen ❺ bedeutet, dass persönlich auf Sie zugeschnittene Werbung im Skype-Programm dargestellt wird (die nötige Information liefern eben die Cookies). Der Link **Mehr Informationen** führt Sie zu den Datenschutzrichtlinien ❻ von Skype.

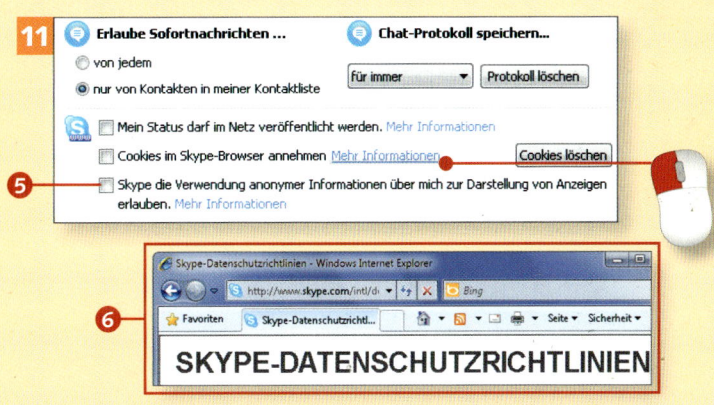

Schritt 12

Wenn Sie unzufrieden mit Ihren Anpassungen in der Kategorie **Privatsphäre** sind, lässt sich über die Schaltfläche **Auf Standard zurücksetzen** ❼ alles wieder rückgängig machen. Anderenfalls klicken Sie abschließend auf **Speichern**.

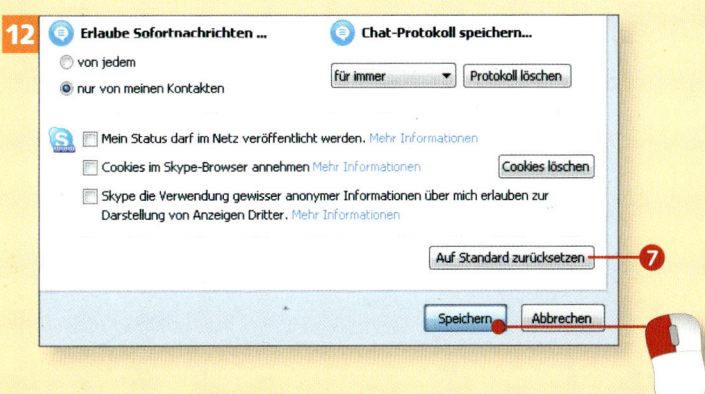

Den Kontaktstatus vorgeben

Der Kontaktstatus ist wichtig, um anderen Benutzern – allen voran Ihren Kontakten – zu signalisieren, ob Sie gerade erreichbar sind oder nicht.

Schritt 1

Links oben wird immer Ihr aktueller Kontaktstatus angezeigt. Wenn Sie nicht als **Online** gelten und damit jederzeit kontaktierbar sein wollen, klicken Sie auf den kleinen Pfeil und legen über die Auswahlliste einen anderen Status fest.

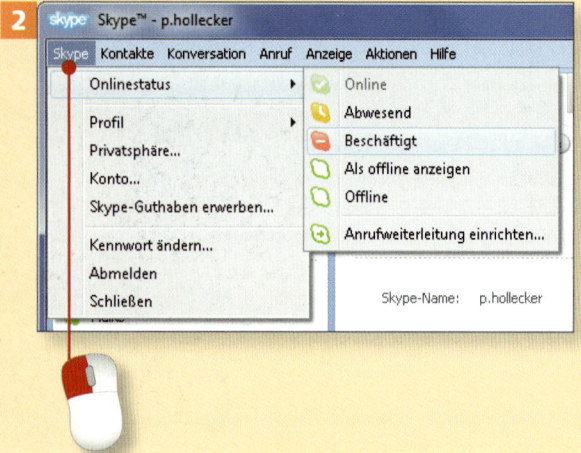

Schritt 2

Sie können auch in der Menüleiste auf **Skype ▸ Onlinestatus** klicken und aus diesem Menü einen Status wählen, z. B. **Beschäftigt**.

Schritt 3

Auf diese Auswahl folgt ein Hinweis in einem separaten Fenster, in dem Ihnen mitgeteilt wird, welche Auswirkungen der Status **Beschäftigt** hat. Sie erhalten dann keine Benachrichtigung zu Sofortnachrichten und Anrufen, damit Sie Ihre Ruhe haben.

Schritt 4

Sie können Ihren Status auch direkt über die Taskleiste unten rechts ändern. Wenn Sie das Skype-Symbol ❶ dort nicht gleich finden, klicken Sie auf den kleinen Pfeil, um sich mehr Programme anzeigen zu lassen.

Schritt 5

Klicken Sie dann mit der rechten Maustaste auf das Skype-Symbol. Ein Kontextmenü erscheint, in dem Sie **Meinen Status ändern** wählen und dann auf den passenden Status klicken.

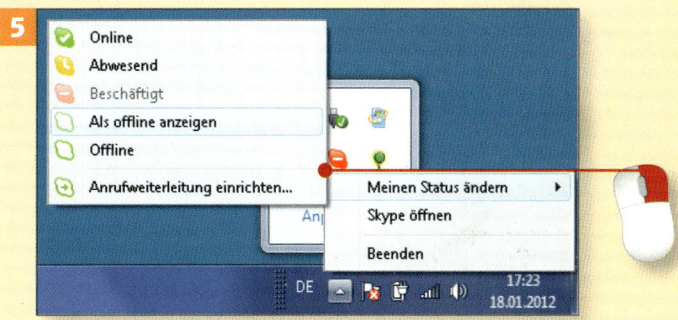

Schritt 6

Sie können Ihren Status auch über die Taskleiste ändern. Zeigen Sie mit der Maus auf das Skype-Programm-symbol (ohne zu klicken). Das Programmfenster erscheint in Miniatur, mit vier Schaltflächen zur schnellen Statusauswahl: **Online** ❷, **Abwesend** ❸, **Beschäftigt** ❹ und **Als offline anzeigen** ❺.

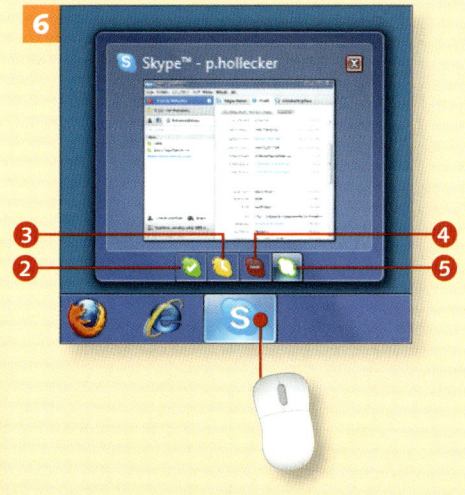

Den Offlinestatus nur vorgeben

Wenn Sie ungestört telefonieren und deshalb für andere Benutzer nicht als **Online** gelten möchten, geben Sie mit **Als offline anzeigen** vor, dass Sie Skype derzeit nicht nutzen.

Eine Anrufweiterleitung einrichten

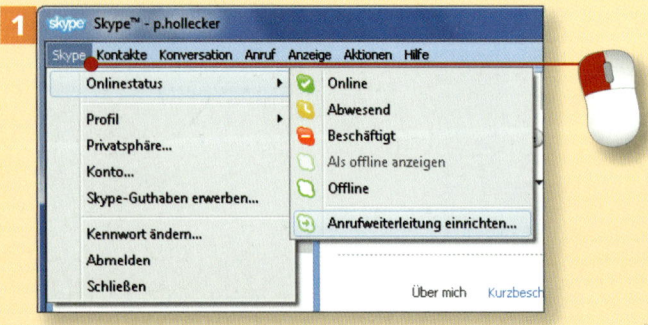

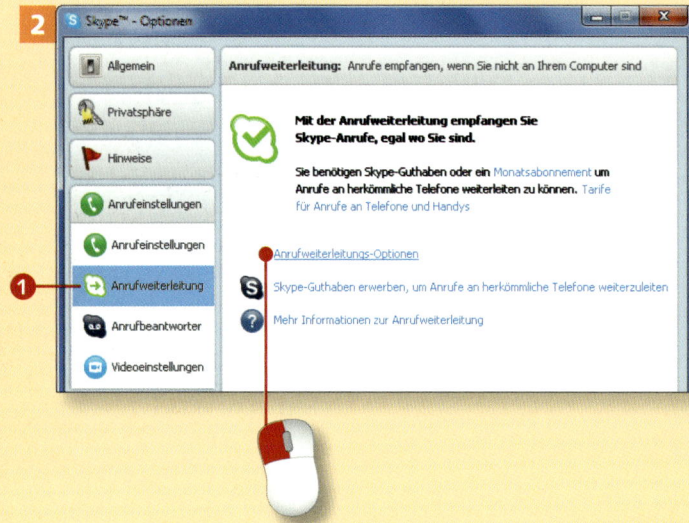

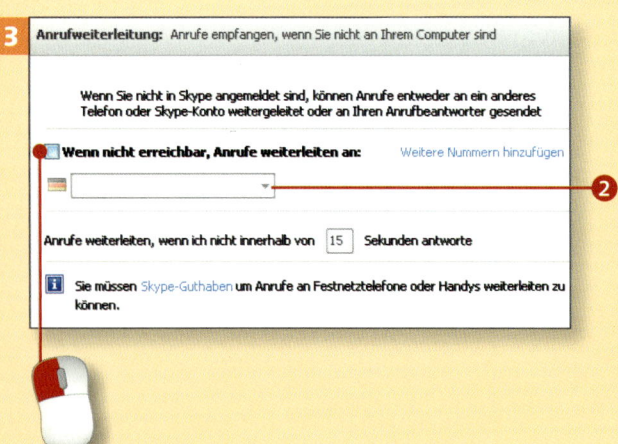

Eingehende Skype-Anrufe können auf eine von Ihnen festgelegte Rufnummer umgeleitet werden, wenn Sie z. B. per Handy erreichbar bleiben wollen.

Schritt 1

Um eine Anrufweiterleitung einzurichten, klicken Sie in der Menüleiste auf **Skype** und dann auf **Onlinestatus ▸ Anrufweiterleitung einrichten**.

Schritt 2

Das Dialogfenster **Optionen** öffnet sich mit der Kategorie **Anrufweiterleitung ❶**. Klicken Sie dort auf den Link **Anrufweiterleitungs-Optionen**.

Schritt 3

Aktivieren Sie nun die Option **Wenn nicht erreichbar, Anrufe weiterleiten an** mit einem Klick in das Kästchen. Damit schalten Sie das Eingabefeld darunter ❷ frei, d. h., Sie machen es eingabebereit.

Schritt 4

Tragen Sie die Nummer ein, an die Anrufe weitergeleitet werden sollen, wenn Sie nicht in Skype angemeldet sind. Wenn Sie zusätzliche Rufnummern zur Weiterleitung vorgeben möchten, klicken Sie auf **Weitere Nummern hinzufügen** ❸.

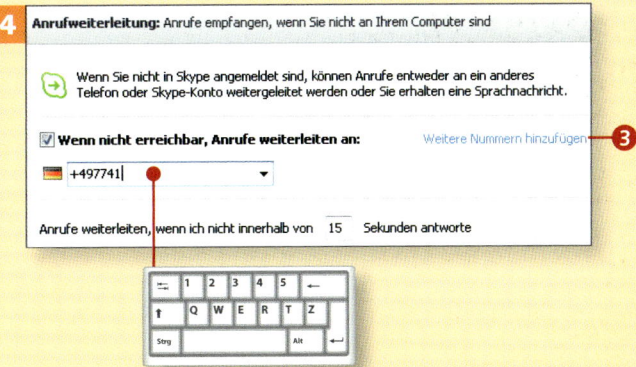

Schritt 5

Sie können bis zu drei Rufnummern angeben, die den Skype-Anruf bei aktiver Weiterleitung empfangen können. Wenn Sie doch nur eine Nummer vorgeben möchten, klicken Sie auf **Nur eine Nummer**.

Schritt 6

Darunter sehen Sie noch ein kleines Feld ❹, in dem Sie bestimmen können, wie lange Skype warten soll, ehe es einen Anruf weiterleitet. Bestätigen Sie schließlich Ihre Angaben mit einem Klick auf **Speichern**.

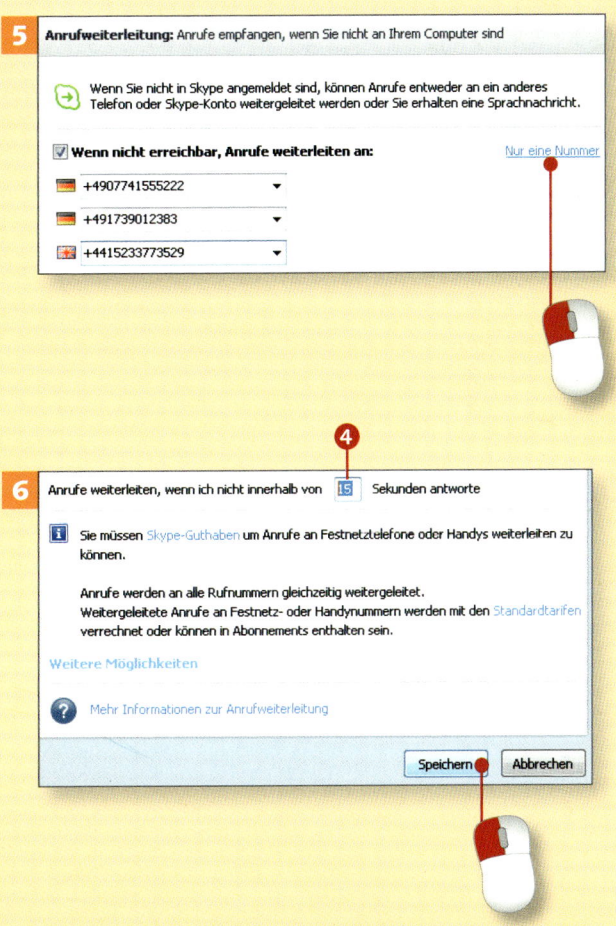

Skype-Guthaben

Voraussetzung für eine Anrufweiterleitung ist ein kleines Guthaben bei Skype. Wie Sie ein solches Guthaben anlegen und die kostenpflichtigen Angebote von Skype nutzen, lesen Sie in Kapitel 8, »Kostenpflichtige Skype-Dienste: Voicemail, Festnetz, eigene Nummer«, ab Seite 196.

Die Benachrichtigungsklänge anpassen

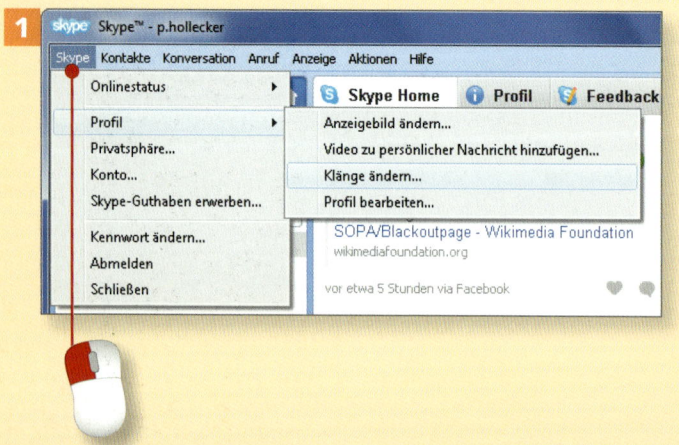

Wenn Sie sich ein- und ausloggen, eine Textnachricht erhalten o. Ä., benachrichtigt Skype Sie akustisch. Diese Klänge können Sie einstellen und sogar erweitern.

Schritt 1

Die Klangverwaltung von Skype rufen Sie auf, indem Sie in der Menüleiste auf **Skype** und dann auf **Profil ▸ Klänge ändern** klicken.

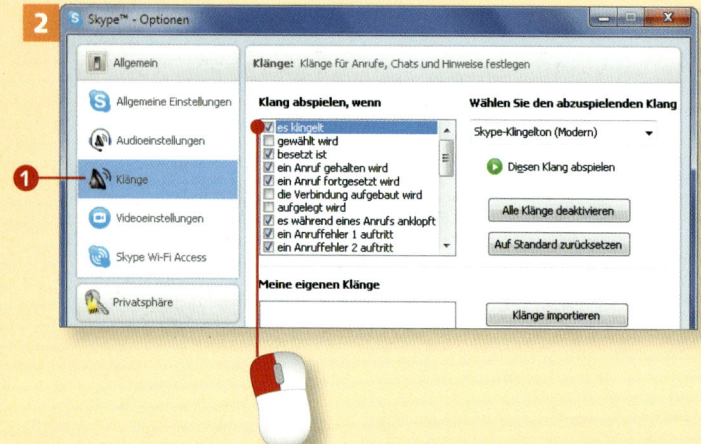

Schritt 2

Sie befinden sich nun im Dialog **Optionen** in der Kategorie **Klänge** ❶. Im Bereich **Klang abspielen, wenn** können Sie per Mausklick auswählen, bei welchem Ereignis ein Klang ertönen soll. Auf die gleiche Art deaktivieren Sie einen Klang bei einem Ereignis.

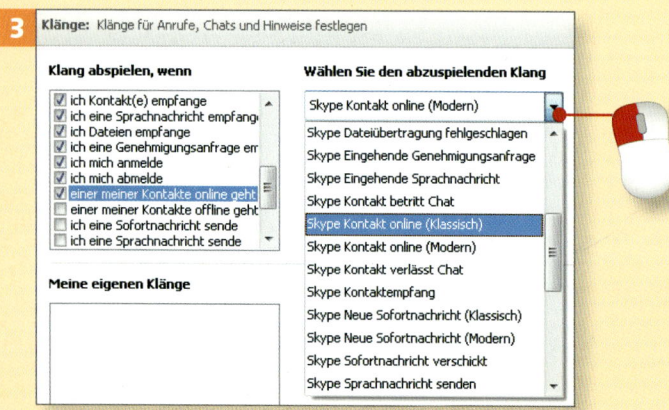

Schritt 3

Um einen geeigneten Klang aus-zuwählen, klicken Sie daneben im Bereich **Wählen Sie den abzuspie-lenden Klang** auf den Pfeil, und wählen Sie einen Ton aus der Aus-wahlliste aus.

Schritt 4

Mit einem Klick auf die Schaltfläche **Klänge importieren** ❷ können Sie eigene, auf Ihrem Computer gespeicherte Sounddateien mit der Dateiendung *.wav* oder *.skype* ❸ hinzufügen. Wählen Sie über den Ordnerbrowser eine Datei aus ❹, und klicken Sie dann auf **Öffnen**.

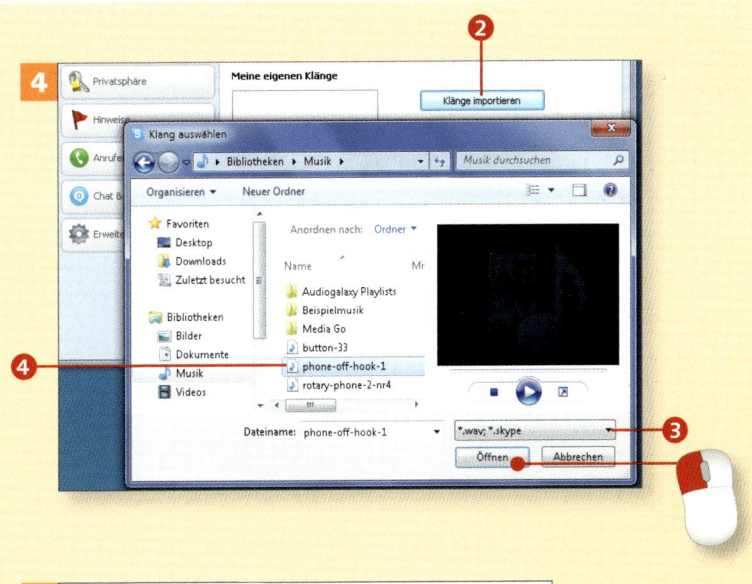

Schritt 5

Importierte Sounddateien werden sowohl im Bereich **Meine eigenen Klänge** ❺ als auch in der bereits bekannten Auswahlliste der Klänge aufgeführt. Sie können nun einer beliebigen Aktion Ihren eigenen Sound zuteilen.

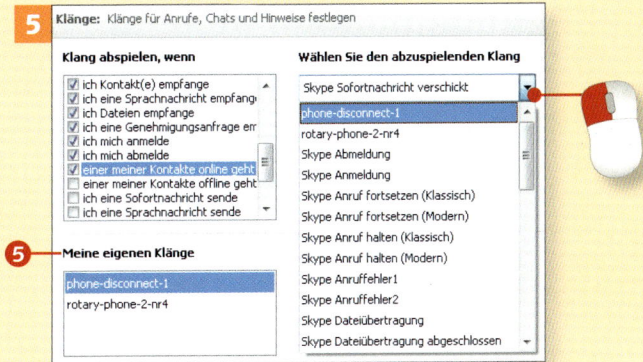

Schritt 6

Wenn Sie mit Ihren Anpassungen zufrieden sind, klicken Sie unten im Fenster auf **Speichern**. Anderenfalls wählen Sie **Auf Standard zurücksetzen** ❻, um alle ursprünglichen Soundeinstellungen wiederherzustellen.

✚ Probehören

Wenn Sie sich einen Klang anhören möchten, bevor Sie ihn einem Ereignis zuordnen, klicken Sie auf die Schaltfläche **Diesen Klang abspielen** ❼.

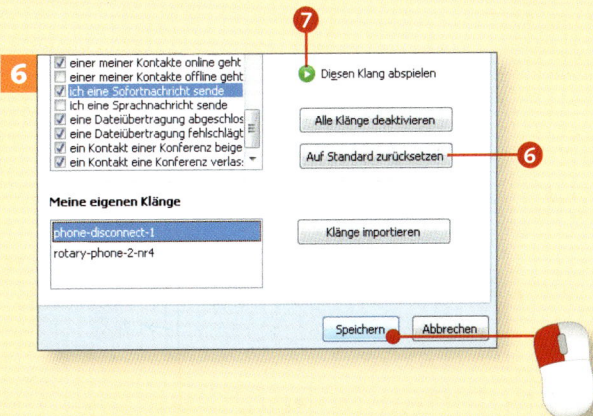

Automatische Benachrichtigungen einstellen

Manchmal ist es nützlich, sich mithilfe eines Popups über bestimmte Veränderungen in Ihrer Skype-Umgebung informieren zu lassen, z. B. wenn einer Ihrer Kontakte gerade online gegangen ist.

Schritt 1

Öffnen Sie die Skype-Optionen, indem Sie in der Menüleiste auf **Aktionen** und dann auf **Optionen** klicken.

Schritt 2

Im Dialogfenster **Optionen** klicken Sie links auf die Kategorie **Hinweise**. Daraufhin wird Ihnen rechts eine Auflistung der verschiedenen Hinweisarten angezeigt.

Schritt 3

Um ein Beispiel für ein solches Hinweis-Popup zu sehen, klicken Sie rechts oben auf den Link **Beispiel anzeigen**. Rechts unten am Bildschirm erscheint nun eine entsprechende Anzeige ❶ (engl. *to pop up* = »plötzlich auftauchen«).

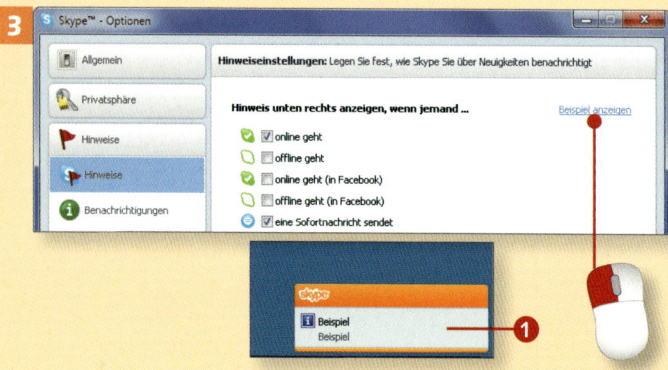

Schritt 4

Auch Skype selbst weist Sie auf be-stimmte Dinge hin, die dann nichts mit Ihren Kontakten zu tun haben. Klicken Sie auf **Beispiel anzeigen** im unteren Teil des Dialogfensters, um auch ein Beispiel für diese Art von Hinweisen ❷ zu sehen.

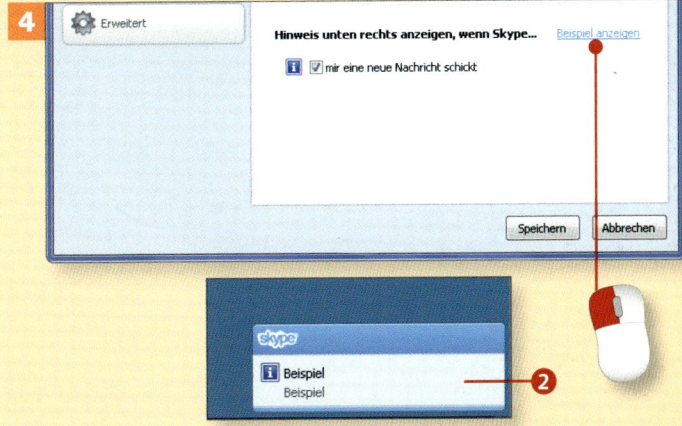

Schritt 5

Öffnen Sie mit einem Klick die Kategorie **Benachrichtigungen** ❸. Rechts im Dialogfenster werden sodann zwei Optionen angeboten. Wenn Sie sie mit einem Klick akti-vieren, bekommen Sie auch hierzu Infoanzeigen.

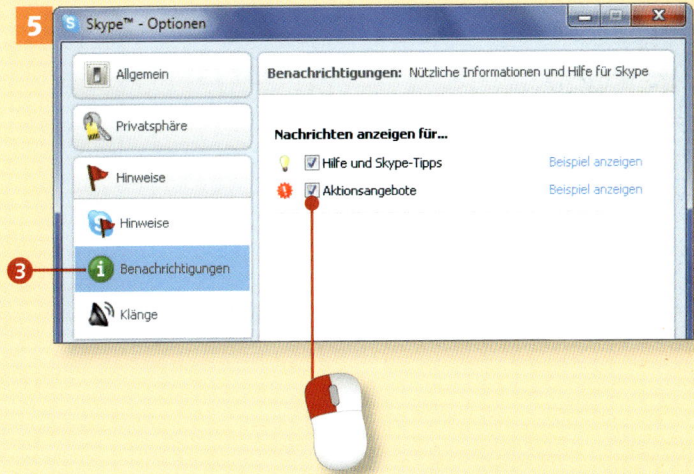

Schritt 6

Auch zu dieser Art von Hinweisen können Sie sich ein Beispiel anzeigen lassen ❹, wenn Sie auf den jeweili-gen Link **Beispiel anzeigen** klicken.

Benachrichtigungen

Viele Benachrichtigungen sind schön und gut, weil Sie alles mit-bekommen, das wiederum kann auf Dauer aber auch stören. Entfer-nen Sie dann einfach per Maus-klick die Häkchen der Meldungen, deren Popups sie nicht benötigen.

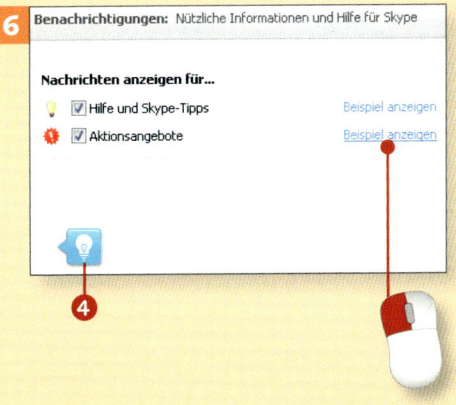

Das Einwahlkennwort umstellen

Aus Sicherheitsgründen sollten Sie regelmäßig die Einwahlkennwörter Ihrer wichtigsten Accounts ändern. Dazu benötigen Sie Ihr aktuelles Passwort.

Schritt 1

Klicken Sie im Hauptfenster auf den Reiter **Profil** ❶, um diesen Bereich zu öffnen, und scrollen Sie nach unten. Hier klicken Sie auf die Schaltfläche **Konto anzeigen**.

Schritt 2

Ganz links unten auf Ihrem persönlichen Kontobildschirm werden einige Ihrer Benutzerdaten aufgeführt, darunter Name, E-Mail-Adresse und Kennwort. Klicken Sie auf den Link **Ihr Kennwort ändern**.

Schritt 3

Der Bereich **Profildetails** öffnet sich mit der Kategorie **Ihr Kennwort ändern** ❷. Füllen Sie die Felder ❸ **Altes Kennwort**, **Neues Kennwort** und **Neues Kennwort noch einmal eingeben** aus. Klicken Sie dann auf **Speichern**. Sie werden anschließend darüber informiert, dass Ihr Passwort geändert wurde ❹.

Schritt 4

Es gibt noch einen anderen Weg zur Passwortänderung: Klicken Sie in der Menüleiste auf den Eintrag **Skype**, und wählen Sie dann die Option **Kennwort ändern** aus dem Menü.

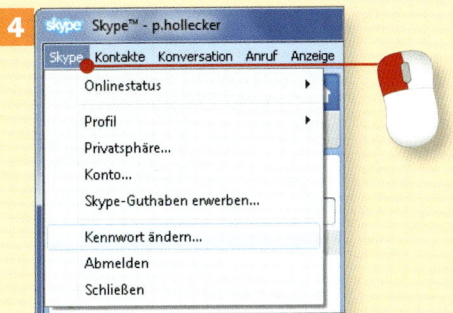

Schritt 5

Das Fenster **Mein Kennwort ändern** öffnet sich. Geben Sie auch hier zunächst Ihr altes Kennwort ein, dann ein neues ❺ und dieses noch einmal zur Bestätigung ❻. Zum Schluss klicken Sie auf **Übernehmen** ❼.

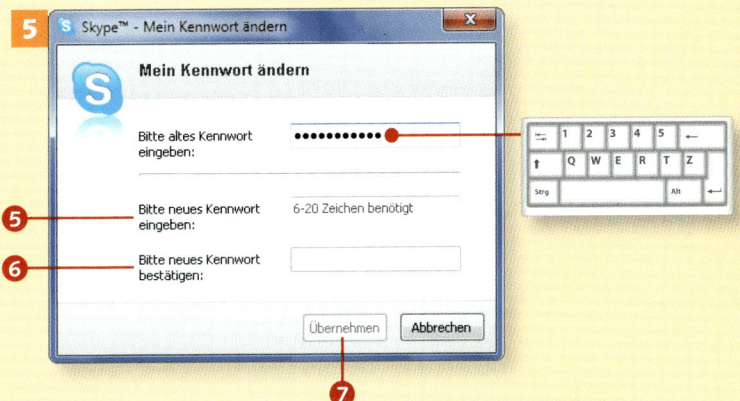

Schritt 6

Nach der Änderung Ihres Skype-Passworts werden Sie jeweils zum Einwahlbereich zurückgeleitet. Um Ihr neues Kennwort endgültig zu aktivieren, melden Sie sich hier erneut mit Ihrem Benutzernamen und dem neuen Passwort an.

Abmelden

Falls Sie Ihren Computer mit anderen teilen, sollten Sie sich sicherheitshalber bei Skype abmelden, wenn Sie den Rechner verlassen, damit niemand sonst Ihren Account nutzen kann. Klicken Sie mit rechts auf das Skype-Symbol in der Taskleiste, und wählen Sie **Abmelden**. Bei der nächsten Nutzung müssen Sie sich dann wieder mit Ihren Login-Daten anmelden.

Kapitel 3
Telefonieren mit Skype

Wie einfach es ist, mit Skype kostenlose Telefonate zu führen, Anrufer an eine andere Person weiterzuleiten oder ganze Gruppengespräche zu organisieren, erfahren Sie in diesem Kapitel. Praktische Tipps zum laufenden Gespräch gibt es inklusive. Die meisten Funktionen lassen sich dann am effektivsten nutzen, wenn Ihr Gegenüber auch Skype installiert hat.

Anrufe entgegennehmen und ablehnen
Wie beim »normalen« Telefon haben Sie die volle Kontrolle über eingehende Anrufe ❶. Nehmen Sie diese entgegen, oder lehnen Sie sie ab, wenn Sie gerade beschäftigt sind.

Anrufe halten und stumm schalten
Laufende Gespräche können Sie unterbrechen ❷, wenn Sie einen Moment lang etwas anderes tun möchten. Sie drücken dann sozusagen auf **Pause**. Außerdem lässt sich ein Gespräch auch stumm schalten, was z. B. für geschäftliche Telefonkonferenzen nützlich ist.

Einen Anruf weiterleiten
Wenn Sie einen Anruf gerade nicht entgegennehmen können, lässt er sich an einen anderen Gesprächspartner durchstellen ❸, z. B. an einen Ihrer Kontakte.

1 Sie können Anrufe entgegennehmen oder auch ablehnen.

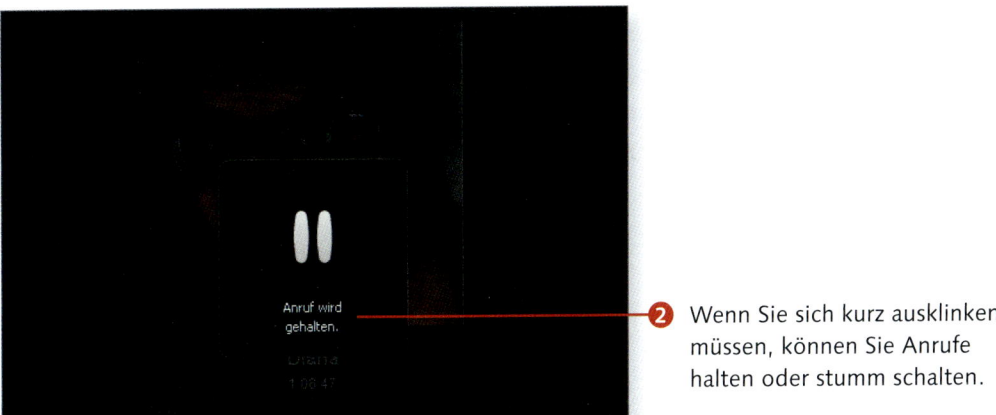

2 Wenn Sie sich kurz ausklinken müssen, können Sie Anrufe halten oder stumm schalten.

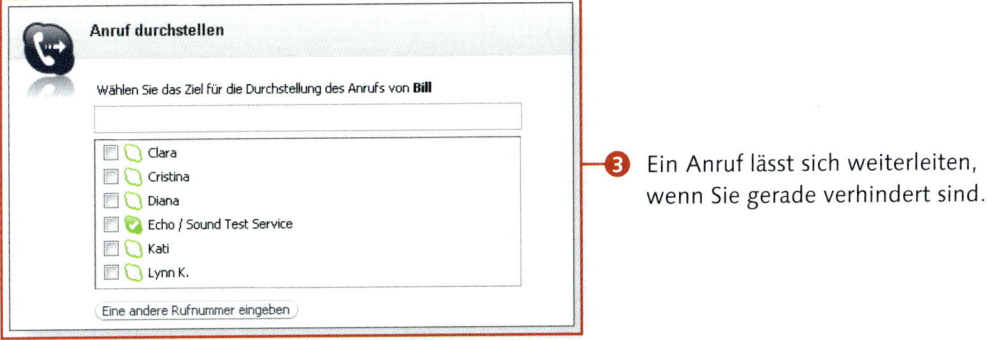

3 Ein Anruf lässt sich weiterleiten, wenn Sie gerade verhindert sind.

Jemanden anrufen

Der wichtigste und zugleich einfachste Vorgang in Skype ist der Anruf einer anderen Person. Wie so oft in dem Programm gibt es auch hierbei mehrere Wege, um dies zu bewerkstelligen.

Schritt 1

Suchen Sie zunächst den Kontakt, den Sie anrufen möchten, in Ihrer Kontaktliste. Markieren Sie ihn ❶, indem Sie ihn anklicken, und wählen Sie dann **Anrufen** im Kontaktfenster.

Schritt 2

Skype versucht nun, eine Verbindung zu der Person zu erstellen. Falls Sie sich z. B. verwählt haben und vorzeitig auflegen möchten, klicken Sie auf den roten Hörer neben dem Kontakteintrag ❷ oder unten im Kontaktfenster.

Schritt 3

Der Angerufene hat das Telefonat entgegengenommen, und die Verbindung besteht. Wenn Sie einander verstehen können, sind die jeweiligen Mikrofone korrekt eingestellt. Falls nicht, suchen Sie Hilfe im Abschnitt »Das Mikrofon einrichten« ab Seite 28.

Schritt 4

Unter dem Namen des Kontakts wird die Anrufdauer angezeigt ❸. Um das Gespräch zu beenden, klicken Sie auf den roten Hörer.

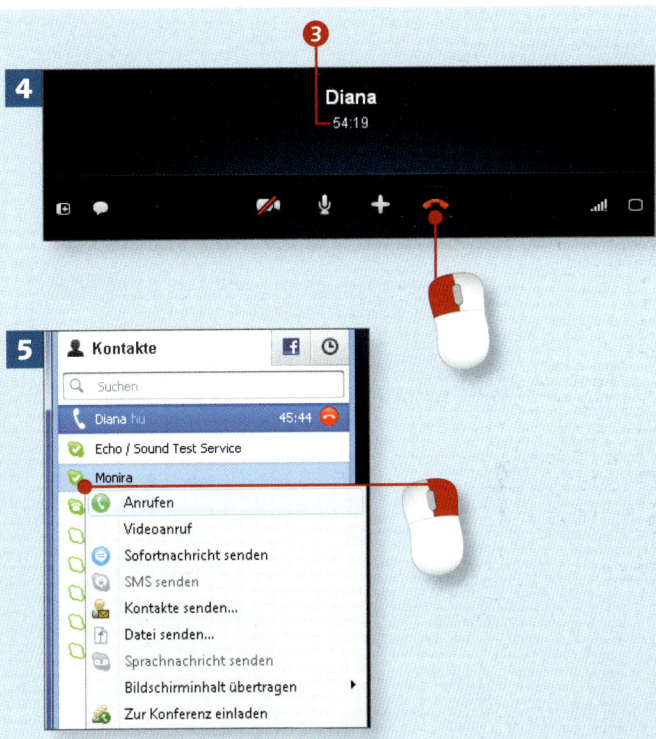

Schritt 5

Eine weitere Möglichkeit, einen Kontakt anzurufen, besteht darin, diesen in der Kontaktliste mit der rechten Maustaste anzuklicken und aus dem Kontextmenü **Anrufen** zu wählen.

Schritt 6

Und die letzte Variante: Markieren Sie den Kontakt ❹, und klicken Sie dann oben auf **Anruf ▸ Anrufen**.

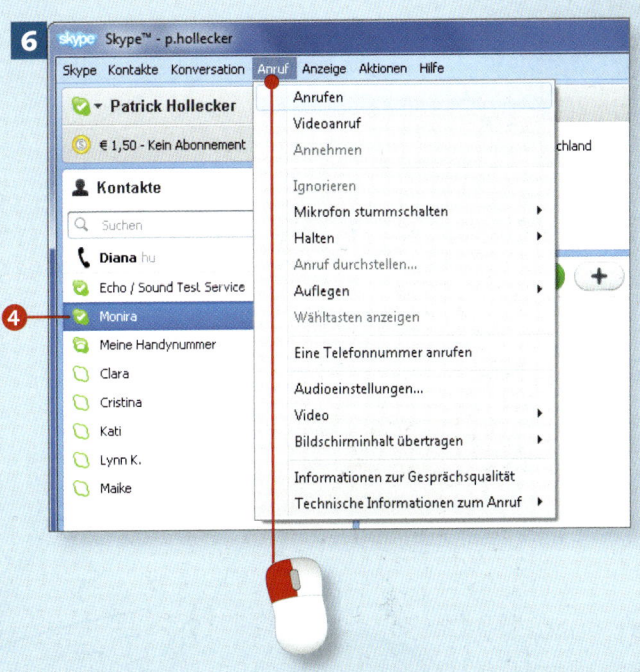

Neue Kontakte finden, einrichten und verwalten

Sie können in Skype nach Freunden, Bekannten oder Geschäftskollegen suchen, um sie als Kontakte hinzuzufügen. Die passenden Anleitungen finden Sie in Kapitel 6, »Kontakte finden und verwalten«, ab Seite 122.

Eingehende Anrufe annehmen und abweisen

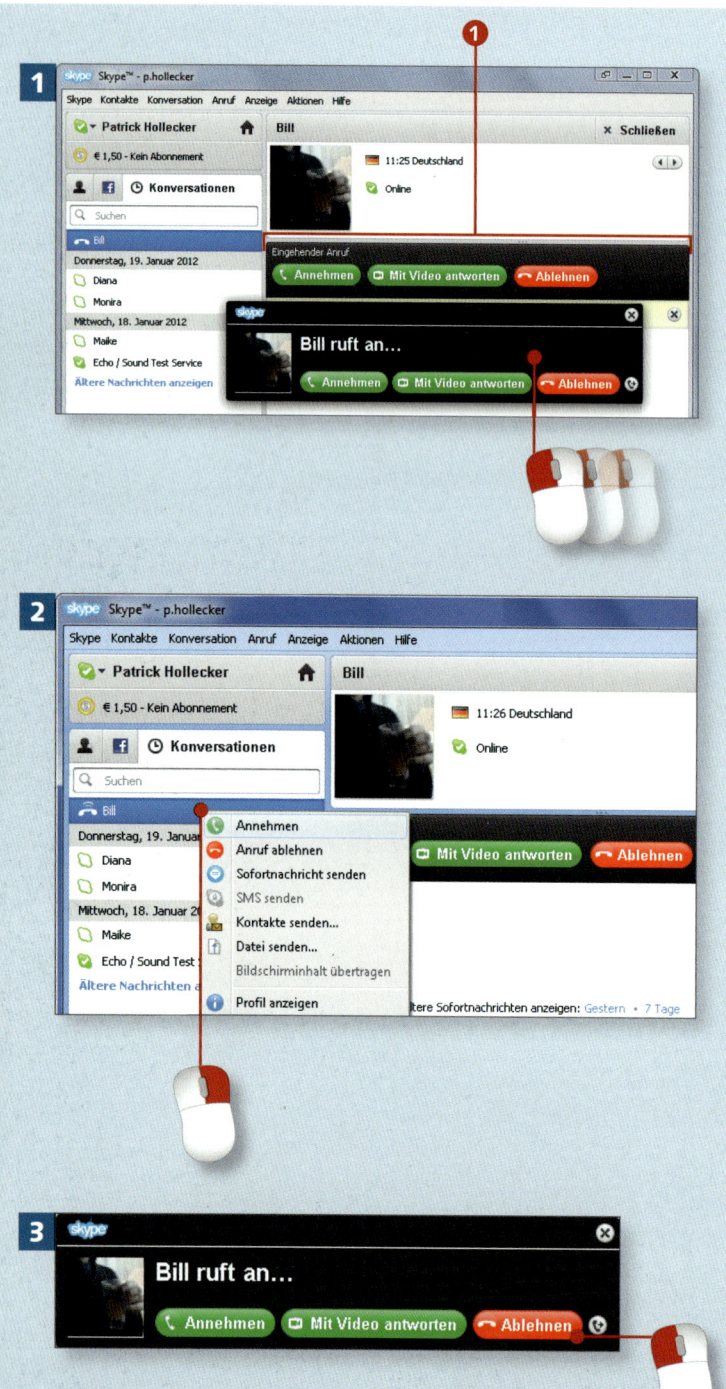

Manchmal hat man einfach keine Zeit für ein Gespräch, vielleicht auch, weil man gerade mit einer anderen Person kommuniziert. Lehnen Sie in solch einem Fall den eingehenden Anruf einfach ab. Ein Gespräch anzunehmen ist ebenso simpel.

Schritt 1

Wenn Sie angerufen werden, wird dies sowohl auf der Skype-Oberfläche angezeigt ❶ als auch in einem Infofenster, das Sie mit gedrückter Maustaste verschieben können. Klicken Sie auf eine der beiden **Annehmen**-Schaltflächen.

Schritt 2

Sie können den Anruf auch über den entsprechenden Eintrag in der Kontaktliste entgegennehmen. Klicken Sie ihn mit der rechten Maustaste an, und wählen Sie dann **Annehmen** im Kontextmenü.

Schritt 3

Einen Anruf abzuweisen funktioniert auf die gleiche Art und Weise, nur dass Sie hierbei eben die Option **Ablehnen** mit einem Mausklick bestätigen müssen.

Schritt 4

Im Textbereich des Kontaktfensters
wird eine entsprechende Meldung
❷ angezeigt (und gespeichert),
damit Sie immer wissen, wem Sie
wann die kalte Schulter gezeigt
haben.

Schritt 5

Eine weitere Möglichkeit besteht
darin, es einfach klingeln zu lassen.
Dazu klicken Sie auf **Anruf ▸ Ignorieren**. Auf die Art deaktivieren Sie
lediglich das Klingelgeräusch dieses
Anrufs.

Schritt 6

Wenn Sie die Skype-Software zwar
aktiviert haben und online sind,
sich aber nicht direkt darin befinden,
sondern z. B. ein Textdokument
bearbeiten, während Sie gerade
per Skype angerufen werden, poppt
nur das anfangs erwähnte beweg-
liche Infofenster auf. Sie können den
Anruf auf diese Weise beantworten,
ohne dass Sie zuerst die Skype-
Oberfläche aufrufen müssten.

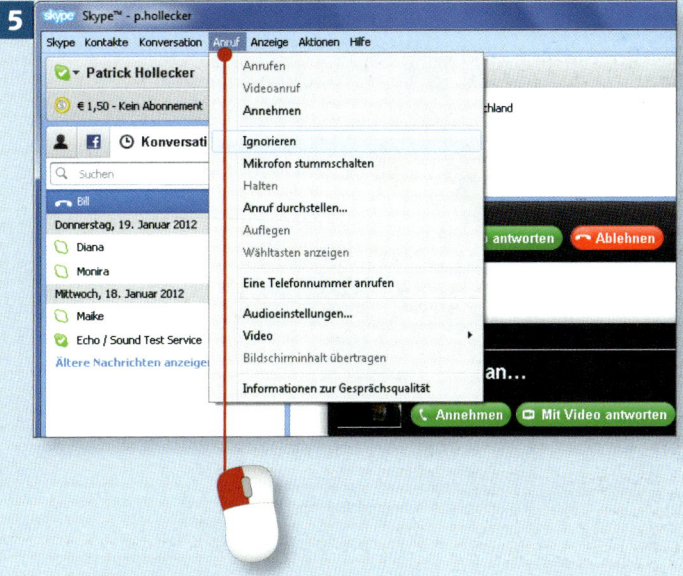

Ein Gespräch automatisch annehmen

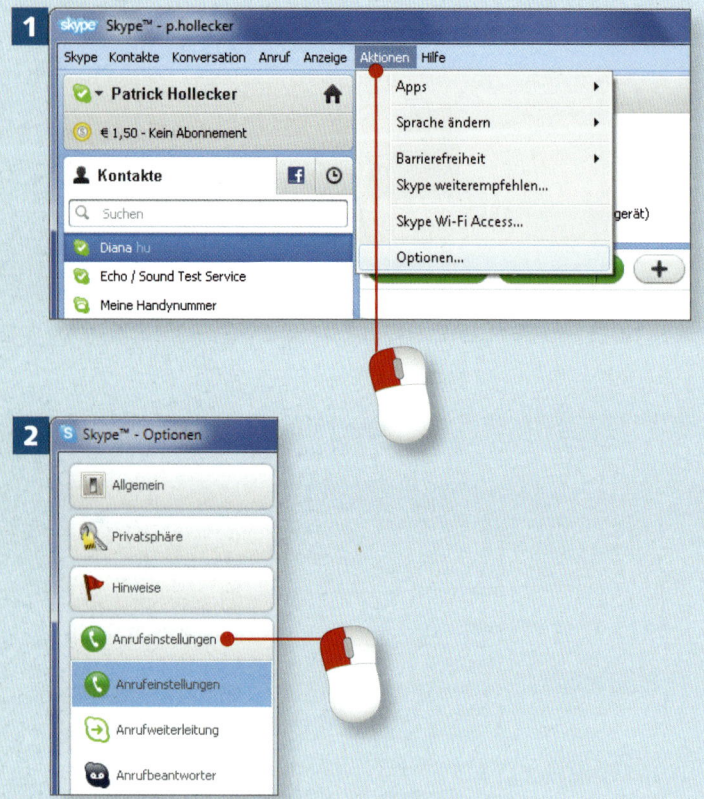

Damit Sie Anrufe nicht immer manuell entgegennehmen müssen, können Sie diesen Vorgang automatisieren. Das ist praktisch, wenn Sie beispielsweise dauerhaft erreichbar sein wollen.

Schritt 1

Wählen Sie den Punkt **Optionen** im Menübereich **Aktionen**, um das Dialogfenster für die Skype-Einstellungen aufzurufen.

Schritt 2

Öffnen Sie die Kategorie **Anrufeinstellungen**, indem Sie den entsprechenden Bereichstitel in der Leiste auf der linken Seite anklicken.

Schritt 3

Hier ist nun erst einmal sehr wenig zu sehen. Klicken Sie deshalb auf die Schaltfläche **Erweiterte Optionen**, um noch mehr Funktionen und Möglichkeiten zu sehen.

Schritt 4

Hier finden Sie zusätzlich die Option **Eingehende Anrufe automatisch annehmen**. Aktivieren Sie sie, indem Sie mit einem Mausklick ein Häkchen in der Checkbox setzen.

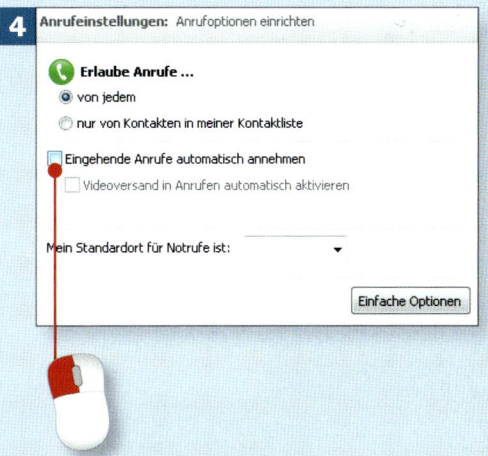

Schritt 5

Daraufhin wird der Punkt **Videoversand in Anrufen automatisch aktivieren** ❶ anklickbar. Er sorgt dafür, dass dem Empfänger mit der automatischen Anrufannahme auch gleich Ihr Videobild angezeigt wird. Überlegen Sie sich also gut, ob Sie diesen Punkt ebenfalls auswählen wollen.

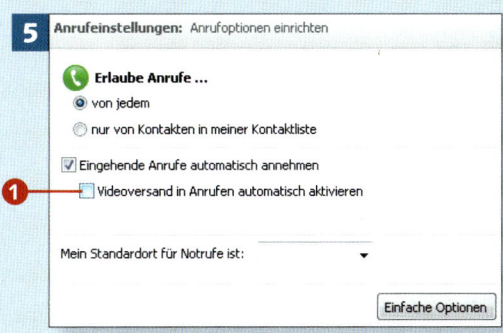

Schritt 6

Wenn Sie mit Ihren Anpassungen in dem Bereich zufrieden sind, vergessen Sie nicht, sie zu bestätigen, indem Sie abschließend auf die Schaltfläche **Speichern** klicken.

Automatisch mit Video

Sie können die automatische Annahme auch so einstellen, dass immer das Videobild hinzugeschaltet wird. Lesen Sie dazu den Abschnitt »Immer automatisch ein Videotelefonat führen« ab Seite 94.

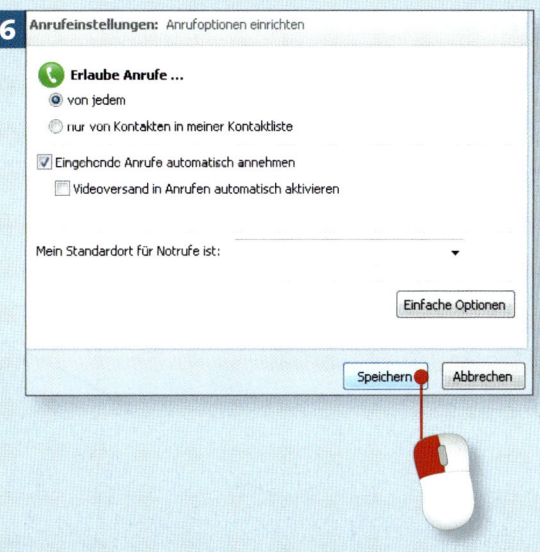

Die Schnellfunktionen nutzen

Bei jedem Gespräch haben Sie Zugriff auf verschiedene Zusatzoptionen. Sie finden sie in einer Funktionsleiste im unteren Teil des Kontaktfensters.

Schritt 1

Berühren Sie das Kontaktfenster während eines Gesprächs mit der Maus. Im unteren Teil wird eine Leiste mit verschiedenen Symbolen eingeblendet. Klicken Sie darin auf das Icon ❶ ganz links.

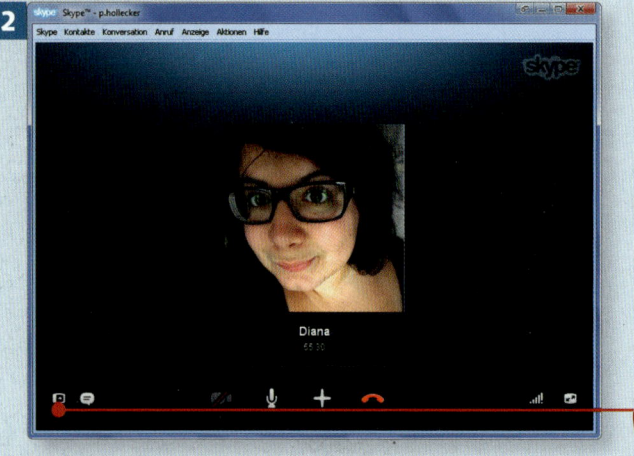

Schritt 2

Die Gesprächsanzeige wird dadurch auf das komplette Programmfenster vergrößert. Klicken Sie erneut auf das Symbol, um wieder zu der üblichen Darstellung mit dem Verwaltungsbereich auf der linken Seite zurückzukehren.

Schritt 3

Wenn Sie auf das zweite Symbol von links klicken, öffnet sich unter der Videodarstellung ein Textbereich. Hierüber können Sie Ihrem Gesprächspartner Textnachrichten zukommen lassen oder z. B. Internetlinks schicken.

Schritt 4

Mit einem Klick auf das Kamerasymbol aktivieren Sie Ihre eigene Webcam für die Videoübertragung. Ihr Gegenüber sieht dann nicht mehr Ihr Profilbild, sondern ein bewegtes Live-Bild ❷, das Sie auch selbst auf dem Kontaktfeld etwas verkleinert begutachten können.

Schritt 5

Wenn Sie erneut auf das Kamerasymbol klicken, wird es durchgestrichen; in einem größeren Hinweis ❸ wird außerdem kurz darauf hingewiesen, dass die Videoübertragung deaktiviert wurde.

Schritt 6

Mit einem Klick auf das Mikrofon lässt sich Ihr Mikrofon deaktivieren. Das bedeutet, Ihr Gegenüber hört Sie nicht, Sie können ihn jedoch weiterhin hören.

i

Das Videobild neu positionieren

Sie können Ihr eigenes Videobild mit gedrückter Maustaste beliebig auf dem Kontaktbereich umherziehen und beispielsweise von links oben nach rechts unten versetzen.

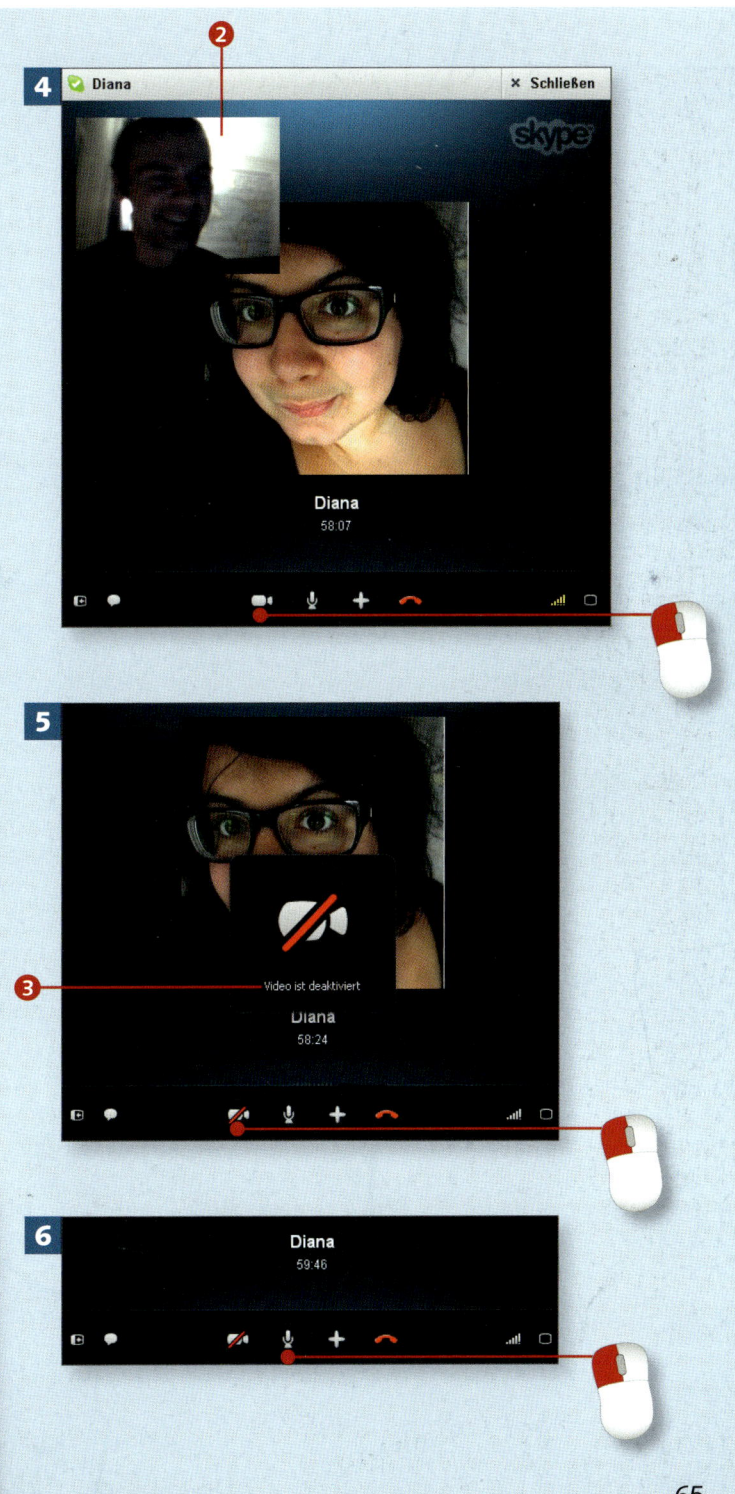

Die Schnellfunktionen nutzen (Forts.)

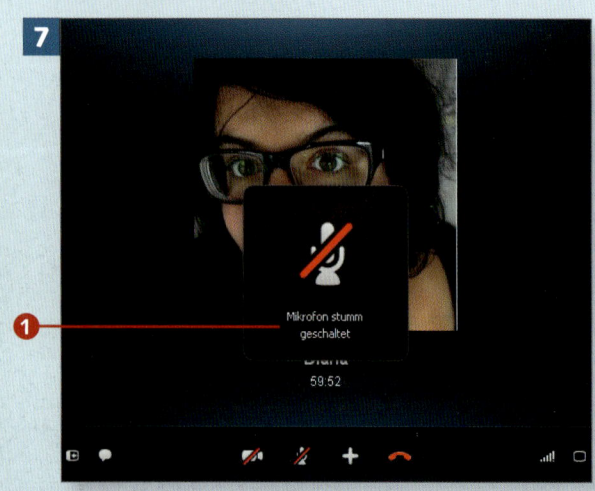

Schritt 7

Der Hinweis zur Deaktivierung des Mikrofons ❶ bleibt so lange im Gesprächsfenster bestehen, bis Sie das Mikrofonsymbol erneut anklicken und der Gesprächspartner Sie damit wieder hören darf.

Schritt 8

Ein Klick auf das Plus eröffnet gleich mehrere Möglichkeiten, die Sie auch während des laufenden Gesprächs nutzen können: **Datei senden**, **Kontakte senden**, **Gesamten Bildschirm übertragen** und **Zum Anruf hinzufügen**. Im Detail werden diese Optionen in den Abschnitten »Dem Gesprächspartner einen Link oder eine Datei schicken« ab Seite 112, »Kontakte an Freunde weitergeben« ab Seite 118, »Den Bildschirm für den Gesprächspartner freigeben« ab Seite 88 und »Einen weiteren Gesprächspartner einladen« ab Seite 76 beschrieben.

Schritt 9

Wenn Sie mit der Maus auf den roten Hörer klicken, beenden Sie damit das laufende Gespräch.

Schritt 10

Wenn Sie auf das Symbol in Form eines Pegels klicken, rufen Sie ein Fenster auf, in dem Sie die Qualität Ihres Mikrofons, Ihrer Lautsprecher, der Webcam, die Schnelligkeit des Computers sowie die Qualität Ihrer Verbindung überprüfen können.

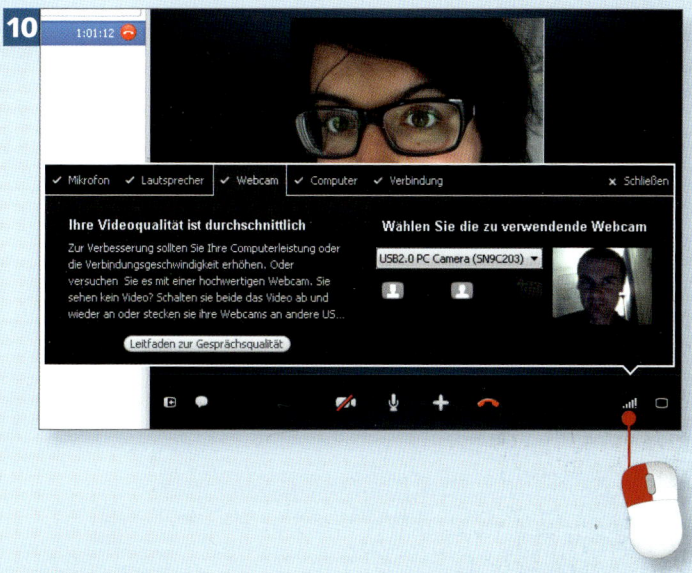

Schritt 11

Mit einem Klick auf das Symbol ganz rechts in der Funktionsleiste öffnen Sie ein Menü, in dem Sie auswählen können, ob Sie das Gespräch als **Minifenster** oder im **Vollbild** anzeigen lassen wollen.

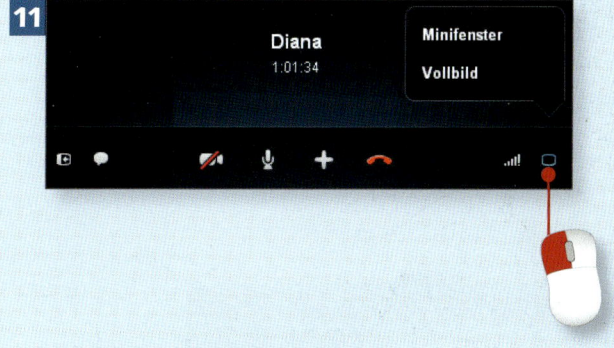

Schritt 12

Im Minifenster werden Gesprächsteilnehmer und Dauer des Anrufs angezeigt. Berühren Sie das Fenster mit der Maus, öffnen sich Funktionen zum Stummschalten ❷ und Auflegen ❸. Wenn Sie die Maustaste gedrückt halten, können Sie das Fenster verschieben. Mit einem Klick auf das Kreuz ❹ schließen Sie es.

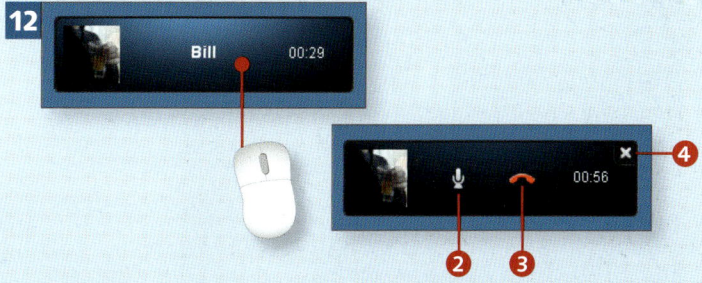

Das Gespräch unterbrechen

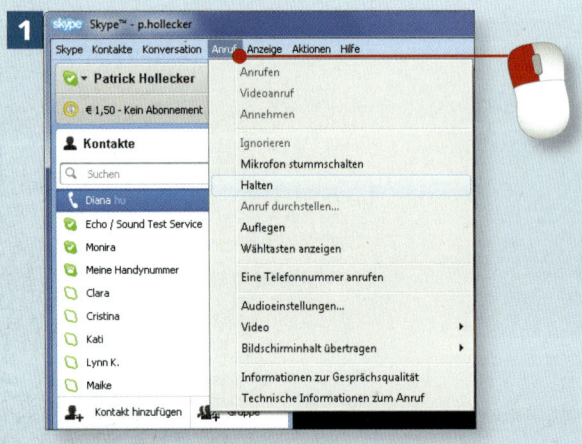

Um ein Gespräch kurz zu unterbrechen, können Sie es für einen Moment »halten« oder Ihr Mikrofon kurz deaktivieren, sodass Sie nicht gleich das ganze Telefonat beenden müssen.

Schritt 1

Unterbrechen Sie ein laufendes Gespräch, indem Sie in der Menüleiste auf **Anruf** klicken und dort **Halten** auswählen.

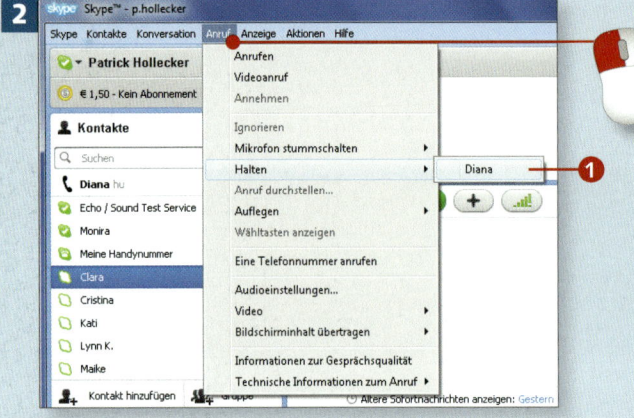

Schritt 2

Wenn Sie in der Kontaktliste einen anderen Kontakt angewählt haben als den, mit dem Sie gerade sprechen, erhält der Punkt **Halten** eine entsprechende zusätzliche Auswahloption ❶. Auf diese Weise können Sie genau auswählen, welches Gespräch Sie unterbrechen wollen.

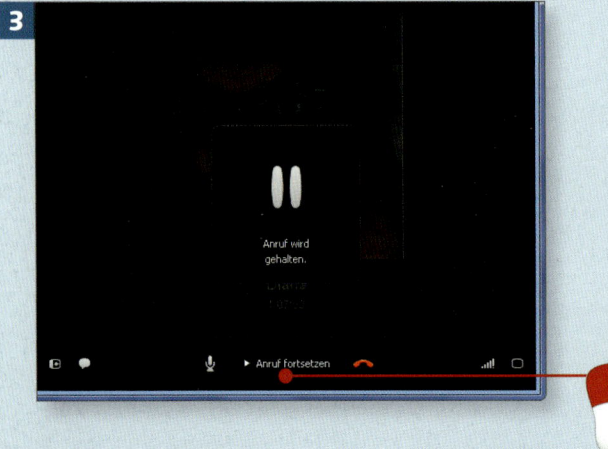

Schritt 3

Ist ein Telefonat im Halte-Zustand, empfangen weder Sie noch einer Ihrer Gesprächspartner ein Signal des Gegenübers. Sobald Sie auf **Anruf fortsetzen** klicken, wird das Gespräch wieder aufgenommen.

Schritt 4

Ebenso lässt sich ein gehaltenes Telefonat fortsetzen, indem Sie im Menübereich auf **Anruf** und dann auf **Fortsetzen** klicken.

Schritt 5

Um das Mikrofon einen Moment zu deaktivieren, klicken Sie **Anruf ▸ Mikrofon stummschalten**. Falls Sie mehrere Gespräche parallel führen, können Sie das Gespräch auswählen ❷, das Sie stumm schalten möchten.

Schritt 6

Ein entsprechender Hinweis ❸ erscheint auf der Gesprächsanzeige. Klicken Sie auf das Mikrofon, um den Audiokanal wieder zu öffnen.

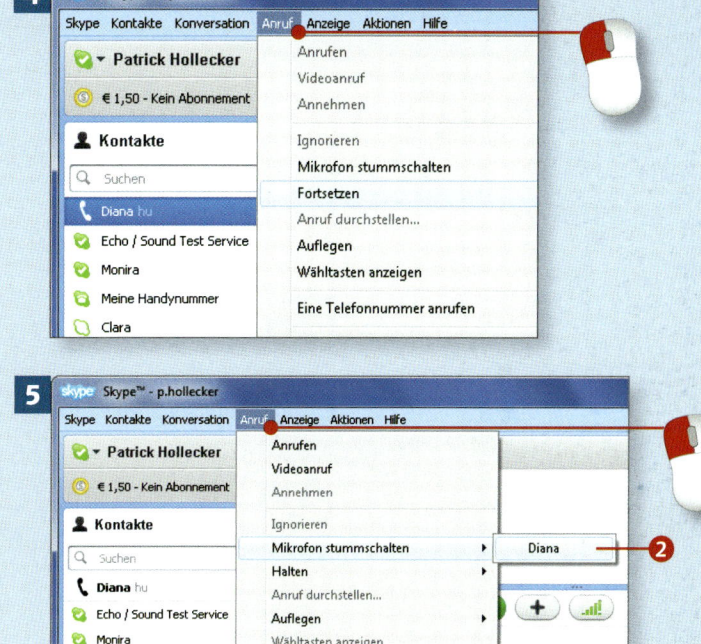

Im Halte-Zustand einen weiteren Kontakt anrufen

Während Sie das Gespräch mit einem Kontakt halten, können Sie einen weiteren anrufen, ohne dass sich beide Personen in die Quere kämen. Chats sind parallel auch ohne Gesprächsunterbrechung möglich.

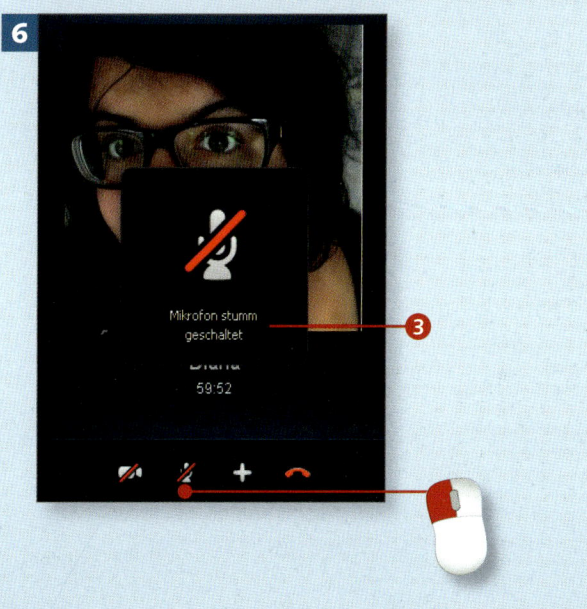

Gruppentelefonate organisieren

Gruppentelefonate haben einen besonderen Reiz. Telefonieren Sie gleichzeitig mit Ihren Freunden, Verwandten oder Geschäftspartnern in einer Gesprächskonferenz.

Schritt 1

Sie können die Gruppenzusammenstellung auf zwei Arten angehen. Klicken Sie im Kontaktbereich auf das Plus, und wählen Sie **Teilnehmer hinzufügen** im Menü.

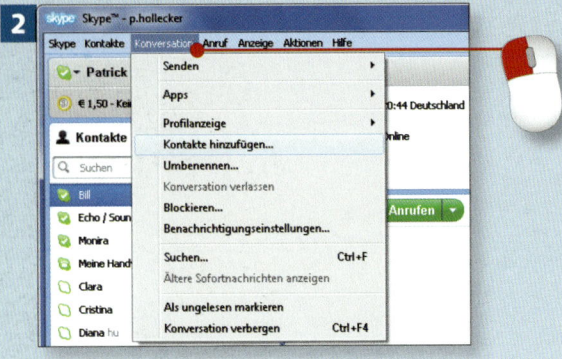

Schritt 2

Alternativ steigen Sie direkt in den Zusammenstellungsbereich ein, indem Sie auf **Konversation ▸ Kontakte hinzufügen** klicken.

Schritt 3

Das Fenster **Kontakte hinzufügen** öffnet sich. Stellen Sie nun Ihre Gesprächskonferenz zusammen, indem Sie einen Kontakt mit einem Klick markieren ❶ und auf **Auswählen** klicken. Auf die gleiche Weise lassen sich auch manuell eingegebene Rufnummern ❷ hinzufügen.

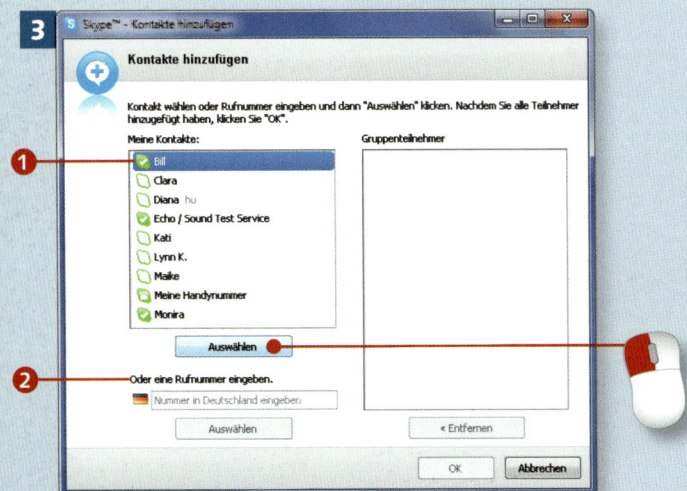

Schritt 4

Gewählte Kontakte erscheinen dann rechts im Bereich **Gruppen-teilnehmer**. Um einen Kontakt zu entfernen, markieren Sie ihn ❸ und klicken auf **Entfernen**. Wenn die Gruppe zusammengestellt ist, klicken Sie auf **OK**.

Schritt 5

Nun werden zwei Personen in einer Konferenzansicht aufgeführt. Vorläufig besteht der Titel der Gruppe ❹ aus den Namen der beiden Gesprächsteilnehmer. Auch links im Bereich **Konversationen** ist diese Gruppe nun vermerkt ❺.

Schritt 6

Um nachträglich weitere Personen zu dieser noch nicht begonnenen Konferenz einzuladen, klicken Sie auf das Plus unter den Teilnehmeranzeige und wählen **Teilnehmer hinzufügen** aus dem Menü.

Telefonkonferenzen

Weil Sie mit Skype übers Internet telefonieren und ein Videobild hinzuschalten können, eignet es sich beispielsweise auch für Telefonkonferenzen zwischen mehreren Büros – sogar über Landesgrenzen hinweg.

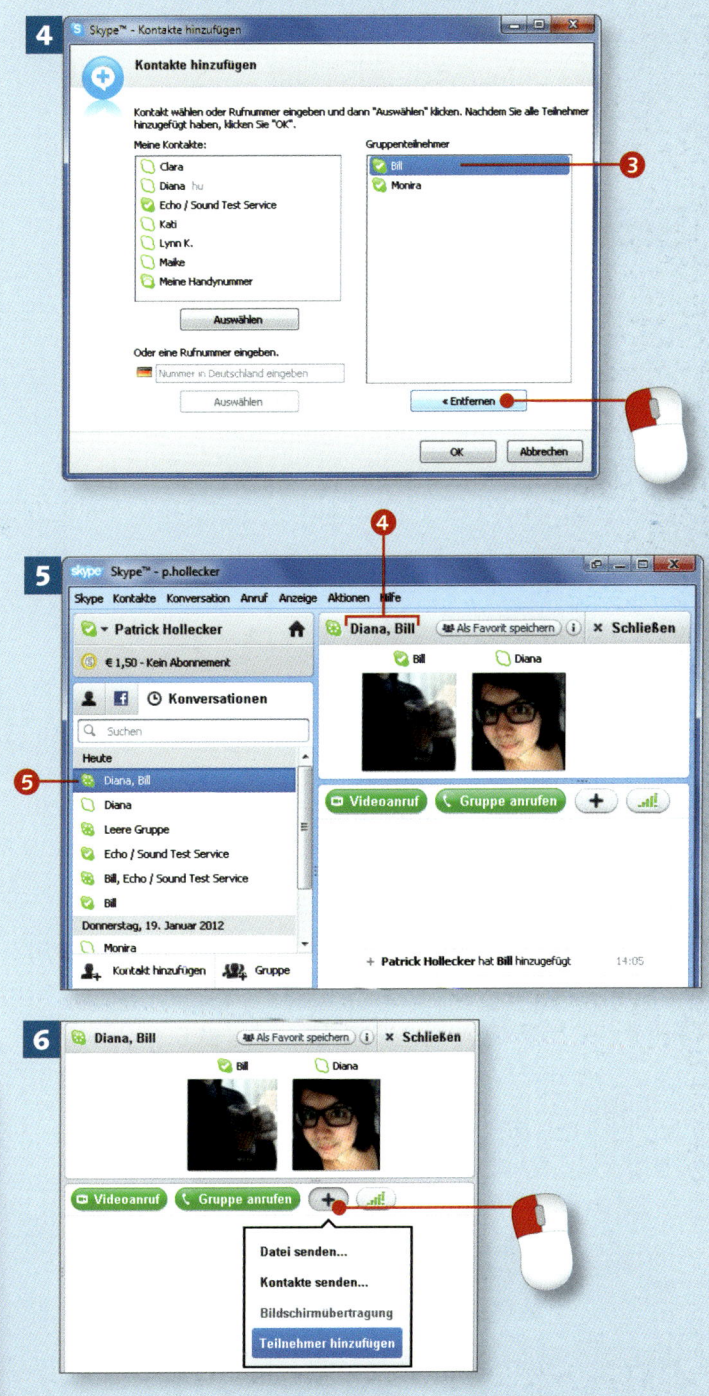

Gruppentelefonate organisieren (Forts.)

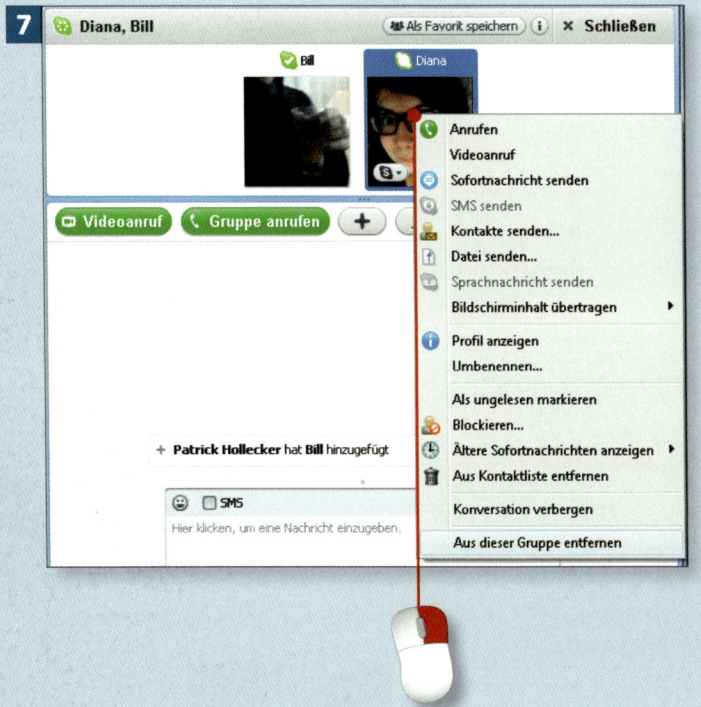

Schritt 7

Auch können Sie einen bereits in die Gruppe aufgenommenen Teilnehmer wieder löschen. Führen Sie dazu einen Rechtsklick auf dessen Profilbild aus, und wählen Sie im Kontextmenü ganz unten den Punkt **Aus dieser Gruppe entfernen**.

Schritt 8

Erweiterte Gruppenoptionen öffnen Sie, indem Sie auf die kleine Schaltfläche **i** in der Titelzeile der Gruppe klicken. Daraufhin erscheinen ein Platzhalter für ein Gruppenbild ❶ sowie ein Feld ❷ für weitere Informationen zur Gruppe.

Schritt 9

Berühren Sie den Bild-Platzhalter mit der Maus, und klicken Sie auf **Ändern**, um der Gesprächsrunde eine Titelgrafik zuzuordnen.

Weitere Optionen

Mit der Lupe ❸ vergrößern Sie die Anzeige des Gruppenbildes, mit dem Pfeil ❹ können Sie die Darstellung der Gruppe auf ein Minimum reduzieren. Um wieder die ursprüngliche Anzeige zu erhalten, klicken Sie auf eine leere Stelle in der Gruppen-Titelleiste.

Schritt 10

Das Fenster **Chat-Bild** öffnet sich. Klicken Sie hier auf **Durchsuchen** ❺. Im Explorer markieren Sie ein passendes Bild ❻ für Ihre Gruppenkonversation und klicken auf **Öffnen**.

Schritt 11

Das Foto dient nun als Bild für die Gruppe und kann auch von den anderen Konferenzteilnehmern gesehen werden. Klicken Sie jetzt noch auf die Zeile für das Thema, und tragen Sie dort etwas ein.

Schritt 12

Ehe Sie das Gespräch mit einem Klick auf **Gruppe anrufen** ❼ beginnen, können Sie diese Gruppe mit Foto und Thema als Kontakt anlegen, indem Sie auf **Als Favorit speichern** ❽ klicken und im nächsten Dialogfenster einen passenden Gruppennamen angeben.

ℹ **Eine gespeicherte Gruppe löschen**
Wenn Sie eine Gruppe aus Ihrer Kontaktliste entfernen wollen, klicken Sie sie mit der rechten Maustaste an, wählen **Aus den Favoriten entfernen** aus dem Kontextmenü und bestätigen den Löschvorgang mit **OK**.

73

Eine Gesprächsgruppe aus der Kontaktliste erstellen

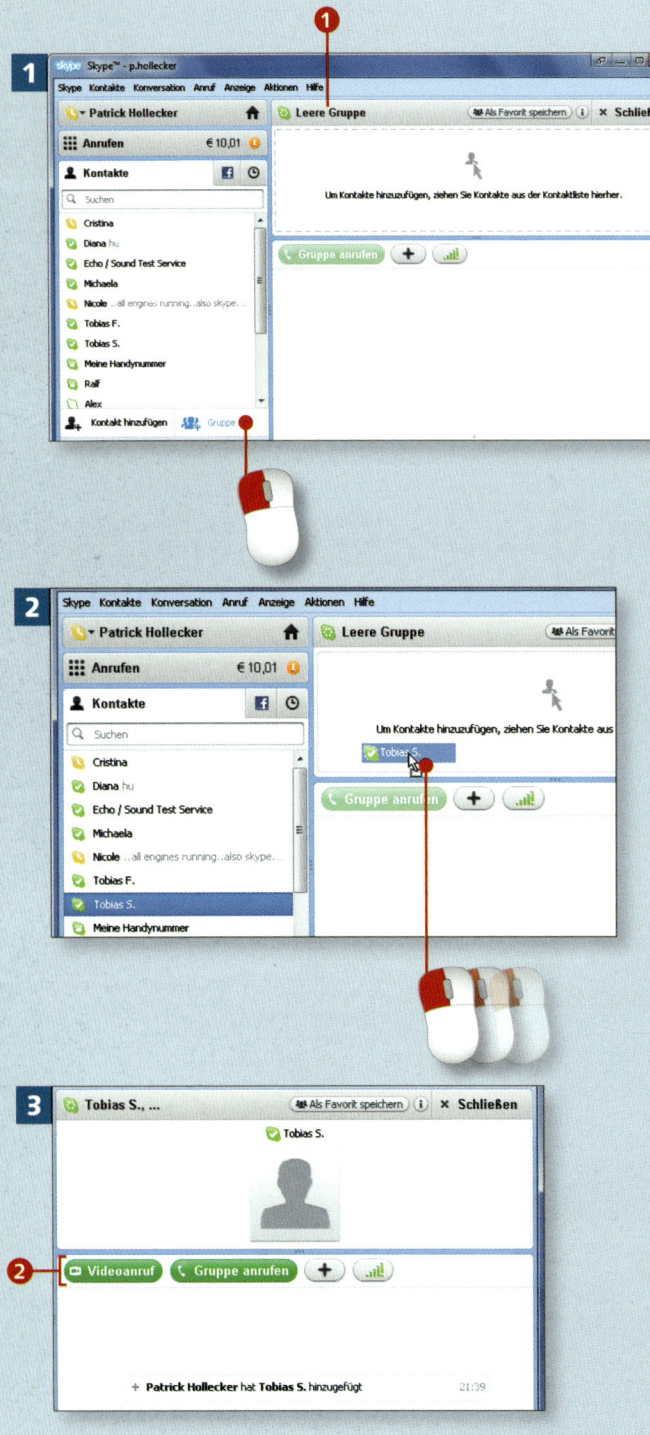

Sie können sich eine Gruppe aus verschiedenen Kontakten für eine Telefonkonferenz auch schnell über Ihre Kontaktliste zusammenstellen.

Schritt 1

Wählen Sie den Bereich **Gruppe** im unteren Teil der Kontaktliste mit einem Mausklick an. Daraufhin öffnet sich rechts oben ein Gruppierungsbereich mit dem Titel **Leere Gruppe** ❶.

Schritt 2

Ziehen Sie mit gedrückter Maustaste einen Kontakt aus Ihrer Liste auf diesen Bereich.

Schritt 3

Die Person erscheint mit ihrem Profilbild in dem zuvor noch leeren Gruppenbereich, während die Anruffunktionen bereits anwählbar werden ❷.

---

i

Gruppenchats I

Wenn Sie mit einer Gruppe lediglich per Chat kommunizieren wollen, verwenden Sie einfach die übliche Sofortnachrichten-Funktion, deren Einträge jeder in Ihrer Gruppe erhält (siehe dazu auch den Abschnitt »Eine Nachricht verschicken« ab Seite 98).

Schritt 4

Führen Sie den Vorgang aus Schritt 2 nun so oft aus, bis Sie die gewünschte Telefonkonferenz-Gruppe mit allen Teilnehmern komplett zusammengestellt haben.

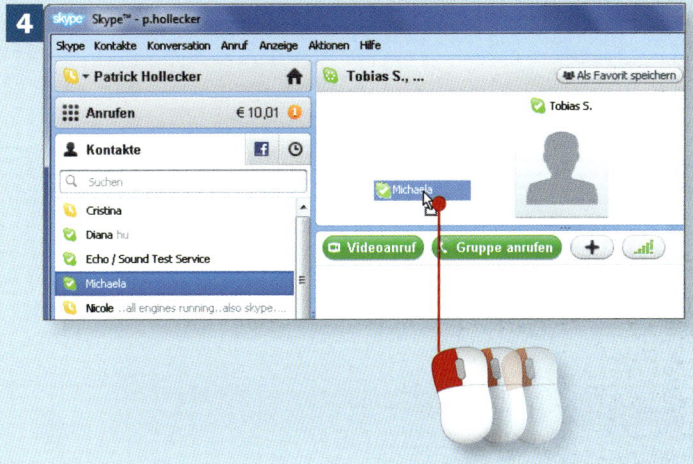

Schritt 5

Gefällt Ihnen die Zusammenstellung, klicken Sie auf **Videoanruf** oder auf **Gruppe anrufen**, um das Gruppengespräch zu starten. Im unteren Bereich wurden zudem Ihre Hinzufügen-Aktionen der Gruppenmitglieder protokolliert.

Schritt 6

Wenn Sie eine spezielle Aktion ausführen wollen, der Gruppe beispielsweise eine Datei senden oder Ihren Bildschirm übertragen wollen, klicken Sie auf das Plus und treffen im Menü Ihre Auswahl.

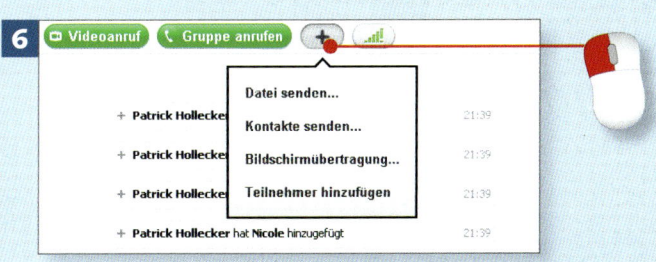

Gruppenchats II

Wenn einer der Kontakte der Gruppe Ihre Gruppenzusammenstellung ebenfalls als »Adresse« für die Textkommunikation nutzt, erhalten sowohl Sie als auch alle anderen Mitglieder der Gruppe seine Nachricht.

Einen weiteren Gesprächspartner einladen

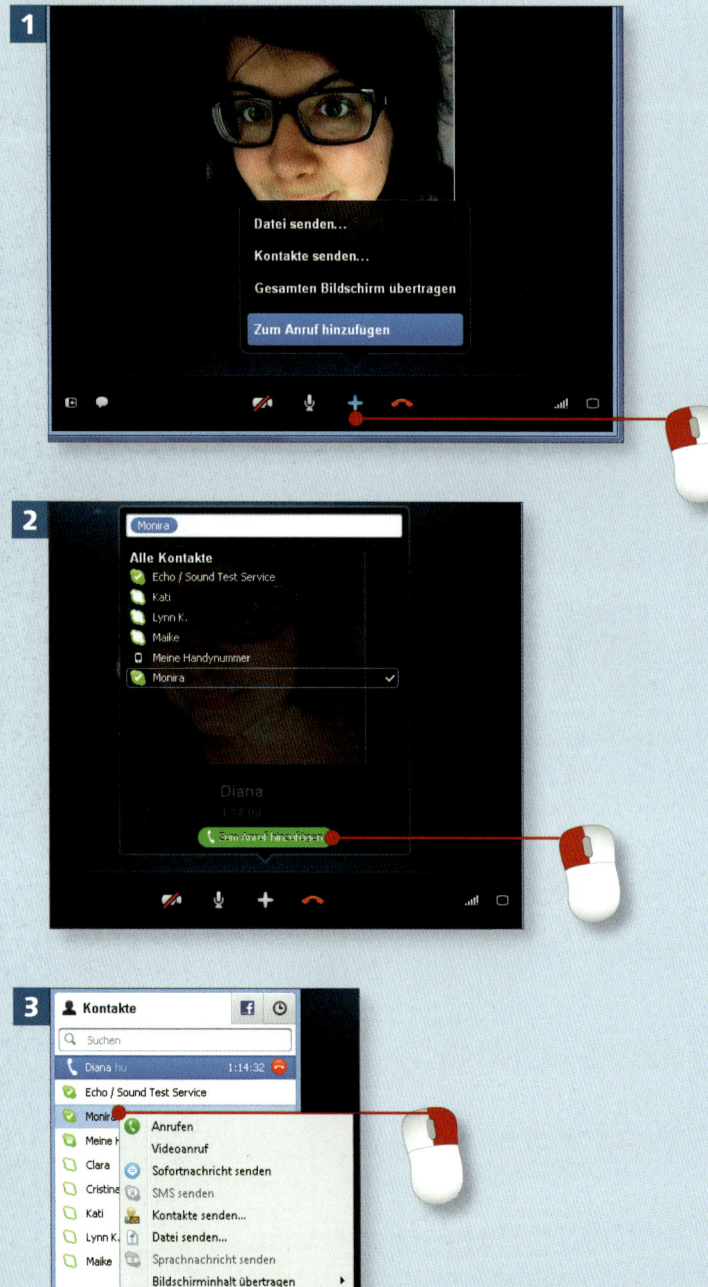

Auch während Sie bereits im Gespräch mit einem einzelnen Kontakt sind, können Sie weitere Teilnehmer zu diesem Telefonat einladen.

Schritt 1

Klicken Sie in der Funktionsleiste der Gesprächsansicht auf das Plus, und wählen Sie dann mit einem weiteren Klick den Punkt **Zum Anruf hinzufügen** aus.

Schritt 2

Es öffnet sich eine Liste Ihrer bestehenden Kontakte, in der Sie eine oder mehrere Personen mit einem Klick markieren und mit einem weiteren Klick auf **Zum Anruf hinzufügen** in die Konferenz aufnehmen können.

Schritt 3

Alternativ klicken Sie mit der rechten Maustaste auf einen Kontakt in der Liste links und im Kontextmenü auf **Zur Konferenz einladen**.

Schritt 4

Wenn Sie nicht der Initiator der Konferenz sind, klicken Sie mit rechts auf den Gruppeneintrag und dann auf **Konversation verlassen**. So bleibt die Konferenz zwischen den übrigen Personen bestehen.

Schritt 5

Bevor die Gruppenkonversation tatsächlich beendet wird, müssen Sie diese Entscheidung noch einmal bestätigen, indem Sie auf **Verlassen** klicken.

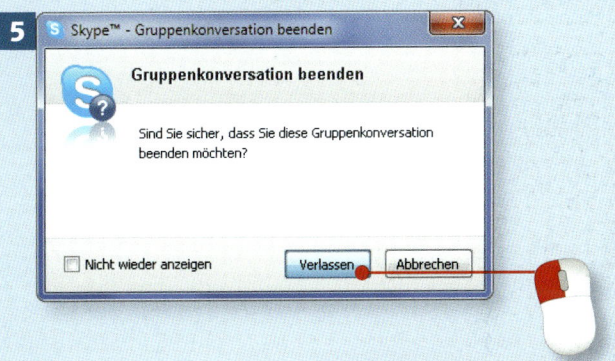

Schritt 6

Wenn Sie ein bestehendes Gruppengespräch beenden möchten, klicken Sie in der Kontaktliste den Eintrag für die Gruppe mit der rechten Maustaste an und wählen den Eintrag **Konferenz verlassen** aus dem Kontextmenü.

i

Einzelteilnehmer/Gruppe

Sobald Sie einen weiteren Kontakt zu einem bestehenden Gespräch einladen oder eine Gruppe anrufen, wird aus dem einzelnen Kontakteintrag in der Kontaktliste eine gemeinsame Anzeige aller Gesprächsteilnehmer, bis das Gespräch wieder beendet wird.

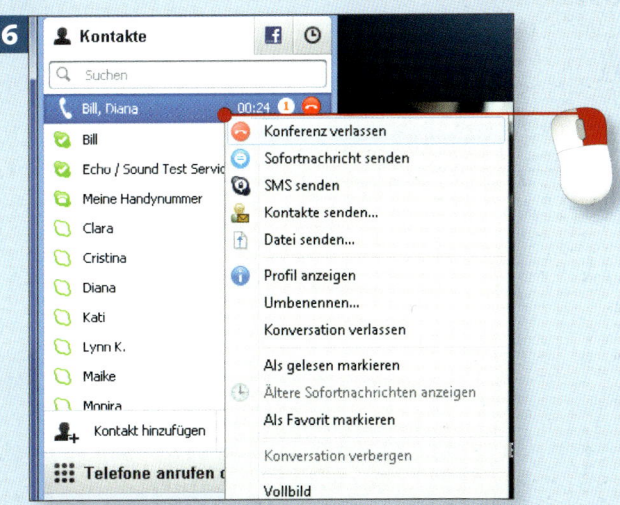

Anrufe an einen Kontakt weiterleiten

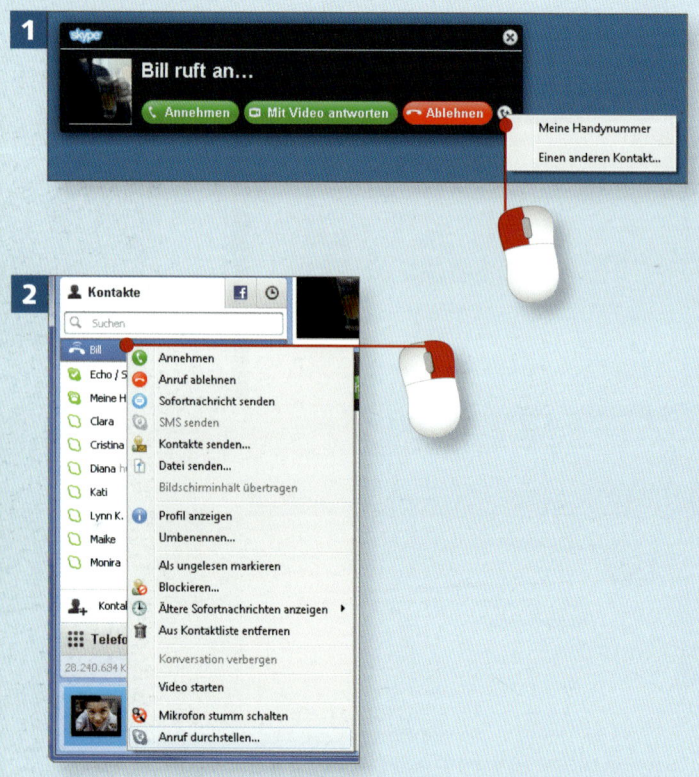

Sie können eingehende Skype-Anrufe an einen Ihrer Kontakte oder an eine beliebige Telefonnummer weiterleiten, wenn Sie selbst gerade keine Zeit haben, den Anrufer aber nicht abweisen wollen.

Schritt 1

Um einen Anruf weiterzuleiten, klicken Sie in der Anrufinfo auf den kleinen Hörer ganz rechts. Im Menü wählen Sie dann aus, an wen Sie den Anruf durchstellen möchten.

Schritt 2

Auch über die Kontaktliste können Sie einen aktuellen Anruf weiterleiten. Führen Sie einen Rechtsklick auf den Anrufer aus, und wählen Sie dann den Eintrag **Anruf durchstellen** im Kontextmenü.

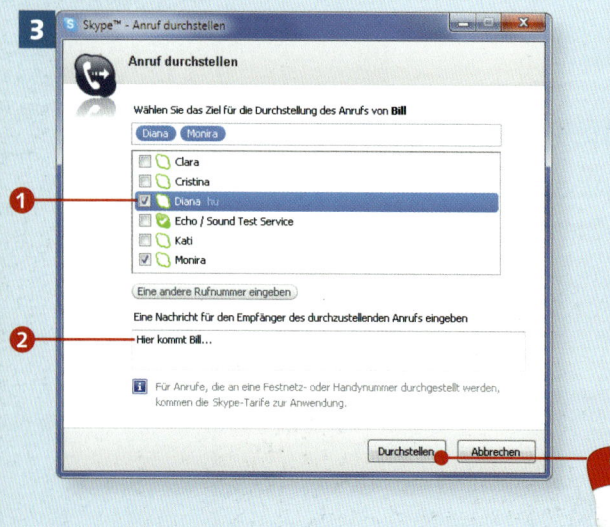

Schritt 3

Während es noch klingelt, wählen Sie im Fenster **Anruf durchstellen** den Kontakt ❶ aus, an den der Anruf weitergeleitet werden soll. Wahlweise ergänzen Sie eine Nachricht ❷. Dann klicken Sie auf **Durchstellen**.

Schritt 4

Wenn Sie ein Skype-Guthaben haben (siehe den Abschnitt »Guthaben für Telefonate und SMS erwerben« ab Seite 198), können Sie den Anrufer auch zu Ihrem Handy ❸ oder zu einer alternativen Rufnummer durchstellen. In letzterem Fall klicken Sie auf **Eine andere Rufnummer eingeben**.

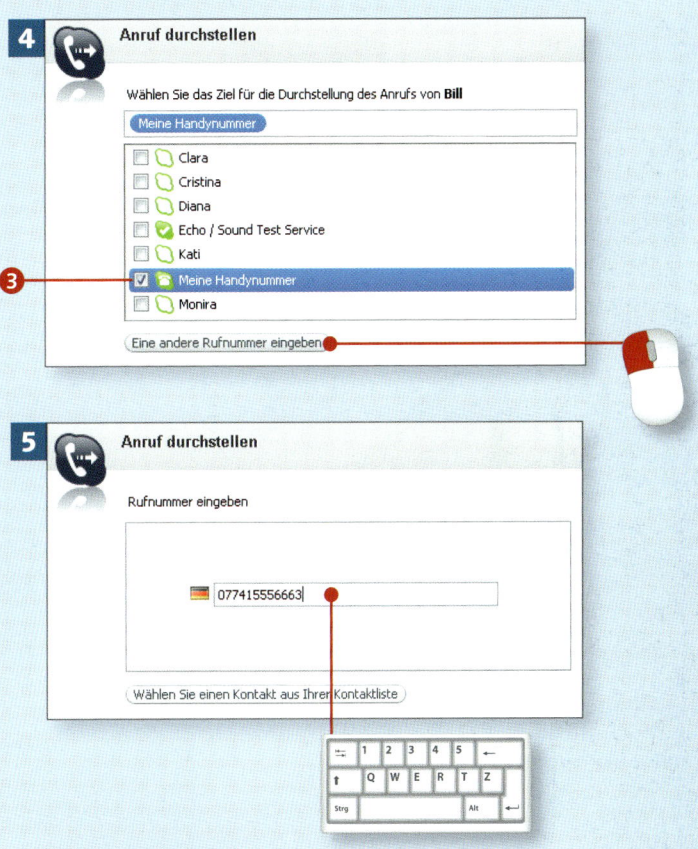

Schritt 5

Nun können Sie in das Feld **Rufnummer eingeben** eine inländische Rufnummer eintragen, an die das Gespräch weitergeleitet werden soll. Klicken Sie dann auf **Durchstellen** (siehe Schritt 3).

Schritt 6

Sobald Sie die Weiterleitung des Anrufs an einen neuen Empfänger bestätigt haben, wird im Skype-Gesprächsfeld angezeigt, dass der Anruf durchgestellt wird.

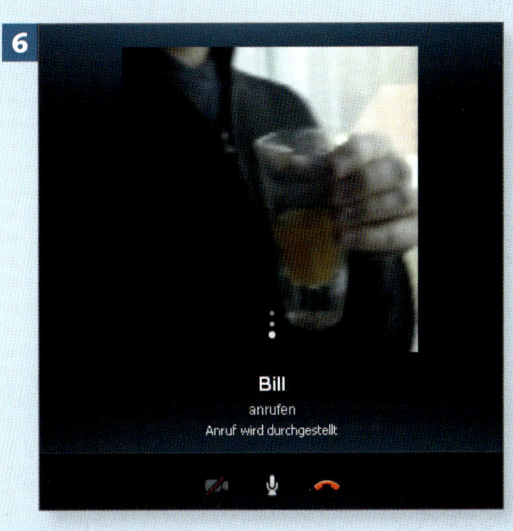

Gebühren

Wenn Sie einen Anruf an eine Handy- oder Festnetznummer durchstellen, werden die entsprechenden Gebühren direkt von Ihrem Skype-Guthaben abgebucht. Ohne ein ausreichendes Guthaben funktioniert also auch die entsprechende Weiterleitung nicht.

Mit dem Kompaktmodus Platz sparen

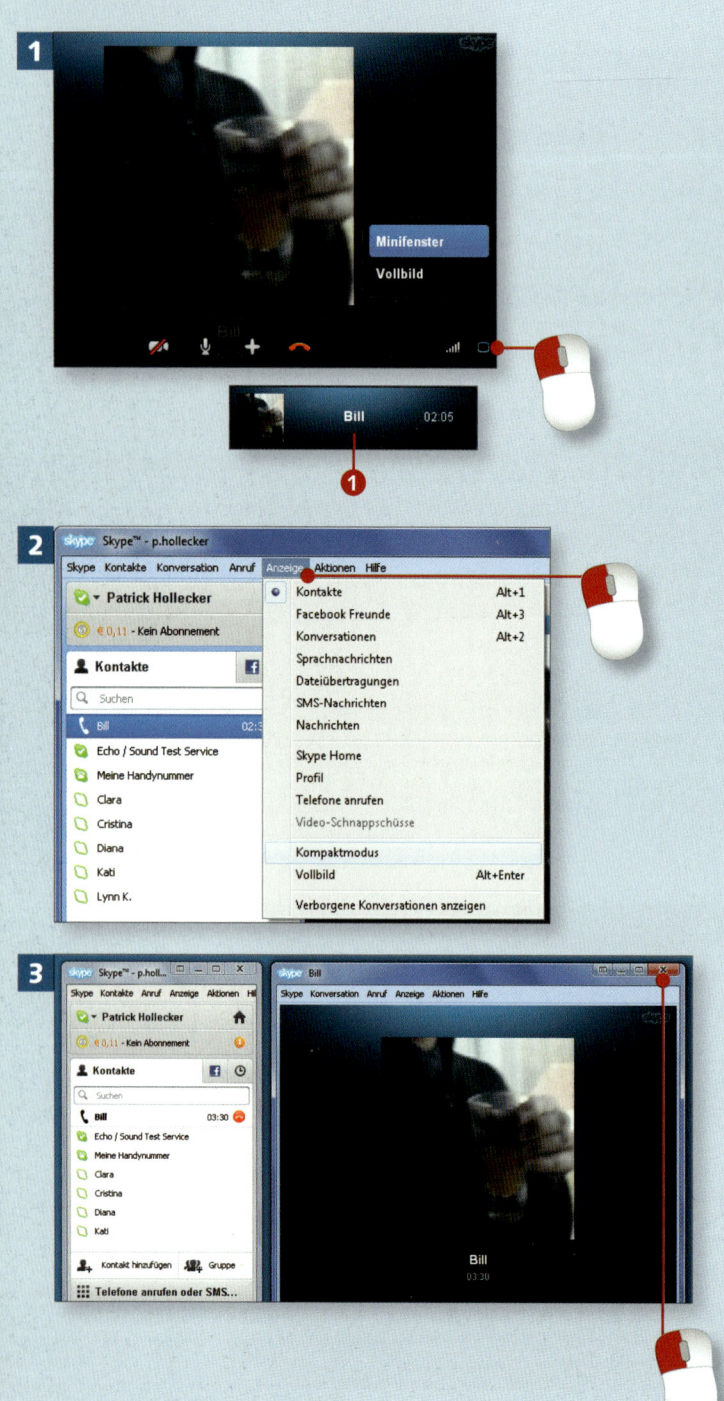

Wenn Sie Skype gerne im Blick haben, auch mit Zugriff auf die einzelnen Funktionsbereiche, dabei aber trotzdem nicht zu viel Platz verschenken möchten, sehen Sie sich die verschiedenen Kompaktmodi an.

Schritt 1

Zunächst können Sie sich das Gespräch in einem verkleinerten, verschiebbaren Fenster ❶ anzeigen lassen. Klicken Sie dazu während eines Gesprächs auf das Symbol ganz rechts in der Funktionsleiste, und wählen Sie die Option **Minifenster** aus.

Schritt 2

Den eigentlichen *Kompaktmodus*, der die Skype-Darstellung in zwei separate Fensterbereiche aufteilt, die sich unabhängig voneinander bedienen lassen, aktivieren Sie über **Anzeige ▸ Kompaktmodus**.

Schritt 3

Nun sind das Gesprächsfeld und der Verwaltungsbereich mit der Kontaktliste getrennt. Sie können jetzt z. B. eines der Fenster schließen.

Schritt 4

Auch wenn nur der Verwaltungsbereich geöffnet ist, können Sie
das laufende Gespräch natürlich
weiterführen. Alle nötigen Schritte
lassen sich auch über die Menüleiste
ausführen.

Schritt 5

Wenn Sie ohne Verwaltungsüber-
sicht und die Kontaktliste aus-
kommen, können Sie auch nur das
Anzeigefenster mit seinem Textfeld
einsetzen. Auch von hier aus erreichen Sie alle Menübereiche.

Schritt 6

Falls Sie die beiden Teile doch wieder zusammenführen möchten, wählen Sie in der Menüleiste eines der
beiden Fenster den Pfad **Anzeige ▸
Standardmodus**.

Das Minifenster

Die Gesprächsanzeige im Minifenster wird auf Ihrem Bildschirm
immer im Vordergrund angezeigt.
Sie können also während eines
Gesprächs Skype auf die Taskleiste
minimieren oder andere Programme darüber öffnen; das verschieb-
bare Minifenster stellt sich stets
ersichtlich für Sie dar.

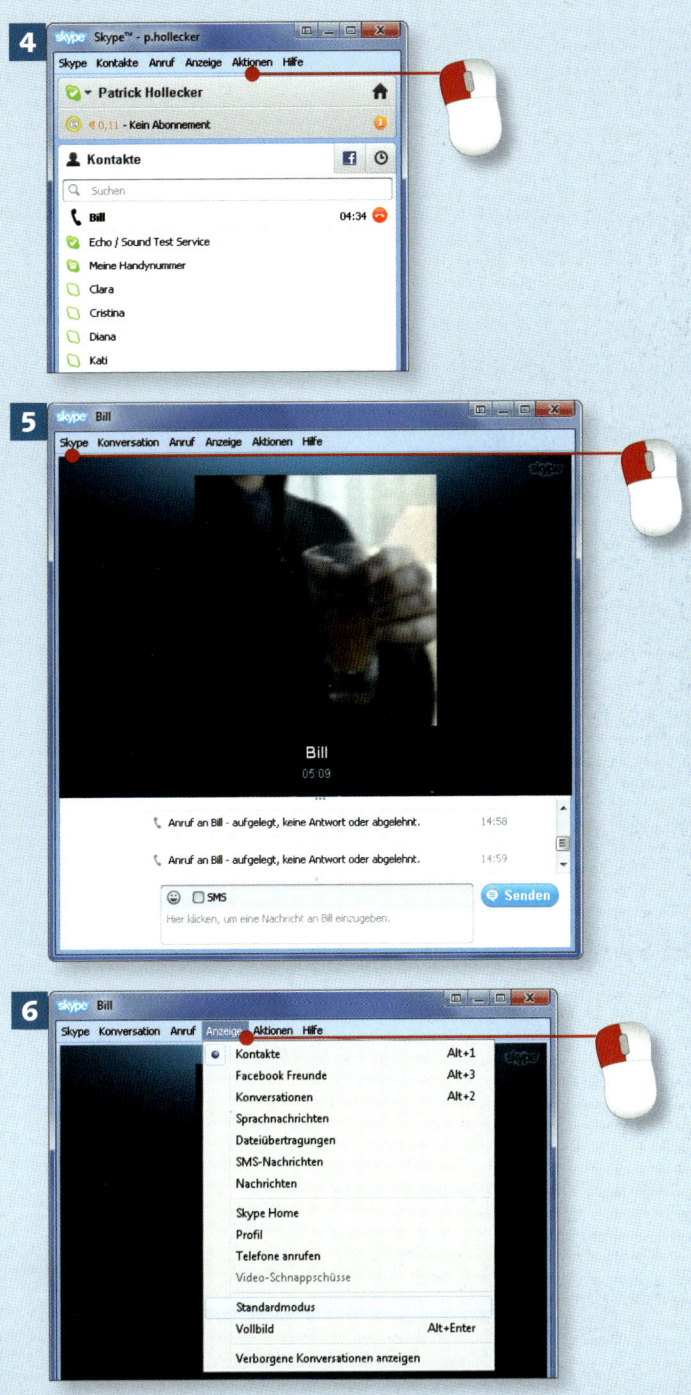

Personen direkt über Skype-Links anrufen

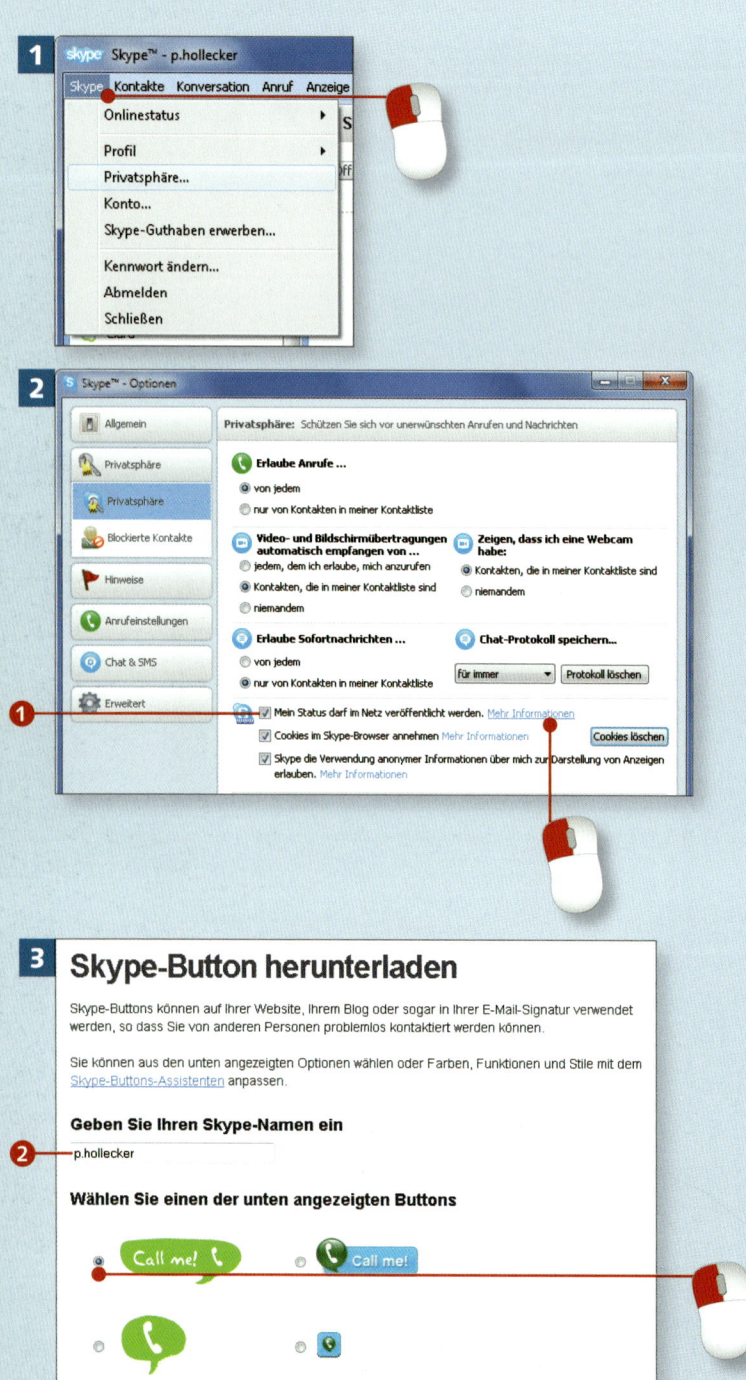

Oft finden sich in Profilen oder auf Webseiten sogenannte Skype-Links, über die Sie die Person direkt kontaktieren können. Wie das geht und wie Sie eine solche Verlinkung für sich selbst erstellen, erfahren Sie hier.

Schritt 1

Zunächst müssen Sie angeben, dass Sie selbst über eine Onlineverlinkung zu Ihrem Skype-Konto von anderen Personen kontaktiert werden können. Wählen Sie dazu **Skype ▸ Privatsphäre**.

Schritt 2

Im Fenster **Optionen** aktivieren Sie den Punkt **Mein Status darf im Netz veröffentlicht werden ❶**, indem Sie mit der Maus ein Häkchen in dessen Checkbox setzen. Dann klicken Sie auf **Mehr Informationen**.

Schritt 3

Eine Browserdarstellung öffnet sich. Geben sie Ihren Skype-Namen ❷ in das Textfeld ein. Dann können Sie ein Symbol auswählen, das neben Ihrem Skype-Online-Link stehen soll.

Schritt 4

Wenn Sie weiter nach unten scrollen, finden Sie eine Vorschau Ihres Buttons ❸ und ein Textfeld mit der Verlinkung im HTML-Format ❹. Markieren und kopieren Sie den gesamten HTML-Text, und fügen Sie ihn z. B. auf Ihrer Homepage ein. Um ihn in Ihrer E-Mail-Signatur einzufügen, müssen Sie vorher die Option **E-Mail-HTML** ❺ auswählen.

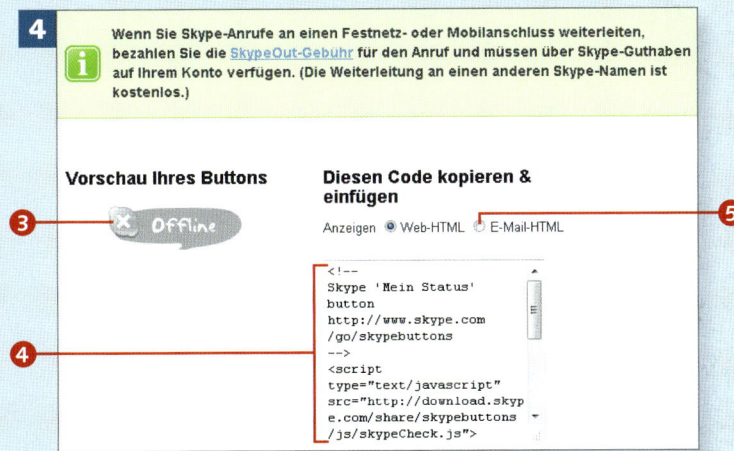

Schritt 5

Im Internet finden Sie immer wieder solche Skype-Verlinkungen, z. B. auf Portalen wie XING (*http://www. xing.com/de*). Klicken Sie auf den Link und im Menü, das sich dann öffnet, auf **Anrufen**.

Schritt 6

Daraufhin öffnet sich ein weiteres Systemfenster, mit dessen Hilfe Sie eine Anwendung auswählen können, mit der Sie die Aktion durchführen, hier also **Skype**. Klicken Sie dann auf **OK**, um die Person anzurufen.

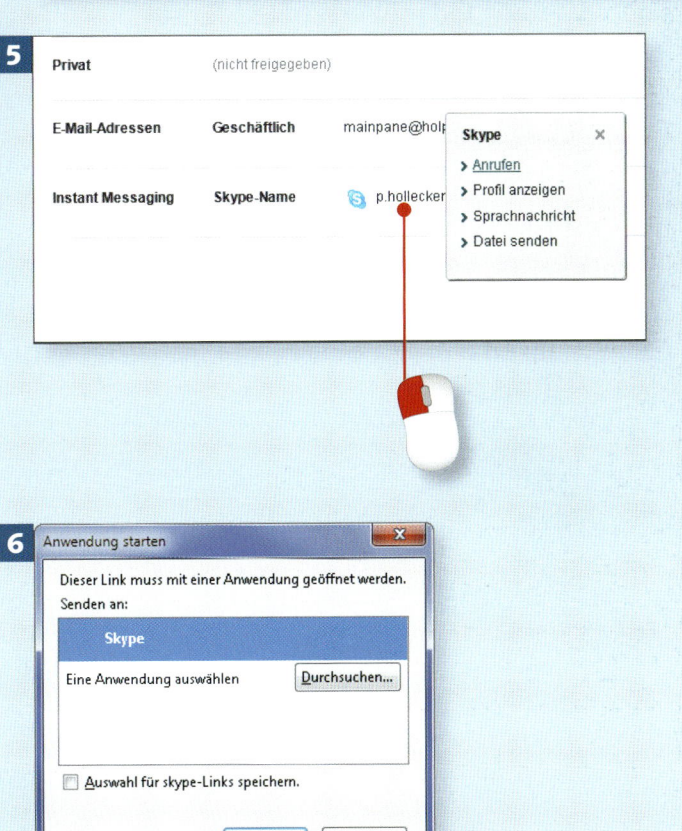

Kapitel 4
Videogespräche führen

Neben dem gewöhnlichen Telefonat ist die Möglichkeit der kostenlosen Videokommunikation mit einem Gesprächspartner der zentrale Vorteil von Skype. Wenn Sie eine Webcam haben und einen Kontakt anrufen, der ebenfalls eine solche Kamera hat, können Sie sich beim Telefonieren gegenseitig sehen.

Telefonate mit Videoübertragung führen

In diesem Kapitel erfahren Sie unter anderem, wie Sie ein Videogespräch ❶ mit einem Ihrer Kontakte beginnen, dieses in seiner Darstellung verändern und nebenher auch Textnachrichten austauschen.

Die Gesprächsqualität verbessern

In einigen Fällen öffnet sich, nachdem Sie ein Videogespräch beendet haben, ein Dialogfenster mit einer Skype-Umfrage zur Qualität der Videodarstellung ❷. Doch auch schon während eines Gesprächs können Sie diese beurteilen und verbessern.

Kommunizieren Sie per Video-
❶ übertragung mit Ihren Kontakten.

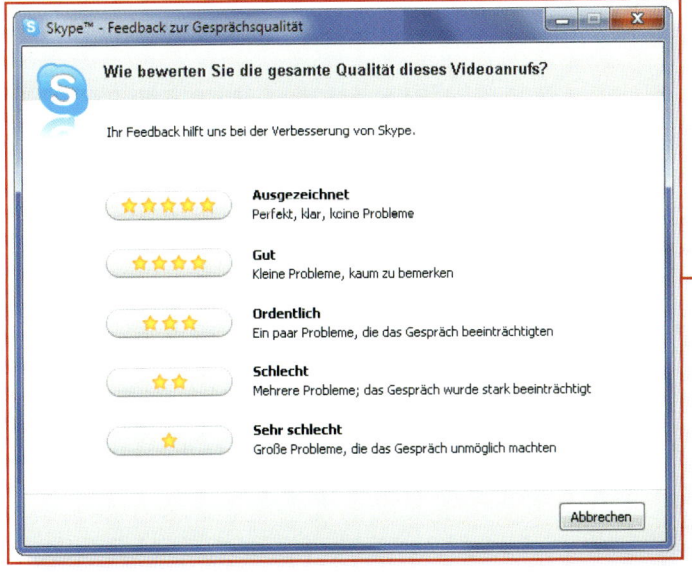

❷ Haben Sie ein Auge auf die Qualität
Ihrer Videoverbindung, und übermitteln Sie Skype Ihren Eindruck.

Ein Videogespräch starten

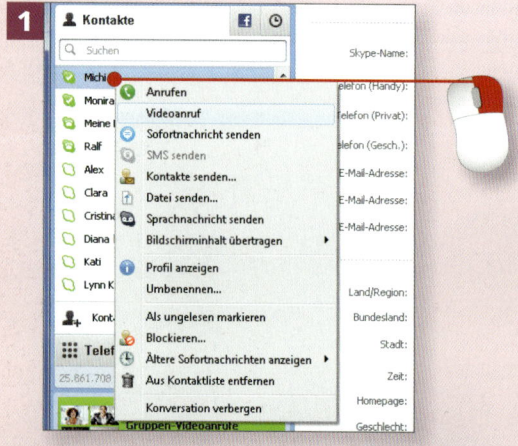

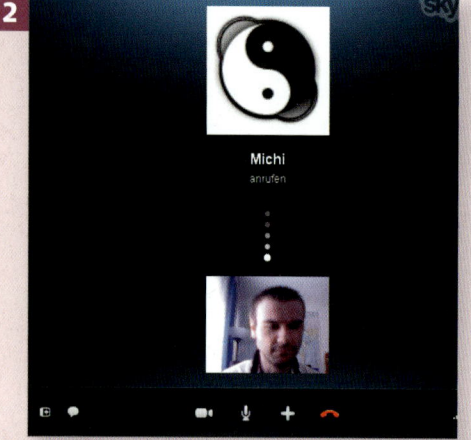

Die Voraussetzung für ein gemeinsames Videotelefonat ist die jeweilige Verfügbarkeit einer Webcam. Dann kann es schon losgehen.

Schritt 1

Klicken Sie mit der rechten Maustaste auf den Kontakt in der Liste, und wählen Sie **Videoanruf** aus dem Kontextmenü. Sie können den Kontakt auch mit einem Mausklick markieren und dann auf die Schaltfläche **Videoanruf** klicken.

Schritt 2

Die Verbindung wird nun aufgebaut. Es klingelt, bis der Empfänger das Gespräch entgegennimmt.

Schritt 3

Die angerufene Person hat das Videotelefonat angenommen. In der Anzeige zum entsprechenden Kontakt in der Kontaktliste wird die Dauer des Gesprächs angezeigt ❶.

Kein Videoanruf möglich?

Falls die Möglichkeit zur Videotelefonie in der Anzeige eines Kontakts nicht auffindbar ist, verfügt dieser entweder nicht über eine Webcam oder hat seine Videofunktion bewusst deaktiviert.

Schritt 4

Um das Videotelefonat zu beenden, klicken Sie Ihren Gesprächspartner in der Kontaktliste mit der rechten Maustaste an, und wählen Sie **Auflegen** aus dem Kontextmenü.

Schritt 5

Alternativ reicht zum Beenden des Gesprächs auch ein Mausklick auf den roten Hörer in der Kontaktliste oder im Funktionsbereich unter dem Videobild.

Schritt 6

Nach Beendigung des Gesprächs finden Sie im Chatprotokoll zum angerufenen Kontakt Informationen zum Zeitpunkt ❷ und zur Dauer ❸ des Telefonats.

Videogespräche annehmen

Wie bereits im Abschnitt »Eingehende Anrufe annehmen und abweisen« ab Seite 60 beschrieben, können Sie ein Videogespräch entgegennehmen, indem Sie in der Info zum Anruf auf die Schaltfläche **Mit Video antworten** anklicken.

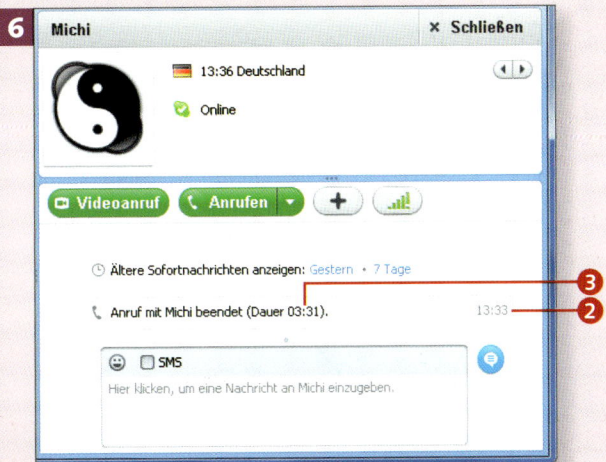

Bildschirm für den Gesprächspartner freigeben

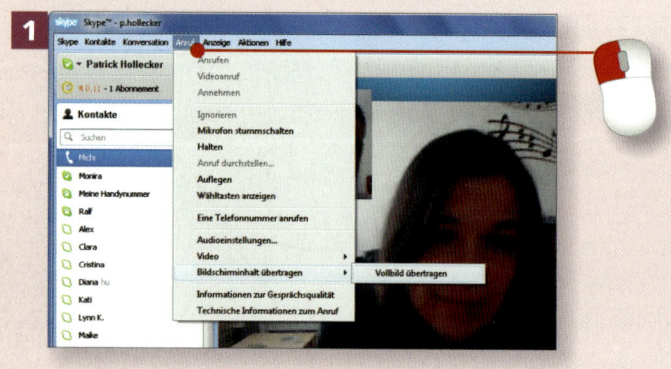

Eine sehr nützliche Funktion ist die direkte Monitorübertragung. Dadurch kann Ihr Gegenüber Ihren Bildschirm sehen (oder umgekehrt), was z. B. bei der Problemlösung hilfreich ist.

Schritt 1

Um dem Kontakt im Gespräch Ihren Live-Bildschirm zu übermitteln, klicken Sie während des Telefonats auf **Anruf ▸ Bildschirminhalt übertragen ▸ Vollbild übertragen**.

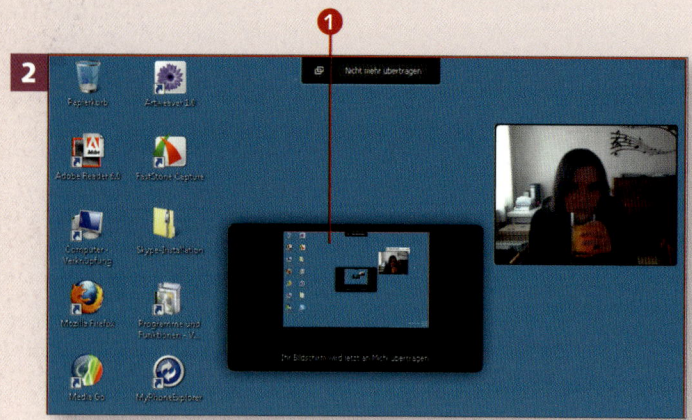

Schritt 2

Die Skype-Software selbst wird ausgeblendet und stattdessen Ihr Desktop eingeblendet. Das Bild in der Mitte ❶ entspricht dem Bild, das Ihr Gegenüber sieht.

Schritt 3

Nach einem Moment wird dieses Bild an den oberen Bildschirmrand »gekoppelt«. Das Videobild Ihres Gesprächspartners können Sie mit gedrückter Maustaste beliebig auf dem Desktop verschieben.

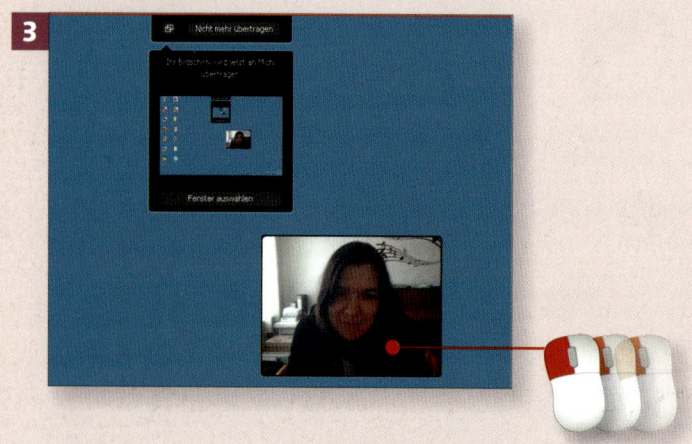

Schritt 4

Unterhalb der kleinen Monitoran-
zeige zur Bildschirmübertragung
finden Sie die Schaltfläche **Fenster
auswählen**. Darüber können Sie Ihrem Kontakt ein bestimmtes Fenster
im Detail übermitteln. Klicken Sie
darauf.

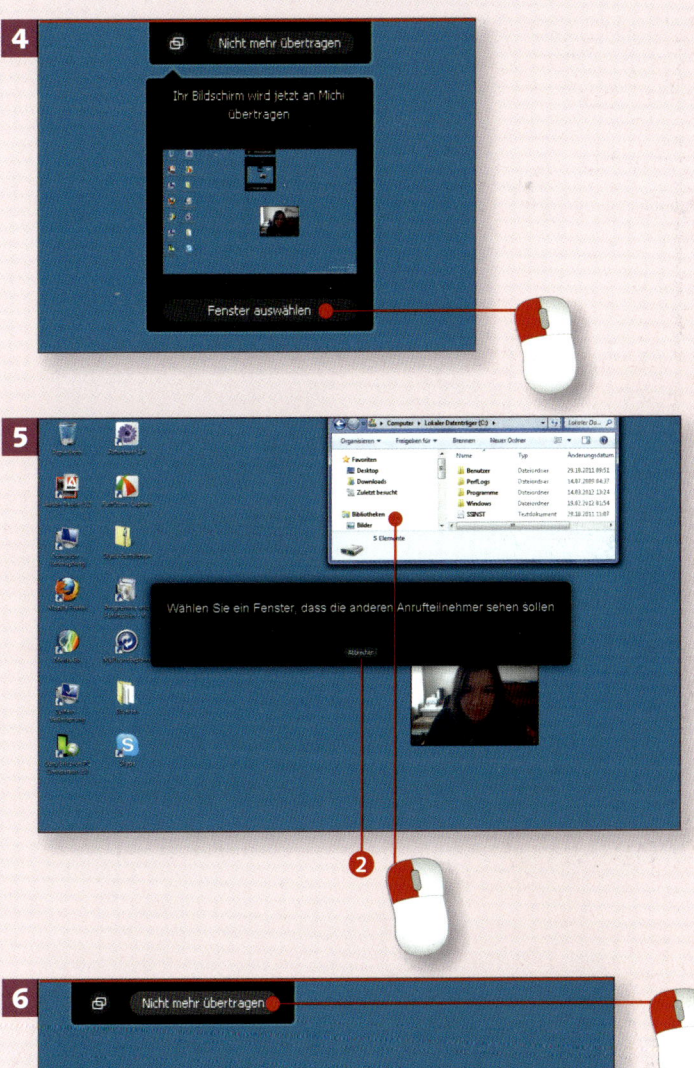

Schritt 5

Nun wählen Sie das Fenster eines
Programms oder eines Dateibrow-
sers mit einem Mausklick aus, damit
Ihre Gesprächspartner dieses noch
einmal genauer sehen können. Um
diese Detailsicht zu schließen, klicken Sie auf **Abbrechen ❷**.

Schritt 6

Um die Bildschirmübertragung zu
beenden und zurück in die Skype-
Darstellung zu wechseln, klicken Sie
am oberen Bildschirmrand auf **Nicht
mehr übertragen**.

Eingehende Übertragung

Geht die Bildschirmübertragung
von Ihrem Gesprächspartner aus,
wird in Ihrem Kontaktbereich sein
Bildschirm oder Programmfenster
anstelle seines Videobildes angezeigt.

Die Gesprächsqualität verbessern

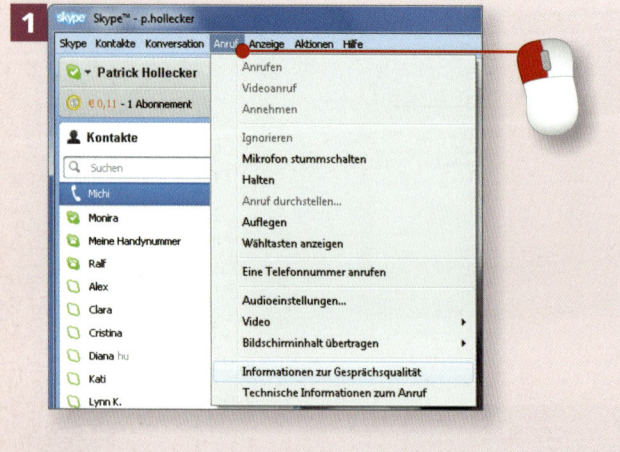

Wenn Probleme mit dem Videoge-spräch auftauchen, können Sie den internen Ratgeber und die Analyse-funktionen von Skype zu Rate ziehen.

Schritt 1

Falls das Videobild ruckelt, sehr ver-schwommen ist oder Sie Schwierig-keiten mit der akustischen Übertra-gung haben, klicken Sie auf **Anruf ▸ Informationen zur Gesprächsqua-lität**.

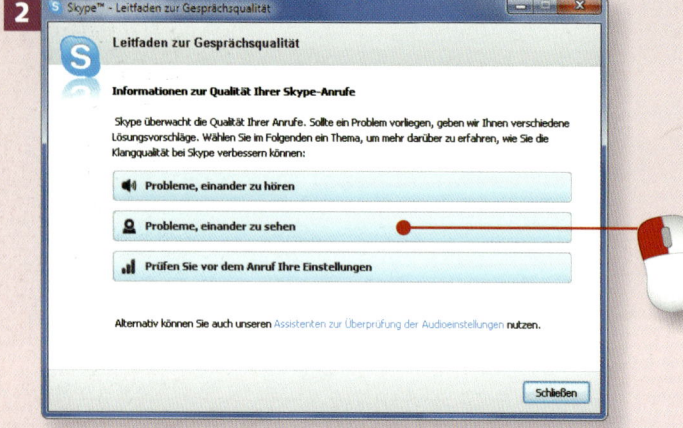

Schritt 2

Daraufhin öffnet sich ein Informa-tionsfenster, über das Sie verschie-dene Skype-Probleme analysieren können. Klicken Sie dort auf **Pro-bleme, einander zu sehen**, wenn Ihnen die Videoübertragung Sorgen macht.

Schritt 3

Zwei weiterführende Optionen werden geöffnet, mit denen Sie das Problem konkretisieren können. Klicken Sie auf **Die Videoqualität ist nicht besonders gut**, wenn die Bildübertragung schlecht ist.

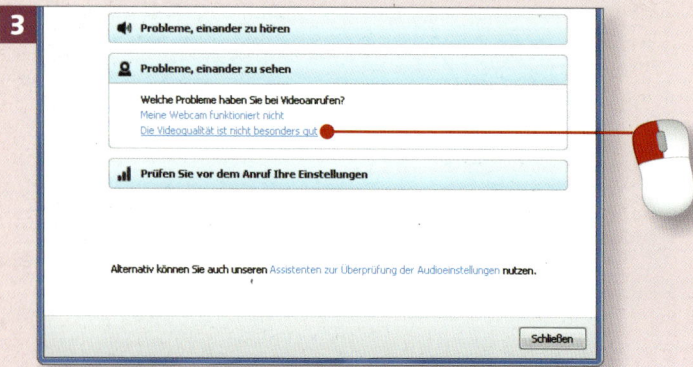

Schritt 4

Die Hilfe schlägt nun verschiedene Punkte ❶ vor, die Sie einzeln durchgehen können oder von denen Sie einen gezielt herauspicken. Wenn Sie diesen Leitfaden nicht mehr benötigen, klicken Sie auf **Schließen**.

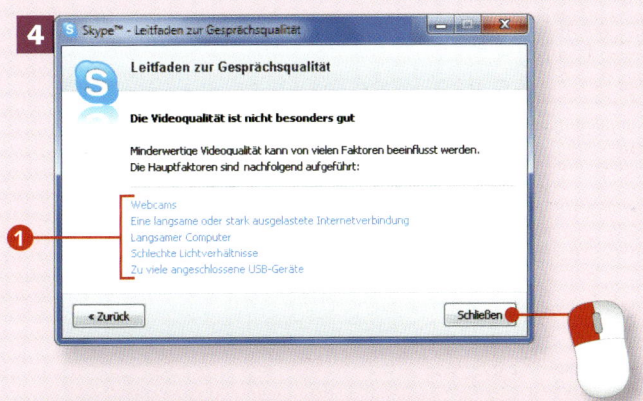

Schritt 5

Um Ihre Videoqualität zu analysieren, klicken Sie im Videofenster auf das Pegelsymbol. Daraufhin öffnet sich ein Prüfbereich.

Schritt 6

Klicken Sie auf den Reiter **Webcam**. Hier finden Sie eine Qualitätsbeschreibung mit einem Link ❷ zum Leitfaden (siehe Schritte 1 bis 4) sowie der Angabe zur Qualität ❸ Ihres Videoversands und -empfangs.

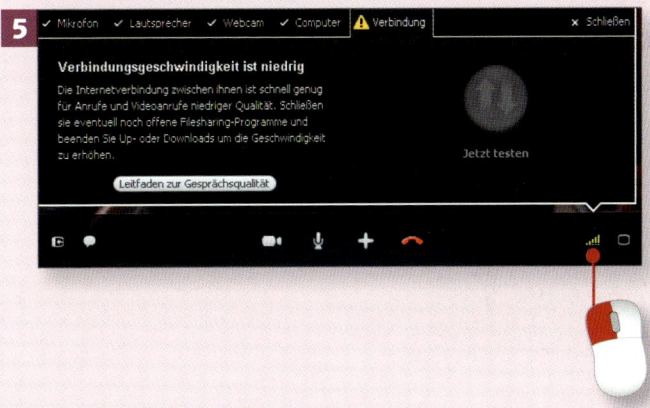

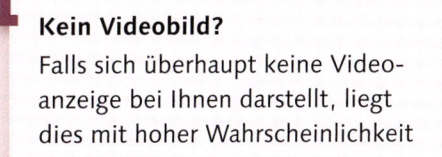

Kein Videobild?

Falls sich überhaupt keine Videoanzeige bei Ihnen darstellt, liegt dies mit hoher Wahrscheinlichkeit an einer nicht korrekt installierten oder eingerichteten Webcam oder deren Fehlen. Im Abschnitt »Die Webcam testen« ab Seite 32 erfahren Sie mehr darüber.

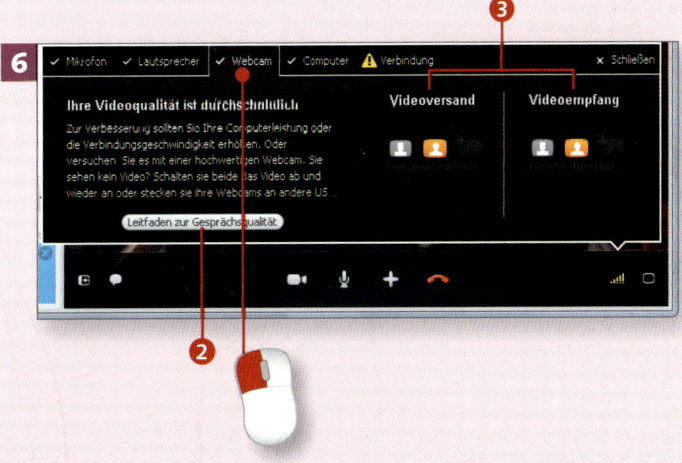

Große Bilder und Videos im Vollbildmodus anzeigen

Die Skype-Gesprächsanzeige kann auf eine Vollbilddarstellung maximiert werden, was hilfreich ist, wenn Sie per Videoübertragung miteinander sprechen und sonst keine Funktionen benötigen.

Schritt 1

Noch ist das Skype-Programmfenster unterteilt und zeigt die Menüleiste, den Verwaltungsbereich und die Videodarstellung.

Schritt 2

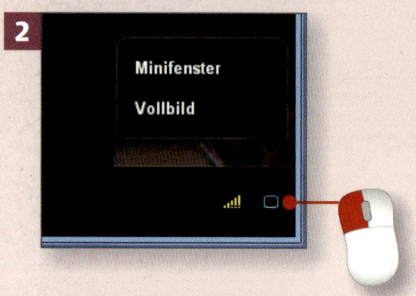

Klicken Sie auf das Fenstersymbol ganz rechts in der Funktionsleiste der Videoanzeige. In einer Sprechblase werden Ihnen nun zwei Optionen angeboten: **Minifenster** und **Vollbild**.

Schritt 3

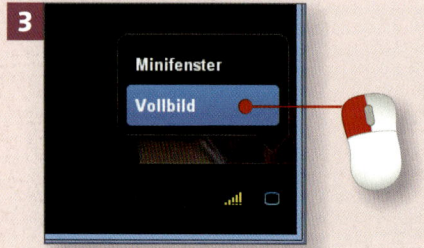

Wenn Sie möchten, dass die Videodarstellung Ihren kompletten Monitor ausfüllt, klicken Sie auf den Menüeintrag **Vollbild**.

Die Fensterdarstellung

Rechts oben ❶ finden Sie vier Schaltflächen, mit denen Sie (von links nach rechts) den Kompaktmodus aktivieren, Skype auf die Taskleiste minimieren, das Fenster auf Bildschirmgröße maximieren oder Skype schließen können.

Schritt 4

Die »Menü-Freunde« unter Ihnen finden über die Auswahl **Anzeige ▸ Vollbild** einen direkten Weg in die Vollbilddarstellung des Videotelefonats.

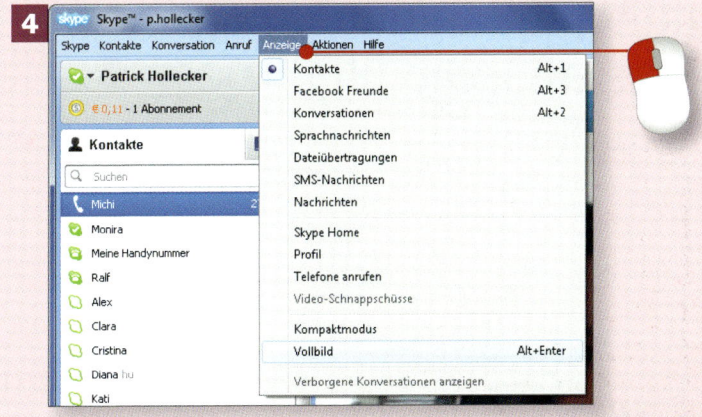

Schritt 5

Nun wird die Gesprächsdarstellung maximiert. Die Menüleiste und der Verwaltungsbereich von Skype werden ausgeblendet. Ihr eigenes Videobild ❷ sowie die Funktionsleiste ❸ sind jedoch noch sichtbar.

Schritt 6

Um von der Vollbilddarstellung wieder in die Standardansicht zu wechseln, klicken Sie auf das kleine Fenstersymbol ❹ ganz links in der Funktionsleiste. Alternativ drücken Sie die [Esc]-Taste auf Ihrer Tastatur.

✚ Darstellungsgröße

Wenn Sie Skype in der Fensterdarstellung verwenden (das Programmfenster also nicht maximiert ist), können Sie den Gesprächsbereich und damit das Videobild Ihres Gegenübers auch manuell vergrößern und verkleinern. Siehe dazu den Abschnitt »Die Darstellung des Chatfensters anpassen« ab Seite 100.

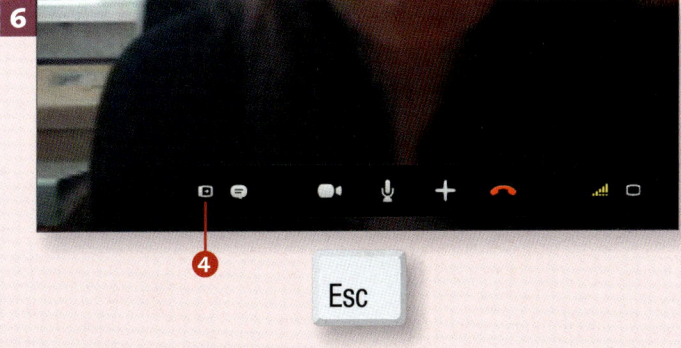

Immer automatisch ein Videotelefonat führen

Wenn Sie Ihre Gesprächspartner gerne sehen, können Sie sämtliche Anrufe automatisch als Videotelefonate entgegennehmen.

Schritt 1

Um die Annahme von Anrufen als Videotelefonate zu automatisieren, wählen Sie das Menü **Aktionen ▸ Optionen**.

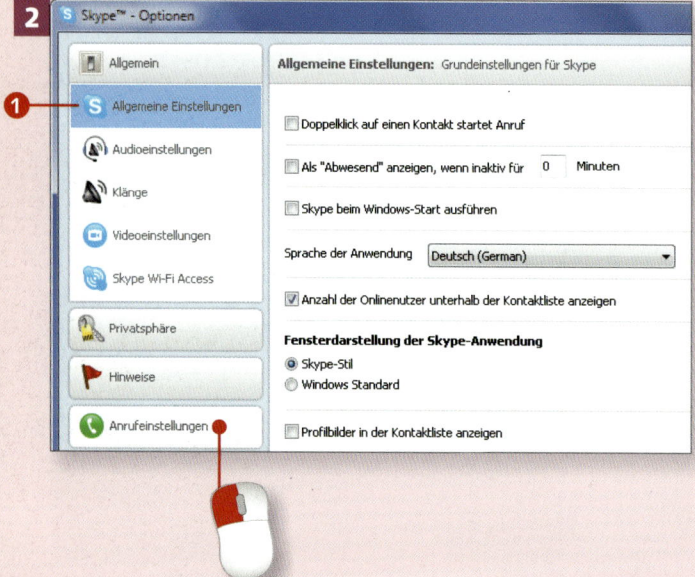

Schritt 2

Das Dialogfenster **Optionen** öffnet sich mit der Kategorie **Allgemeine Einstellungen ❶**. Klicken Sie zunächst auf **Anrufeinstellungen**.

Schritt 3

Dort erweitern Sie die Auswahl der Einstellungsmöglichkeiten um die Funktionen zur automatischen Anrufentgegennahme, indem Sie mit der Maus auf die Schaltfläche **Erweiterte Optionen** klicken.

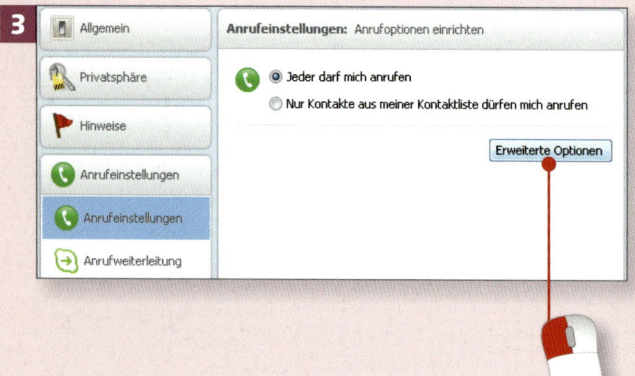

!

Allzeit bereit?

Beachten Sie, dass Sie bei der automatischen Videogesprächsannahme immer damit rechnen müssen, dass Skype Ihr Videobild auch in unpassenden Momenten übermittelt, sobald ein Kontakt bei Ihnen anruft und Sie das Gespräch entgegennehmen.

Schritt 4

Setzen Sie nun mit einem Mausklick ein Häkchen vor die Option **Eingehende Anrufe automatisch annehmen**, damit die zugehörige Option darunter aktiviert wird.

Schritt 5

Bestätigen Sie auch die Option **Videoversand in Anrufen automatisch aktivieren**, indem Sie auch hier mit einem Mausklick ein Häkchen in die Checkbox links daneben setzen.

Schritt 6

Nach der Festlegung dieser Einstellungen dürfen Sie das Fenster **Optionen** nicht einfach schließen, sondern müssen noch auf die Schaltfläche **Speichern** klicken, damit die Änderungen übernommen werden. Von nun an öffnet sich bei jedem angenommenen Anruf automatisch das Videobild.

i

Video und Gesprächsqualität

Videogespräche sind für langsame Internetverbindungen oft eine Herausforderung, daher sollten Sie im Normalfall besser von der automatisierten Annahme absehen.

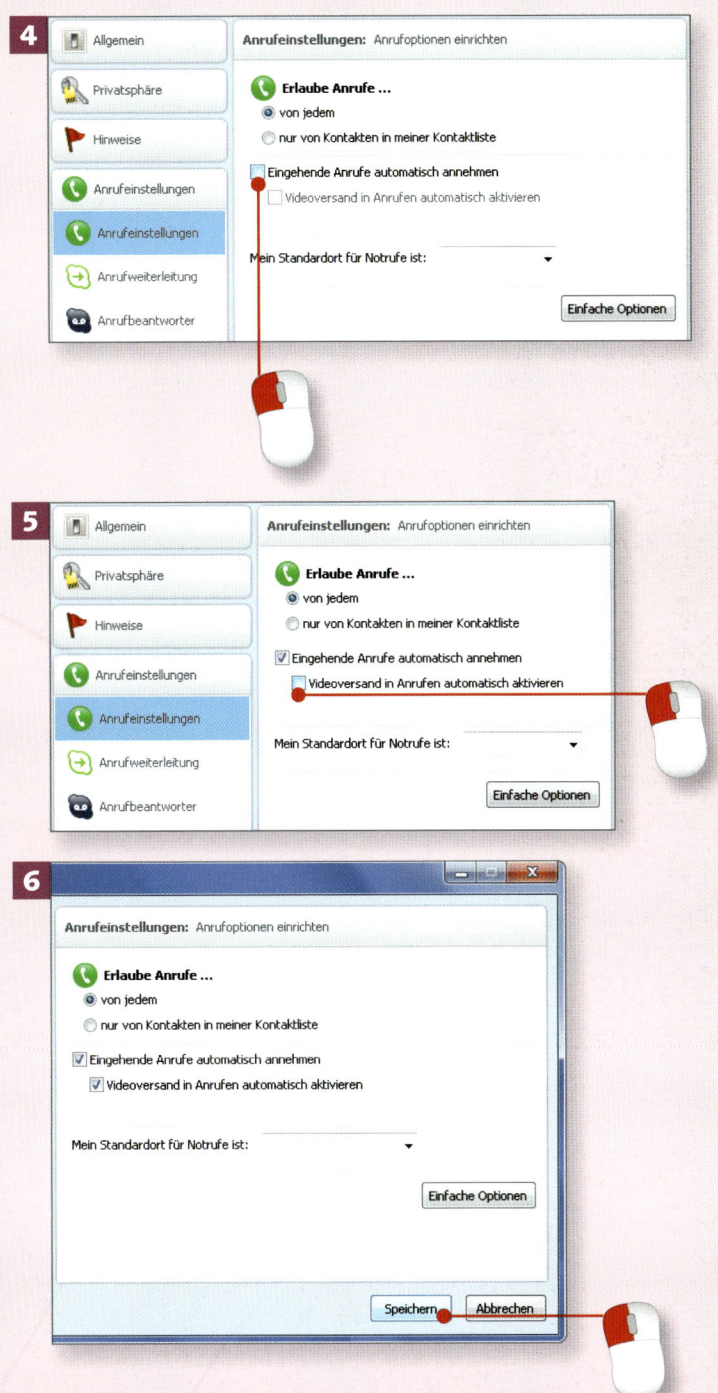

Kapitel 5
Chatten und Daten austauschen

Wenn es weder ein Telefonat noch ein Videogespräch sein soll, können Sie auch die Chatfunktion in Skype für Ihre Konversation nutzen. Sie ist schnell, praktisch und bietet zudem die Möglichkeit, Gesprächspartnern Dateien, Internetlinks und Kontaktdaten zu übermitteln.

Textnachrichten verschicken
Per Sofortnachricht können Sie nicht nur mit Ihren Kontakten chatten ❶, sondern auch mit jedem beliebigen Skype-Nutzer, den Sie über die Suchfunktion herauspicken. Wenn Sie viel zu sagen haben, können Sie auch die Größe des Chatbereichs verändern.

Gleichzeitig telefonieren und chatten
Natürlich sind Sie nicht auf eine Konversation beschränkt, wenn Sie Skype benutzen. Während Sie telefonieren – egal ob »normal« oder mit Videobild – können Sie der gleichen Person, aber auch einem anderen Kontakt beispielsweise schnell auch eine Textnachricht ❷ schreiben.

Fotos und andere Dateien übertragen
Senden Sie einem Skype-Kontakt über den Chatbereich Fotos, Musik oder andere Dateien ❸, schicken Sie ihm einen direkt anwählbaren Internetlink, oder vermitteln Sie ihm sogar bestimmte Kontaktdaten.

① Starten Sie einen Chat, und verändern Sie beliebig die Größe des Kommunikationsbereichs.

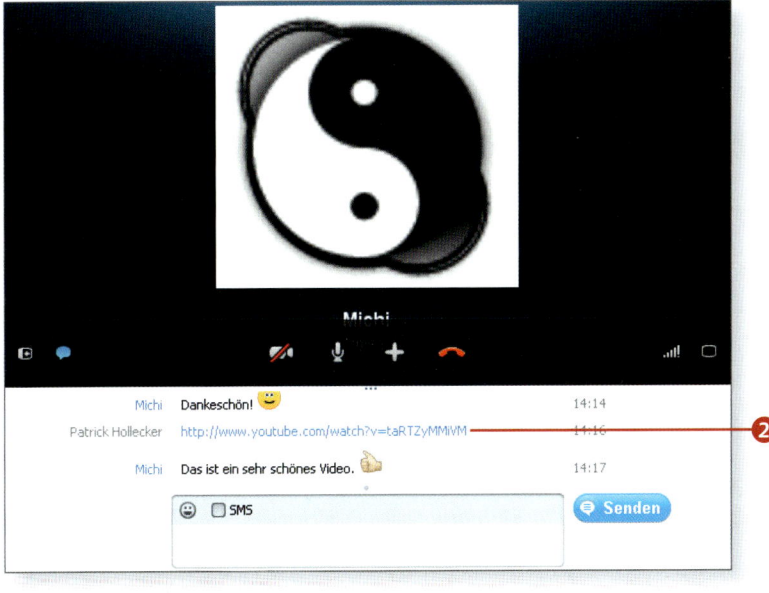

② Parallel zum Telefonat können Sie Nachrichten schreiben und z. B. einen Link verschicken, den sich Ihr Gesprächspartner dann ansehen kann.

Übertragen Sie auch Bilder, Musik und sonstige Dateien an Ihren Gesprächspartner. ③

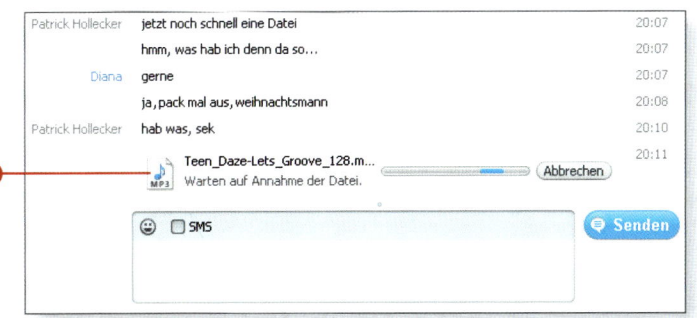

Eine Nachricht verschicken

Skype bietet nicht nur Möglichkeiten für Telefongespräche und Videotelefonie, sondern auch eine einfache, jederzeit einsetzbare Chatfunktion über »Sofortnachrichten«.

Schritt 1

Wählen Sie aus der Kontaktliste eine Person, mit der Sie per Sofortnachricht in Kontakt treten möchten.

Schritt 2

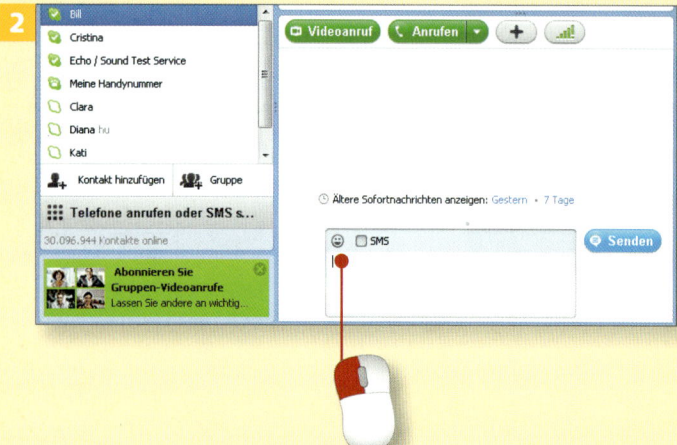

Um dem Kontakt eine Nachricht zu schicken, klicken Sie zunächst in das Textfenster hinein, das Sie unten rechts im Kontaktbereich sehen.

Schritt 3

Geben Sie dort eine Textnachricht ein, und klicken Sie abschließend auf die Schaltfläche **Senden**.

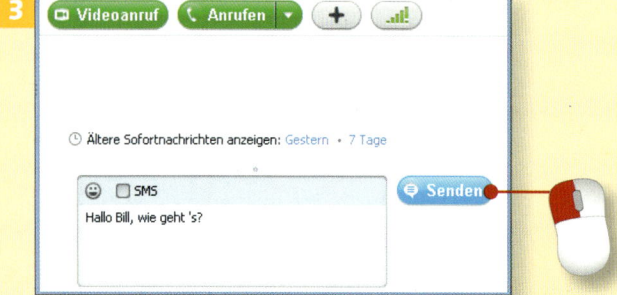

Chatten

Das englische Verb *to chat* heißt übersetzt so viel wie »plaudern« oder »quatschen«.

Schritt 4

Ihre Nachricht erscheint nun in der
Chatübersicht ❶. Wenn die ange-
schriebene Person Ihnen antwortet,
erkennen Sie dies an einem animier-
ten Stift ❷. Die Nachricht erscheint
dann unter Ihrem Text.

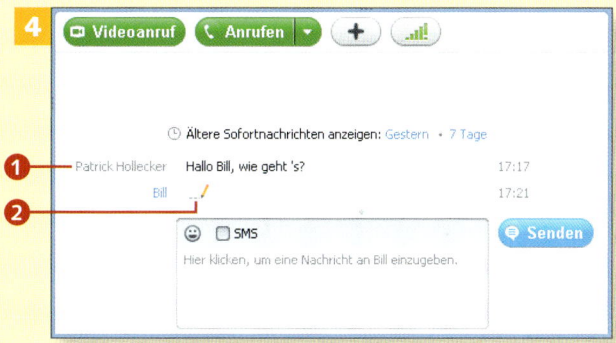

Schritt 5

Sie können Ihrer Nachricht auch
Symbole wie z. B. Smileys hinzufügen, sogenannte *Emoticons*. Klicken
Sie dazu auf die Schaltfläche oberhalb der Textbox, und entscheiden
sich in der bunten Auswahl mit
einem Mausklick für ein Emoticon.

Schritt 6

Dann klicken Sie wieder auf **Senden**.
Der Empfänger erhält nun eine
Textnachricht ❸, die mit einem oder
mehreren Symbolen versehen ist.

➕ Sofortnachricht-Funktion

Auch wenn Sie sich gerade mit
Ihrem Profil oder einem Telefonat
beschäftigen, gelangen Sie mit einem Rechtsklick auf einen Kontakt
in Ihrer Freundesliste und den Kon-
textmenüpunkt **Sofortnachricht
senden** direkt zur Textfunktion.

Die Darstellung des Chatfensters anpassen

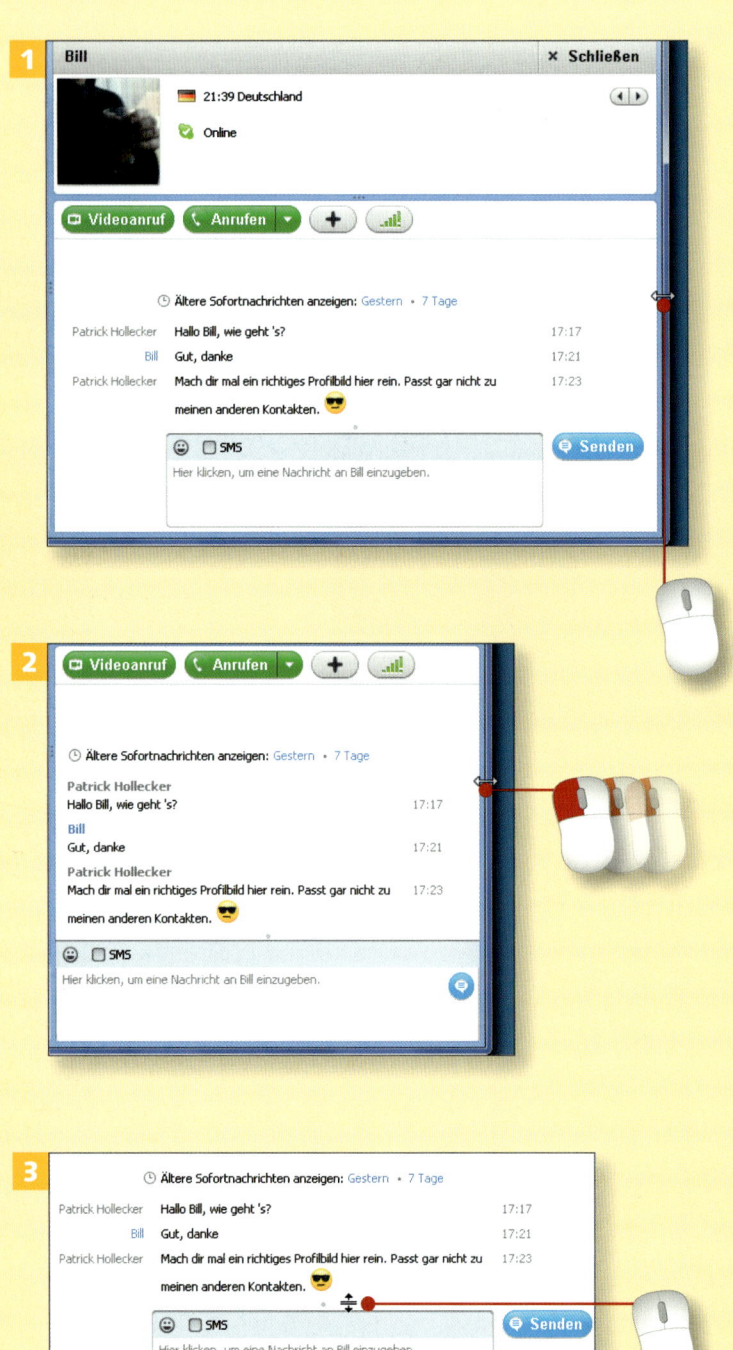

Je nachdem, wie Sie die Chatfunktion einsetzen, ist es möglicherweise sinnvoll, das Kontaktfenster und damit auch den Chatbereich zu vergrößern oder zu verkleinern.

Schritt 1

Wenn Sie den Mauszeiger irgendwo auf den Rahmen des Skype-Fensters setzen, verwandelt er sich in einen Doppelpfeil.

Schritt 2

Halten Sie die Maustaste gedrückt und verschieben Sie auf diese Weise den Rahmen nach rechts oder links, um den gesamten Darstellungsbereich zu vergrößern oder zu verkleinern.

Schritt 3

Auch das Textfeld zum Verfassen von Sofortnachrichten lässt sich in seiner Größe anpassen. Berühren Sie dazu den Rahmen über dem Feld mit dem Mauszeiger. Er verwandelt sich auch hier in eine Art Doppelpfeil.

Schritt 4

Halten Sie die Maustaste nun erneut gedrückt, und ziehen Sie den Rahmen nach oben oder nach unten, um die Textbox in Ihrer Größe zu verändern.

Schritt 5

Der gleiche Vorgang ist auch bei der vertikalen Trennungslinie zwischen dem Verwaltungsbereich und dem Kontaktfenster möglich. Wenn Sie den Rahmen mit gedrückter Maustaste verschieben, vergrößern Sie entweder den linken oder den rechten Bereich des Skype-Fensters.

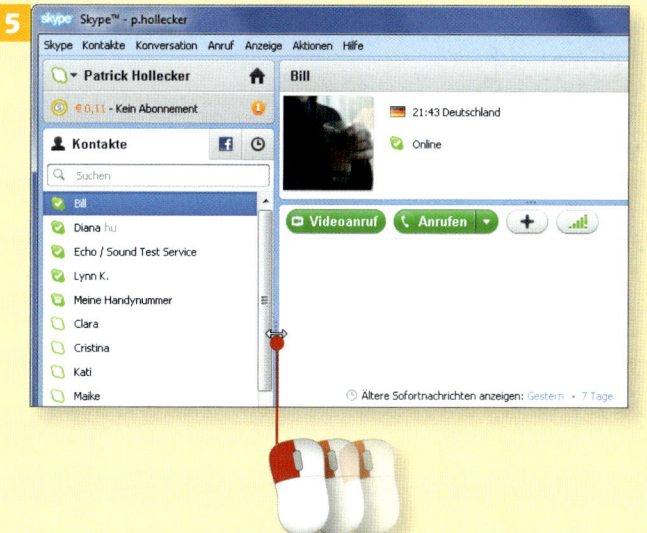

Schritt 6

Indem Sie an der horizontalen Trennungslinie zwischen der Kontaktinfo und dem eigentlichen Kontaktbereich ziehen, vergrößern Sie ebenfalls einen der beiden Bereiche (auf Kosten des anderen).

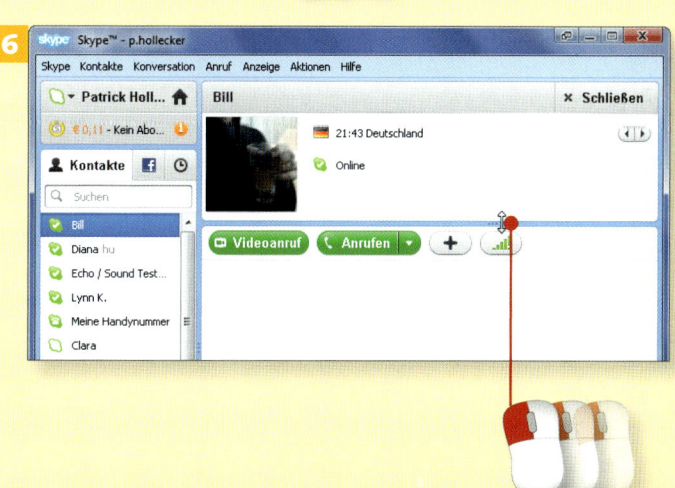

Die Textbox verbreitern

Wenn Sie den Mauszeiger rechts oder links am Rahmen des Textfeldes ansetzen, können Sie diesen Bereich natürlich auch verbreitern oder schmälern.

Automatisch informiert werden

Damit Sie neue Chatmeldungen nicht versehentlich übersehen, informiert Sie Skype nicht nur mit einem Ton darüber, sondern auch mit extra eingeblendeten Infoboxen.

Schritt 1

Um einzustellen, wie Sie über Sofortnachrichten informiert werden, klicken Sie auf **Aktionen ▸ Optionen**.

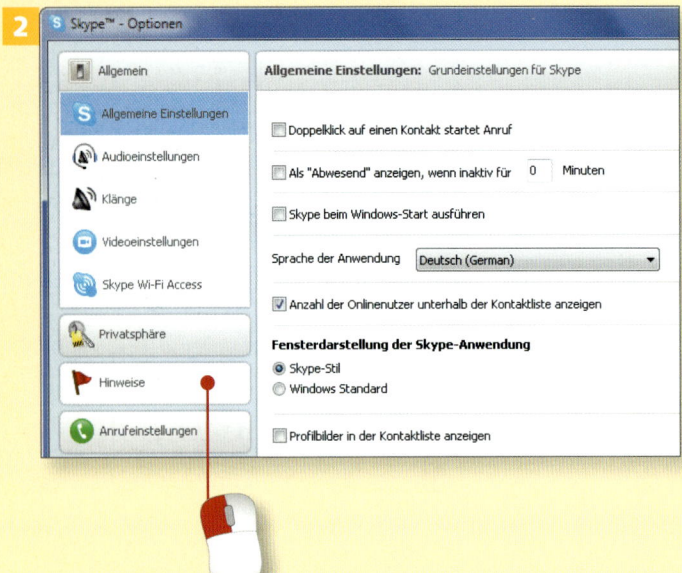

Schritt 2

Im Dialogfenster **Optionen** klicken Sie im linken Bereich auf die Kategorie **Hinweise**.

Schritt 3

Im gleichnamigen Unterabschnitt **Hinweise** können Sie aus einer Liste auswählen, bei welchen Ereignissen sich Skype mit einem Infokästchen bei Ihnen meldet. Aktivieren Sie hier den Punkt **eine Sofortnachricht sendet** mit einem Klick in die zugehörige Checkbox.

Schritt 4

Wählen Sie auf die Art alle Optionen aus, für die Sie einen Hinweis in Form einer Infobox am rechten unteren Bildschirmrand erhalten möchten.

Schritt 5

Sie können natürlich auch voreingestellte Optionen abwählen, indem Sie das Häkchen mit einem Klick entfernen. Wenn Sie alles eingestellt haben, klicken Sie auf die Schaltfläche **Speichern**.

Schritt 6

Testen Sie nun, ob Ihre Einstellungen übernommen wurden. Markieren Sie einen Kontakt, und schreiben Sie ihm in der Hoffnung auf Antwort eine Nachricht.

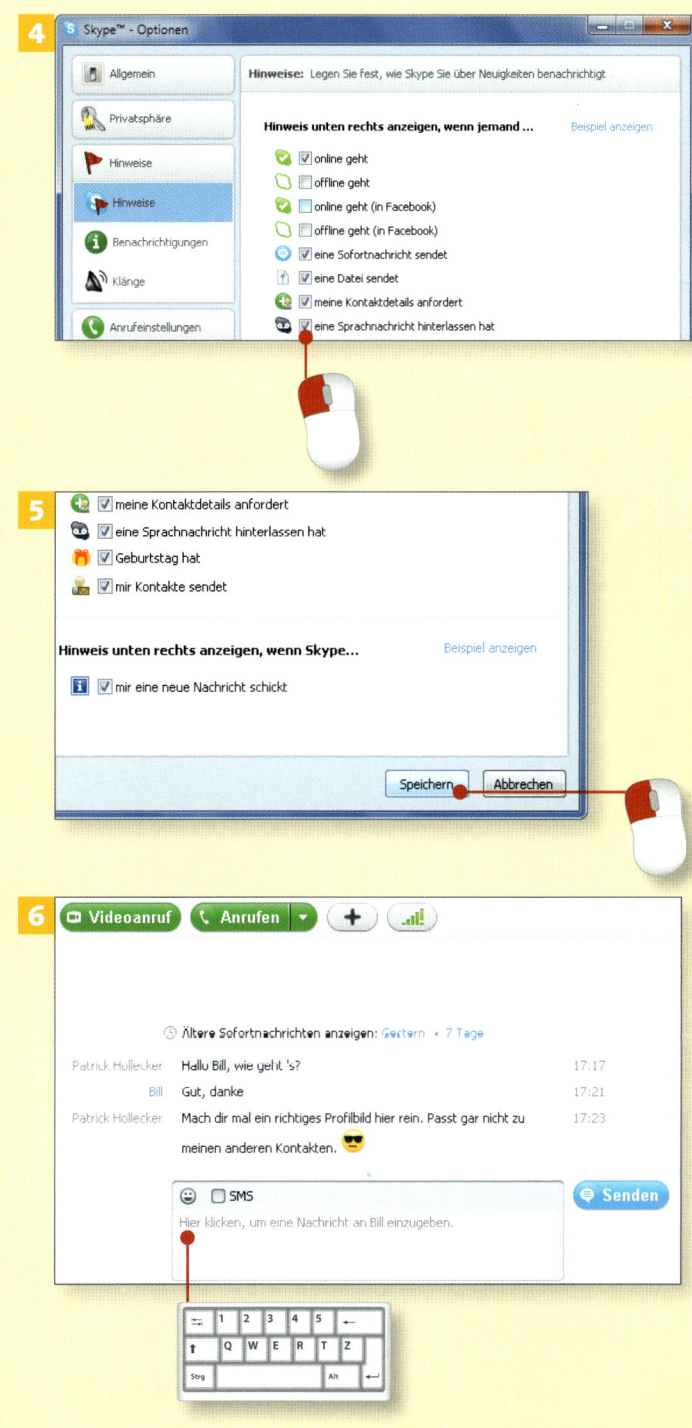

Benachrichtigungsklänge

Zusätzlich zu der Infoanzeige bei neuen Nachrichten wird jeweils ein Klang abgespielt. Wie Sie diesen verändern oder gar deaktivieren, erfahren Sie im Abschnitt »Die Benachrichtigungsklänge anpassen« ab Seite 50.

Automatisch informiert werden (Forts.)

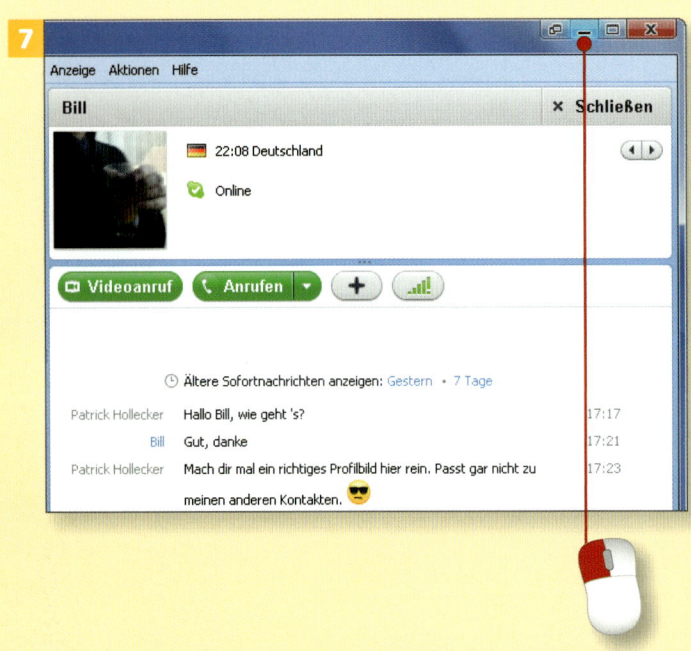

Schritt 7

Minimieren Sie nun die Skype-Darstellung, indem Sie auf die Schaltfläche **Minimieren** im oberen Rahmen des Programmfensters klicken. Das Fenster wird verkleinert und auf der Taskleiste unterhalb Ihres Desktops »abgelegt«.

Schritt 8

Skype ist natürlich weiterhin aktiv, wird Ihnen aber nur noch über das Symbol in der Taskleiste angezeigt. Nun haben Sie auch wieder Platz für andere (parallele) Programmdarstellungen. Mit einem Klick auf das Symbol öffnen Sie das Programmfenster wieder.

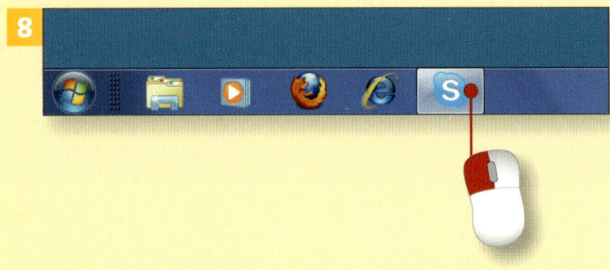

Schritt 9

Da Skype immer noch aktiv ist und auch Ihren Chat fortführt, wird Ihnen der Eingang einer neuen Sofortnachricht nun am rechten unteren Bildschirmrand angezeigt. Eine Infobox öffnet sich und präsentiert Ihnen den Inhalt der Nachricht.

Skype in der Taskleiste

Um Skype immer über die Taskleiste aufrufen zu können, klicken Sie es im Programmordner (**Start ▶ Alle Programme**) mit der rechten Maustaste an und wählen **An Taskleiste anheften**.

Schritt 10

Dem Skype-Symbol in der Taskleiste wird eine kleine Zahl hinzugefügt ❶, die auf die Anzahl der ungelesenen Nachrichten hinweist. Wenn Sie den Mauszeiger nur auf das Skype-Symbol halten, wird Ihnen übrigens eine Vorschau des Programmfensters angezeigt.

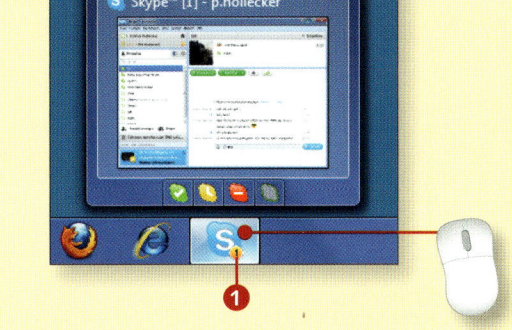

Schritt 11

Eine neue, noch ungelesene Nachricht wird mit einem Punkt ❷ gekennzeichnet und durch eine andere Farbe des Absendernamens ❸ hervorgehoben.

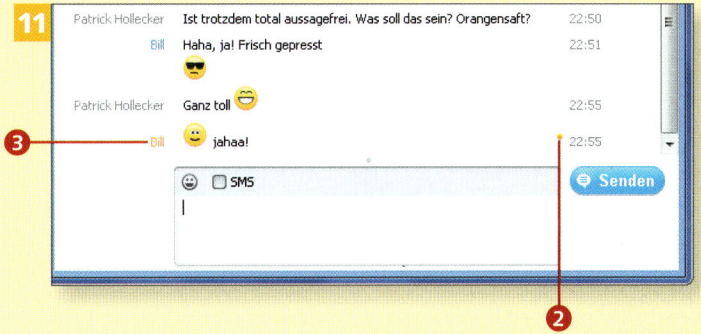

Schritt 12

Falls der aktive Chat nicht geöffnet ist, wenn eine neue Sofortnachricht ankommt, sehen Sie sowohl einen Punkt ❹ neben dem entsprechenden Kontakt als auch eine Markierung ❺ im Konversationsbereich.

Nachricht gelesen?
Wenn neben der Sofortnachricht, die Sie verschickt haben, keine Uhrzeit, sondern ein kleiner, animierter Kreis angezeigt wird, hat der Empfänger Ihre Nachricht noch nicht gelesen.

Vergangene Chatverläufe einsehen

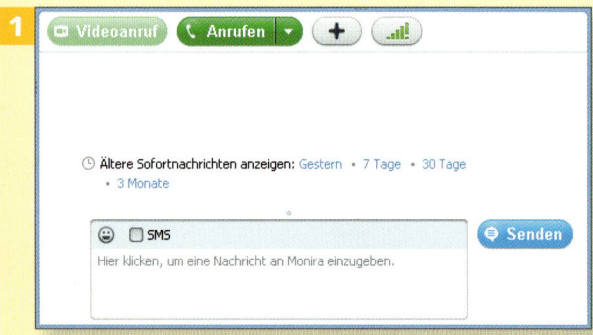

Das Kontaktfenster zeigt in der Standardausrichtung nur Sofortnachrichten, Aktionen und Ereignisse des aktuellen Tages an. Dies können Sie umstellen.

Schritt 1

Oberhalb des Textfeldes, in dem Sie während eines Chats Ihre Nachrichten verfassen, sehen Sie eine Auswahl mehrere Optionen zur Anzeige älterer Sofortnachrichten: **Gestern**, **7 Tage**, **30 Tage** oder **3 Monate**.

Schritt 2

Klicken Sie mit der Maus auf einen der vier Punkte, z. B. auf **7 Tage**, um sich alle Nachrichten aus diesem Zeitraum anzeigen zu lassen.

Schritt 3

In dieser Ansicht werden zu dem jeweiligen Kontakt auch vergangene Gruppenkonversationen aufgeführt, an denen diese Person beteiligt war (nach Tagen sortiert). Klicken Sie nun einmal auf **3 Monate**.

Schritt 4

Die Übersicht zeigt nun die letzten drei Monate. Auch hier finden Sie, aufgelistet nach Tagen, Ihre vergangenen Telefongespräche, Chats und sonstigen Konversationen.

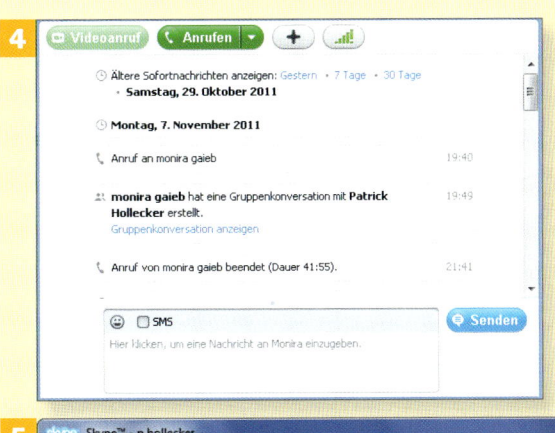

Schritt 5

Um die Gesprächshistorie zu einem speziellen Kontakt zu sehen, klicken Sie diesen mit der rechten Maustaste an, und wählen Sie über **Ältere Sofortnachrichten anzeigen** einen Zeitraum aus.

Schritt 6

Alternativ nutzen Sie die Menüleiste: Markieren Sie einen Kontakt mit einem Mausklick ❶, und wählen Sie dann über **Konversation ▸ Ältere Sofortnachrichten anzeigen** den Zeitraum aus, der Sie interessiert.

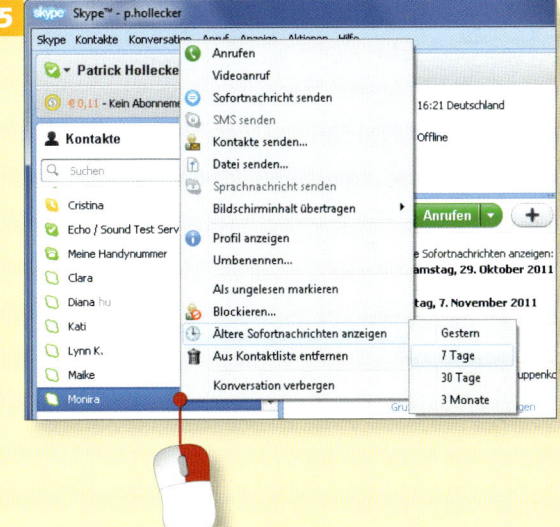

i

Gruppenchats

Sobald Sie eine Gruppenkonversation erstellt haben, wie im Abschnitt »Gruppentelefonate organisieren« ab Seite 70 beschrieben, können die Gesprächspartner auch Sofortnachrichten verschicken, die dann für die gesamte Gruppe ersichtlich sind.

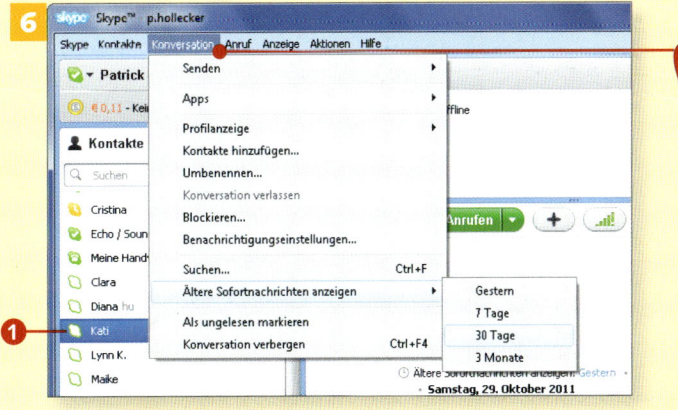

Nach bestimmten Chateinträgen suchen

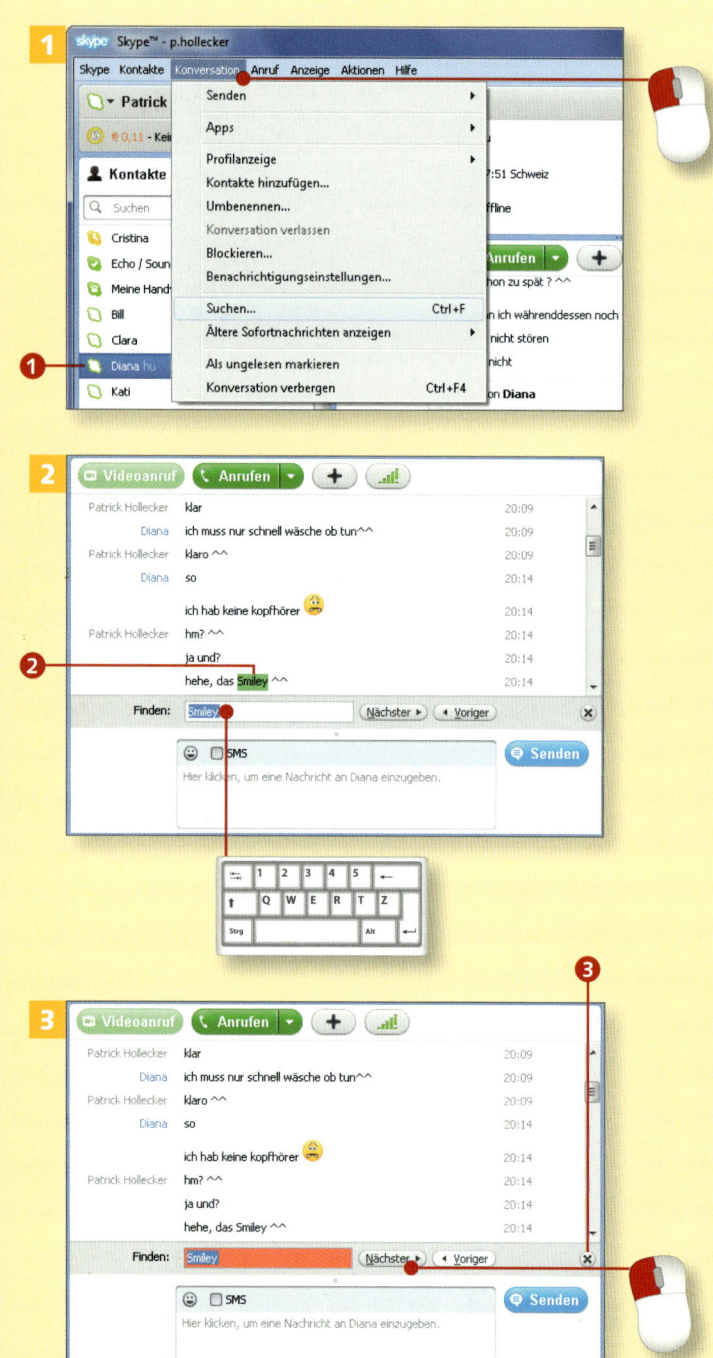

Wenn Sie bestimmte Texteinträge im Chatprotokoll finden wollen, gibt es zwei Suchfunktionen, mit deren Hilfe Sie schnell zu bestimmten Begriffen oder Konversationen springen können.

Schritt 1

Für die Suche innerhalb eines Chattextes muss dieser natürlich aktiv angezeigt werden, deshalb markieren Sie den entsprechenden Gesprächspartner zunächst mit einem Mausklick ❶. Wählen Sie dann aus dem Menü **Konversation** den Eintrag **Suchen**.

Schritt 2

Im Kontaktfenster erscheint nun oberhalb der Textbox eine Suchleiste, in die Sie einen Begriff eingeben können, der sofort im Chatprotokoll gesucht und markiert wird ❷.

Schritt 3

Mit den Schaltflächen **Nächster** und **Voriger** können Sie nach weiteren Fundstellen zu diesem Suchbegriff stöbern. Findet die Suche nichts, wird das Feld mit roter Farbe hinterlegt. Mit einem Klick auf das Kreuz ❸ beenden Sie die Suchfunktion.

Schritt 4

Über eine andere Funktion können Sie nach vergangenen Chats oder deren Teilnehmern suchen. Klicken Sie dazu auf **Anzeige ▸ Nachrichten**. Auf die Art können Sie z.B. auch nach **Dateiübertragungen** ④ oder Telefonaten ⑤ suchen.

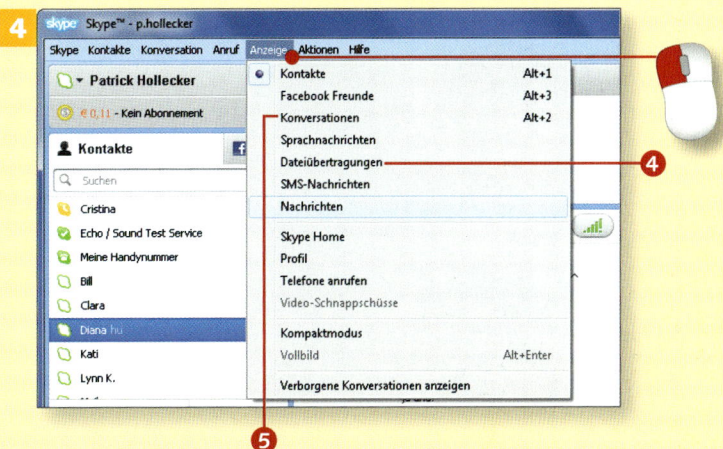

Schritt 5

Im linken Bereich des Skype-Fensters werden nun vergangene Chats aufgelistet, die nach Teilnehmer und Datum sortiert sind. Klicken Sie in das Suchfeld **Protokoll durchsuchen**.

Schritt 6

Wenn Sie ein Wort oder einen Namen in das Suchfeld eingeben, wird die Liste sowohl nach den Namen Ihrer Gesprächspartner als auch nach passenden Inhalten der Sofortnachrichten gefiltert.

Per Tastenkombination suchen

Um die Funktion zur Suche nach Texteinträgen im Chatbereich schnell zu öffnen, drücken Sie Strg + F .

Parallel zum (Video-)Telefonat chatten

Auch während Telefonaten oder Videogesprächen können Sie gleichzeitig die Chatfunktion für Sofortnachrichten in Textform oder zur Übermittlung von Dateien, Internetlinks und Kontakten einsetzen.

Schritt 1

Über den Video-Funktionsbereich können Sie die Chatfunktion zu einem laufenden Videogespräch hinzuschalten. Klicken Sie dazu auf die kleine Sprechblase.

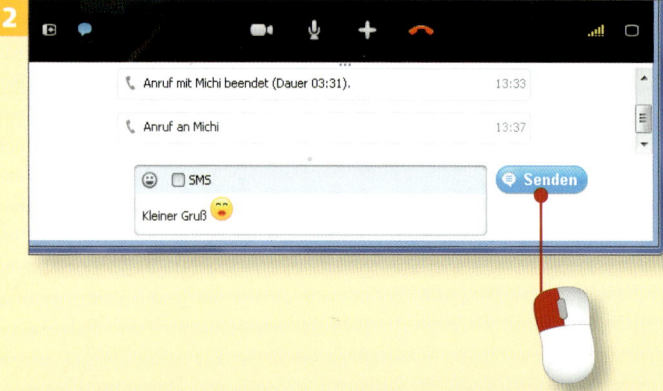

Schritt 2

Wie üblich können Sie dann im Textbereich eine Nachricht verfassen und sie dem Empfänger zukommen lassen, indem Sie die ⏎-Taste drücken oder auf **Senden** klicken.

Schritt 3

Nun hat der Gesprächspartner geantwortet. Diese Möglichkeit des parallelen Chats ist besonders praktisch, wenn Sie sich Links zu Internetseiten, Erklärungen zu fremdsprachigen Begriffen oder einfach schriftliche Grüße zukommen lassen möchten.

Schritt 4

Auch während eines normalen Skype-Telefonats ohne Videoübertragung können Sie den Chat einsetzen. Klicken Sie in der Funktionsleiste des Kontaktfensters auf die kleine Sprechblase.

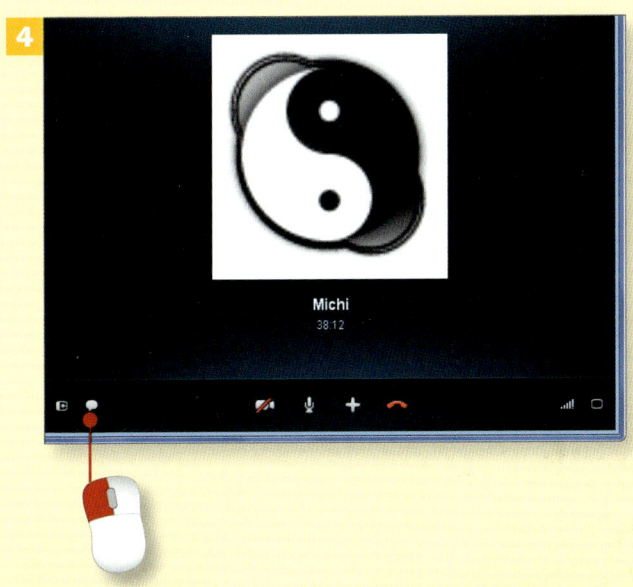

Schritt 5

Wieder öffnet sich der Bereich zum Versand von Sofortnachrichten. Fügen Sie einen Internetlink ein, der nur umständlich zu diktieren wäre und z. B. auf ein YouTube-Video verweist, und klicken Sie auf **Senden**. (Siehe dazu auch den Abschnitt »Dem Gesprächspartner einen Link oder eine Datei schicken« ab Seite 112.)

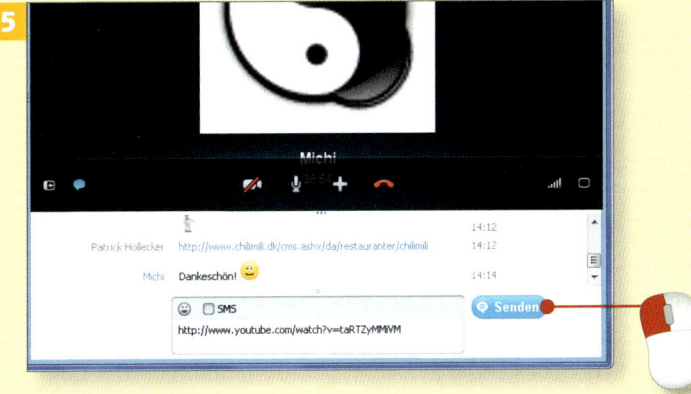

Schritt 6

Der Gesprächspartner muss nur auf den Link klicken, um sich das Video direkt anzusehen.

Mit mehreren Kontakten telefonieren und chatten

Wenn Sie keine Gesprächskonferenz führen, aber dennoch mit zwei oder mehreren Kontakten gleichzeitig kommunizieren möchten, können Sie mit dem einen Gesprächspartner telefonieren und parallel mit anderen Sofortnachrichten austauschen.

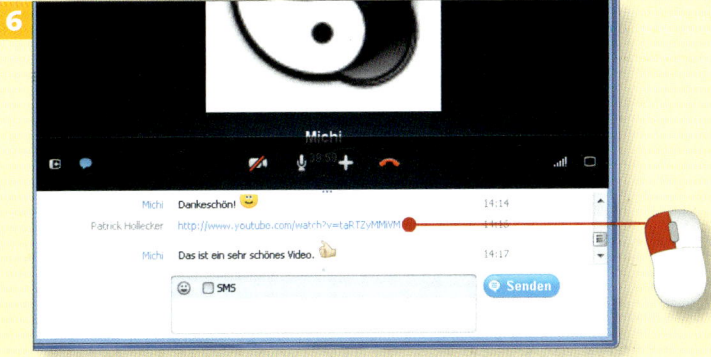

Einen Link oder eine Datei verschicken

Praktischerweise können Sie Ihren Gesprächspartnern über die Chatfunktion Internetlinks oder sogar ganze Dateien senden, die sie mit einem Klick öffnen können.

Schritt 1

Einen anklickbaren Link (*Hyperlink*) kopieren Sie am einfachsten direkt aus dem Adressfeld des Internetbrowsers. Markieren Sie den kompletten Link dort mit gedrückter Maustaste.

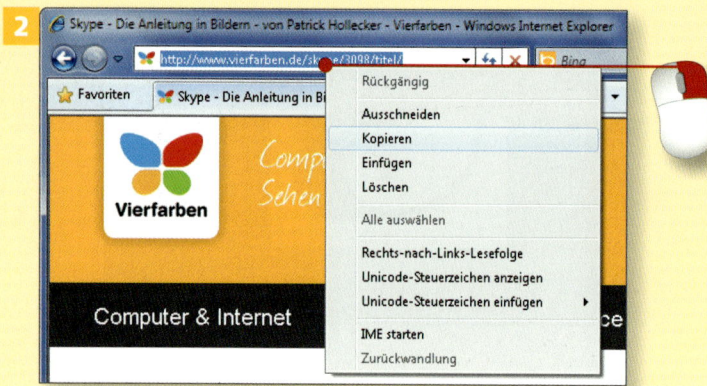

Schritt 2

Klicken Sie den markierten Bereich dann mit der rechten Maustaste an, und wählen Sie den Punkt **Kopieren** aus dem Kontextmenü.

Schritt 3

Wechseln Sie wieder in die Skype-Darstellung, und klicken Sie mit der rechten Maustaste in das Textfeld des Chatgesprächs. Im Kontextmenü klicken Sie schließlich auf **Einfügen**.

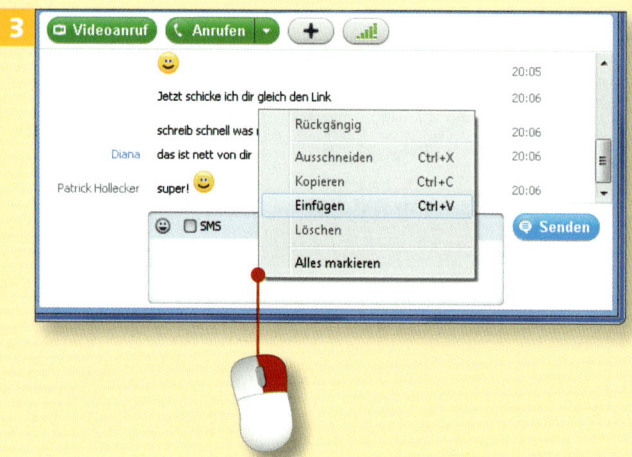

Schritt 4

Der Internetlink erscheint im Text-feld. Drücken Sie die ⏎-Taste oder klicken Sie auf **Senden**, um dem Gesprächspartner die Nachricht mit dem Hyperlink zu übermitteln.

Schritt 5

Die im Chat eingebundene Web-adresse kann schließlich von Ihnen wie vom Empfänger direkt angeklickt werden, sodass ein Internetbrowser die entsprechende Internetseite automatisch öffnet.

Schritt 6

Machen Sie einen Test, und klicken Sie die angebotene Webadresse an. Nun müsste sich Ihr Standard-browser im Vordergrund öffnen und die zum Link gehörige Seite online darstellen.

E-Mail-Adressen per Chat

Nicht nur Links erkennt der Skype-Chat als Element, das direkt von den Gesprächspartnern angeklickt werden kann, um eine Aktion hervorzurufen. Wenn Sie Ihre Mail-Adresse per Sofortnachricht verschicken und der Empfänger sie anklickt, öffnet sich sein Standard-E-Mail-Programm.

Einen Link oder eine Datei verschicken (Forts.)

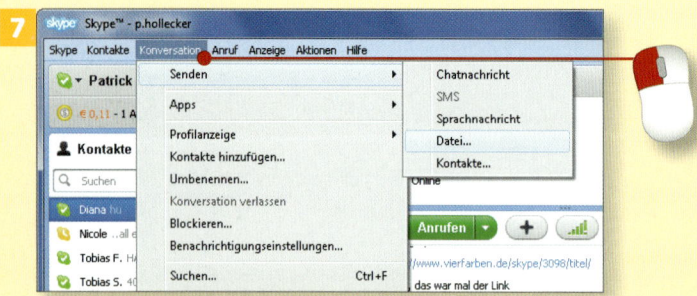

Schritt 7

Wenn Sie Ihrem Gesprächspartner gleich eine bestimmte Datei schicken möchten, klicken Sie in der Menüleiste auf **Konversation ▸ Senden ▸ Datei**.

Schritt 8

Der Windows-Explorer öffnet sich. Darin können Sie nach der Datei stöbern, die Sie Ihrem Gesprächspartner übermitteln möchten.

Schritt 9

Wenn Sie die gewünschte Datei gefunden haben, markieren Sie sie ❶ mit einem Mausklick und klicken anschließend auf die Schaltfläche **Öffnen**.

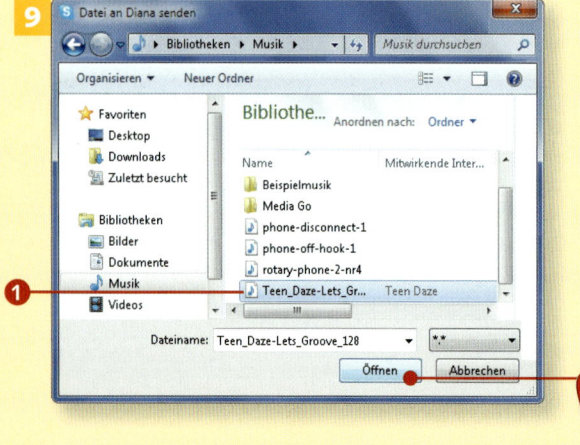

Dateigröße und Upload-Geschwindigkeit beachten!
Falls Sie sich wundern, warum der Übertragungsvorgang zur ausgewählten Datei so lange dauert, dann könnte dies an deren Größe liegen, an einer langsamen Internetverbindung oder an einer Kombination aus diesen beiden Faktoren.

Schritt 10

Ein Dateisymbol ❷ erscheint als neuer Eintrag im Chatverlauf. Die Übertragung wird vorbereitet (**Warten auf Annahme der Datei**). Dies kann einige Sekunden dauern.

Schritt 11

Ist die Datei bereit zum Versand an Ihren Gesprächspartner, wird sie übertragen. Ein Fortschrittbalken sowie eine Zeitangabe ❸ informieren Sie über die Restdauer des Übertragungsvorgangs. Klicken Sie auf **Abbrechen** ❹, falls Sie die Datei doch nicht senden wollen.

Schritt 12

Der Balken ist voll, die Übertragung abgeschlossen, und die Datei sollte bei Ihrem Gesprächspartner angekommen sein (**Datei gesendet** ❺). Der Empfänger kann sie sich nun ansehen, indem er die empfangene Datei öffnet.

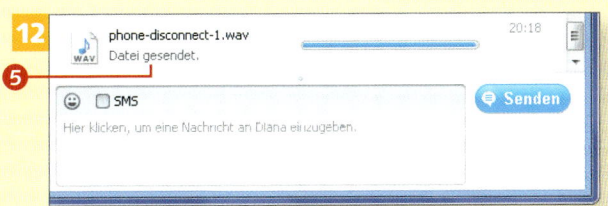

Eingegangene Dateien aufrufen

Im Abschnitt »Eine Datei annehmen und öffnen« ab Seite 116 erklären wir Ihnen, wie Sie eine Datei entgegennehmen, speichern und öffnen, die Ihnen ein Kontakt über die hier beschriebene Funktion zugeschickt hat.

Eine Datei annehmen und öffnen

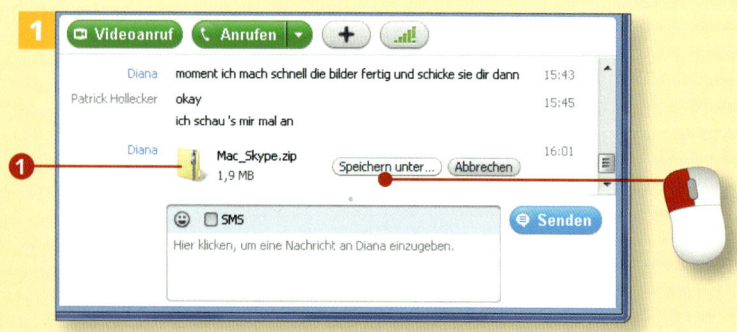

Natürlich wollen wir Ihnen auch nicht vorenthalten, wie Sie eine Datei annehmen und öffnen, die Ihnen ein Gesprächspartner zukommen lässt.

Schritt 1

Hat Ihnen ein Kontakt eine Datei über Skype gesendet, sehen Sie eine Anzeige hierzu im Chatbereich ❶. Wählen Sie die Schaltfläche **Speichern unter** rechts daneben an, um die Datei anzunehmen.

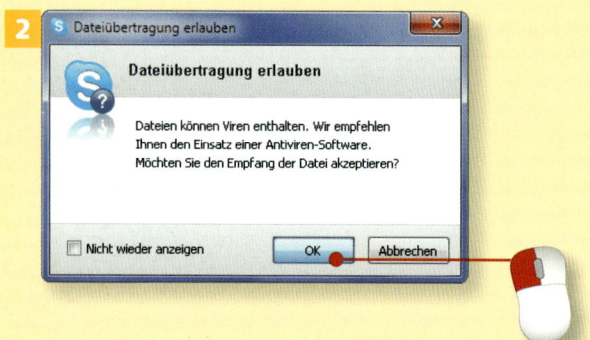

Schritt 2

Im darauf folgenden Dialogfenster müssen Sie die Dateiübertragung noch mit einem Klick auf **OK** bestätigen.

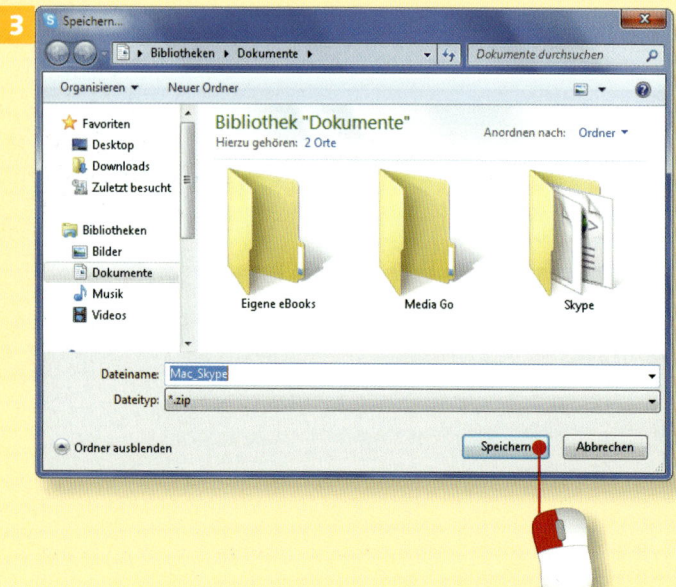

Schritt 3

Schließlich öffnet sich der Datei-explorer Ihres Systems, in dem Sie wählen können, wo Sie die Datei ablegen möchten. Klicken Sie auf **Speichern**, wenn Sie einen passenden Ort hierfür gefunden haben.

Schritt 4

Die Darstellung wechselt wieder auf die Ansicht von Skype. Zu dem Dateisymbol im Chatfenster erscheint nun eine Fortschrittsanzeige ❷, die den Downloadvorgang der Datei vom Skype-Server anzeigt.

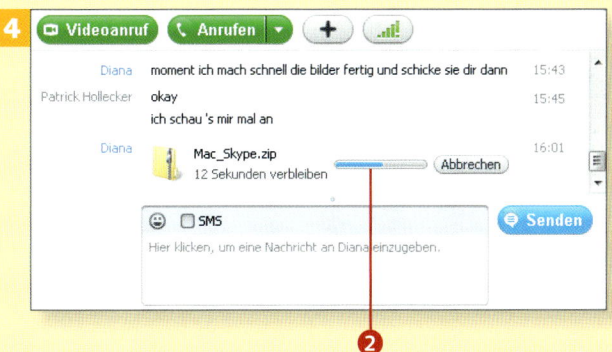

Schritt 5

Sobald der Vorgang abgeschlossen ist, können Sie die Datei mit einem Klick auf **Datei öffnen** aufrufen. Alternativ begutachten Sie diese zunächst im (wie in Schritt 3) festgelegten Ordnerbereich, indem Sie auf **Ordner öffnen** ❸ klicken.

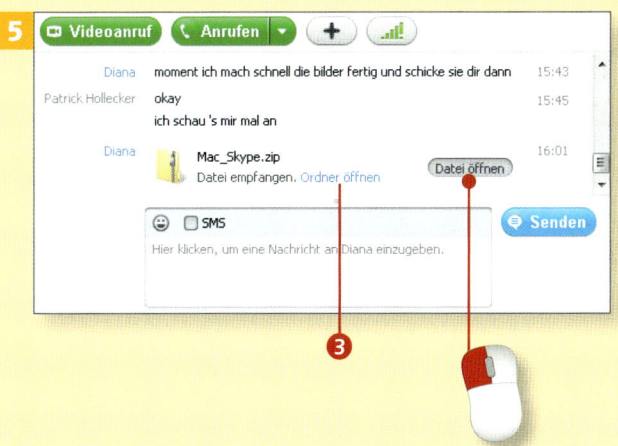

Schritt 6

Haben Sie sich für **Datei öffnen** entschieden, wird der Dateiinhalt direkt angezeigt, beispielsweise ein Bild, ein Musikstück oder wie in diesem Beispiel weitere Ordnerbereiche einer Archivdatei.

Speicherort für Dateiempfang

Eine etwas versteckte Option bietet die Möglichkeit, einen Standardordner festzulegen, in dem alle über Skype empfangenen Dateien automatisch abgelegt werden. Lesen Sie hierzu die Schritte 4 und 5 auf Seite 121 im Abschnitt »Allgemeine Einstellungen zur Chatfunktion«.

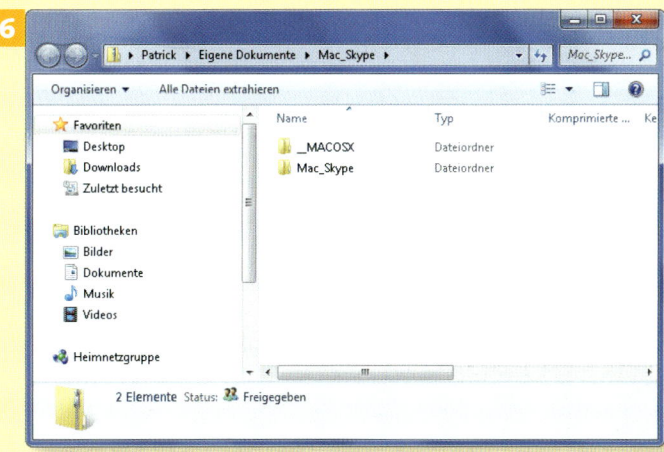

Kontakte an Freunde weitergeben

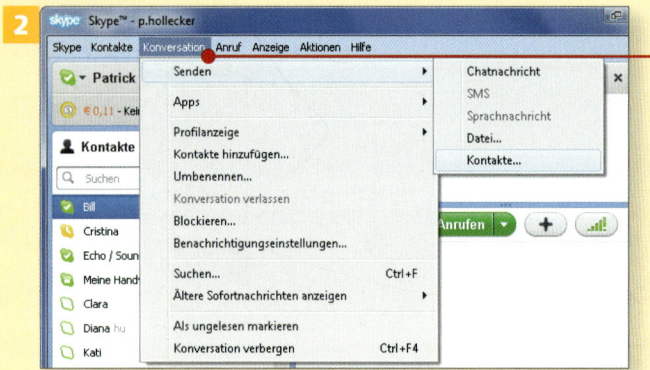

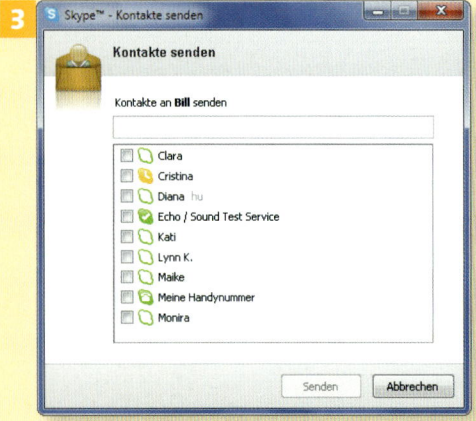

Ihre Kontakte haben nie Einblick darin, welche anderen Freunde sich in Ihrer Kontaktliste befinden. Sie können aber die Daten eines oder mehrerer Kontakte an einen Freund in Skype weiterleiten.

Schritt 1

Klicken Sie mit der rechten Maustaste den Kontakt an, an den Sie ausgewählte Kontaktdaten weiterleiten wollen. Im Kontextmenü wählen Sie **Kontakte senden**.

Schritt 2

Die zweite Möglichkeit führt über die Menüleiste von Skype. Öffnen Sie dort den Menüpfad **Konversation ▸ Senden ▸ Kontakte**.

Schritt 3

Das Dialogfenster **Kontakte senden** öffnet sich. Es listet alle Ihre bestehenden Kontakte auf, ausgenommen den Empfänger.

Kontaktdaten per Chat

Um jemandem einen Kontakt zu empfehlen, ziehen Sie den Kontakteintrag einfach mit gedrückter Maustaste von Ihrer Kontaktliste in das Textfeld des Chatfensters.

Schritt 4

Über ein Suchfeld können Sie bestimmte Kontakte schnell heraussuchen. Die Eingabe eines einzelnen Zeichens listet beispielsweise alle Kontakte mit diesem Anfangsbuchstaben auf.

Schritt 5

Um die Daten eines Kontakts weiterzuleiten, setzen Sie per Mausklick ein Häkchen in die Checkbox ❶ links daneben. Sie können auch mehrere Kontakte auswählen; sie erscheinen als Einträge ❷ in der Suchleiste. Klicken Sie abschließend auf **Senden**.

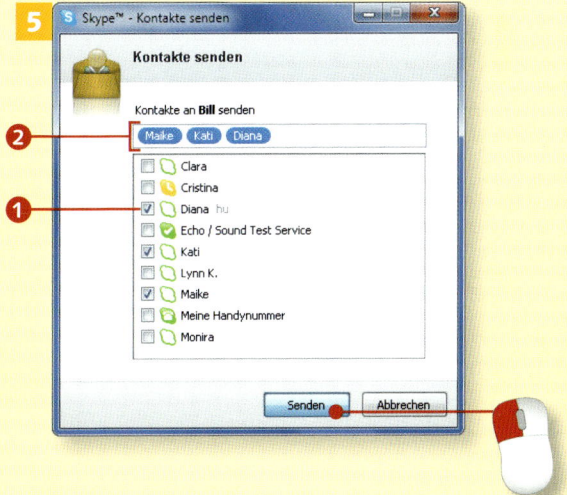

Schritt 6

Im Chatprotokoll finden Sie eine Bestätigung ❸ der Übermittlung der Kontaktdaten an den gewünschten Empfänger.

Kontaktdaten weitergeben?

Auch wenn die Weitergabe von öffentlichen Skype-Benutzerdaten grundsätzlich keine Rechte dieser Benutzer verletzt (da diese Daten ja ohnehin öffentlich sind), sollten Sie vor der Übermittlung von Kontaktdaten die Erlaubnis Ihrer Freunde oder Geschäftspartner einholen.

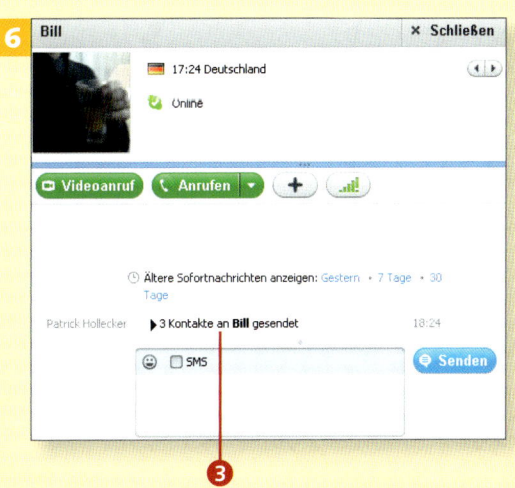

Allgemeine Einstellungen zur Chatfunktion

Ganz grundsätzliche Einstellungen zur Funktion um die Sofortnachrichten finden Sie in den Optionen von Skype. Darin wird auch eine Möglichkeit geboten, den Standard-Speicherort für empfangene Dateien festzulegen.

Schritt 1

Rufen Sie Skype-Einstellungen mit einem Klick auf **Aktionen ▸ Optionen** auf.

Schritt 2

Sie finden sich dann im Dialogfenster **Optionen** in der Kategorie **Allgemeine Einstellungen** ❶ wieder. Klicken Sie links unten auf **Chat & SMS**.

Schritt 3

Sie gelangen damit direkt in den Unterbereich **Chat-Einstellungen** ❷, wo Sie bereits festlegen können, ob Sie Sofortnachrichten auch von unbekannten Skype-Nutzern empfangen möchten oder nicht ❸. Klicken Sie auf **Erweiterte Optionen**.

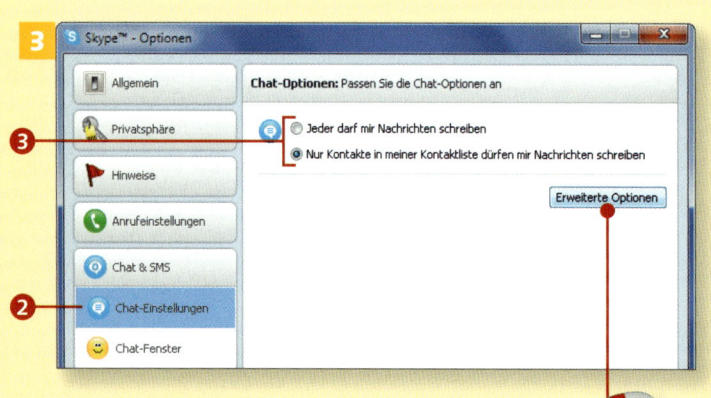

Schritt 4

Hier können Sie sich verschiedenen Optionen widmen, z. B. der Speicherung des Chatprotokolls ❹ oder bestimmten Schreiboptionen ❺. Um einen Standardordner für die Annahme von empfangenen Dateien auszuwählen, klicken Sie auf **Ordner ändern**.

Schritt 5

Im Dialogfenster **Ordner suchen** wählen Sie mit einem Klick einen Ordner ❻ aus und klicken auf **OK**. Dieser Ordner wird anschließend neben der Option **Alle Dateien speichern unter** ❼ angezeigt.

Schritt 6

Nun öffnen Sie die Kategorie **Chat-Fenster** ❽. Hier können Sie festlegen, ob Emoticons (Smileys) dargestellt werden sollen ❾, ob die Uhrzeit angezeigt ❿ und welche Schriftart und -größe im Textfenster verwendet wird ⓫. Sichern Sie Ihre Anpassungen mit einem Klick auf **Speichern**.

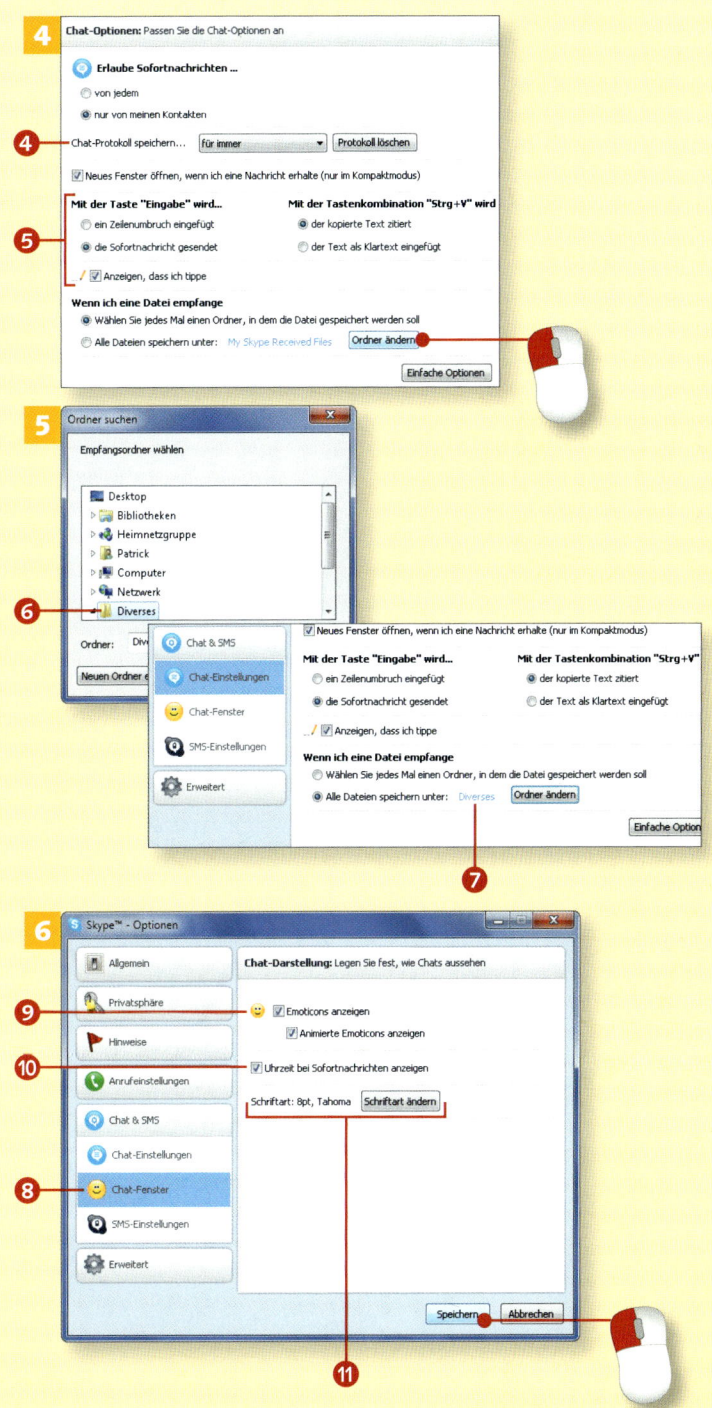

Kapitel 6
Kontakte finden und verwalten

Damit kein heilloses Durcheinander entsteht, wenn die Anzahl Ihrer Skype-Kontakte zunimmt, können Sie diese Einträge sortieren, kategorisieren und nur die benötigten Kontakte einblenden oder auch vergangene Konversationen abrufen, um etwas nachzuschauen.

Ihre Kontakte verwalten

Neue ebenso wie langjährige Kontakte sind schnell mit Ihrem eigenen Skype-Benutzerkonto verbunden. Importieren Sie beispielsweise auch die Kontaktdaten Ihrer Facebook-Freunde oder von anderen Onlinediensten, wenn Sie nicht mühsam alles von Hand eingeben wollen. Die nötigen Informationen finden Sie im Kontaktprofil ❶.

Den Kontaktbereich richtig verwenden

Skype hilft Ihnen dabei, die Übersicht über all Ihre Kontakte zu behalten und Informationen zu vergangenen Gesprächen schnell wiederzufinden. Da alles lässt sich aus dem linken Fensterbereich ❷ heraus ganz einfach bewerkstelligen.

Vergangene SMS-Nachrichten und Dateiübertragungen einsehen

Über das Menü **Anzeige** behalten Sie auch die Übersicht über SMS-Nachrichten ❸, die Sie mit Skype versandt haben, und natürlich auch über Dateiübertragungen, Sprachnachrichten und anderes.

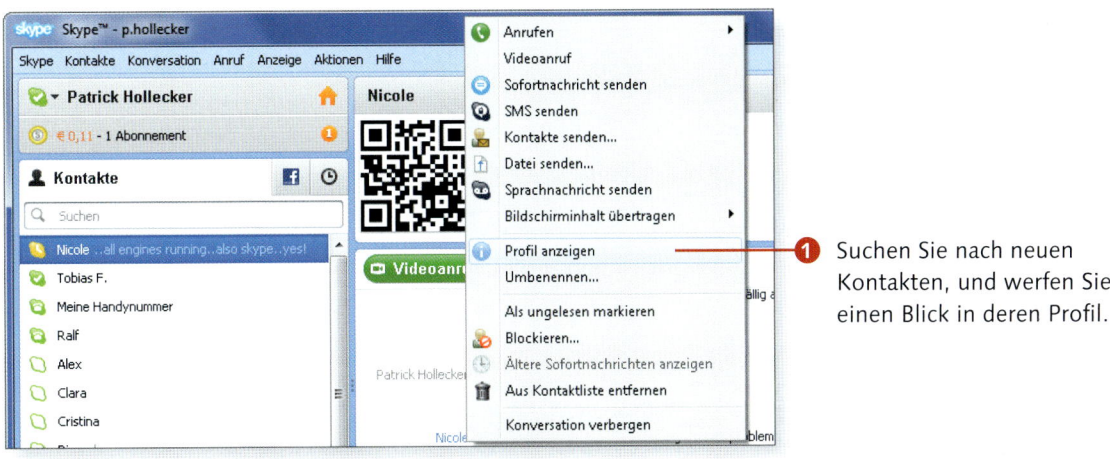

1 Suchen Sie nach neuen Kontakten, und werfen Sie einen Blick in deren Profil.

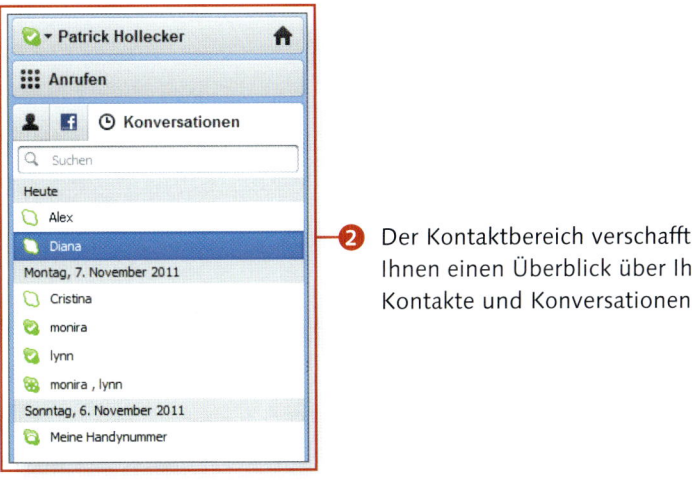

2 Der Kontaktbereich verschafft Ihnen einen Überblick über Ihre Kontakte und Konversationen.

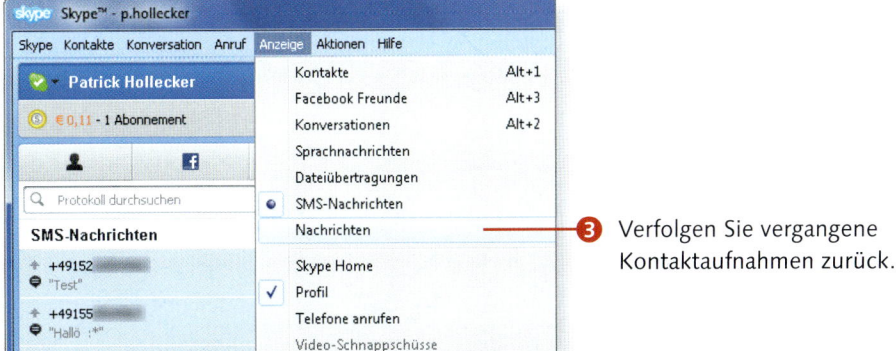

3 Verfolgen Sie vergangene Kontaktaufnahmen zurück.

Das Kontaktfenster kennenlernen

Über den praktischen Verwaltungs-bereich, den Sie im linken Fensterteil von Skype finden, organisieren Sie Ihre Kontakte und Konversationen mit wenigen Mausklicks.

Schritt 1

Der Kontaktbereich im linken Teil des Skype-Fensters erstreckt sich von der Statusanzeige und Ihrem Namen ❶ oben bis zur Anzeige der gerade in Skype aktiven Nutzer.

Schritt 2

Sie sehen drei Registerkarten: Die erste, **Kontakte** ❷, enthält die Liste Ihrer Skype-Kontakte. Klicken Sie auf den zweiten Reiter, um den Facebook-Abschnitt von Skype auf-zurufen.

Schritt 3

Hier sehen Sie entweder eine Auf-listung Ihrer Facebook-Kontakte oder die Schaltfläche **Mit Facebook verbinden** ❸, falls Sie Skype noch nicht mit Ihrem Facebook-Konto verknüpft haben (siehe dazu den Abschnitt »Skype mit Facebook ver-binden« ab Seite 160). Klicken Sie nun auf den Reiter **Konversationen**.

Schritt 4

Hier werden alle Kontaktaufnahmen aufgelistet, sortiert nach Datum. Klicken Sie auf den Link **Ältere Nachrichten anzeigen**, wenn Sie sich auch weiter zurückliegende Gespräche anzeigen lassen wollen.

Schritt 5

Neben gewöhnlichen Skype-Gesprächen und Chats sowie Anrufen an Telefonnummern werden auch vergangene Konferenzen mit mehreren Teilnehmern aufgeführt.

Schritt 6

Wenn Sie nach einem bestimmten Kontakt suchen, können Sie ihn in das Suchfeld im oberen Teil eingeben. Schon mit der Eingabe eines einzelnen Buchstabens werden die passenden Einträge herausgefiltert.

Die Symbole vor den Einträgen

Für gewöhnlich geben die Symbole vor den Kontakteinträgen den Status der Person wieder (siehe dazu auch den Abschnitt »Den Kontaktstatus vorgeben« ab Seite 46). Ein grünes Symbol mit mehreren Punkten, die in einem Kreis angeordnet sind, zeigt eine Personengruppe an, während ein Telefon auf grünem Hintergrund einen reinen Telefonkontakt darstellt.

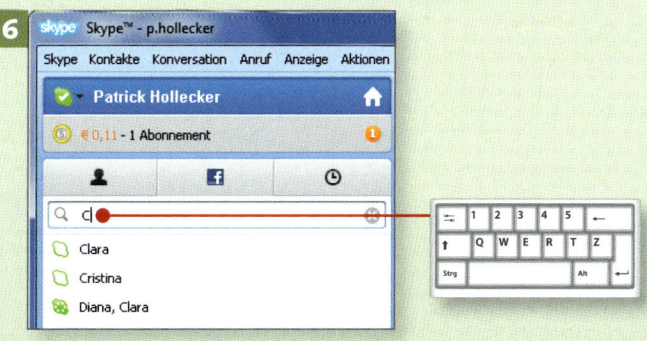

Das Kontaktfenster kennenlernen (Forts.)

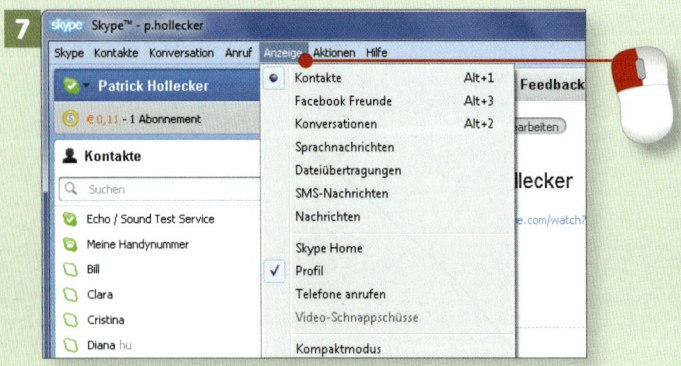

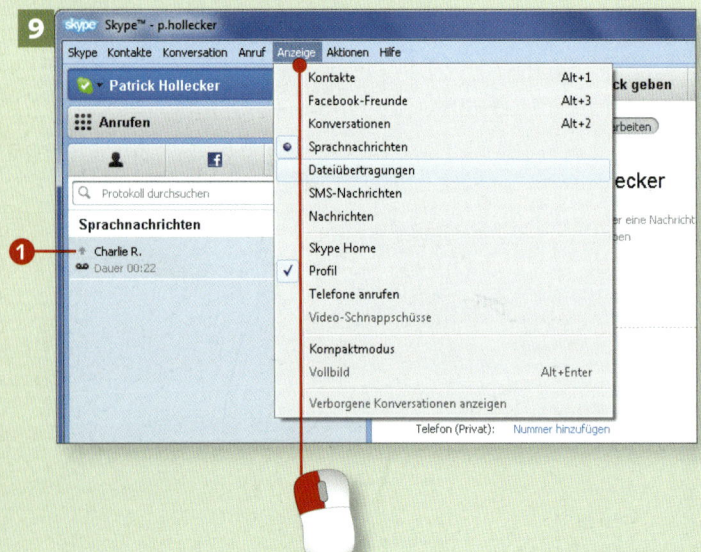

Schritt 7

Nun haben Sie die drei Registerkarten kennengelernt. Sie können über den Menüpunkt **Anzeige** aber noch weitere Informationen einblenden: **Sprachnachrichten**, **Dateiübertragungen**, **SMS-Nachrichten** und **Nachrichten**.

Schritt 8

Gehen wir also auch diese vier Ansichten einmal durch. Klicken Sie zunächst auf **Anzeige ▸ Sprachnachrichten**.

Schritt 9

In unserem Beispiel ist eine Sprachnachricht vorhanden ❶; sie wird hier mit Bezug zu der kontaktierten Person und – bei mehreren Einträgen – nach Datum aufgelistet. Wählen Sie nun **Anzeige ▸ Dateiübertragungen**.

Was sind Sprachnachrichten?
Mit Sprachnachrichten oder *Voicemails* tauschen Sie per Skype gesprochene Textaufnahmen miteinander aus, ohne dass hierfür der Gegenpart online sein müsste. Er ruft Ihre Nachricht dann ab, sobald er Zeit hat. (Siehe dazu auch den Abschnitt »Allgemeine Einstellungen zur Chatfunktion« ab Seite 120.)

Schritt 10

In der Übersicht werden sowohl verschickte als auch erhaltene Dateisendungen aufgeführt. Bei versendeten Dateien zeigt der Pfeil ❷ links neben dem Kontaktnamen nach oben, bei empfangenen nach unten.

Schritt 11

Nun öffnen Sie erneut das Menü **Anzeige** mit einem Mausklick und bestätigen darin den Punkt **SMS-Nachrichten**. (Wie Sie mit Skype SMS verschicken, erfahren Sie im Abschnitt »Schnell eine SMS verschicken« ab Seite 208.)

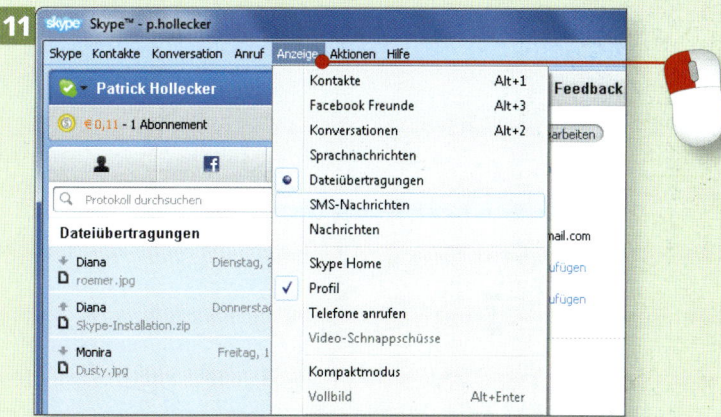

Schritt 12

Hier werden alle SMS-Nachrichten aufgelistet, die Sie über Skype verschickt oder empfangen haben. Wenn die Nummer gespeichert ist, wird hier der Kontakt angezeigt, ansonsten nur die Mobilfunknummer. Klicken Sie auf einen Eintrag, um die gesamte Nachricht im Kontaktfenster einzusehen.

Das Kontaktfenster kennenlernen (Forts.)

Schritt 13

Besuchen Sie jetzt den letzten Abschnitt des Kontaktbereichs, den Sie zusätzlich einblenden können. Klicken Sie dazu auf **Anzeige** und anschließend auf **Nachrichten**.

Schritt 14

Auf die Art wird im Kontaktfenster jede Kontaktaufnahme aufgeführt, die per Sofortnachricht erfolgt ist, ebenfalls nach Zeitpunkt sortiert. Darunter finden sich natürlich auch Gruppenchats **1**.

Schritt 15

Wenn Sie die Konversationen mit einem bestimmten Kontakt ausblenden möchten, klicken Sie mit der rechten Maustaste auf den Kontakt und wählen **Konversation verbergen**. Daraufhin erscheint ein Dialogfenster, das Ihnen erklärt, wie Sie verborgene Konversationen wieder anzeigen lassen. Klicken Sie darin auf **OK** **2**.

Schritt 16

Die Kontaktdaten in der Kontaktliste bleiben natürlich bestehen, aber alle Gespräche mit diesem Kontakt werden aus der Auflistung entfernt – Gruppengespräche ausgenommen. Gespräche mit *Bill* fehlen also, während Konferenzen mit *Diana* und *Bill* weiterhin ersichtlich sind.

Schritt 17

Um Gruppengespräche auszublenden, müssen Sie das direkt über den Konversationsbereich veranlassen. Klicken Sie das Gespräch mit rechts an, und wählen Sie **Konversation verbergen** aus dem Kontextmenü.

Schritt 18

Um sämtliche versteckten Konversationen in allen Bereichen wieder einzublenden, klicken Sie auf **Anzeige ▶ Verborgene Konversationen anzeigen**.

Verborgenes wieder anzeigen
Sobald Sie die Funktion **Verborgene Konversationen anzeigen** wählen, erscheinen alle bis dahin versteckten Elemente zu diesem Bereich wieder unter dem Reiter **Konversationen**.

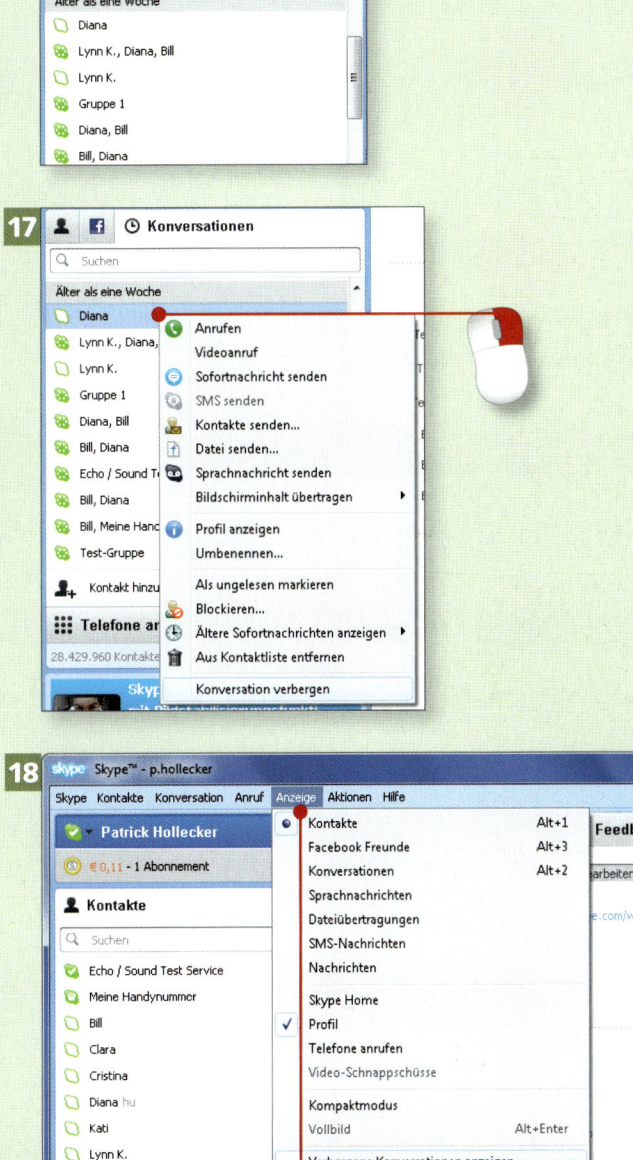

Einen neuen Kontakt hinzufügen

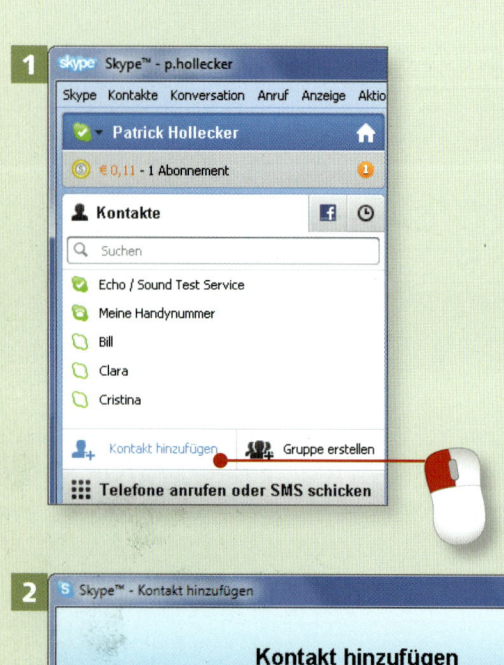

Einen neuen Kontakt anzulegen, um mit ihm in Verbindung treten zu können, ist ganz einfach. Suchen Sie nach Freunden und Bekannten, die bereits in Skype aktiv sind, und nehmen Sie sie in Ihre Kontaktliste auf.

Schritt 1

Der Kontaktbereich bietet im unteren Teil eine schnelle Möglichkeit, die Kontaktsuche aufzurufen. Klicken Sie auf **Kontakt hinzufügen**.

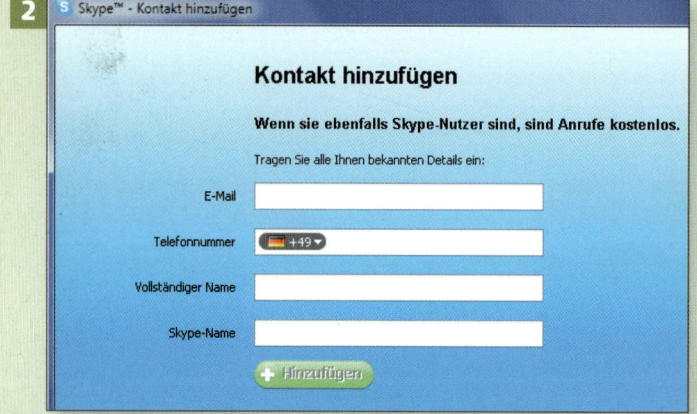

Schritt 2

Daraufhin öffnet sich ein zusätzliches Fenster, das einige Eingabebereiche bereithält, mit deren Hilfe Sie nach Freunden oder Bekannten suchen können, die Skype ebenfalls benutzen.

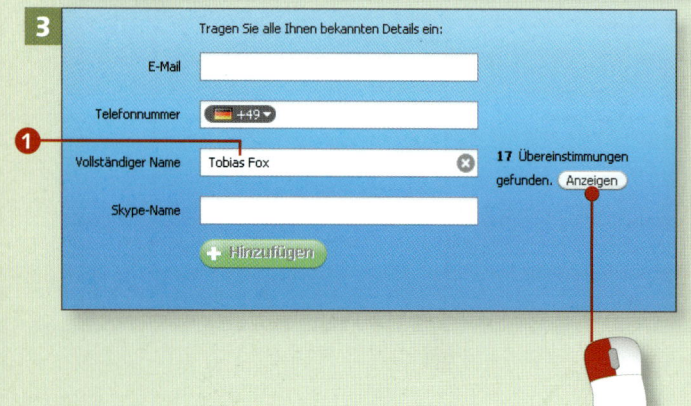

Schritt 3

Wenn Sie weder E-Mail-Adresse oder Telefonnummer noch den Skype-Namen der gesuchten Person kennen, geben Sie ihren richtigen Namen in das Feld **Vollständiger Name** ❶ ein. Wenn der Name vorkommt, erscheint die Schaltfläche **Anzeigen**. Klicken Sie darauf.

Schritt 4

Eine Liste mit Skype-Nutzern erscheint, die diesen Namen tragen. Nun müssen Sie sich durch die einzelnen Profile klicken, um herauszufinden, ob die gesuchte Person dabei ist. Klicken Sie dazu jeweils auf den Namen.

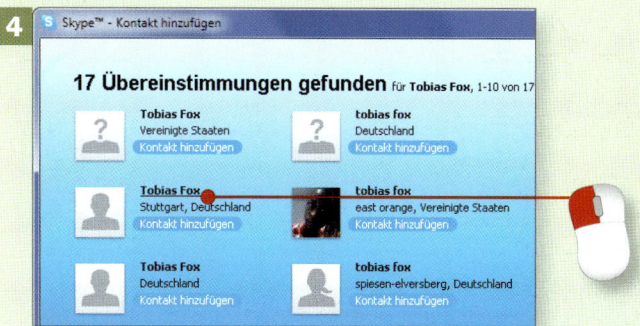

Schritt 5

Das Nutzerprofil liefert weitere Anhaltspunkte, ob der Kontakt der von Ihnen gesuchten Person entspricht. Wenn Sie dies bestätigen können, klicken Sie auf **Hinzufügen**.

Schritt 6

Im nächsten Fenster, **Kontakt hinzufügen**, geben Sie wahlweise einen Text für die Kontaktaufnahme ein.

Verstöße melden

Falls Sie einen Benutzer entdeckt haben, der z. B. ein anstößiges oder politisch nicht korrektes Profilbild hat, können Sie ihn melden. Berühren Sie das Bild mit dem Mauszeiger, und klicken Sie auf das kleine Symbol, das links davon erscheint ❷.

131

Einen neuen Kontakt hinzufügen (Forts.)

Schritt 7

Um diesem potenziellen Kontakt nun Ihre Freundschaftseinladung zukommen zu lassen, klicken Sie auf die Schaltfläche **Kontaktanfrage senden** unter dem Textfeld.

Schritt 8

Sie erhalten eine Bestätigung der Kontaktanfrage. Der andere Skype-Nutzer erhält nun eine Mitteilung, die er nur noch bestätigen muss, um in Ihre Kontaktliste aufgenommen zu werden. Falls Sie seine Rufnummer kennen, können Sie sie hier gleich anlegen. Ansonsten schließen Sie das Fenster mit einem Klick auf das **Schließen**-Kreuz ganz oben rechts.

Schritt 9

In Ihrer Kontaktliste wird die benachrichtigte Person bereits als potenzieller Kontakt aufgeführt, allerdings noch unbestätigt ❶, wie es auch der Text in der Kontaktinformation ❷ deutlich macht.

Kontaktanfragen bestätigen

Im Abschnitt »Eine Kontaktanfrage annehmen« ab Seite 134 wird beschrieben, wie Sie die Kontaktanfrage eines anderen Skype-Benutzers annehmen oder gegebenenfalls ablehnen.

Schritt 10

Dennoch besteht bereits zu diesem Zeitpunkt die Möglichkeit, die Person anzurufen. Wenn Sie ihre Telefonnummer noch nicht hinterlegt haben, klicken Sie auf den Pfeil an der Schaltfläche **Anrufen** und dann auf **Rufnummer hinzufügen**.

Schritt 11

Falls Ihre Kontaktanfrage über einen längeren Zeitraum hinweg nicht bestätigt wird, können Sie die Anfrage noch einmal versenden. Klicken Sie den Kontakt mit der rechten Maustaste an, und wählen Sie **Kontaktdetails erneut anfordern** aus dem Kontextmenü.

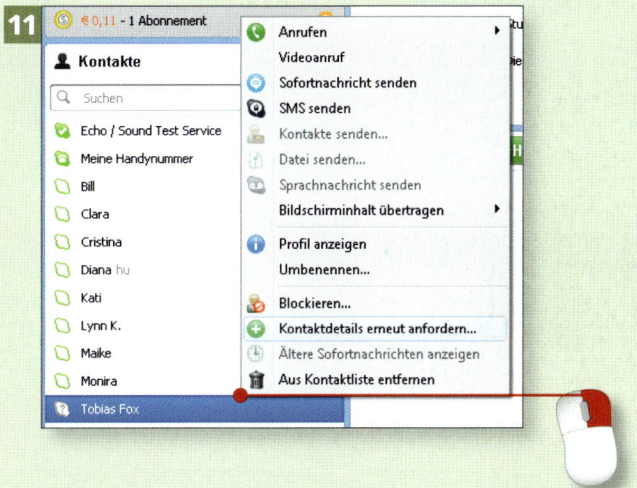

Schritt 12

Um weitere Kontakte zu suchen und hinzuzufügen, können Sie den hier gezeigten Weg alternativ auch über **Kontakte ▸ Kontakt hinzufügen** gehen.

➕➕ Unbestätigte Kontakte

Ein Rechtsklick auf den noch unbestätigten Kontakt in der Kontaktliste offenbart weitere Möglichkeiten der Kontaktaufnahme, z. B. den Versand einer Sofortnachricht oder einer SMS.

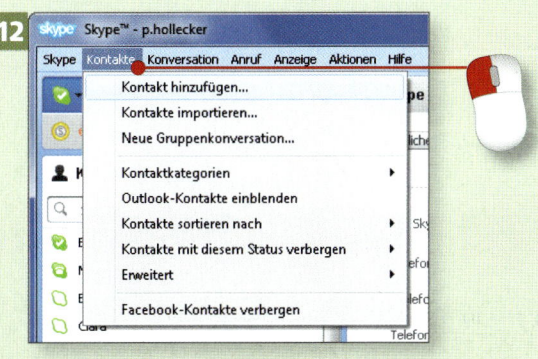

Eine Kontaktanfrage annehmen

Natürlich können Sie auch jederzeit Kontaktanfragen von anderen Skype-Benutzern erhalten, die Ihren Benutzernamen ausfindig gemacht haben.

Schritt 1

Wenn Sie eine oder mehrere Kontaktanfragen erhalten haben, erkennen Sie dies an einer Anzeige ❶ oberhalb der Kontaktliste. In diesem Beispiel sind zwei neue Anfragen eingegangen.

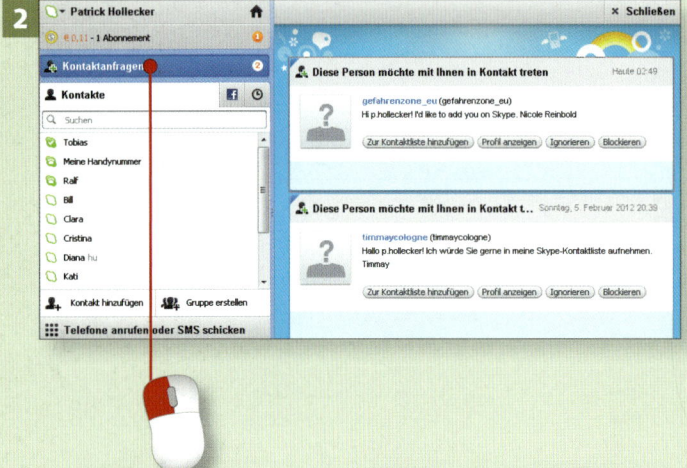

Schritt 2

Wenn Sie diese **Kontaktanfragen**-Schaltfläche anklicken, erscheinen rechts die jeweiligen Benutzeranfragen.

Schritt 3

Ehe Sie die Anfrage eines Benutzers blind annehmen, ohne zu wissen, wer er ist, sollten Sie sein öffentliches Skype-Profil einsehen. Klicken Sie dazu auf **Profil anzeigen**.

Schritt 4

Im Vordergrund erscheint ein Fenster mit dem Kontaktprofil. Wenn Sie die Person kennen, ihre Anfrage vielleicht sogar erwartet haben, können Sie sie ruhigen Gewissens in Ihre Kontaktliste aufnehmen, indem Sie auf **Hinzufügen** klicken.

Schritt 5

Eine andere Möglichkeit, die Anfrage anzunehmen, ist folgende: Klicken Sie direkt in der Kontaktanfrage auf die Schaltfläche **Zur Kontaktliste hinzufügen**, um die Kontaktdaten dieser Person in Ihre Liste aufzunehmen.

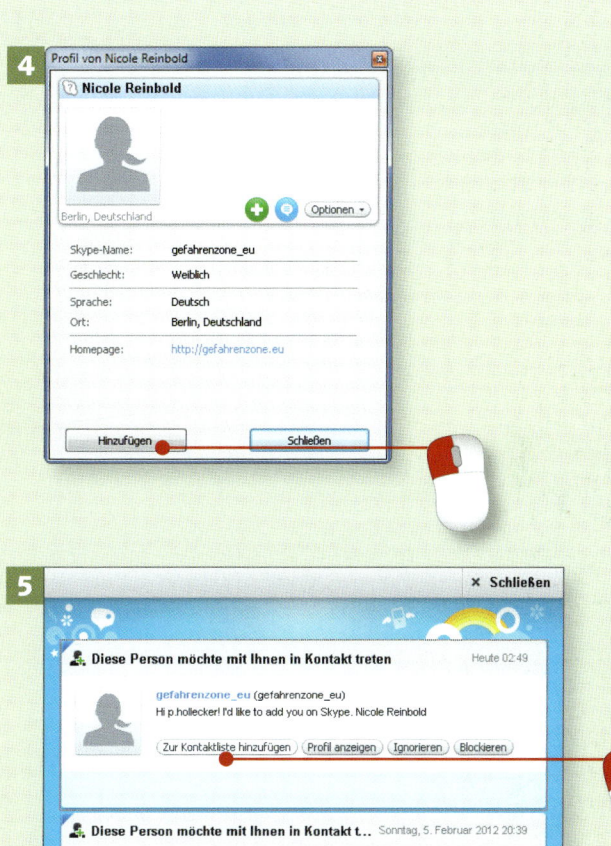

Schritt 6

Der bestätigte Kontakt erscheint nun als neuer Eintrag in Ihrer Kontaktliste ❷. Wenn Sie darauf klicken, sehen Sie im Bereich des Chatprotokolls sowohl die ursprüngliche Kontaktanfrage ❸ als auch eine Bestätigung der ausgetauschten Kontaktdetails ❹.

Kontaktanfragen ignorieren

Anstatt eine Kontaktanfrage einfach zu akzeptieren, können Sie unerwünschte Benutzer ignorieren oder diese sogar blockieren. In letzterem Fall treffen weitere Freundschaftseinladungen dieser Person gar nicht erst bei Ihnen ein.

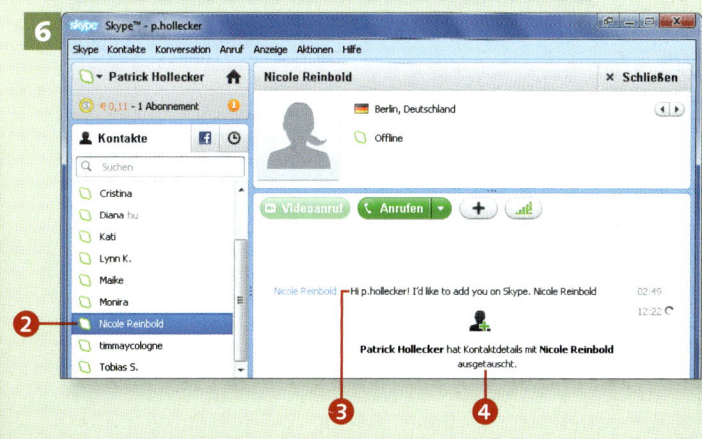

Neue Kontakte importieren

Sie können auch Ihre Adressbuch- oder Kommunikationskontakte aus anderen Onlineplattformen oder E-Mail-Konten in Skype laden oder sogar direkt als Kontakte importieren.

Schritt 1

Um die Importfunktion aufzurufen, wählen Sie den Menüeintrag **Kontakte** in der Skype-Menüleiste und klicken anschließend auf **Kontakte importieren**.

Schritt 2

Dadurch öffnet sich ein neues Fenster, in dem verschiedene Onlinedienste aufgeführt sind, z. B. Facebook und verschiedene E-Mail-Anbieter. Um Kontakte in Skype zu importieren, können Sie sich hier direkt bei einem dieser Dienste anmelden.

Schritt 3

Falls Sie auch ein Konto bei einem eher exotischen Dienst wie *Daum* oder *FastMail* haben, finden Sie ihn mit etwas Glück in der Liste **Sonstige** ganz rechts, die Sie mit einem Klick auf den Pfeil öffnen.

Schritt 4

Wählen Sie also einen Dienst ❶ mit einem Klick aus, geben Sie Ihren Benutzernamen und das Kennwort ein, und aktivieren Sie den Vorgang mit einem Klick auf **Importieren**. Das wird einen Moment beanspruchen.

Schritt 5

Skype prüft, ob der im jeweiligen Onlinedienst gefundene Kontakt über ein Skype-Konto verfügt. Wenn ja, wird er vorrangig aufgelistet. Lassen Sie das Häkchen ❷ stehen, wenn Sie die Person zu Ihren Skype-Kontakten hinzufügen wollen, und klicken Sie auf die Schaltfläche [...] **Kontakte hinzufügen**.

Schritt 6

Im nächsten Schritt werden die Personen aus Ihrem Adressbuch aufgelistet, die zwar kein Skype-Konto, aber zumindest eine E-Mail-Adresse hinterlegt haben. Mit einem Häkchen ❸ können Sie entscheiden, ob Sie sie zu Skype einladen möchten. Verfassen Sie eine Einladung ❹, und klicken Sie auf **E-Mail senden**.

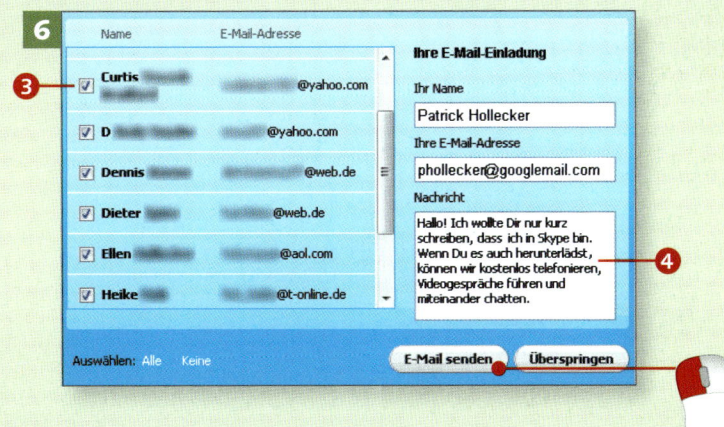

Neue Kontakte importieren (Forts.)

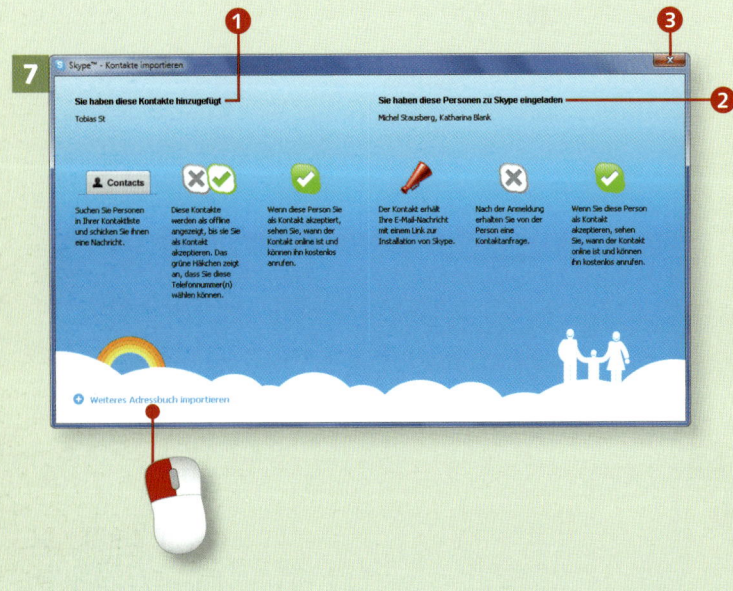

Schritt 7

Eine Übersicht zeigt schließlich an, welche Kontakte Sie direkt hinzugefügt ❶ und welche Sie per Mail eingeladen ❷ haben. Schließen Sie nun das Fenster mit einem Klick auf das Kreuz ❸, oder klicken Sie auf **Weiteres Adressbuch importieren**, um den Vorgang erneut durchzuführen.

Schritt 8

Beim Import von Kontakten aus Gmail findet Skype z. B. Telefonnummern mehrerer Kontakte. Sie können sie ebenfalls direkt in Ihre Skype-Kontaktliste aufnehmen.

Schritt 9

Entfernen Sie mit einem Klick das Häkchen in der Checkbox jener Personen, die Sie nicht übernehmen möchten, und bestätigen Sie Ihre Auswahl mit einem Klick auf **[...] Kontakte hinzufügen** ❹.

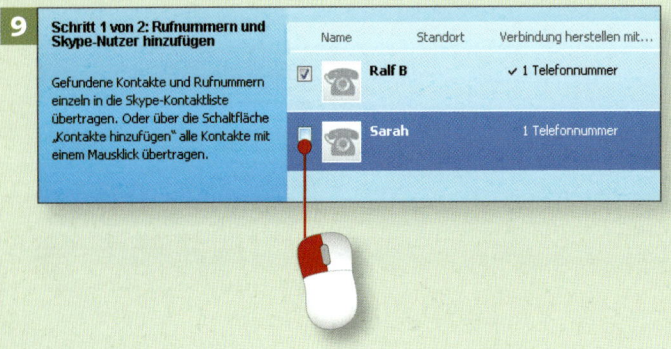

Schnelle Auswahl

Ehe Sie eine ganze Liste potenzieller neuer Kontakte aus Ihrem Online-Adressbuch einzeln mit Häkchen versehen oder diese entfernen, nutzen Sie am besten die Auswahloptionen **Alle**, **Nur Skype-Namen** oder **Keine** unterhalb der Auflistung.

Schritt 10

Die Personen, die Sie abgewählt haben, bleiben in der Liste stehen. Falls Sie sich nicht anders entscheiden und sie also immer noch nicht in die Kontaktliste Ihres Skype-Kontos aufnehmen wollen, klicken Sie nun auf **Weiter**.

Schritt 11

Wieder erscheint die Übersicht, in der die Übernahme der (Telefon-) Kontakte als neue Skype-Kontakte bestätigt wird ❺. Schließen Sie dieses Fenster mit einem Klick auf das **Schließen**-Kreuz.

Schritt 12

In Ihrer Skype-Kontaktliste sehen Sie, dass (in diesem Beispiel) *Ralf* als Skype-Telefonkontakt ❻ und *Tobias S.* als noch unbestätigter Kontakt ❼ hinzugefügt wurden.

! Facebook-Funktionen

Im Gegensatz zur Verknüpfung mit Facebook, wie sie im Abschnitt »Skype mit Facebook verbinden« ab Seite 160 beschrieben wird, werden über den Importvorgang lediglich die Kontaktdaten mit Skype abgeglichen. Es handelt sich also um zwei verschiedene, voneinander getrennte Funktionen.

Die Kontaktliste exportieren und sichern

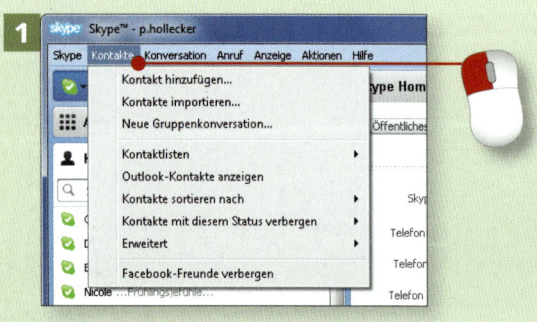

Sie können Ihre Skype-Kontaktliste als Datei speichern, um diese bei einem Datenverlust oder für den Import in andere Programme und Konten einzusetzen.

Schritt 1

Die Import- und Exportfunktionen finden Sie unter **Kontakte ▸ Erweitert**.

Schritt 2

Ein weiteres Menü mit einer Auswahl zur Sicherung und Wiederherstellung von Kontaktdaten öffnet sich. Klicken Sie auf **Kontakte in Datei sichern**, um zunächst ein Backup (eine Sicherungskopie) Ihrer bestehenden Kontaktliste anzulegen.

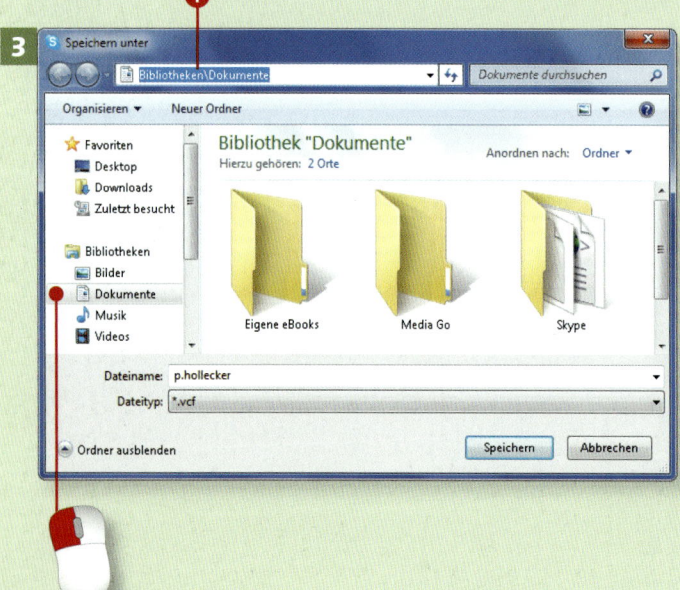

Schritt 3

Nun öffnet sich der Dateibrowser Ihres Betriebssystems. Wählen Sie hier einen passenden Speicherort für Ihre Sicherungsdatei aus, und merken Sie sich mithilfe des Dateipfads ❶ den Ordner, damit Sie die Datei bei Bedarf wiederfinden.

Schritt 4

Geben Sie im Feld **Dateiname** ❷ eine passende Bezeichnung an. Skype schlägt hier immer Ihren eigenen Benutzernamen vor. Dann schließen Sie den Vorgang mit einem Mausklick auf **Speichern** ab.

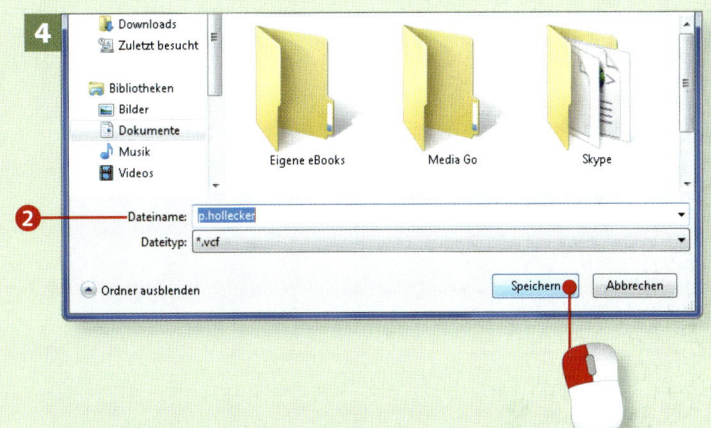

Schritt 5

Falls also einmal Daten verlorengehen, können Sie die gesicherte Kontaktliste wieder so in Skype laden, wie Sie sie abgespeichert hatten. Klicken Sie dazu auf **Kontakte ▸ Erweitert ▸ Kontakte aus Datei wiederherstellen**.

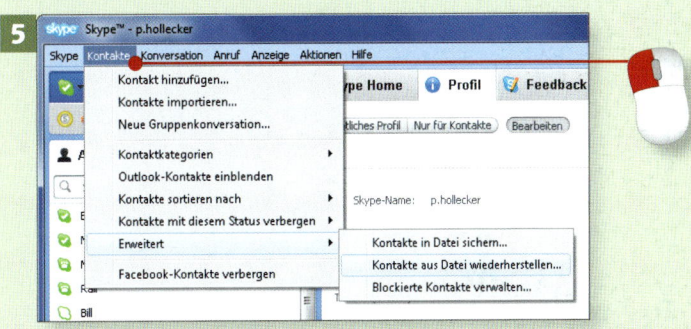

Schritt 6

Wieder öffnet sich der Dateibrowser, dieses Mal allerdings zum Öffnen der Datei. Markieren Sie die zuvor gesicherte Kontaktdatei ❸ mit einem Mausklick, und klicken Sie dann auf **Öffnen**.

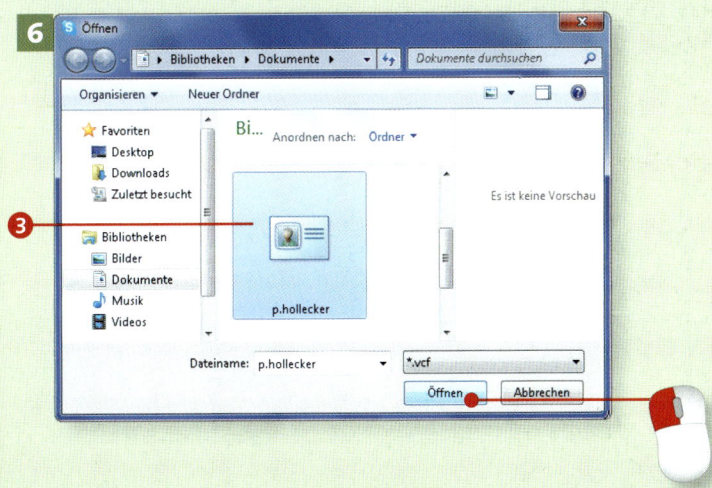

Visitenkarten-Dateiformat

Wenn Sie ein Backup Ihrer Skype-Kontaktliste erstellen, wird die Datei im VCF-Format angelegt, einem gängigen Visitenkartenformat, das auch in anderen Programmen eingesetzt werden kann. So können Sie Ihre Kontakte beispielsweise auch in Outlook oder in ein anderes Skype-Konto importieren.

141

Kontakte übersichtlich sortieren

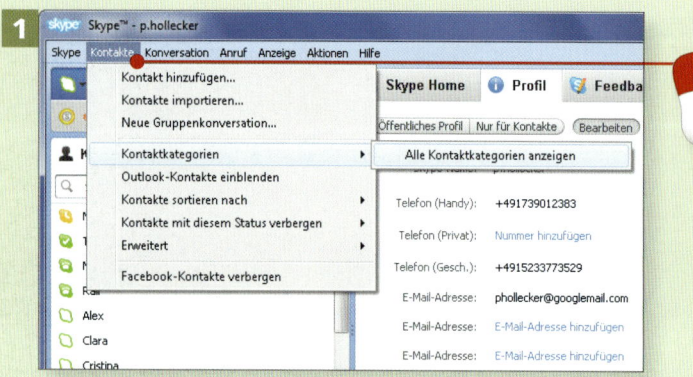

Wenn Sie bei Ihren vielen Kontakten die Übersicht verlieren, können Sie sie sortieren, indem Sie sie z. B. bestimmten Gruppen zuordnen.

Schritt 1

Der erste Schritt zur Kategorisierung Ihrer Kontakte ist zunächst recht unspektakulär: Klicken Sie in der Menüleiste auf **Kontakte ▸ Kontaktkategorien ▸ Alle Kontaktkategorien anzeigen**.

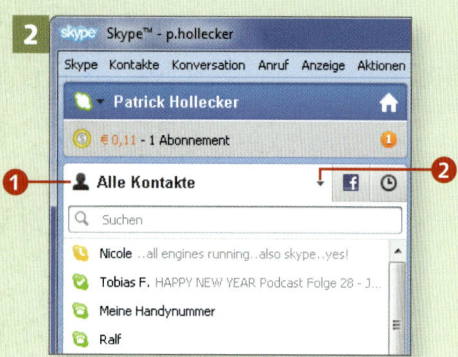

Schritt 2

Noch scheint sich wenig getan zu haben. Lediglich der Titel der Registerkarte **Kontakte** hat sich in **Alle Kontakte ❶** geändert.

Schritt 3

Wenn Sie aber erneut den Menübereich **Kontakte ▸ Kontaktkategorien** aufrufen, sehen Sie dort nun eine ganze Reihe unterschiedlicher Kategorisierungsvarianten.

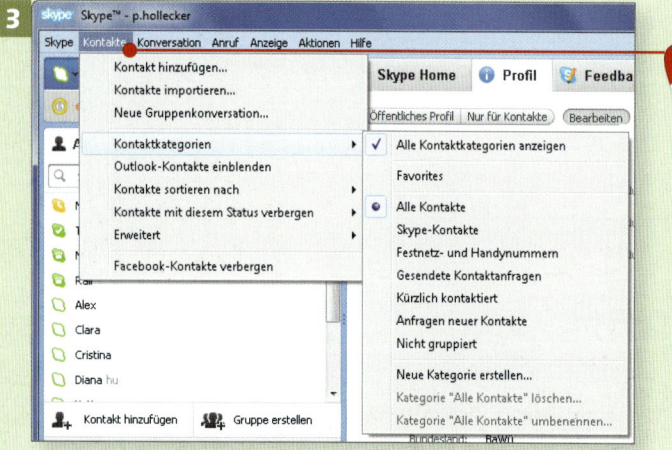

Kategorien wählen

Sobald Sie **Alle Kontakte anzeigen** gewählt haben, wird dem Reiter über der Kontaktliste ein Auswahlpfeil ❷ hinzugefügt, mit dessen Hilfe Sie ein Menü öffnen, in dem Sie die verschiedenen Kontaktkategorien direkt auswählen können.

Schritt 4

Wenn Sie in der Auswahl beispielsweise den Punkt **Kürzlich kontaktiert** auswählen, werden vorrangig
die Kontakte aufgeführt, mit denen
Sie zuletzt kommuniziert haben.

Schritt 5

Der Titel der Registerkarte hat sich
nun in **Kürzlich kontaktiert** geändert, und die Liste wurde tatsächlich
auf die Kontakteinträge reduziert,
mit denen Sie in letzter Zeit telefo-
niert oder gechattet haben.

Schritt 6

Alle weiteren Kontakte, mit denen
Sie schon lange nicht mehr oder
noch nie über Skype kommuniziert
haben, finden Sie unter **Alle anderen Kontakte**. Mit einem Klick auf
den kleinen Pfeil öffnen Sie diese
zweite Liste.

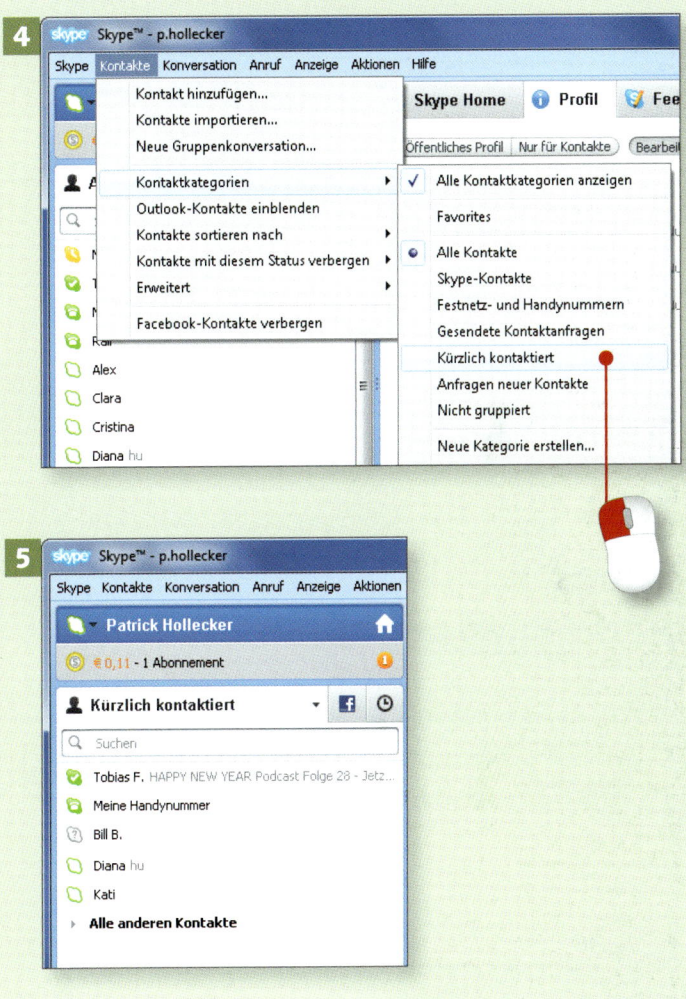

Festnetz- und Handynummern

Wenn Sie Skype vorwiegend dazu
benutzen, günstig auf Festnetz und
Handy zu telefonieren, und auch
hauptsächlich Kontakte mit hinterlegten Rufnummern in Ihrer Liste
haben, dann könnte die Kategorie
Festnetz- und Handynummern
eine optimale Sortierungsvariante
für Sie sein.

Kontakte übersichtlich sortieren (Forts.)

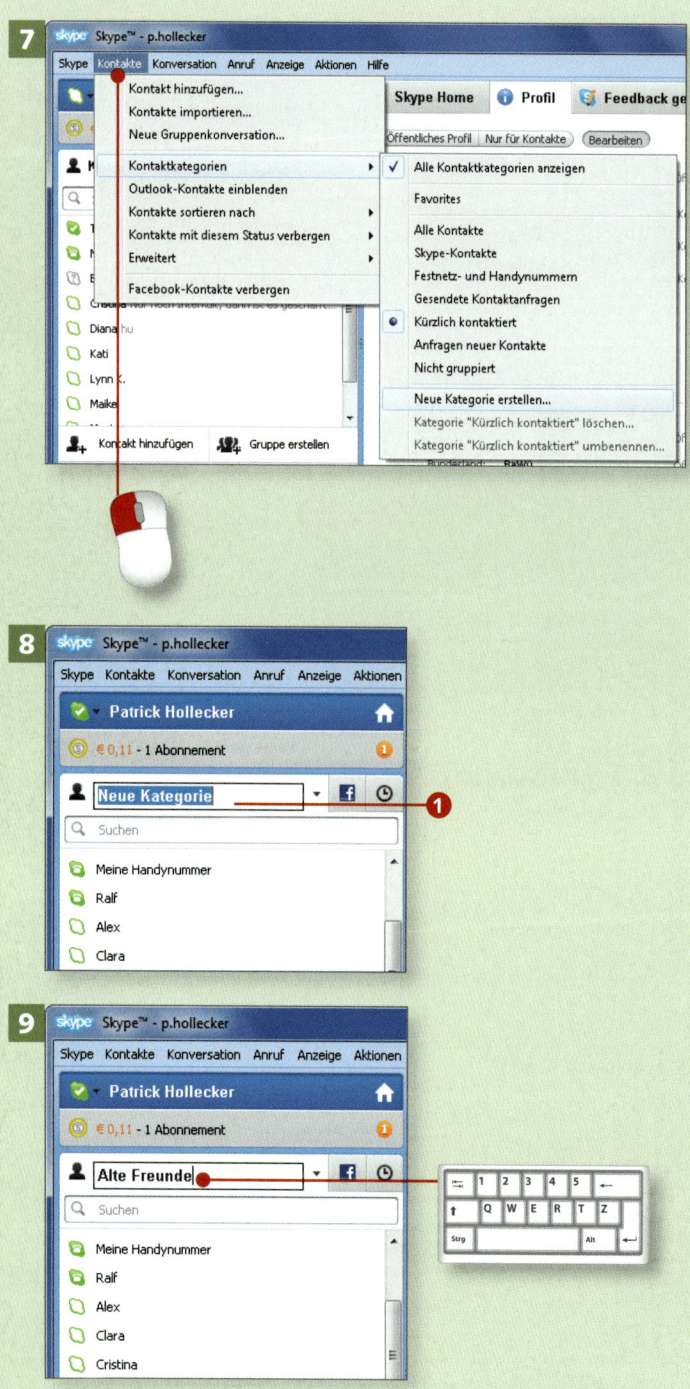

Schritt 7

Sie können Ihre Kontakte aber nicht nur in vorgefertigte Kategorien einsortieren, sondern auch eigenständig Gruppen anlegen. Wählen Sie **Kontakte ▸ Kontaktkategorien ▸ Neue Kategorie erstellen**.

Schritt 8

Nun geben Sie der Registerkarte **Kontakte** einen passenden eigenen Namen. Standardmäßig schlägt Skype die Bezeichnung **Neue Kategorie ❶** vor.

Schritt 9

Überschreiben Sie die markierte Standardvorgabe, indem Sie eine treffendere Bezeichnung für Ihre neue Gruppe eingeben und dann die ⏎-Taste drücken.

Kein Kontakt geht verloren

Sie können einen Kontakt aus einer Kategorie entfernen oder ausblenden, dennoch findet er sich immer in der Gesamtübersicht aller Kontakte wieder und geht also niemals verloren. Um ihn endgültig zu löschen, wählen Sie **Aus Kontaktliste entfernen** im Menü. Siehe dazu auch den Abschnitt »Kontakte entfernen oder umbenennen« ab Seite 148.

Schritt 10

Sobald der Gruppenname fix ist, erscheint ganz oben in der Kontaktliste ein Bereich mit dem Titel **Kontakte hierhin verschieben ❷** (direkt über einer Auswahl zur Anzeige aller Kontakte).

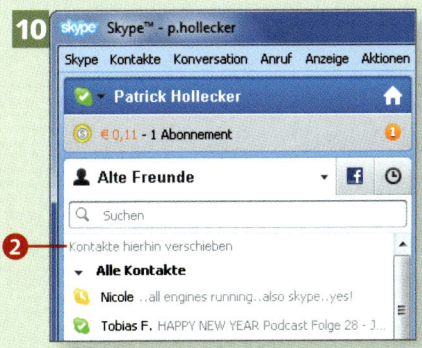

Schritt 11

Ziehen Sie nacheinander mit gedrückter Maustaste alle Kontakte in diesen Bereich hinein, die Sie Ihrer neuen Gruppe zuordnen möchten.

Schritt 12

Sobald Sie die Zuordnung Ihrer Kontakte zu dieser Gruppe abgeschlossen haben, blenden Sie die Liste **Alle anderen Kontakte** mit einem Klick auf den kleinen Pfeil aus und bewundern Ihre fertige, selbsterstellte Kontaktkategorie.

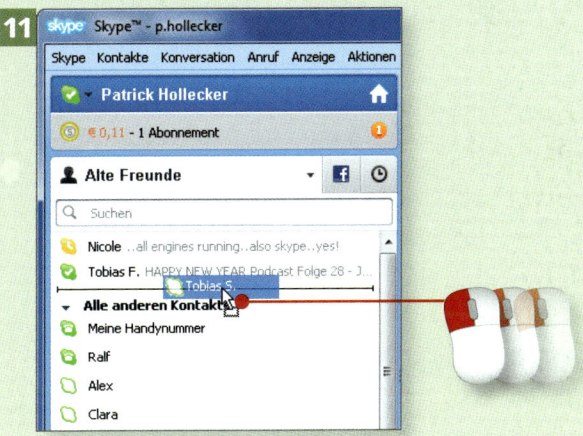

Sind die Kategorien sichtbar?

Keine Sorge, die jeweiligen Personen erfahren weder etwas von ihrer Kategorisierung noch darüber, mit welchen anderen Kontakten Sie sie zusammen sortiert haben. Die Funktion dient lediglich Ihrer Übersicht.

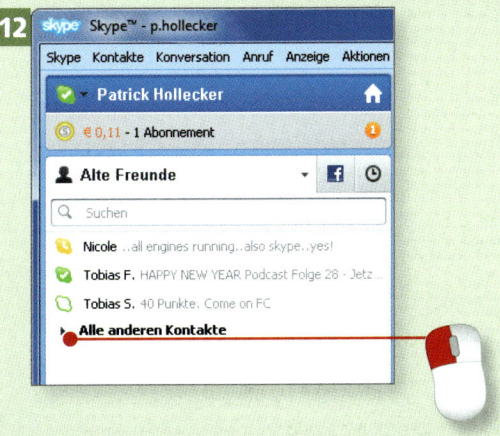

Kontakte übersichtlich sortieren (Forts.)

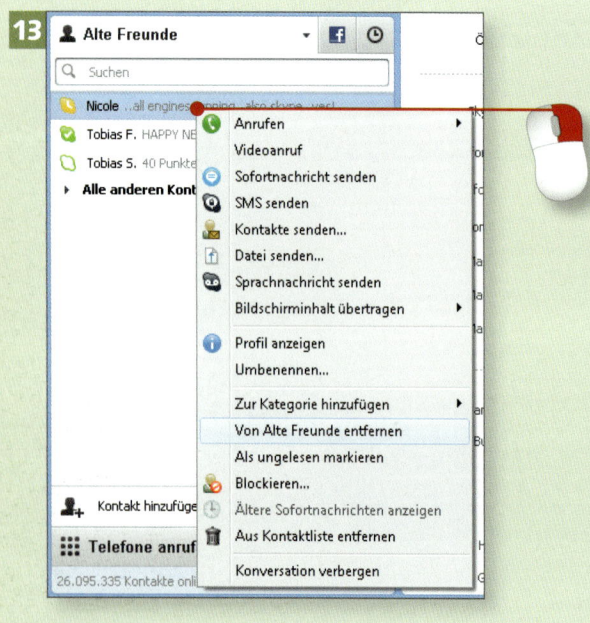

Schritt 13

Falls Sie einen Kontakt wieder aus der Gruppe entfernen möchten, klicken Sie mit rechts auf den Kontakt und wählen Sie **Von [...] entfernen** im Kontextmenü. Die Person wird dann wieder in die Liste **Alle anderen Kontakte** aufgenommen.

Schritt 14

Sie können einen Kontakt auch wieder aus der Gruppe herausnehmen, indem Sie ihn anklicken, die Maustaste gedrückt halten und ihn dann zurück in den geöffneten Bereich **Alle anderen Kontakte** ziehen (*Drag & Drop*).

Schritt 15

Die komplette Kategorie löschen Sie am einfachsten über eine Kontextmenüfunktion. Wählen Sie **Kategorie ["..."] löschen**, nachdem Sie den Reiter der entsprechenden Kontaktkategorie mit rechts angeklickt haben. Er heißt dann wieder **Kontakte**.

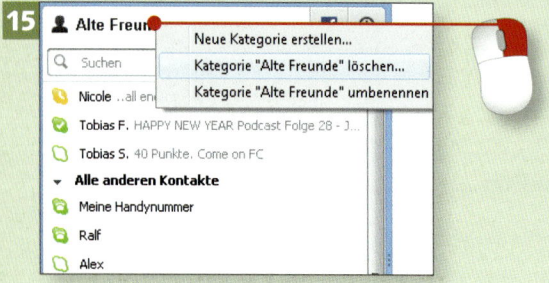

Drag & Drop

Drag & Drop (»Ziehen und Fallenlassen«) bedeutet, dass Sie eine Datei, einen Ordner o. Ä. anklicken, mit gedrückter Maustaste »festhalten«, an eine andere Position ziehen und dort die Maustaste loslassen, um das Element wieder abzulegen.

Schritt 16

Vorsichtshalber werden Sie noch einmal mittels eines Dialogfensters gefragt, ob Sie diese Kategorie wirklich entfernen möchten. Klicken Sie auf **Löschen**. Die der Kategorie zugeordneten Kontakte werden wieder in die allgemeine Kontaktliste verschoben.

Schritt 17

Alle Kategorien, auch die selbsterstellten, finden Sie unter **Kontakte ▸ Kontaktkategorien**, wo Sie zwischen ihnen hin und her wechseln können. **Favorites** ist eine voreingestellte Kategorie, die Sie selbst mit Kontakten füllen können.

Schritt 18

Wählen Sie die Kategorie **Favorites** im Menü aus, und ordnen Sie ihr per Drag & Drop Kontakte zu, sinnigerweise jene, mit denen Sie gerne und regelmäßig kommunizieren.

Kontakte übernehmen

Wie Sie Kontaktinformationen z. B. aus Outlook, Facebook und anderen Plattformen in Skype übertragen, erfahren Sie im Abschnitt »Neue Kontakte importieren« ab Seite 136.

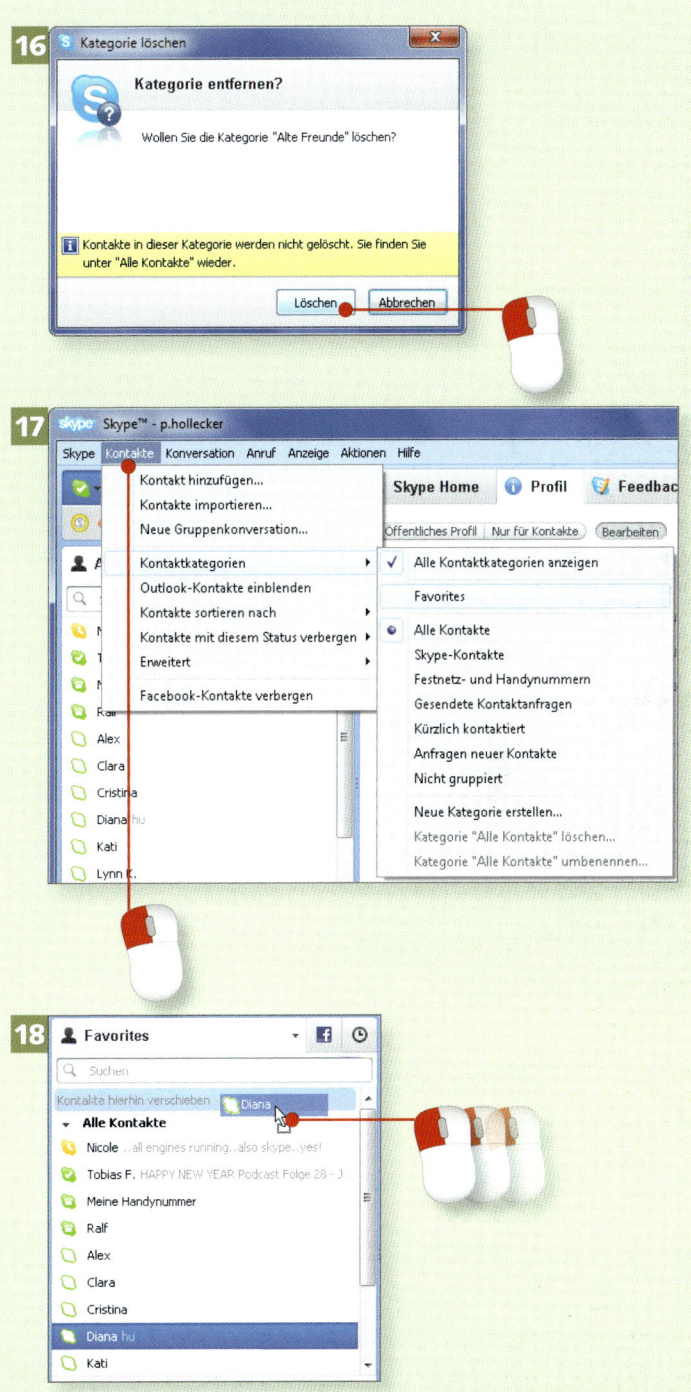

147

Kontakte entfernen oder umbenennen

Manchmal möchte man einen Kontakt einfach wieder aus der Liste löschen oder für die Übersichtlichkeit der Anzeige unnötig lange oder doppelt vorhandene Namen von Kontakten ändern.

Schritt 1

Die Funktionen zum Löschen und Umbenennen sind schnell erklärt. In unserem Beispiel soll der Kontakt *Bill* ❶ gelöscht werden, der Kontakt *Tobias* ❷ muss aufgrund von Verwechslungsgefahr umbenannt werden.

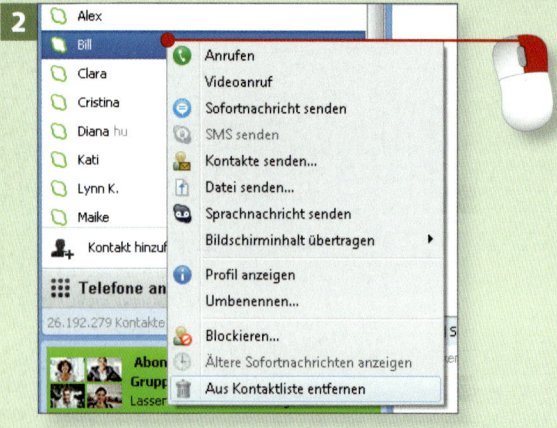

Schritt 2

Zunächst zum Löschvorgang: Klicken Sie einen Kontakt mit der rechten Maustaste an, und wählen Sie die Option **Aus Kontaktliste entfernen** im Kontextmenü.

Schritt 3

Sicherheitshalber erscheint eine Dialogbox, in der Sie noch einmal gefragt werden, ob Sie diesen Kontakt wirklich aus Ihrer Liste löschen möchten. Klicken Sie auf **Entfernen**, um den Vorgang abzuschließen.

Schritt 4

Wie Sie sehen, wurde der Kontakt prompt entfernt ❸. Widmen Sie sich nun der Änderung des anderen Kontaktnamens. Klicken Sie ihn mit der rechten Maustaste an, und wählen Sie **Umbenennen** im Kontextmenü.

Schritt 5

Der Name des Kontakts steht nun in einem Textfeld und ist somit veränderbar. Geben Sie dort eine genauere Bezeichnung oder einen anderen Namen ein, und drücken Sie abschließend die ⏎-Taste. Diese Umbenennung ist nur für Sie ersichtlich.

Schritt 6

Ob Sie die Kontakte also der Übersichtlichkeit mit Nachnamen versehen oder ihnen Spitznamen geben, bleibt Ihnen überlassen. Wenn Sie den Kontakt mit dem geänderten Namen anklicken, erscheint der neue Name auch im Kontaktprofil ❹ rechts im Skype-Fenster.

➕ Kontaktprofile einsehen

Um sich einen Überblick über die Daten eines Ihrer Kontakte zu verschaffen, klicken Sie ihn in der Kontaktliste mit der rechten Maustaste an, und wählen Sie **Profil anzeigen**.

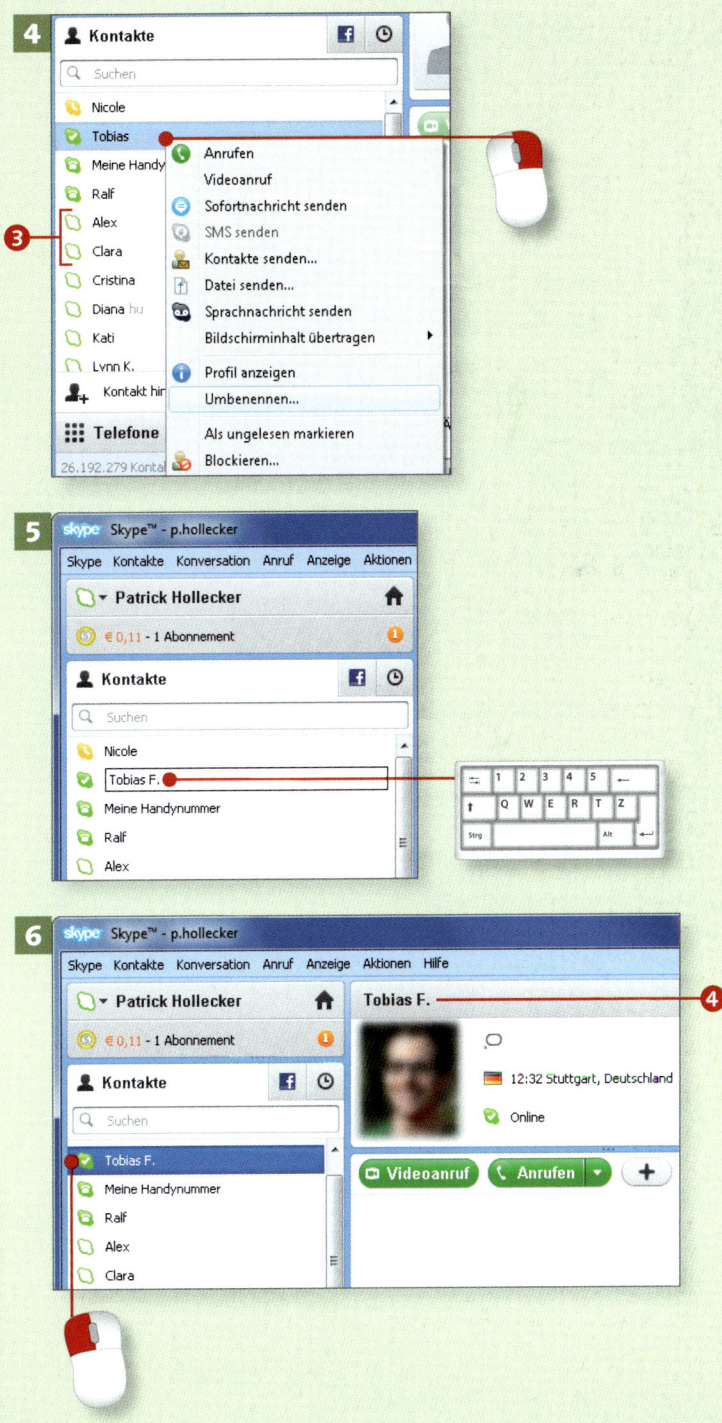

Kontakte gezielt nach Status sortieren

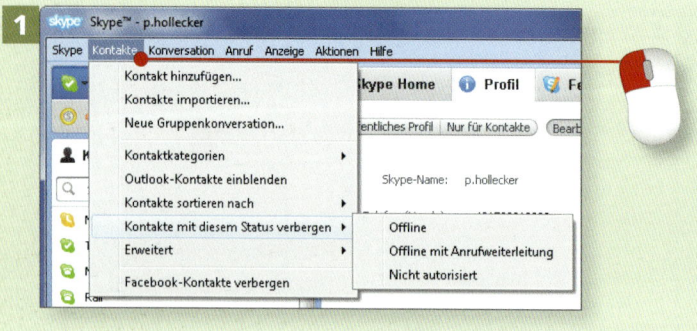

Im Standard ist die Kontaktliste nach dem Onlinestatus der Skype-Nutzer sortiert. Sie können sie aber auch umsortieren oder bestimmte Kontakte gezielt ausblenden.

Schritt 1

Die Kontakte werden nach ihrem Onlinestatus sortiert. Einträge mit einem bestimmten Status können Sie ganz ausblenden, falls Sie Ihnen nur den Überblick nehmen. Klicken Sie auf **Kontakte ▸ Kontakte mit diesem Status verbergen**.

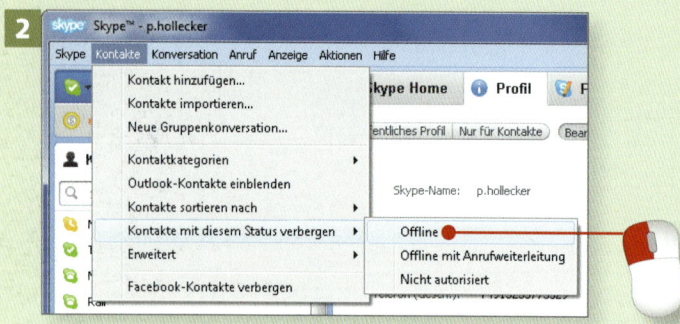

Schritt 2

Wenn Sie in dem kleinen Neben-menü auf **Offline** klicken, werden zukünftig alle Kontakte, die gerade ohnehin nicht mit Skype verbunden sind, von vornherein nicht mehr in Ihrer Kontaktliste angezeigt.

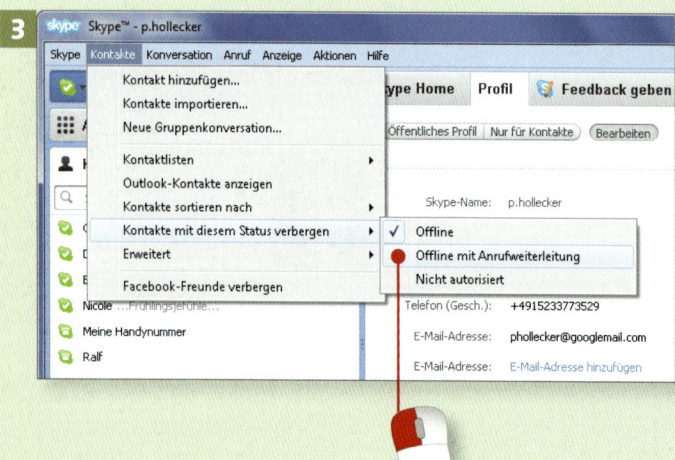

Schritt 3

Über den Menüpunkt **Offline mit Anrufweiterleitung** blenden Sie alle Kontakte aus, die eine Anrufweiter-leitung aktiviert haben und somit nicht direkt erreichbar sind.

Schritt 4

Der letzte Menüpunkt **Nicht autorisiert** bedeutet, dass alle Kontakte ausgeblendet werden, die Sie zwar eingeladen haben, deren Kontaktdaten aber bisher noch nicht bestätigt wurden.

Schritt 5

Wenn Sie die Kontaktliste nicht mehr nach dem Onlinestatus der Skype-Nutzer, sondern alphabetisch nach Namen sortieren möchten, klicken Sie **Kontakte ▸ Kontakte sortieren nach ▸ Name**.

Schritt 6

So ist es bei einer sehr umfangreichen Kontaktliste einfacher, bestimmte Personen schnell zu finden.

Sortierung nach Onlinestatus

Für gewöhnlich sind die Einträge in der Kontaktliste je nach ihrem Kontaktstatus und erst zweitrangig nach ihren Namen sortiert: Zuerst kommen die Kontakte, die online und damit aktuell erreichbar sind (diese Gruppe ist dann wiederum alphabetisch sortiert). Dann folgt die Gruppe der abwesenden oder beschäftigten Benutzer, dann Telefonkontakte und schließlich die Offlinekontakte.

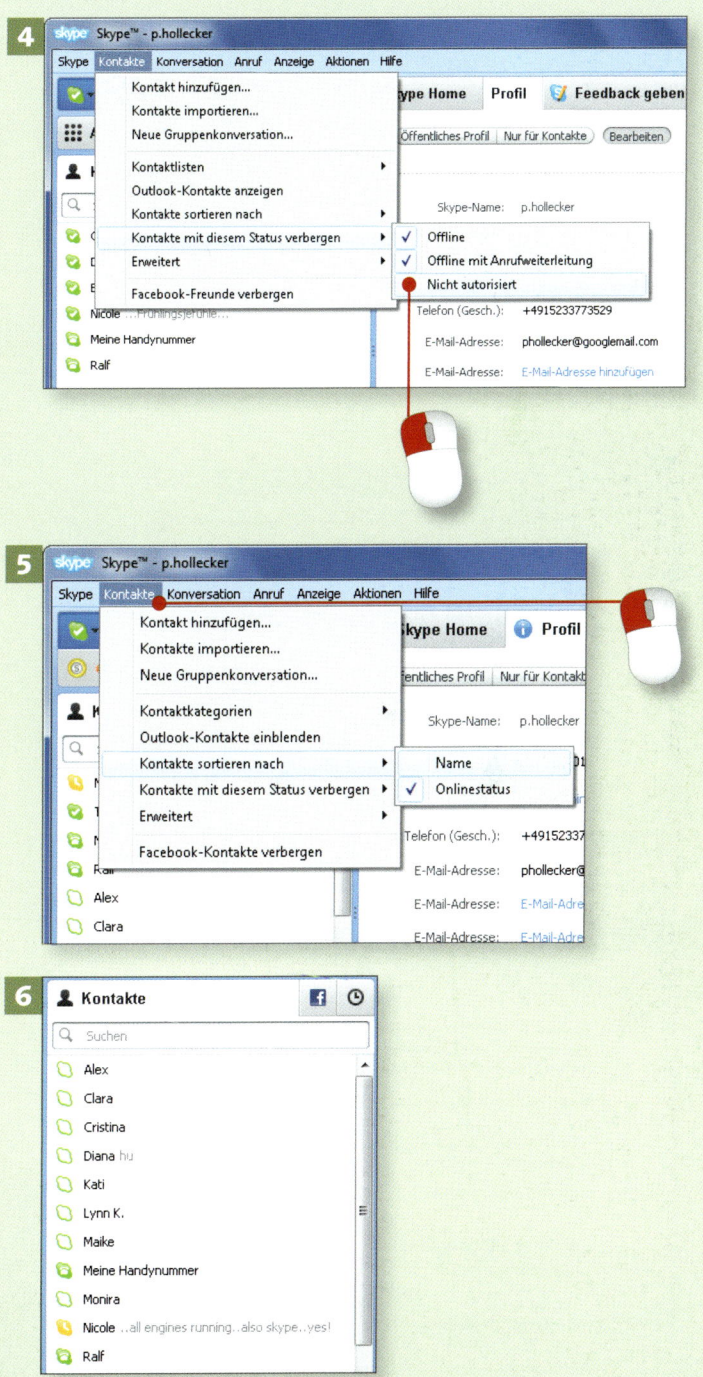

Unerwünschte Zugriffe blockieren

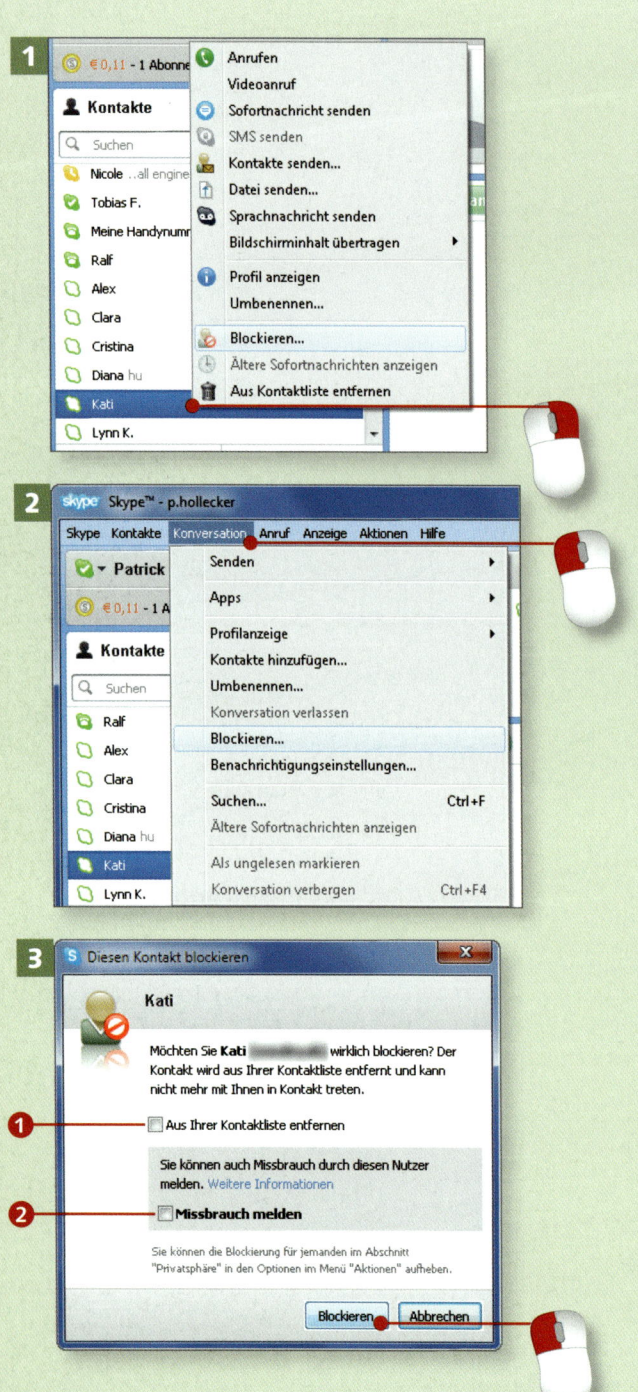

Sollte ein Kontakt einmal besonders penetrant oder lästig werden, können Sie ihn blockieren, sodass er Ihnen keine Anfragen und Nachrichten mehr zusenden kann.

Schritt 1

Klicken Sie den Kontakt, dem Sie die Kontaktaufnahme zukünftig verweigern wollen, mit der rechten Maustaste an, und wählen Sie den Befehl **Blockieren** im Kontextmenü.

Schritt 2

Auch über den Menübereich lässt sich dies bewerkstelligen: Markieren Sie den betreffenden Kontakt mit einem Mausklick, und sperren Sie ihn über **Konversation ▸ Blockieren**.

Schritt 3

Daraufhin öffnet sich eine Dialogbox, die Ihnen weitere Optionen bietet: Sie können den Kontakt aus Ihrer Liste entfernen ❶ oder ihn in schweren Fällen bei Skype melden ❷. Wenn Sie keine Option anklicken und auf **Blockieren** klicken, wird der Kontakt »nur« wie oben beschrieben gesperrt.

Schritt 4

Die Person erscheint nun mit dem Status **Blockiert** ❸ in Ihrer Kontaktliste und im Kontaktprofil ❹. Zukünftig kann Sie dieser Kontakt also nicht mehr über Skype belästigen.

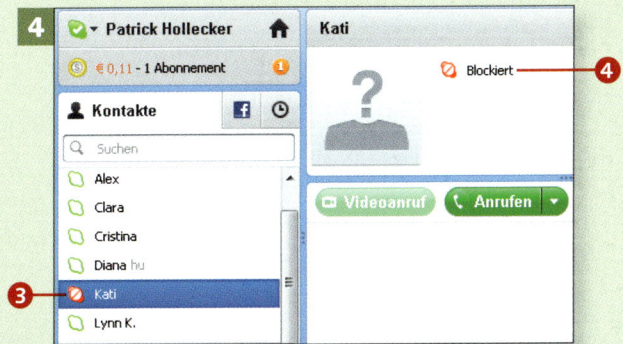

Schritt 5

Um den Vorgang rückgängig zu machen, markieren Sie den blockierten Kontakt erneut mit einem Mausklick und wählen **Konversation ▸ Freigeben** im Skype-Menü. Damit wird die Sperrung wieder aufgehoben.

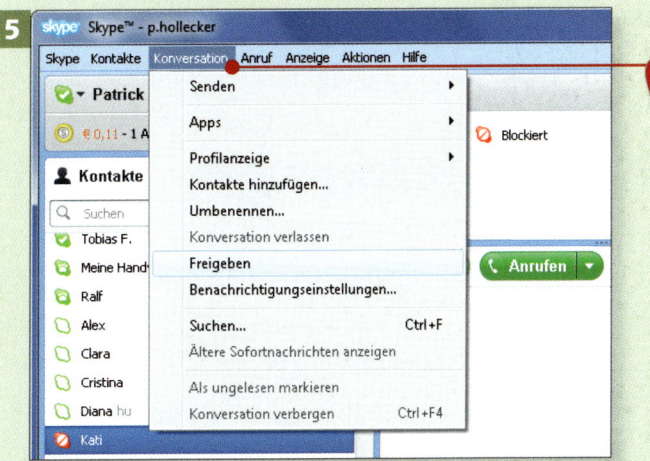

Schritt 6

Zusätzlich bietet Skype einen Verwaltungsbereich für die Nutzerblockierung, inklusive der Möglichkeit, gleich mehrere Kontakte auf einmal zu sperren. Um ihn zu öffnen, wählen Sie **Aktionen ▸ Optionen** aus dem Menü.

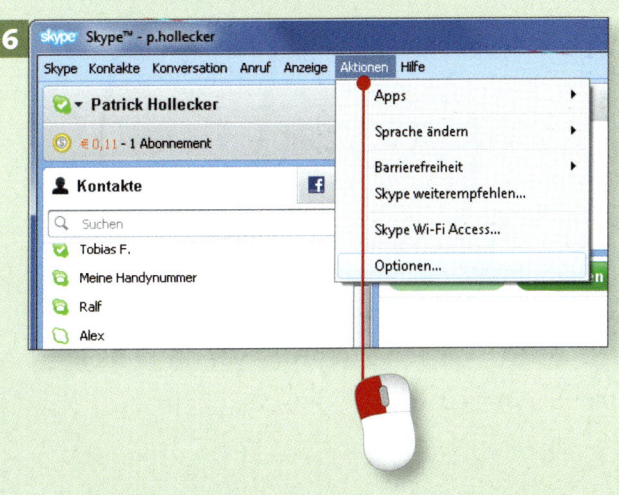

Blockierte Nutzer kontaktieren

Selbst wenn Sie einen Kontakt blockiert haben, können Sie ihn weiterhin von sich aus anrufen, ihm Sofortnachrichten zukommen lassen oder ihm Kontaktdaten sowie Dateien übermitteln.

Unerwünschte Zugriffe blockieren (Forts.)

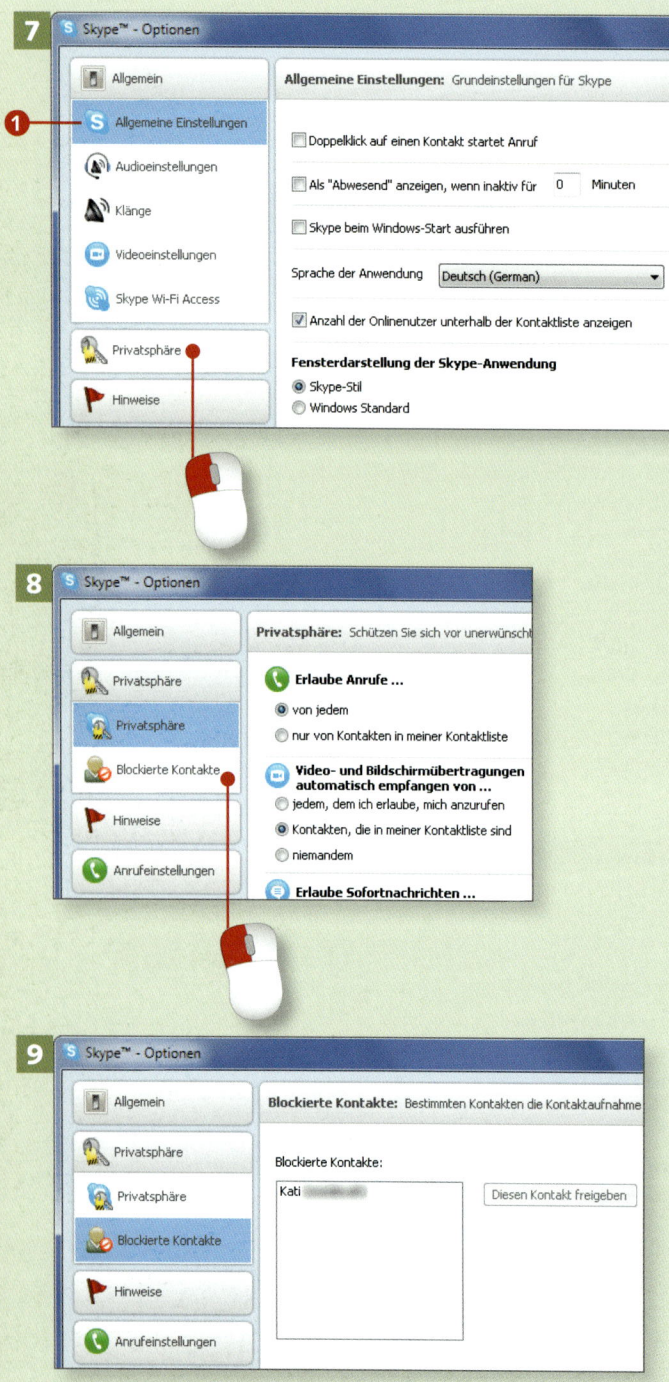

Schritt 7

Das Skype-Dialogfenster **Optionen** öffnet sich mit dem Bereich **Allgemeine Einstellungen** ❶. Klicken Sie auf die Kategorie **Privatsphäre**, um diesen Bereich zu öffnen.

Schritt 8

Zunächst werden allgemeine Einstellungsmöglichkeiten zur Privatsphäre angezeigt. Klicken Sie in der Bereichsauswahl darunter auf den Eintrag **Blockierte Kontakte**.

Schritt 9

In diesem Abschnitt des Dialogfensters **Optionen** werden die aktuell blockierten Kontakte in einer Liste aufgeführt.

Privatsphäre und Sicherheit
Wenn Sie gerne die Informationen des deutschsprachigen Sicherheits-Supports von Skype einsehen möchten, klicken Sie im Dialogfenster **Optionen ▸ Blockierte Kontakte** ganz unten auf den Punkt **Mehr Informationen zu Privatsphäre und Sicherheit in Skype**. Daraufhin öffnet sich Ihr Standardbrowser mit einer Skype-Webseite, auf der Sie weitere Informationen erhalten

Schritt 10

Wenn Sie einen Kontakt in der
Auflistung mit einem Mausklick
auswählen, wird die Schaltfläche
Diesen Kontakt freigeben aktiv,
über die Sie den markierten Kontakt
wieder entsperren können, wenn Sie
möchten.

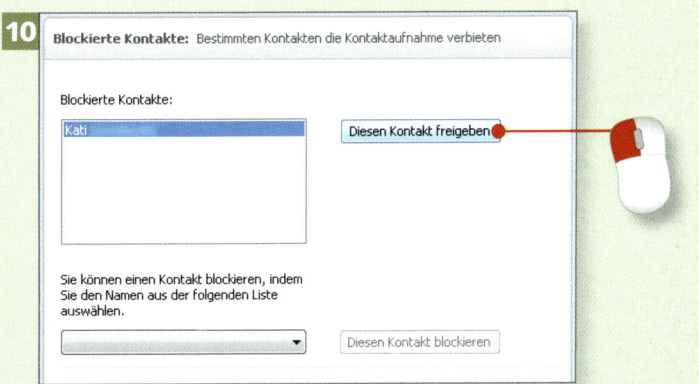

Schritt 11

Im unteren Teil dieses Abschnitts
können Sie mit einem Klick auf den
Pfeil am Feld eine Auswahlliste mit
all Ihren Skype-Kontakten aufklap-
pen. Hier können Sie genauso mit
einem Mausklick einen Kontakt auswählen, den Sie blockieren möchten.

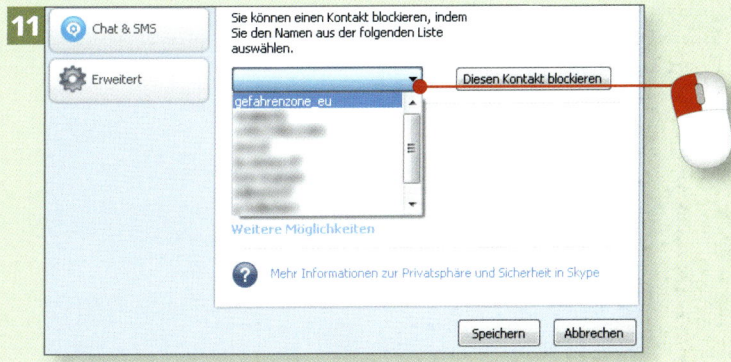

Schritt 12

Der ausgewählte Kontakt steht nun
direkt im Auswahlfeld ❷. Wenn Sie
jetzt auf die Schaltfläche **Diesen
Kontakt blockieren** klicken, wird die
Person für die Kontaktaufnahme gesperrt und der Kontakteintrag in das
Feld im oberen Bereich verschoben.

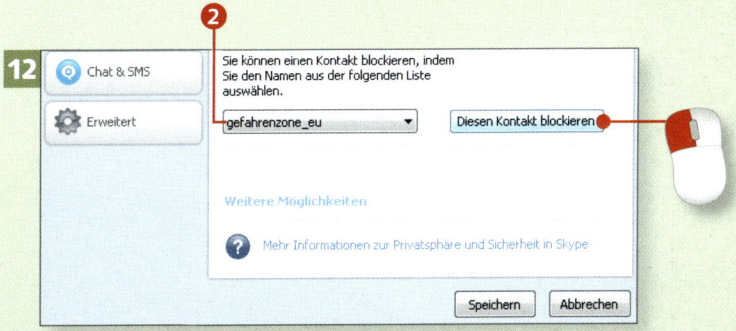

»Skype Home« für die Kommunikation nutzen

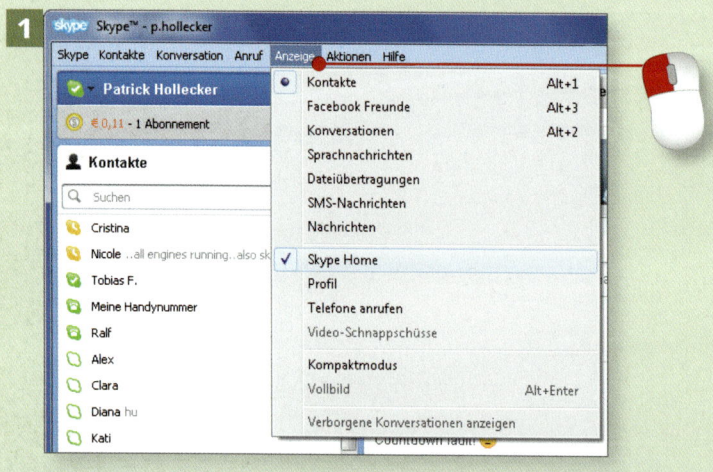

Der Bereich »Skype Home« ist die allgemeine Übersicht über Ihre Kontakte und deren Aktivitäten und kann als Portal mit Kontaktfunktion genutzt werden. Wie Sie ihn optimal einsetzen, erfahren Sie hier.

Schritt 1

Wenn Sie sich gerade in einem der anderen Darstellungsbereiche befinden (z. B. auf Ihrem Profil), rufen Sie die Ansicht **Skype Home** auf, indem Sie den Menübereich **Anzeige ▸ Skype Home** anklicken.

Schritt 2

Alternativ klicken Sie auf den Reiter **Skype Home**, um zu dieser Ansicht zu gelangen.

Schritt 3

Wie Sie sehen, ist die Ansicht **Skype Home** unterteilt in eine Auswahl Ihrer Kontakte ❶ und einen größeren Bereich ❷, in dem Neuigkeiten zu Ihnen oder Ihren Kontakten und/oder Facebook-Freunden auftauchen.

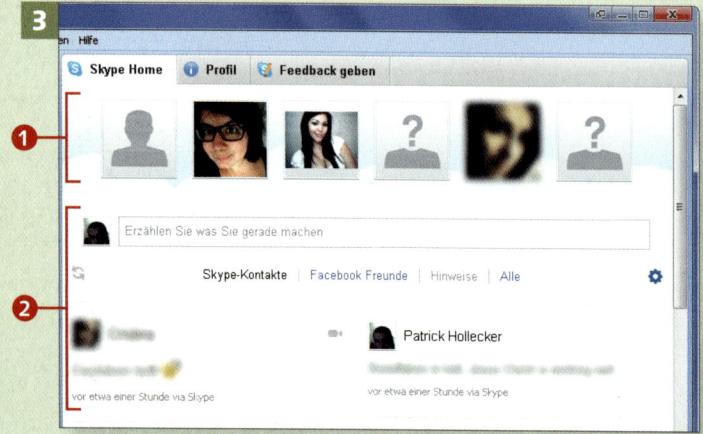

Schritt 4

Wenn Sie auf der Registerkarte **Skype Home** einen Ihrer Kontakte mit dem Mauszeiger berühren, erscheint unter dem Profilbild die Schaltfläche **Videoanruf**, mit der Sie ein entsprechendes Telefonat initiieren können.

Schritt 5

Klicken Sie auf den kleinen Pfeil, der sich rechts an der Schaltfläche befindet, um eine Auswahl zu öffnen. Beispielsweise können Sie diese Person so auch »normal« anrufen.

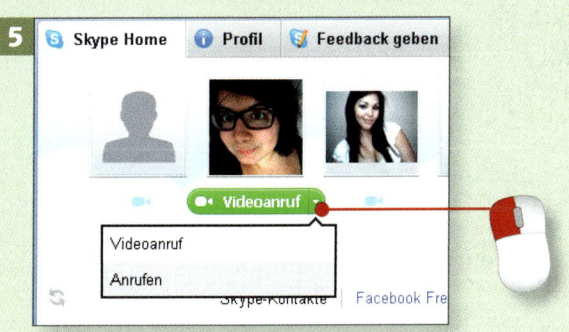

Schritt 6

Zwischen den Kontakteinträgen und dem Neuigkeiten-Bereich findet sich neben Ihrem eigenen Profilbild ❸ eine Textleiste ❹. Hierüber können Sie Ihren Kontakten Neuigkeiten von sich mitteilen.

Guthaben, Abos und mehr

Unter **Hinweise** ❺ finden Sie aktuelle Informationen zu Ihrem Benutzerkonto. Sie erhalten dort Meldungen zu neu erworbenem Guthaben oder Abonnements, zur Einrichtung einer bestimmten Rufnummer, zur Rücksetzung Ihres Passworts und weitere interne Skype-Informationen.

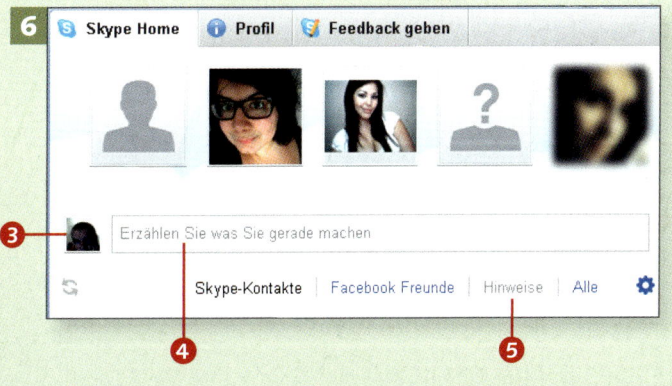

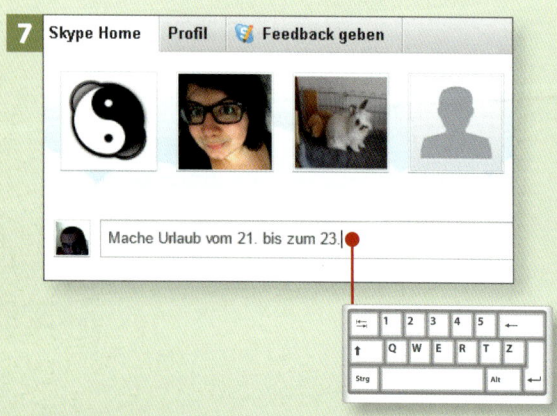

Schritt 7

Klicken Sie in dieses Textfeld, und geben Sie über die Tastatur einen Text ein (was Sie gerade tun, wie Sie sich fühlen etc.), oder fügen Sie beispielsweise einen interessanten Internetlink ein. Ihre Skype-Kontakte können diesen Text dann lesen und z. B. den Link öffnen.

Schritt 8

Wenn Ihr Skype-Konto bereits mit Facebook verknüpft ist (siehe den Abschnitt »Skype mit Facebook verbinden« ab Seite 160), besteht auch die Möglichkeit, diese Neuigkeit nicht nur in Skype, sondern auch auf Ihrer Facebook-Pinnwand zu veröffentlichen. Setzen Sie in diesem Fall ein Häkchen bei **Auch auf Facebook posten**.

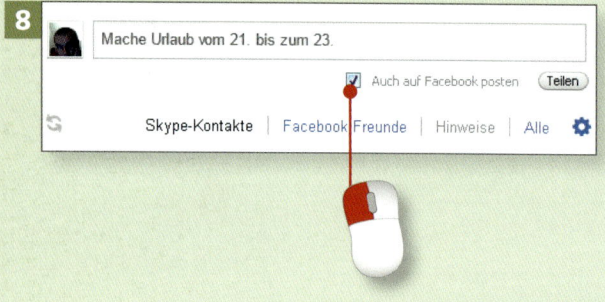

Schritt 9

Ob mit oder ohne Facebook-Option – um Ihren Beitrag für Ihre Kontakte freizugeben, klicken Sie auf **Teilen**.

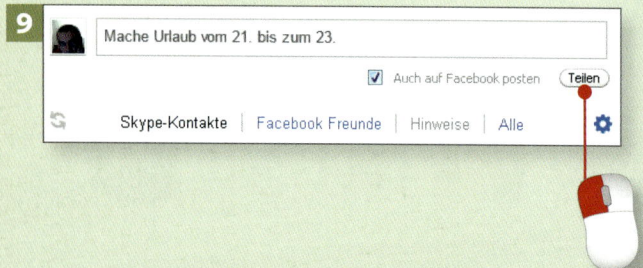

Skype und Facebook verknüpfen
Um **Skype Home** als Facebook-Informationsportal zu verwenden, müssen Sie Ihr Facebook-Konto mit Skype verknüpfen. Der Abschnitt »Skype mit Facebook verbinden« ab Seite 160 verrät Ihnen, wie dies funktioniert.

Schritt 10

Ihr Beitrag wird nun als neueste Statusmeldung in **Skype Home** eingereiht **❶**. Möchten Sie den Entwicklern von Skype nun noch zu einem bestimmten Programmbereich Kritik oder Verbesserungsvorschläge mitteilen, klicken Sie auf den Reiter **Feedback geben**.

Schritt 11

Auf der Registerkarte **Feedback geben** haben Sie die Möglichkeit, schnell eine Rückmeldung zu bestimmten Skype-Bereichen zu geben und sie an die Skype-Entwickler bzw. den Service zu übermitteln.

Schritt 12

Wählen Sie einfach den Bereich, auf den sich Ihr Kommentar bezieht **❷**, verfassen Sie einen kurzen Text **❸**, wählen Sie die Häufigkeit Ihres Skype-Einsatzes **❹**, tragen Sie Ihre **E-Mail-Adresse** für Rückmeldungen ein **❺**, und klicken Sie abschließend auf **Absenden**.

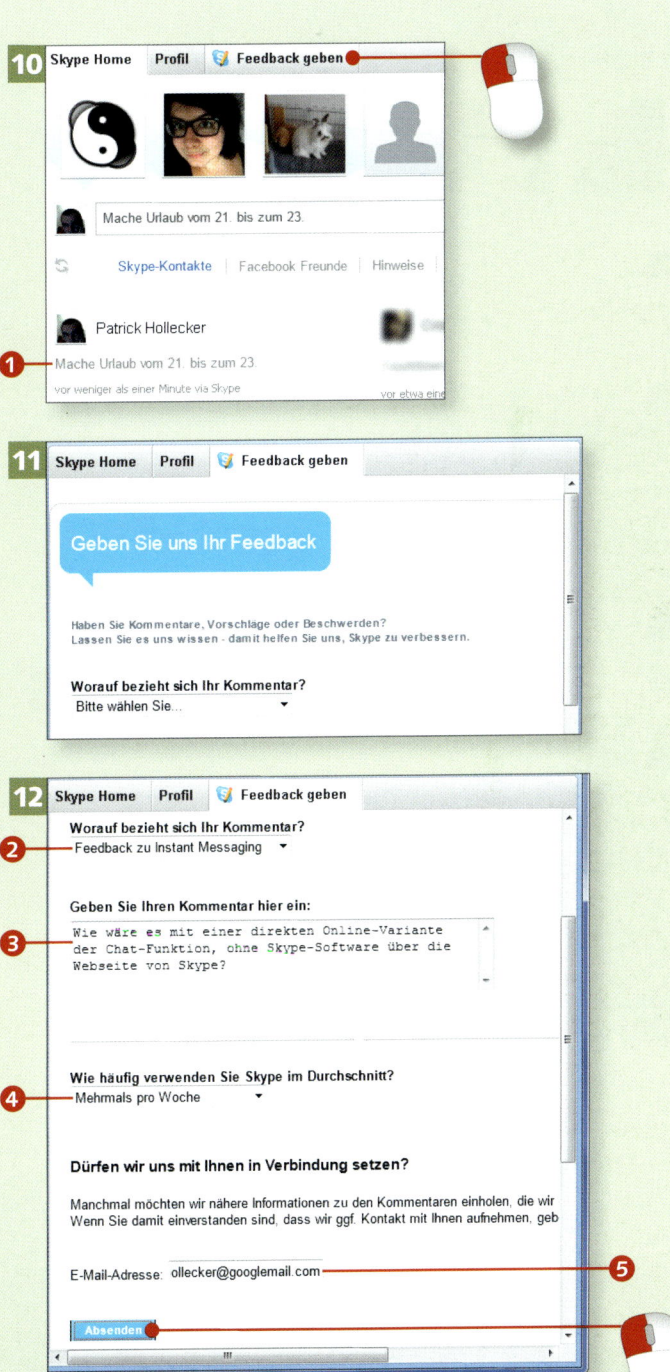

Skype mit Facebook verbinden

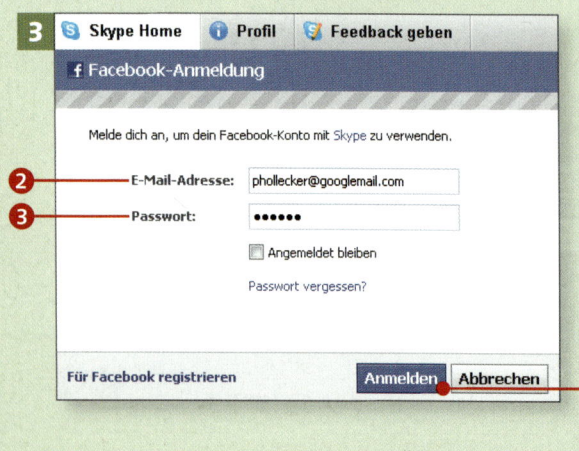

Sie können Skype auch direkt mit den Profilen Ihrer Facebook-Freunde verknüpfen und diese aus Skype heraus kontaktieren, ohne die Facebook-Webseite aufrufen zu müssen.

Schritt 1

In der Ansicht **Skype Home** ❶, die sich beim Start der Skype-Software automatisch öffnet, sehen Sie neben Ihren eigenen auch aktuelle Meldungen Ihrer Skype-Kontakte (siehe dazu den Abschnitt »›Skype Home‹ für die Kommunikation nutzen« ab Seite 156).

Schritt 2

Klicken Sie auf das Zahnradsymbol und im Menü auf **Mit Facebook verbinden**. Auch auf der Registerkarte **Facebook** können Sie den Kontakt zu Facebook herstellen (siehe Schritt 11).

Schritt 3

Im Bereich **Skype Home** erscheint nun eine Eingabemaske für die Facebook-Anmeldung. Geben Sie dort die Daten (E-Mail-Adresse ❷ und Passwort ❸) ein, mit denen Sie sich normalerweise bei Ihrem Facebook-Konto einloggen, und klicken Sie danach auf **Anmelden**.

Schritt 4

Wenn Sie Ihr Passwort falsch eingegeben haben, werden Sie in der Anmeldemaske darauf hingewiesen. Versuchen Sie es erneut, und klicken Sie dann wieder auf **Anmelden**.

Schritt 5

War die Anmeldung erfolgreich, werden nun die bei Facebook hinterlegten Daten in Ihr Skype-Benutzerprofil integriert. Dies kann einen Moment dauern.

Schritt 6

Daraufhin werden auf der Registerkarte **Skype Home** auch die neuesten Facebook-Meldungen Ihrer Kontakte angezeigt. Zudem wird ein zusätzlicher Auswahlpunkt angeboten: **Facebook Freunde**. Klicken Sie darauf.

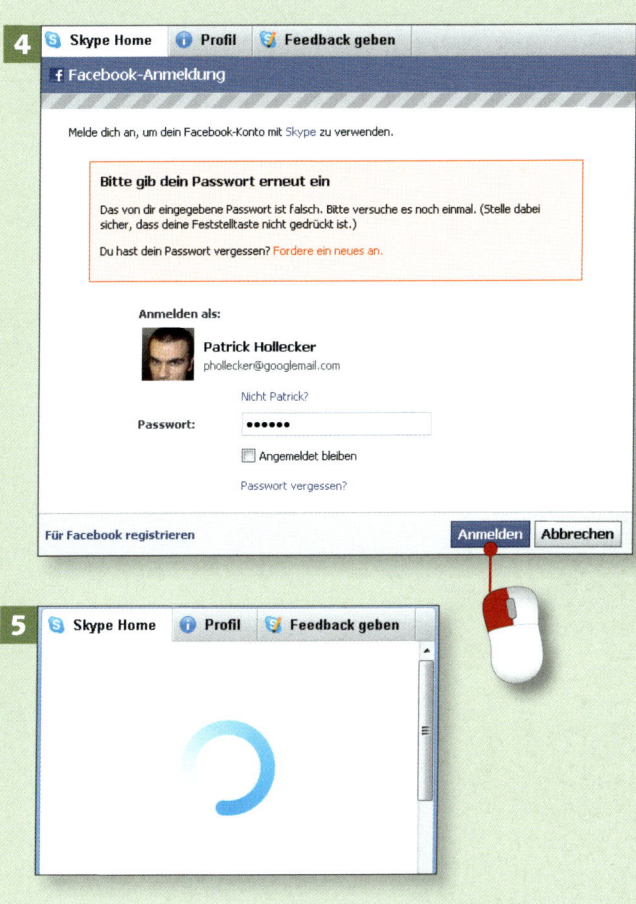

i

Facebook in Skype?

Außer der Eingabe eigener Statusmeldungen (die auch auf Ihrer Facebook-Pinnwand erscheinen können, wenn Sie diese Option aktivieren) und dem Abruf der Neuigkeiten Ihrer Freunde sind keine Facebook-Aktionen über diese Verknüpfung mit Skype möglich.

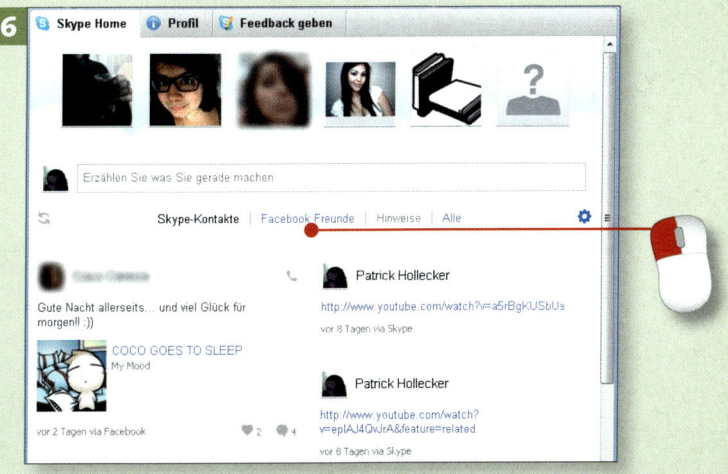

Skype mit Facebook verbinden (Forts.)

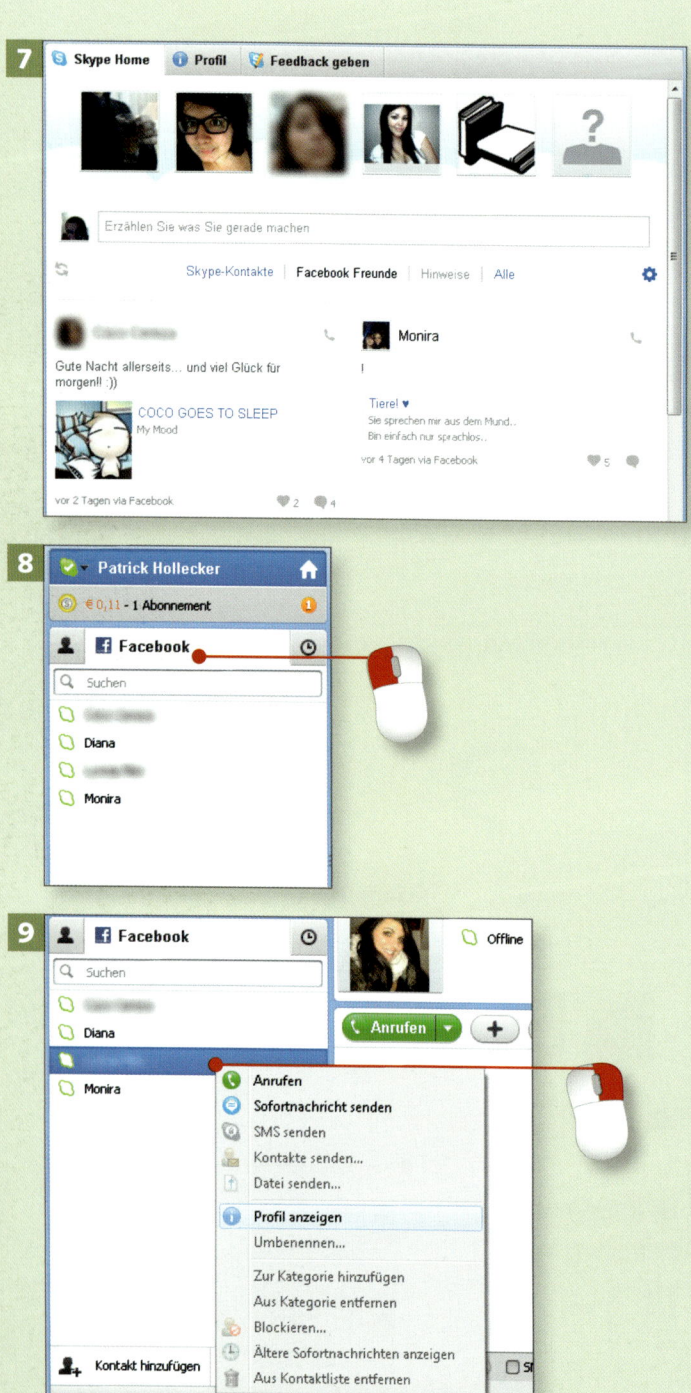

Schritt 7

Auf diese Art werden lediglich die **Facebook-Meldungen eingeblendet**, d.h., Sie sehen ausschließlich Aktivitäten Ihrer Facebook-Freunde in diesem News-Bereich.

Schritt 8

Mit der Einrichtung einer Facebook-Verknüpfung erfährt auch die Registerkarte **Facebook** endlich ihren Nutzen, die Sie mit einem Klick auf den Reiter öffnen. In der Auflistung finden Sie nun Ihre Facebook-Freunde, die Sie nun auch direkt von Skype aus kontaktieren können.

Schritt 9

Klicken Sie einen Kontakt mit der rechten Maustaste an. Im Kontextmenü sind nur einige Funktionen anklickbar. Sie können sich z.B. auch aus Skype heraus das Facebook-Profil Ihres Kontaktes ansehen.

Facebook-Verbindung

Es kommt vor, dass Skype von Ihrem Facebook-Konto getrennt wird (z.B. wenn Sie sich auf der Facebook-Seite ausloggen). Unter dem Reiter **Facebook** wird dann die Option **Erneut mit Facebook verbinden** angeboten, damit Sie Ihre Benutzerdaten nicht noch einmal eingeben müssen.

Schritt 10

Um die Verknüpfung von Facebook mit Skype wieder aufzuheben, klicken Sie in der Ansicht **Skype Home** ❶ auf das Zahnrad, und wählen Sie anschließend **Von Facebook trennen**.

Schritt 11

Einen alternativen Weg für die Verbindung von Skype mit Facebook finden Sie übrigens auf der Registerkarte **Facebook** ❷. Klicken Sie hier auf **Mit Facebook verbinden**. Rechts erscheint wieder die Eingabemaske zum Einloggen bei Facebook.

Schritt 12

Nach der Eingabe Ihrer E-Mail-Adresse und Ihres Passworts sowie der Bestätigung durch einen Klick auf **Anmelden** wird die Verknüpfung mit Facebook vorgenommen.

Facebook-Chat

Über die Sofortnachrichten-Funktion können Sie auch einen Facebook-Chat führen, sofern die Benutzer online sind. Ihre Gesprächspartner bemerken gar nicht, dass Sie Skype und nicht Facebook für den Nachrichtenaustausch verwenden. So sparen Sie sich den separaten Zugriff auf die Facebook-Webseite.

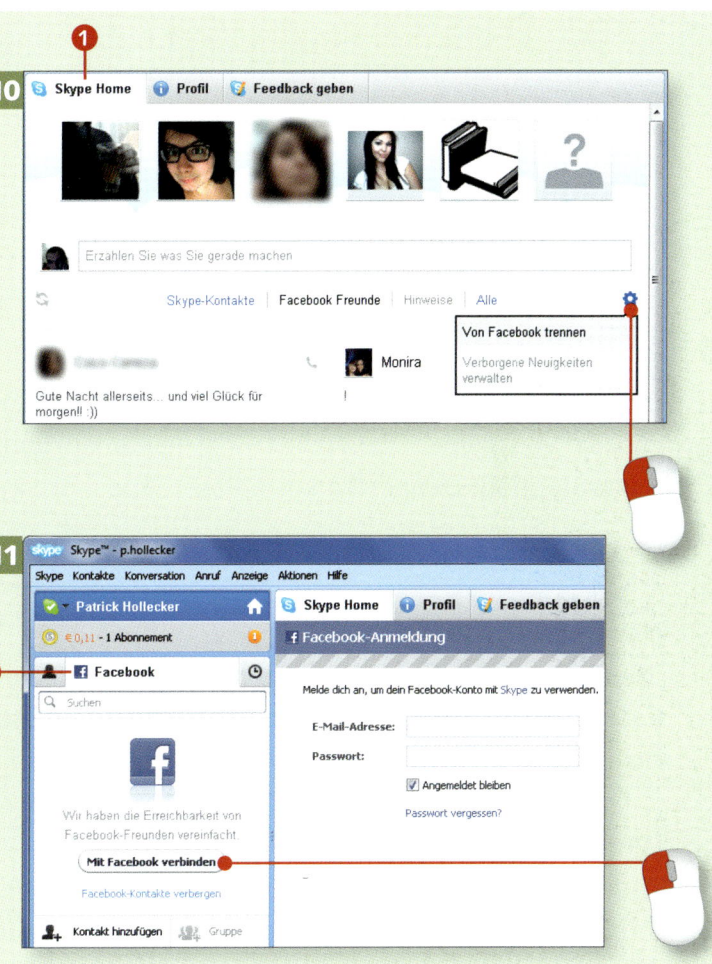

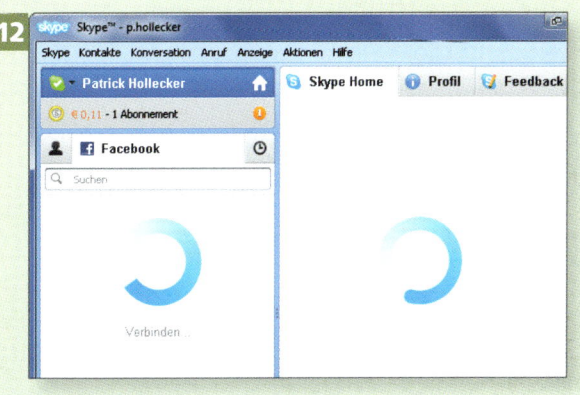

Kapitel 7
Die besten Zusatzprogramme für Skype

Zusätzliche Apps ergänzen die Hauptsoftware oft um nützliche Funktionen. So ist es auch im Falle von Skype. Ob Übersetzung, Telefonat- und Videomitschnitt oder eine blitzschnelle Anrufoption: Die besten kostenlosen Apps für Skype stellen wir Ihnen in diesem Kapitel vor.

Neue Apps installieren
Wie Sie die tollen neuen Zusatzprogramme für Skype installieren und sie von dort aus benutzen, erfahren Sie in den ersten Anleitungen dieses Kapitels. Auf diese Art können Sie sich sogar künstlerisch betätigen ❶ und Ihre Werke mit Ihren Kontakten teilen.

(Video-)Gespräche aufzeichnen
Zum Protokollieren einer Telefonkonferenz oder auch einfach nur zum Spaß: Zeichnen Sie Ihre Telefonate und Videogespräche auf ❷, und hören bzw. sehen Sie sie sich nachträglich jederzeit wieder an.

Skype auf dem Smartphone verwenden
Falls Sie ein Android-Smartphone besitzen, sollten Sie auf keinen Fall die Möglichkeit verpassen, Skype darüber einzusetzen. Dank einer mobilen Lösung lässt sich Skype auch unterwegs einsetzen. Alle wichtigen Funktionen stehen Ihnen auch in dieser Skype-App ❸ zur Verfügung.

1 Statten Sie Skype mit zusätzlichen Apps aus, um seine Funktionen zu erweitern.

Nehmen Sie Gespräche auf, und versehen Sie sie mit eigenen Notizen.

2

Die Skype-Software lässt sich als App problemlos auch auf Smartphones verwenden.

3

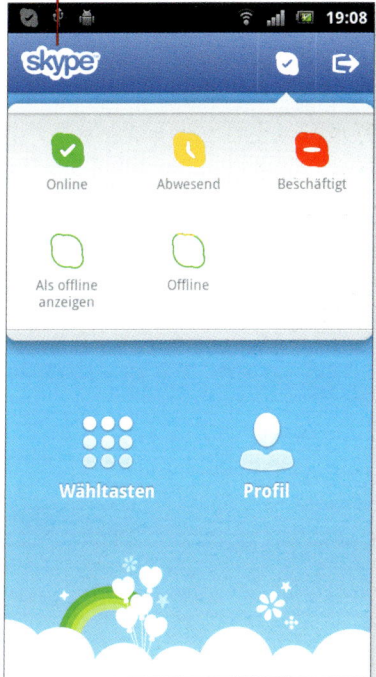

Nach Zusatzprogrammen suchen

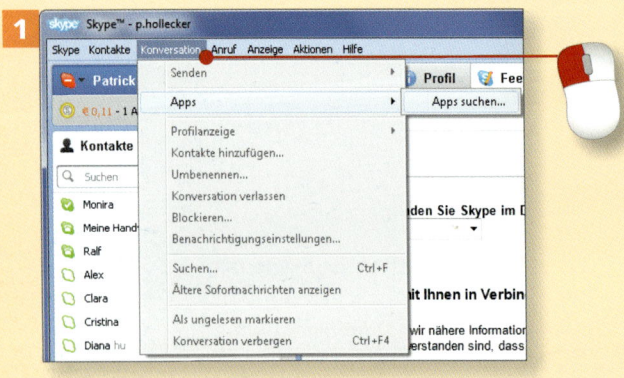

Es gibt einige Apps, die Sie Skype hinzufügen können, um sich die Nutzung zu erleichtern. Sie finden Sie schnell über die Skype-Webseite und können sie von dort herunterladen.

Schritt 1

Um zur Webseite mit dem App-An-gebot für Skype zu gelangen, klicken Sie auf **Konversation ▸ Apps ▸ Apps suchen**.

Schritt 2

Ihr Standardbrowser öffnet sich und stellt den Bereich **App Directory** (»App-Verzeichnis«) der Skype-Web-seite dar. Auf der Titelseite rechts sehen Sie einige Vorschläge für ver-schiedene Apps. Scrollen Sie auf der Seite weiter nach unten.

Schritt 3

Hier werden Ihnen unter der Über-schrift **Featured Apps** (»Ausge-wählte Apps«) weitere Vorschläge gemacht und außerdem Kategorien ❶ angezeigt. Mit einem Klick auf die Schaltfläche **Get it now** können Sie eine App direkt auswählen.

Schritt 4

Wenn Sie wieder nach oben scrollen, können Sie direkt nach Apps suchen. Geben Sie ihren Namen in das Feld ❷ ein, und klicken Sie auf **Search** ❸. Um das Angebot an Apps zu filtern, klicken Sie auf **Advanced Search** (»Erweiterte Suche«).

Schritt 5

Sie werden zu einer Eingabemaske weitergeleitet. Dort können Sie die Kriterien Ihrer Suche angeben: Kategorie ❹, Kosten ❺, Sprache ❻, Betriebssystem ❼, Aktualität ❽ und Sortierung ❾.

Schritt 6

Um das Angebot übersichtlicher zu machen, ist vor allem die Wahl der passenden Kategorie wichtig. Klicken Sie auf den Pfeil, und wählen Sie beispielsweise **Call recording (audio & video)** aus der Liste, um die Suchergebnisse auf Apps zu beschränken, die mit dem Aufnehmen des Anrufs zu tun haben.

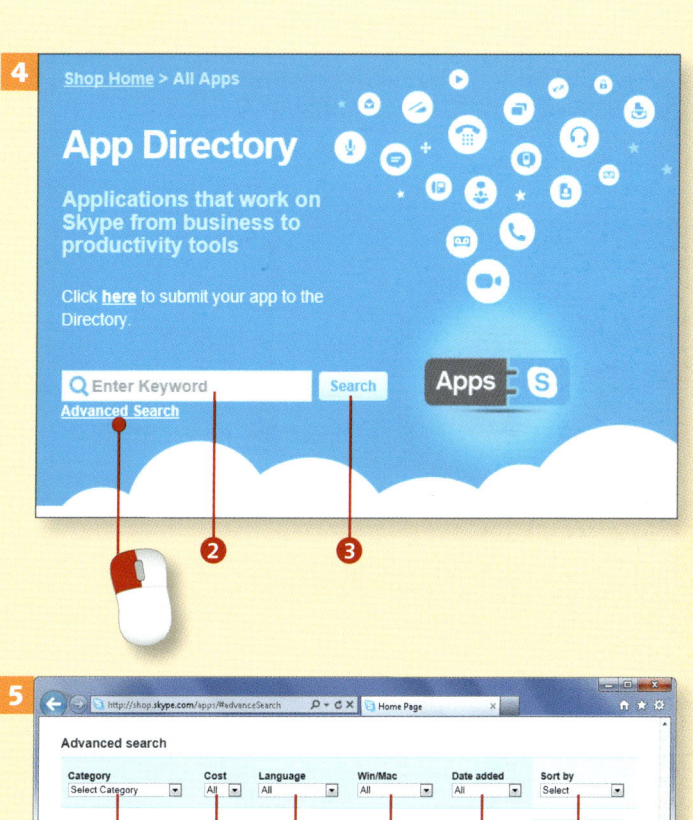

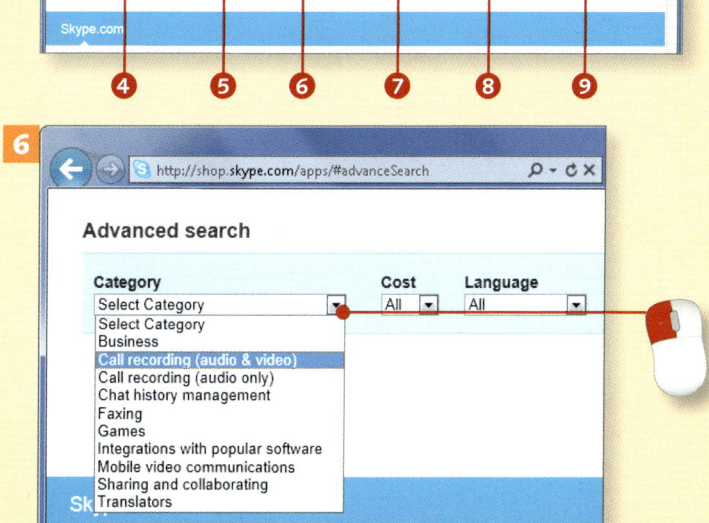

Nach Zusatzprogrammen suchen (Forts.)

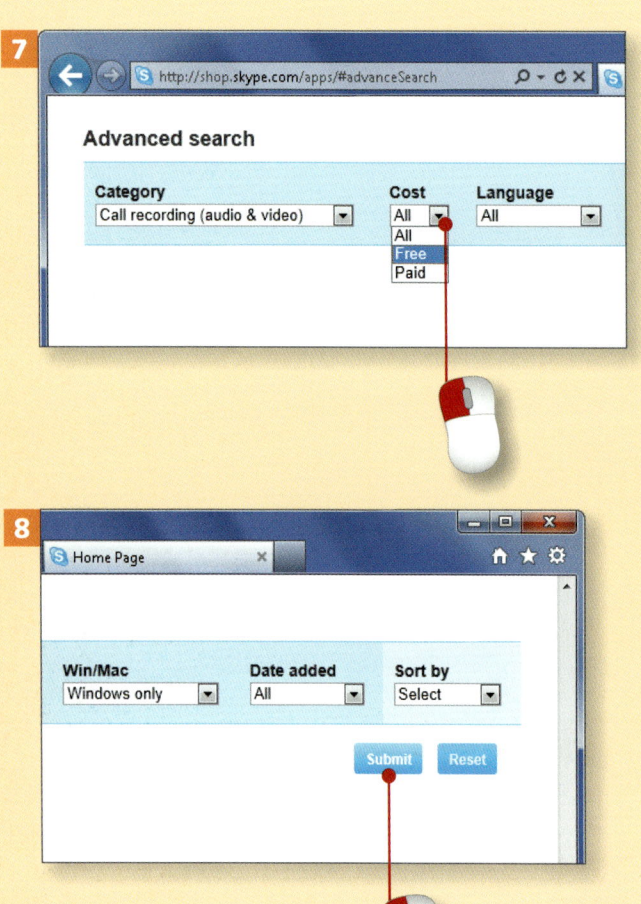

Schritt 7

Wenn Ihnen der Preis der App egal ist, können Sie es im Feld **Cost** bei **All** belassen. Um nur Gratis-Apps angezeigt zu bekommen, wählen Sie den Punkt **Free**.

Schritt 8

Wenn Sie all Ihre Filtervorgaben angelegt haben, klicken Sie auf **Submit** und lassen nach passenden Skype-Zusatzprogrammen suchen.

Schritt 9

Als Ergebnis unserer Beispielsuche werden zwei Apps vorgeschlagen, verschiedene Versionen der Aufzeichnungs-Software *Pamela*. Klicken Sie auf die Schaltfläche **Get it now** neben **Pamela for Skype – Basic Edition**.

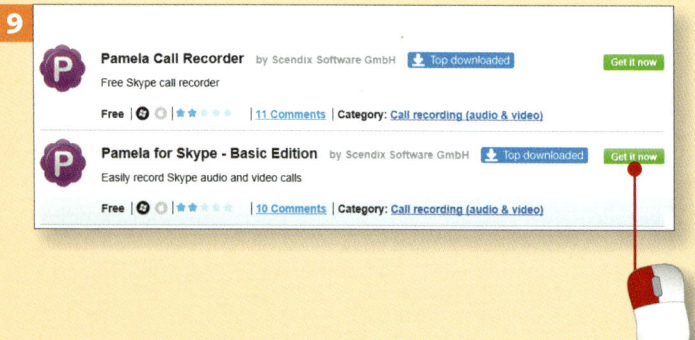

Apps

Mit dem Begriff *App* (von engl. *Application*) bezeichnet man mehr oder weniger große Programme, die als Zusätze zu einem eigentlichen Hauptprogramm fungieren.

Schritt 10

Üblicherweise werden Sie nun auf die Webseite des Anbieters dieser App weitergeleitet, wo der Download entweder automatisch startet oder Sie ihn manuell anstoßen. Klicken Sie auf **Ausführen** (oder **Speichern**). Beides startet den Download.

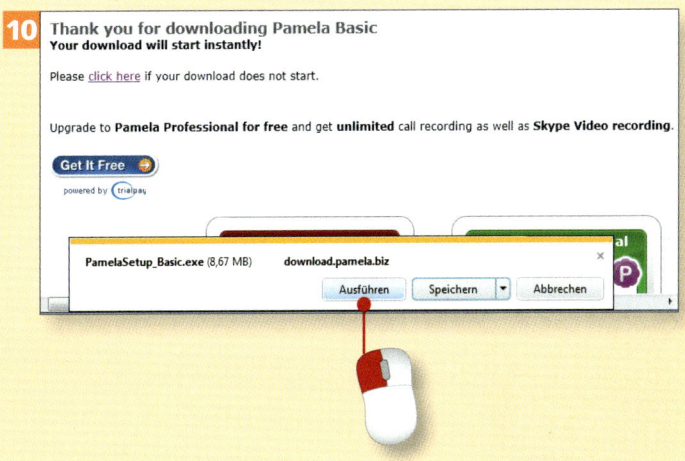

Schritt 11

Daraufhin sehen Sie eine Fortschrittsanzeige (wenn Sie die aktuelle Version des Internet Explorers nutzen, wird diese Information im unteren Bereich des Fensters angezeigt). Warten Sie, bis der Vorgang abgeschlossen ist.

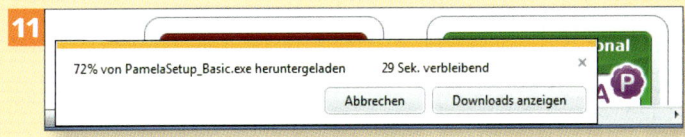

Schritt 12

Bevor die heruntergeladene Datei endgültig zur Nutzung freigegeben wird, wird der Download (je nach Betriebssystem) mit einer Sicherheitsprüfung abgeschlossen.

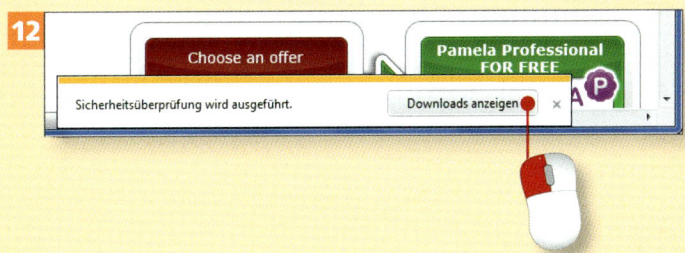

Downloadvorgang

Je nachdem, welchen Internetbrowser Sie für die Downloads einsetzen und welche Optionen Sie dort gewählt haben, geht der Vorgang zum Herunterladen einer Datei anders vonstatten als hier beschrieben.

Neue Zusatzprogramme installieren

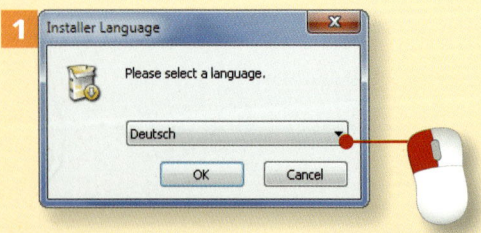

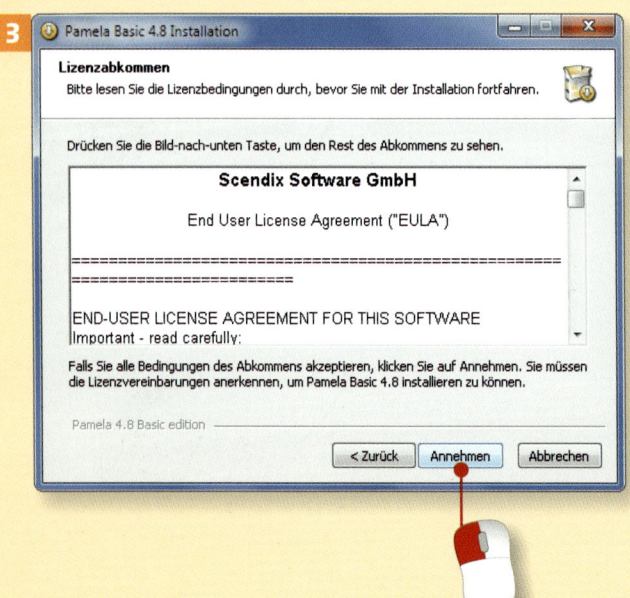

Am Beispiel einer App erklären wir Ihnen in diesem Abschnitt die Installation eines Zusatzprogramms.

Schritt 1

Wenn Sie in Schritt 10 des Abschnitts »Nach Zusatzprogrammen suchen« (Seite 169) auf **Ausführen** geklickt haben, beginnt die Installation nach dem Download direkt, anderenfalls müssen Sie die gespeicherte Installationsdatei mit einem Doppelklick öffnen. Dann stellen Sie im nächsten Dialogfenster eine Sprache ein und bestätigen sie mit **OK**.

Schritt 2

Nun öffnet sich das Titelfenster des Installationsassistenten. Stoßen Sie den Installationsvorgang mit einem Mausklick auf die Schaltfläche **Weiter** an.

Schritt 3

Das übliche Lizenzabkommen zwischen Ihnen und dem Entwickler der Software müssen Sie als Nächstes bestätigen, indem Sie auf **Annehmen** klicken. Überfliegen Sie den Text zumindest einmal, um sich abzusichern.

Schritt 4

Dann wählen Sie unter **Zielverzeichnis** ❶ einen Ordner aus, in dem das Programm auf Ihrem Computer abgelegt wird. Meist können Sie es bei der Vorgabe belassen. Klicken Sie auf **Weiter**.

Schritt 5

Bei vielen Apps werden Sie auch nach einem Namen für den Ordner ❷ gefragt, der im Startmenü auftaucht, damit Sie das Programm von dort aufrufen können. Klicken Sie danach erneut auf **Weiter**.

Schritt 6

Manche Apps bieten während der Installation auch die zusätzliche Installation der *Ask Toolbar*. Diese benötigen Sie nicht; entfernen Sie deshalb alle drei Häkchen der Checkboxen ❸, und klicken Sie abschließend auf **Installieren**.

> **! Verstecke Angebote**
>
> Lesen Sie sich jeden Schritt genau durch, bevor Sie ihn mit **Weiter** oder **Fortsetzen** bestätigen! Manchmal versehen Anbieter eine Installation mit weiteren (kostenpflichtigen) Angeboten und Software, die für die aktuelle Installation nicht nötig ist und die Sie sich nicht »unterjubeln« lassen sollten.

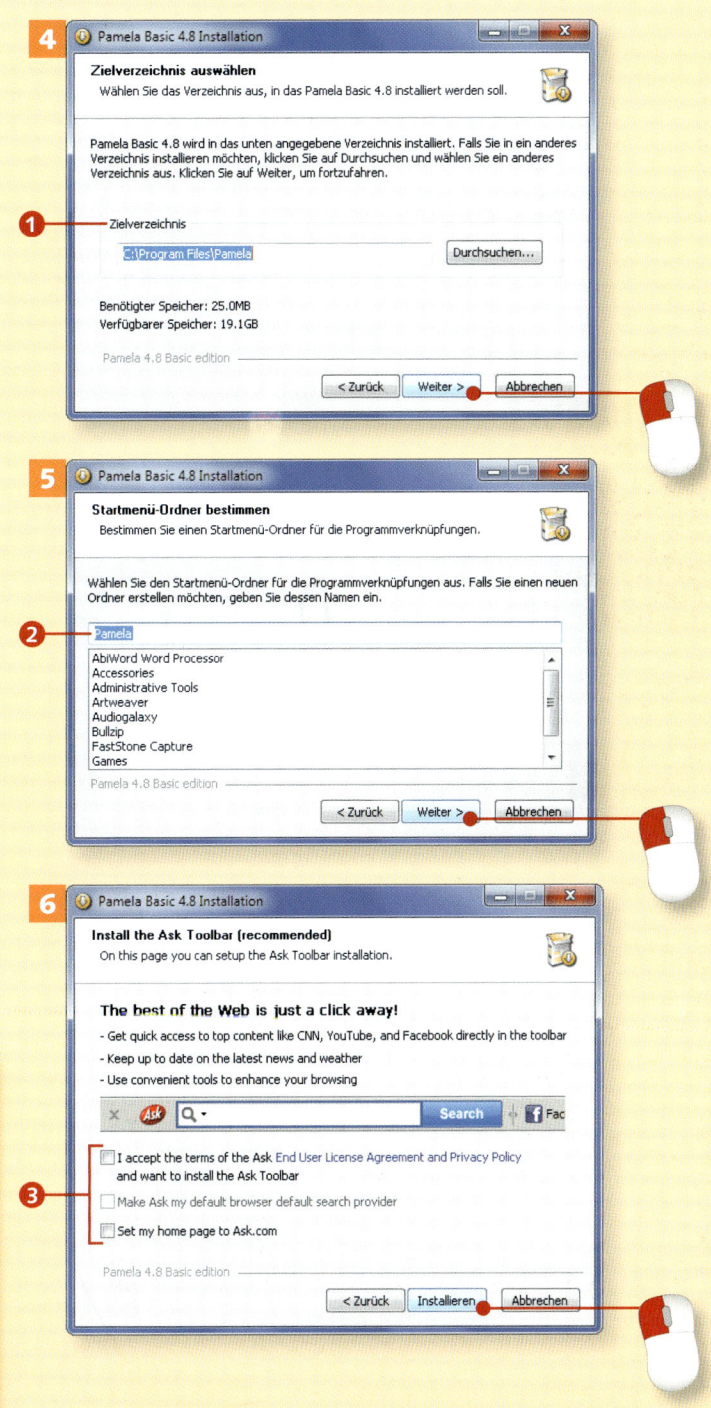

Neue Zusatzprogramme installieren (Forts.)

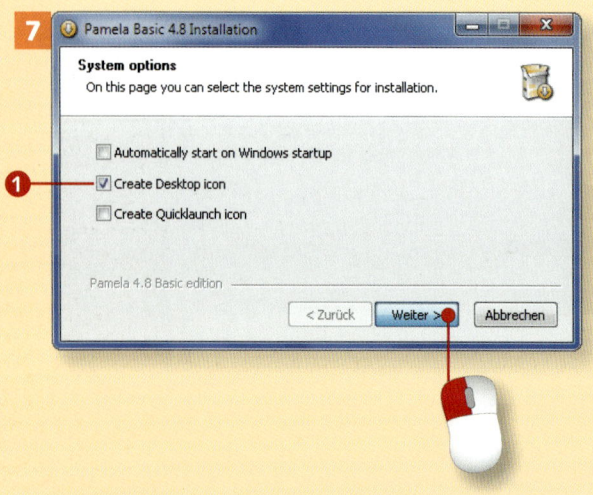

Schritt 7

Wenn Sie das Icon auf den Desktop legen wollen, um die App schnell öffnen zu können, setzen Sie im nächsten Fenster das Häkchen bei **Create Desktop icon** ❶. Klicken Sie dann noch einmal auf **Weiter**.

Schritt 8

Wenn Sie das vorgeschlagene Häkchen gesetzt haben, sehen Sie das passende Programmsymbol für den Schnellstart auf dem Desktop ❷. Wenn Sie das Häkchen vor **Pamela Basic 4.8 ausführen** ❸ stehen lassen, wird die App gleich nach der Installation geöffnet. Klicken Sie auf **Fertig stellen**.

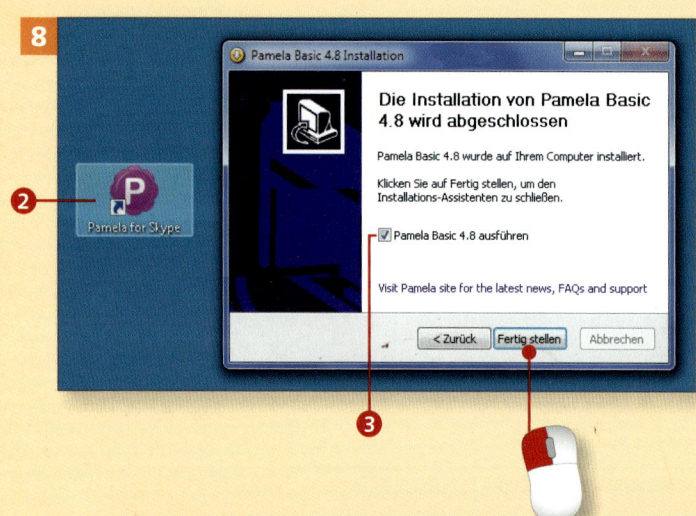

Schritt 9

Manchmal werden Sie vor dem Programmstart noch gefragt, ob Sie sich weitere Angebote ansehen möchten. Klicken Sie hier auf **Nein**.

Apps: Kosten

Manche Apps sind für einen gewissen Zeitraum kostenlos einsetzbar (*Free Trial*), einige kosten direkt einen Betrag (z. B. *$10.00*), viele sind kostenlos (*Free*). Bezahlt werden diese Beträge grundsätzlich online per Kreditkarte.

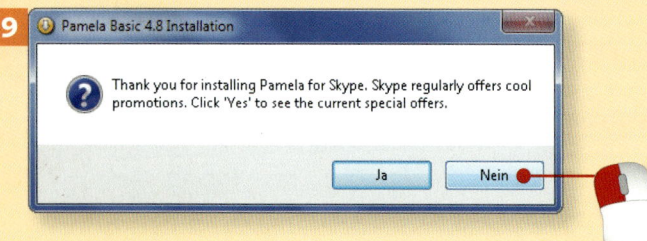

Schritt 10

Sobald die Zusatz-App geöffnet wird, erfragt eine Information im rechten oberen Teil des Skype-Fensters, ob der Zugriff auf diese neue Software erlaubt werden soll. Bestätigen Sie dies mit einem Klick auf **Zugriff erlauben**.

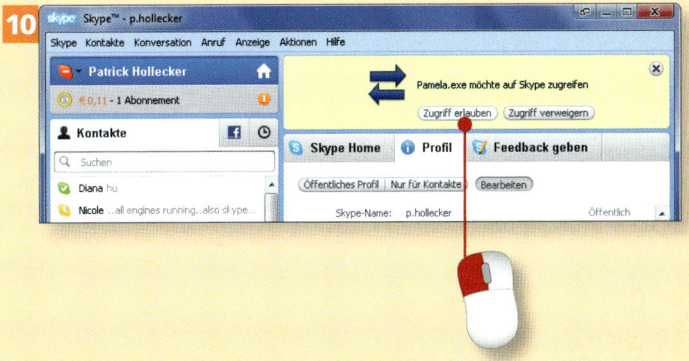

Schritt 11

Darüber hinaus öffnet sich unten rechts auf Ihrem Bildschirm nach dem Programmstart der App eine Infobox, die Sie, wie in diesem Fall, z. B. über das verbleibende Guthaben informiert. Schließen Sie die Anzeige mit einem Klick auf das Kreuz.

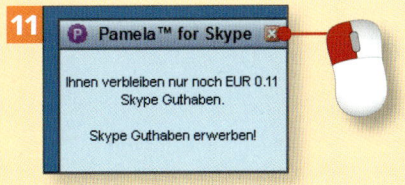

Schritt 12

Manche Apps sind so angelegt, dass bei ihrer Installation auch die Möglichkeit zum Schnellzugriff in Skype integriert wird. Sie finden sie dann über **Aktionen ▸ Apps**.

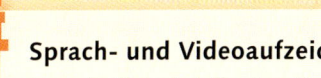

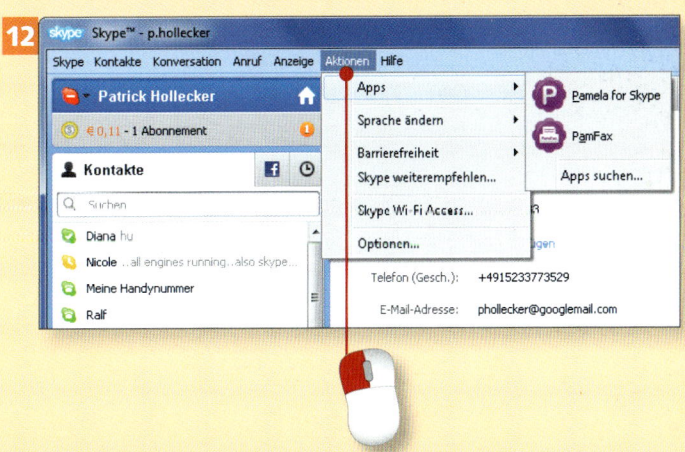

Sprach- und Videoaufzeichnung
Um ein Beispiel für den Download und die Installation eines Zusatzprogramms zu geben, haben wir hier die App mit Namen Pamela verwendet. Wie Sie diese interessante App mit Skype benutzen, erfahren Sie im Abschnitt »Audio- und Videogespräche aufnehmen« ab Seite 176.

Die Live-Übersetzung für Chats nutzen

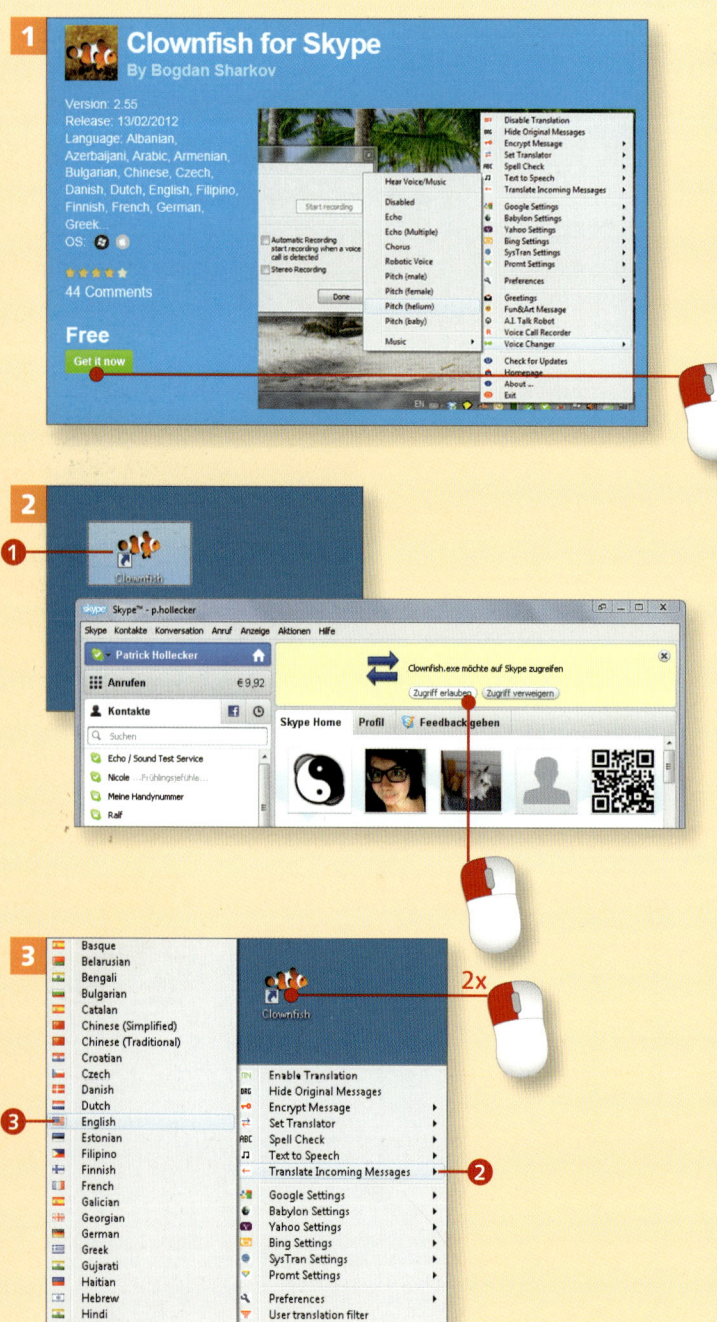

Dank der Übersetzungs-App Clownfish können Sie sich über die Chatfunktion auch mit fremdsprachigen Kontakten problemlos unterhalten.

Schritt 1

Suchen Sie auf der App-Webseite von Skype nach der Software *Clownfish for Skype* (siehe dazu den Abschnitt »Nach Zusatzprogrammen suchen« ab Seite 166). Starten Sie die Installation mit **Get it now** (siehe den Abschnitt »Neue Zusatzprogramme installieren« ab Seite 170).

Schritt 2

Nach der Installation liegt das Clownfish-Symbol ❶ auf Ihrem Desktop. Wenn Sie darauf doppelklicken, öffnet sich ein Infobereich in Skype, der eine Bestätigung für die Verknüpfung von Skype und Clownfish fordert. Klicken Sie hier auf **Zugriff erlauben**.

Schritt 3

Um die App zu nutzen, rufen Sie sie mit einem Doppelklick auf das Desktopsymbol auf, während auch Skype selbst geöffnet ist. Klicken Sie auf **Translate Incoming Messages** ❷ und dann auf die Sprache ❸, in die der Nachrichtentext übersetzt werden soll.

Schritt 4

Wenn Sie nun eine Nachricht an Ihren Chatpartner schicken und Clownfish aktiviert haben, wird dem Text eine Übersetzung angehängt (in der Standardeinstellung in englischer Sprache).

Schritt 5

Öffnen Sie mit einem Klick auf das Clownfish-Desktopsymbol den Auswahlbereich der App, und klicken Sie darin ganz oben auf **Disable Translation** ❹, wenn Sie die Übersetzungsfunktion deaktivieren möchten.

Schritt 6

Danach bekommt der Empfänger keine übersetzte Variante Ihrer Nachricht mehr.

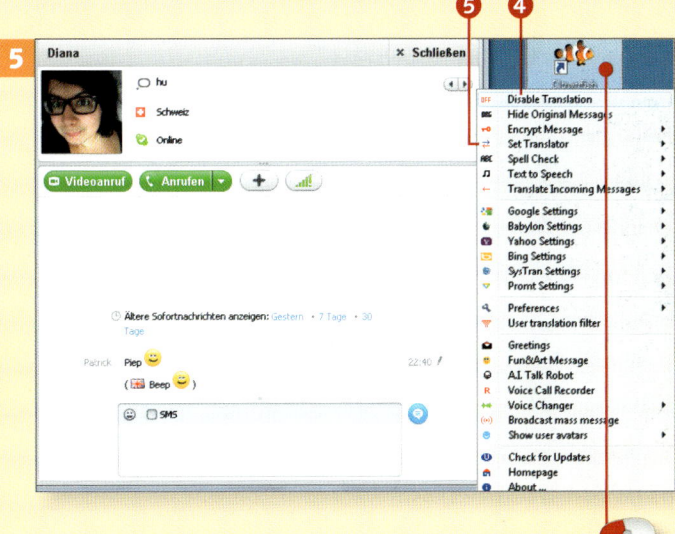

Bibliothek wählen

Clownfish kann unterschiedliche Online-Übersetzungsdienste »anzapfen«, um Ihre Nachrichten zu übersetzen. Sie können sie über den Eintrag **Set Translator** ❺ im Menü der App festlegen, wenn Sie z. B. Google oder Babylon als Übersetzungsbibliothek bevorzugen.

Audio- und Videogespräche aufnehmen

Mit der Skype-Zusatz-App Pamela können Sie Audio- und Videogespräche aufnehmen, um sie sich zu einem späteren Zeitpunkt noch einmal anhören oder ansehen zu können.

Schritt 1

Die Installation der Skype-App Pamela haben wir bereits im Abschnitt »Neue Zusatzprogramme installieren« ab Seite 170 beschrieben. Klicken Sie nun auf **Aktionen ▸ Apps ▸ Pamela for Skype**.

Schritt 2

Zusätzlich zum Skype-Programmfenster öffnet sich die Oberfläche der Pamela-Software, mit der Sie Telefonate und Videogespräche parallel aufzeichnen können.

Schritt 3

Sobald Sie ein (Video-)Telefonat beginnen, bemerkt die Pamela-App das und schlägt vor, eine Aufnahme zu starten. Sie können die Aufnahme aber auch mit einem Klick auf die Schaltflächen **Gesprächsaufnahme** oder **Videoaufnahme ❶** aktivieren.

Schritt 4

An der Anzeige der Gesprächsdauer in der Funktionsleiste ❷ und der Statusleiste ❸ erkennen Sie, dass eine Aufzeichnung stattfindet. Um die Aufnahme zu beenden, klicken Sie auf die **Stop**-Schaltfläche.

Schritt 5

Die jeweiligen Aufnahmen finden Sie im Bereich **Skype Aufnahmen: [...]**. Klicken Sie darauf ❹, und markieren Sie dann in der Mitte eine Aufnahme ❺ mit einem Mausklick. Im Funktionsbereich wird daraufhin die grüne **Play**-Schaltfläche aktiv. Klicken Sie darauf, um die Aufnahme abzuspielen.

Schritt 6

Die Aufzeichnungen der Videogespräche werden mithilfe des Media Players angezeigt, der auf Ihrem Computer installiert ist; reine Gesprächsaufnahmen gibt die Pamela-App selbst wieder.

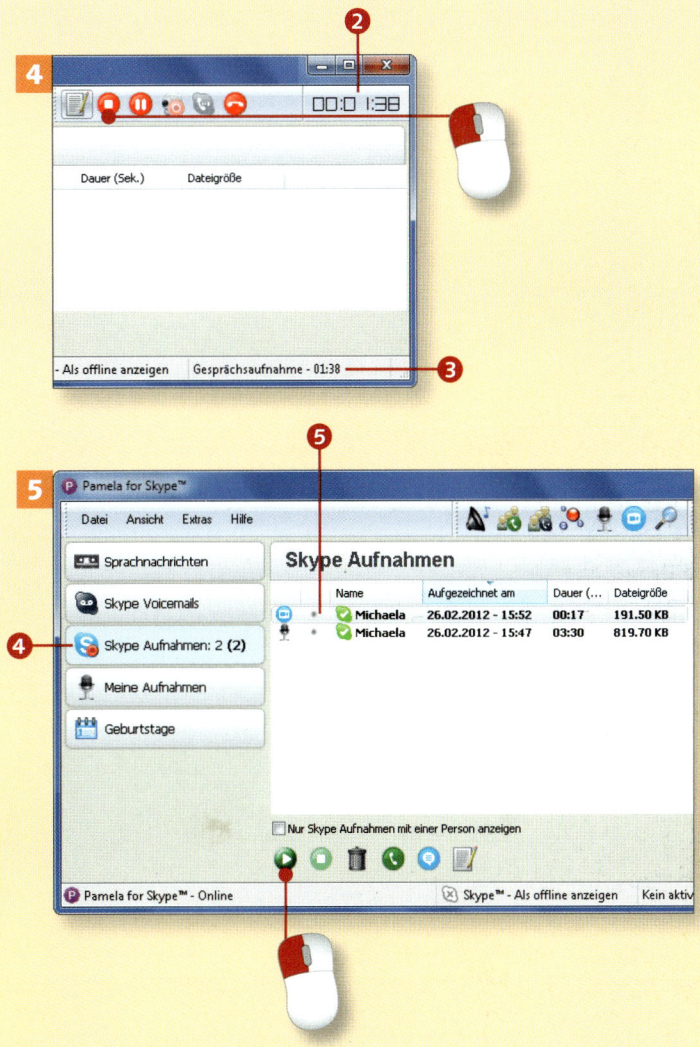

Präsentationen und Grafiken austauschen

Für Kreative mit einem Hang zum Austausch von Ideen, Grafiken oder Präsentationen bietet die App iDroo für Skype eine ganz besondere Möglichkeit: Mit ihr können Sie Grafiken und Freihandzeichnungen erstellen.

Schritt 1

Wenn Sie das Zusatzprogramm *iDroo* für Skype im App-Bereich der Skype-Webseite gefunden haben, laden Sie es mit einem Klick auf **Get it now** herunter und installieren es (siehe dazu den Abschnitt »Neue Zusatzprogramme installieren« ab Seite 170).

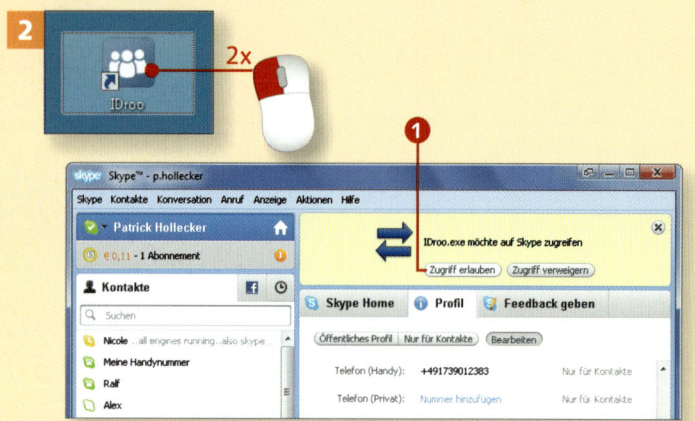

Schritt 2

Nach der Installation findet sich ein Programmsymbol der App auf Ihrem Desktop. Klicken Sie doppelt darauf, und erlauben Sie dann die Verknüpfung von iDroo und Skype mit einem Klick auf **Zugriff erlauben** ❶ im Infobereich von Skype.

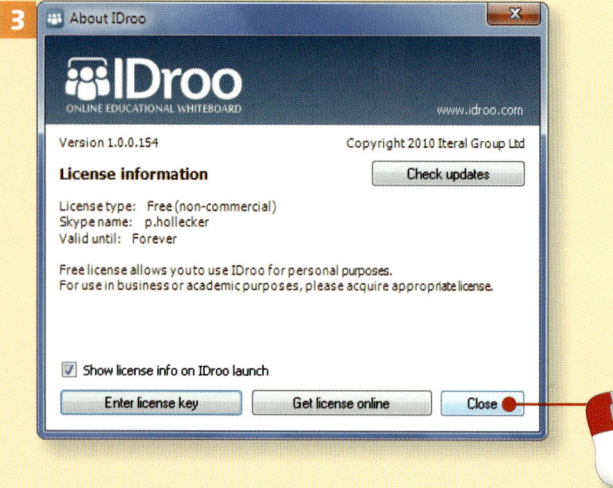

Schritt 3

Bevor das Programm startet, wird ein Dialogfenster geöffnet, das aus Lizenzgründen Ihren Benutzerstatus abfragt. Wenn Sie die App nur zu privaten Zwecken nutzen, können Sie das Fenster einfach übergehen und unbesorgt auf **Close** klicken.

Schritt 4

Sie befinden sich nun in der Programmoberfläche von iDroo. Wie in einer simplen Grafiksoftware können Sie hier einen Funktionscursor auswählen und damit im leeren Seitenteil eine Grafik anlegen. Klicken Sie also zunächst z. B. auf die Schaltfläche mit dem Stift.

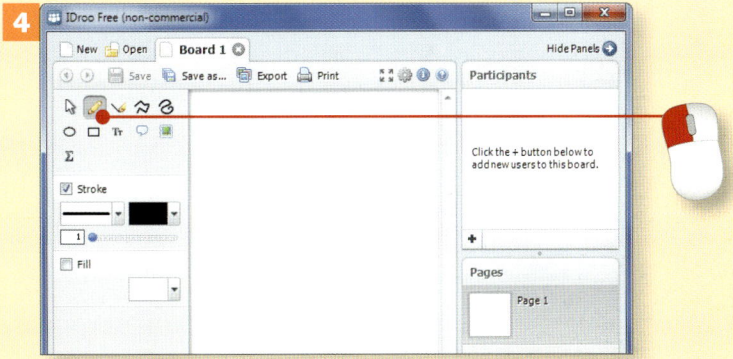

Schritt 5

Bevor Sie direkt mit einem einfachen schwarzen Strich loslegen, können Sie weitere Zeicheneigenschaften auswählen, z. B. die Linienstärke ❷ oder eine Füllung ❸ der gezeichneten Fläche in der gewünschten Farbe.

Schritt 6

Wir wählen die Strichfarbe Schwarz ❹ in der Linienstärke **2** und wollen die durch die Zeichnung entstandene Fläche füllen, und zwar mit Rot ❺. Jetzt kann es losgehen. Setzen Sie den »Stift« auf der weißen Fläche an, halten Sie die Maustaste gedrückt, und zeichnen Sie ein Motiv.

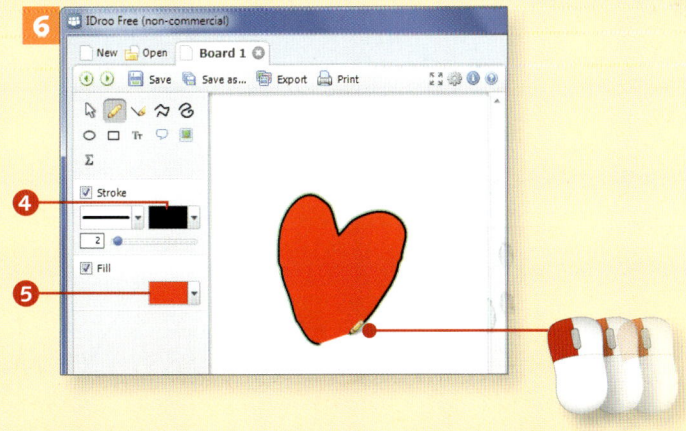

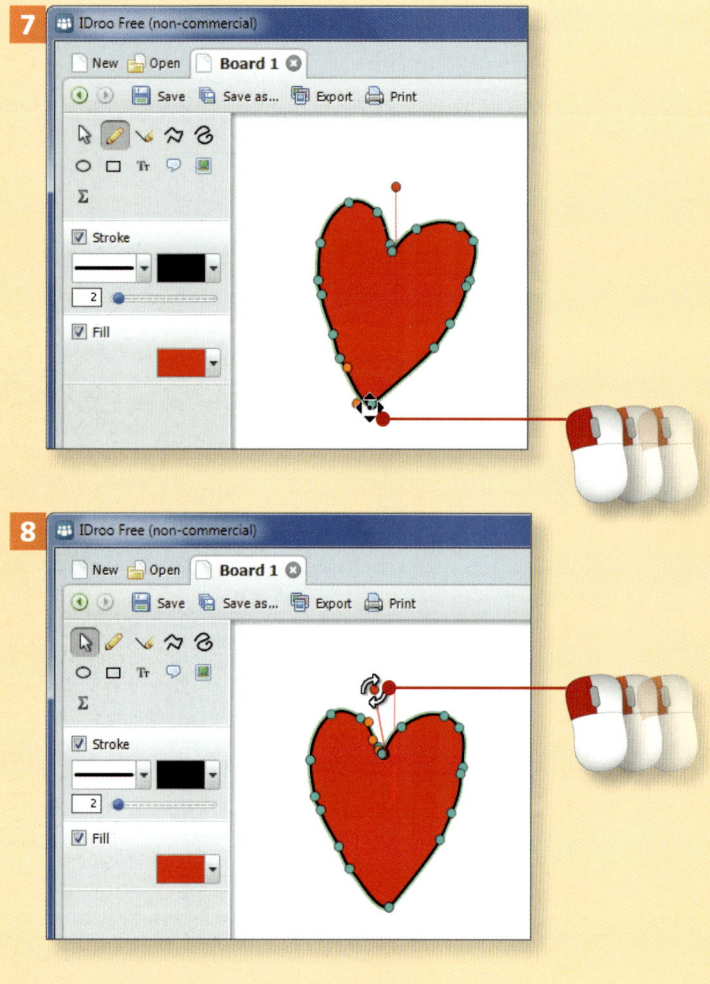

Schritt 7

Ist die Zeichnung abgeschlossen, lassen Sie die Maustaste los. Daraufhin werden an dem Objekt Veränderungspunkte angezeigt. Wenn Sie sie mit gedrückter Maustaste verschieben, können Sie die Form der Zeichnung nachträglich anpassen. Der Mauszeiger verändert sich dabei.

Schritt 8

Außerdem sehen Sie oben an der Zeichnung eine Art Antenne. Wenn Sie sie mit gedrückter Maustaste verschieben, können Sie das Objekt beliebig ausrichten.

Schritt 9

Nun können Sie diese Zeichnung einem Ihrer Skype-Kontakte schicken. Klicken Sie dazu auf das kleine Plus im Bereich **Participants**. Ein Fenster öffnet sich, in dem Sie den Kontakt zu iDroo einladen und ihm so Ihre Zeichnung zeigen können.

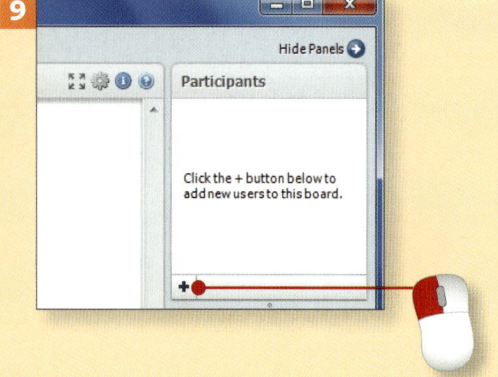

Eine Zeichnung speichern
Gefällt Ihnen eine iDroo-Zeichnung so gut, dass Sie sie auch als Grafikdatei weiterverwenden möchten, klicken Sie im oberen Menübereich auf **Export** und wählen einen Speicherort für die frisch konvertierte Zeichnung im Grafikdateiformat.

Schritt 10

Markieren Sie einen der Kontakte mit einem Mausklick ❶, und klicken Sie anschließend auf die Schaltfläche **Add**. Beachten Sie, dass der Kontakt die iDroo-App ebenfalls installiert und aktiviert haben muss, damit er sich Ihre Zeichnung ansehen kann.

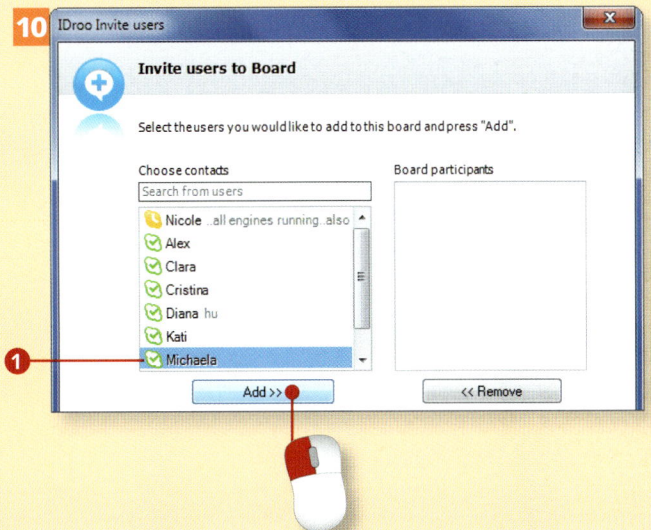

Schritt 11

Der gewählte Kontakt erscheint rechts im Feld **Board participants**. Wenn Sie möchten, laden Sie auf diese Weise weitere Teilnehmer ein. Um den Vorgang abzuschließen, klicken Sie auf **OK**.

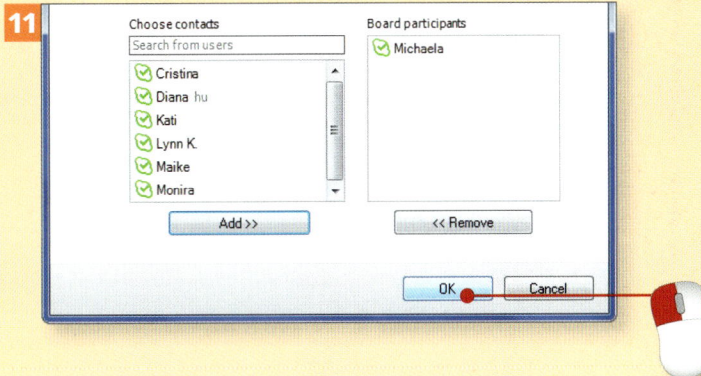

Schritt 12

Der Kontakt erscheint unter der Überschrift **Connecting to** ❷ im Bereich **Participants**. Er erhält Ihre Zeichnung, sobald er in Skype online ist und die iDroo-App aktiviert hat.

Funktionen von iDroo

Wenn Sie mehr darüber wissen wollen, was iDroo kann, besuchen Sie die Webseite *http://www.idroo.com/documentation/getting-started*. Links finden Sie den Menüpunkt **Documentation**, unter dem die Funktionen der App sehr einfach erklärt werden (leider nur auf Englisch).

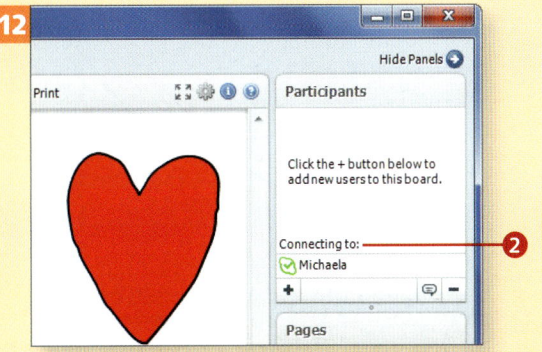

Kopierte Rufnummern in Skype verwenden

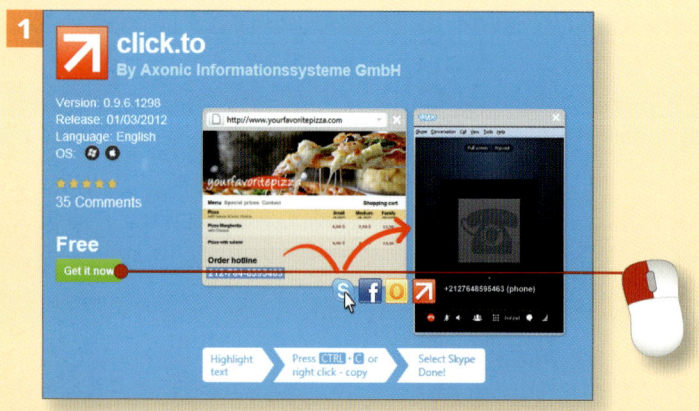

Wenn Sie eine Nummer anrufen möchten, die Sie im Internet oder in einem Dokument gefunden haben, können Sie sich das mühsame Wählen sparen und sie einfach in Skype kopieren und von dort aus anrufen.

Schritt 1

Suchen Sie die Software *Click.to* im App-Bereich der Skype-Homepage (siehe den Abschnitt »Nach Zusatzprogrammen suchen« ab Seite 166). Klicken Sie dann auf **Get it now**, und installieren Sie die App (Näheres zur Installation erfahren Sie im Abschnitt »Neue Zusatzprogramme installieren« ab Seite 170).

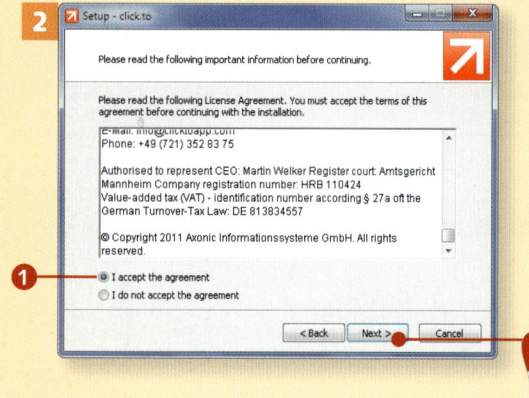

Schritt 2

Nach der Installation müssen Sie Click.to noch kurz einrichten. Akzeptieren Sie im Dialogfenster **Setup** die Lizenzvereinbarung mit einem Klick auf **I accept the agreement ❶**. Dann wählen Sie **Next**.

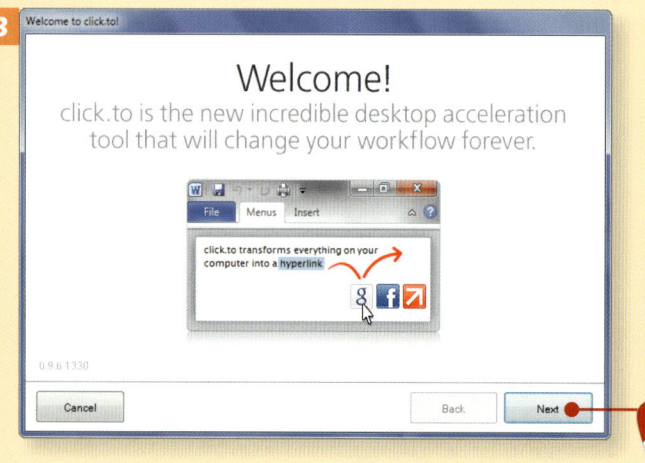

Schritt 3

Ein neues Fenster öffnet sich. Das Ganze beginnt mit einer Einführung, in der die wichtigsten Schritte zur Verwendung der App beschrieben werden. Klicken Sie auf **Next**.

Schritt 4

Dann haben Sie die Wahl, sich ein kurzes Onlinevideo anzusehen, das den Einsatz von Click.to beispielhaft verdeutlicht. Klicken Sie auf die **Play**-Schaltfläche ❷ oder auf den Link **Click here**.

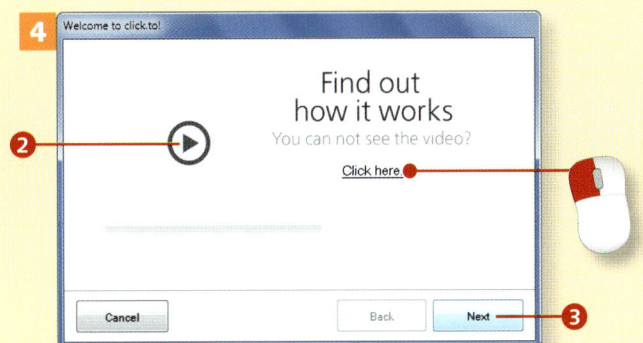

Schritt 5

Ihr Standard-Internetbrowser öffnet sich und spielt ein Video zur Funktionsweise dieser Zusatzsoftware ab. Sehen Sie es sich ruhig mehrmals an, und schließen Sie den Browser mit einem Klick auf das Kreuz, wenn Sie einen Eindruck gewonnen haben. Anschließend klicken Sie wieder auf **Next** ❸.

Schritt 6

Auf der nächsten Seite des Einrichtungsassistenten können Sie wählen, welche Dienste Click.to neben Skype unterstützen soll. Um es nur für Skype einzusetzen, wählen Sie alle anderen aktiven Symbole (*Icons*) mit einem Mausklick ab und klicken dann wieder auf **Next** ❹.

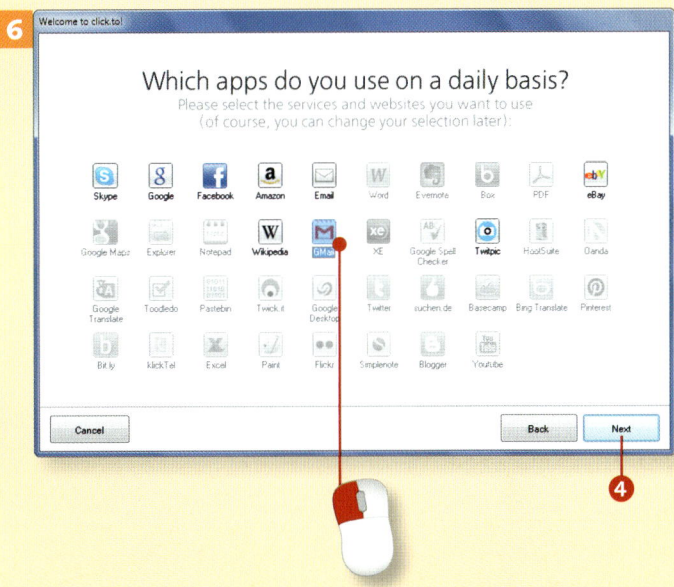

Kopierte Rufnummern in Skype verwenden (Forts.)

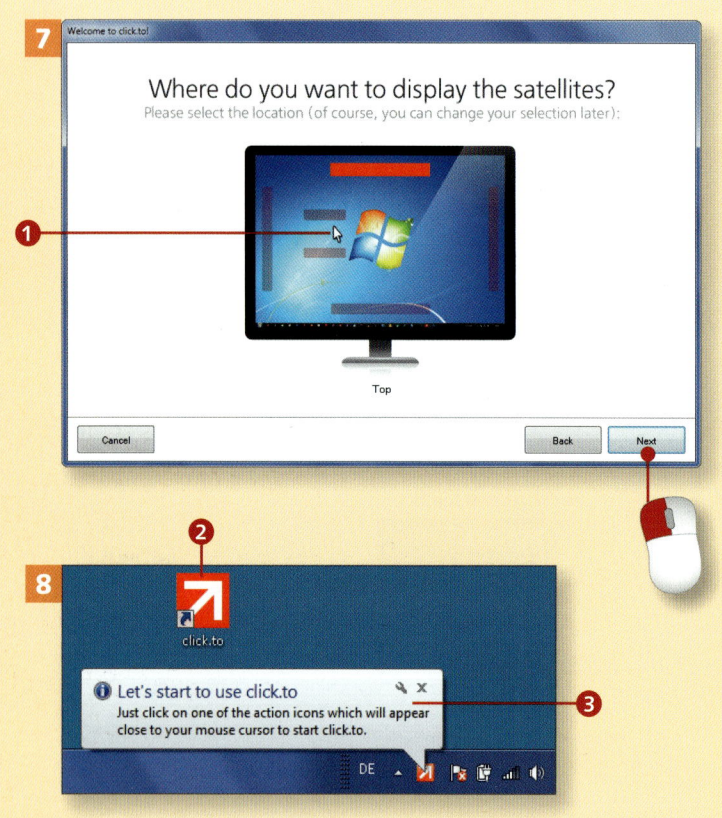

Schritt 7

Nun bestimmen Sie die Position der Funktionsleiste, die bei der Nutzung von Click.to immer dann auftaucht, wenn Sie eine Telefonnummer kopieren (siehe Schritt 11). Diese Funktionsleisten werden *Satelliten* genannt. Klicken Sie auf einen Bildschirmbereich ❶ und danach wieder auf **Next**.

Schritt 8

Die Einrichtung wird abgeschlossen, sobald Sie im letzten Fenster des Assistenten auf die Schaltfläche **Finish** klicken. Auf dem Desktop erscheint das Programmsymbol ❷, und eine Information ❸ taucht auf, dass die Software einsatzbereit ist.

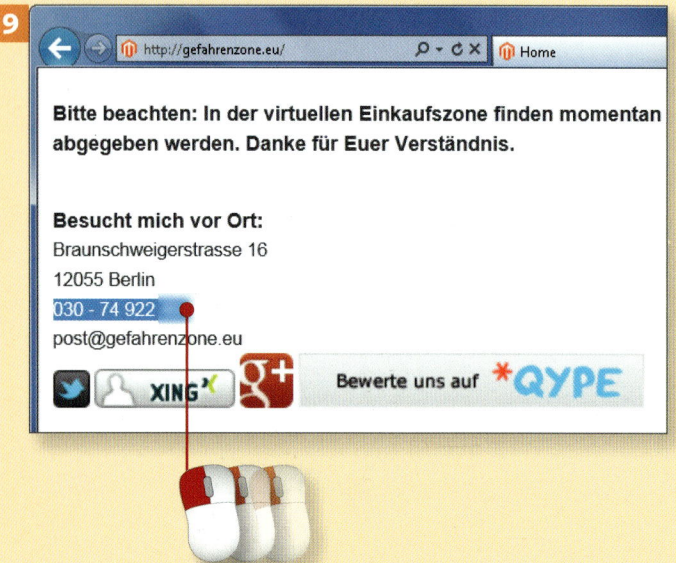

Schritt 9

Öffnen Sie nun eine Internetseite mit einer Telefonnummer (z. B. das Impressum einer Webseite), und markieren Sie diese Nummer mit gedrückter Maustaste.

Schritt 10

Klicken Sie die markierte Telefonnummer mit der rechten Maustaste an, und wählen Sie den Eintrag **Kopieren** aus dem Kontextmenü.

Schritt 11

Nun öffnet sich die in Schritt 7 beschriebene Funktionsleiste mit den verschiedenen Diensten, für die Click.to genutzt werden kann und die Sie in Schritt 6 festgelegt haben. Klicken Sie darin auf das Skype-Symbol, um die Telefonnummer in Skype zu übertragen.

Schritt 12

Skype muss natürlich geöffnet sein, damit Click.to die Nummer dort einspeisen kann. Dann wird die kopierte Rufnummer direkt angewählt.

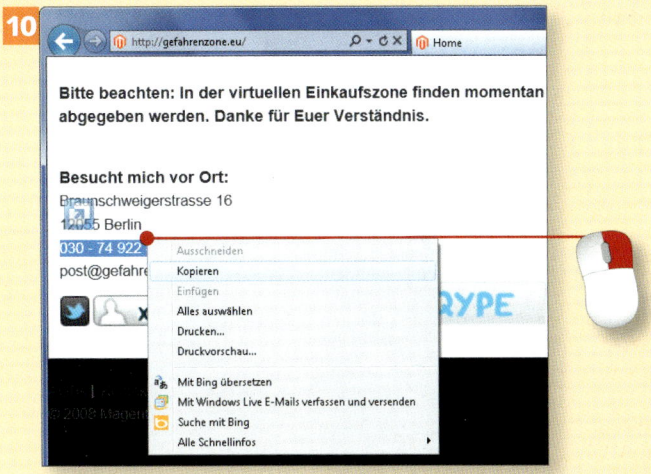

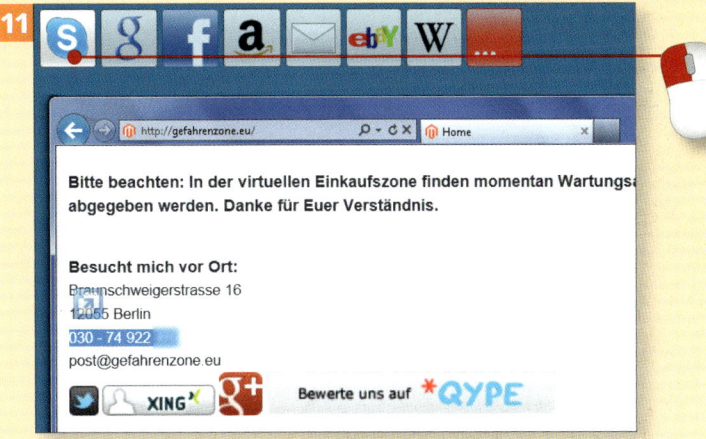

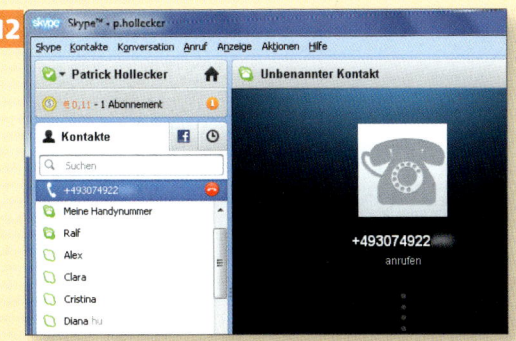

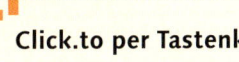

Click.to per Tastenkürzel

Anstatt das Kontextmenü zu nutzen, wie in Schritt 10 beschrieben, können Sie die Funktionsleiste von Click.to auch mit der Tastenkombination Strg + C aufrufen.

Skype als App installieren

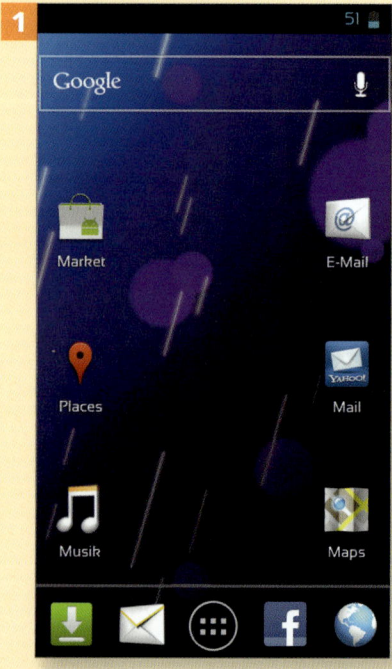

In dieser Anleitung erfahren Sie, wie Sie Skype als App auf Ihrem Android-Smartphone installieren, damit Sie in Zukunft auch mobil darauf zugreifen können.

Schritt 1

Um Skype in seiner mobilen Variante zu verwenden, müssen Sie zunächst die Skype-App herunterladen. Sie finden alle möglichen Apps im *Android Market*, einer Verknüpfung auf Ihrem Smartphone.

Schritt 2

In unserem Beispiel ist diese Verknüpfung **Market** auf dem Startbildschirm angelegt (ansonsten finden Sie sie in der Anwendungs-übersicht). Tippen Sie also mit dem Finger darauf.

Schritt 3

Auf der Titelseite des Android Markets tippen Sie oben rechts auf das Lupensymbol, um auf die Suchfunktion zuzugreifen.

Schritt 4

Im Suchbereich fährt die »Tastatur« nach oben ➊, während sich im Texteingabefeld der Cursor ➋ für die Eingabe Ihres Suchbegriffs bereithält.

Schritt 5

Tragen Sie hier über die Tastatur Ihres Smartphones den Begriff »Skype« ein. Daraufhin erscheinen auch gleich einige Suchvorschläge im Mittelteil Ihres Smartphone-Displays.

Schritt 6

Indem Sie ihn mit dem Finger berühren, wählen Sie am besten gleich den ersten Begriffsvorschlag aus.

Skype auch auf dem iPhone

Nicht nur für Android-Smartphones ist Skype als App erhältlich, sondern auch für das iPhone von Apple. Besorgen Sie sich die Software über den Link *http://itunes.apple.com/app/skype/id304878510*, oder suchen Sie einfach auf der Seite *http://itunes.apple.com/* im Textfeld rechts oben nach »Skype«.

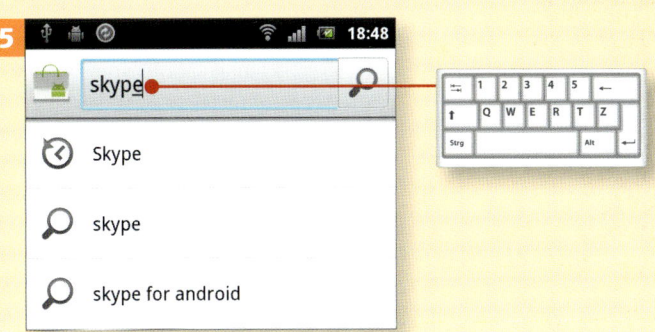

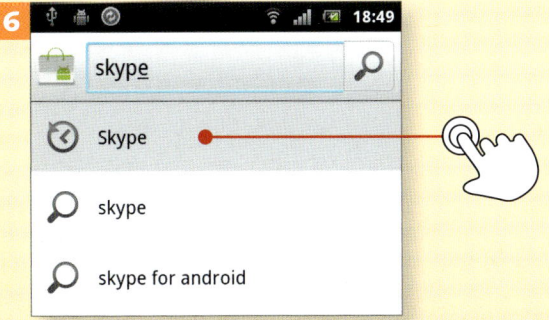

Skype als App installieren (Forts.)

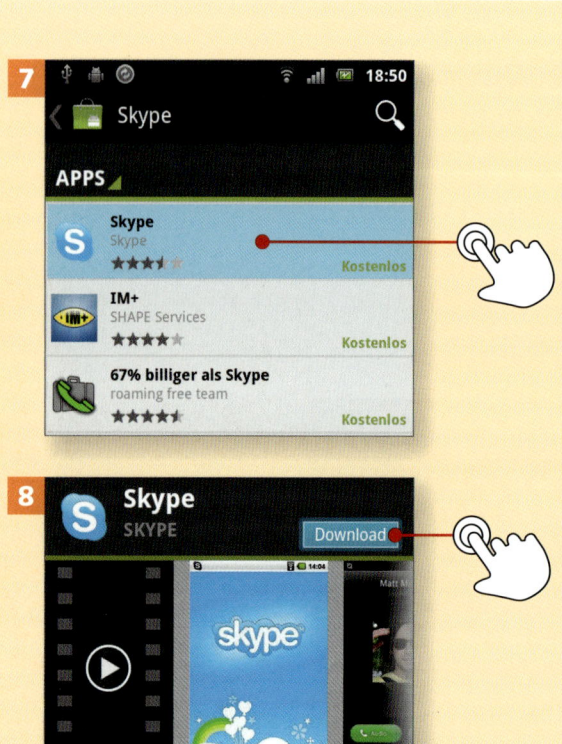

Schritt 7

Sie sehen eine Liste der Suchergebnisse, also der passenden Apps, die im Android Market gefunden wurden. **Skype** wird wie erwartet als bester Treffer angezeigt. Tippen Sie diesen Eintrag an.

Schritt 8

Daraufhin gelangen Sie in die Übersicht zu dieser App. Sie können sich dort Videos, Bilder und Beschreibungen der mobilen Skype-Version ansehen. Um das Programm herunterzuladen, tippen Sie auf **Download**.

Schritt 9

Skype wird nach dem Download automatisch installiert, daher wird Ihnen mitgeteilt, auf welche Elemente Ihres Android-Smartphones die App wie zugreifen wird ❶. Tippen Sie auf **Akzeptieren & herunterl.**, um den Download und die anschließende Installation zu starten.

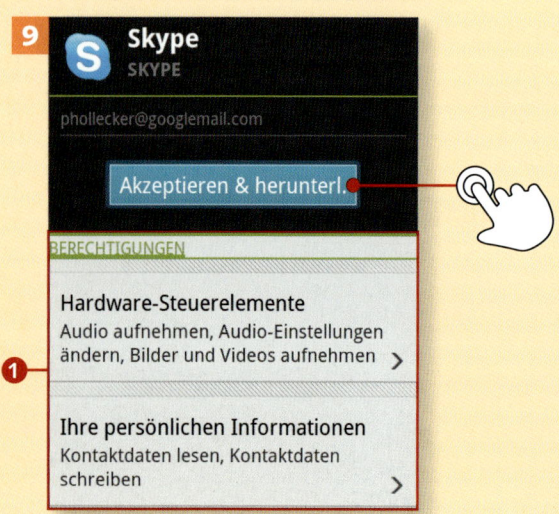

i

Android Market
Um auf den Android Market zugreifen und dort Apps herunterladen zu können, benötigen Sie ein (kostenloses) Google-Konto, das Sie z. B. über *http://mail.google.com/* zusammen mit einem eigenen E-Mail-Zugang anlegen können.

Schritt 10

Der Download wird nun ausgeführt, wie Sie an dem Fortschrittsbalken ❷ erkennen können. Falls Sie den Vorgang abbrechen möchten, tippen Sie auf das Kreuz rechts neben dem Balken ❸.

Schritt 11

Sobald der Download erfolgreich abgeschlossen wurde, bestätigt Ihnen eine Anzeige ❹, dass die App gerade installiert wird.

Schritt 12

Wenn auch dies vollzogen ist, könnten Sie die Skype-App mit Tippen auf **Öffnen** direkt aufrufen. Im Abschnitt »Die Skype-App auf Ihrem Android-Smartphone nutzen« ab Seite 190 zeigen wir Ihnen, wie Sie Skype über die Android-Oberfläche aufrufen.

Automatische Updates

Setzen Sie nach der Installation in der Ansicht des Android Markets ein Häkchen in die Checkbox zur Option **Automatisches Update**, damit auch Ihre Skype-Smartphone-App immer auf dem neuesten Stand bleibt.

Die Skype-App nutzen

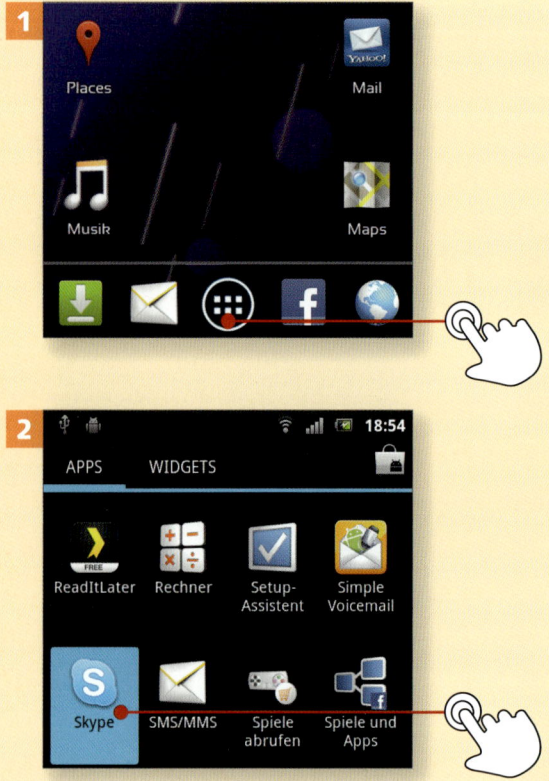

Wie Sie Skype als App für Ihr Android-Smartphone einsetzen, erfahren Sie in dieser Anleitung.

Schritt 1

Auf dem Hauptdisplay Ihres Android-Smartphones tippen Sie auf das mittlere Symbol ganz unten, um die Auflistung der Anwendungen aufzurufen. Hier wurde nämlich bei der Installation eine Programmverknüpfung zur neuen Skype-App abgelegt (siehe dazu den Abschnitt »Skype als App auf Ihrem Android-Smartphone installieren« ab Seite 186).

Schritt 2

In der Darstellung der Anwendungsübersicht öffnen Sie Skype nun, indem Sie mit dem Finger auf die Verknüpfung **Skype** tippen.

Schritt 3

Vor dem ersten Start der App müssen Sie noch die AGB von Skype annehmen, indem Sie auf **Akzeptieren** tippen. Sie sollten sie vorher sicherheitshalber wenigstens einmal überfliegen.

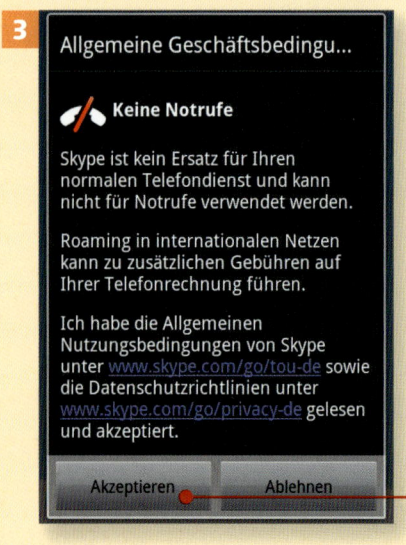

Schritt 4

Daraufhin begrüßt Sie ein Anmeldebildschirm, der sich ähnlich darstellt,
wie Sie es bereits aus der Computer-
variante von Skype kennen.

Schritt 5

Sobald Sie die leeren Felder mit dem
Finger antippen, fährt die »Tastatur«
nach oben, und Sie können Ihre
Zugangsdaten in die Felder **Skype-
Name** ❶ und **Kennwort** ❷ eingeben. Bestätigen Sie Ihre Angaben,
indem Sie auf **Anmelden** tippen.

Schritt 6

Warten Sie einen Moment, während
Sie bei Ihrem persönlichen Skype-
Bereich eingeloggt werden.

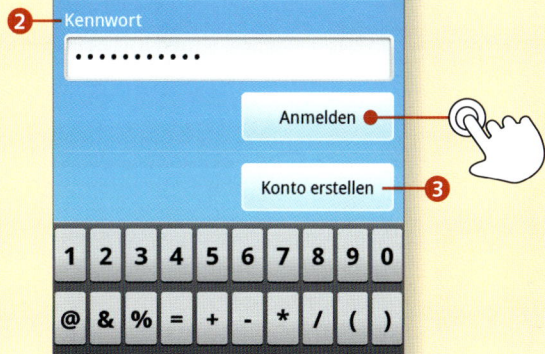

Ein Skype-Konto anlegen

Falls Sie Skype zum ersten Mal
über das Smartphone einsetzen
und noch über kein eigenes Skype-
Konto verfügen, können Sie dieses
auch mit der App einrichten,
indem Sie im Anmeldebereich auf
die Schaltfläche **Konto erstellen**
❸ tippen.

Die Skype-App nutzen (Forts.)

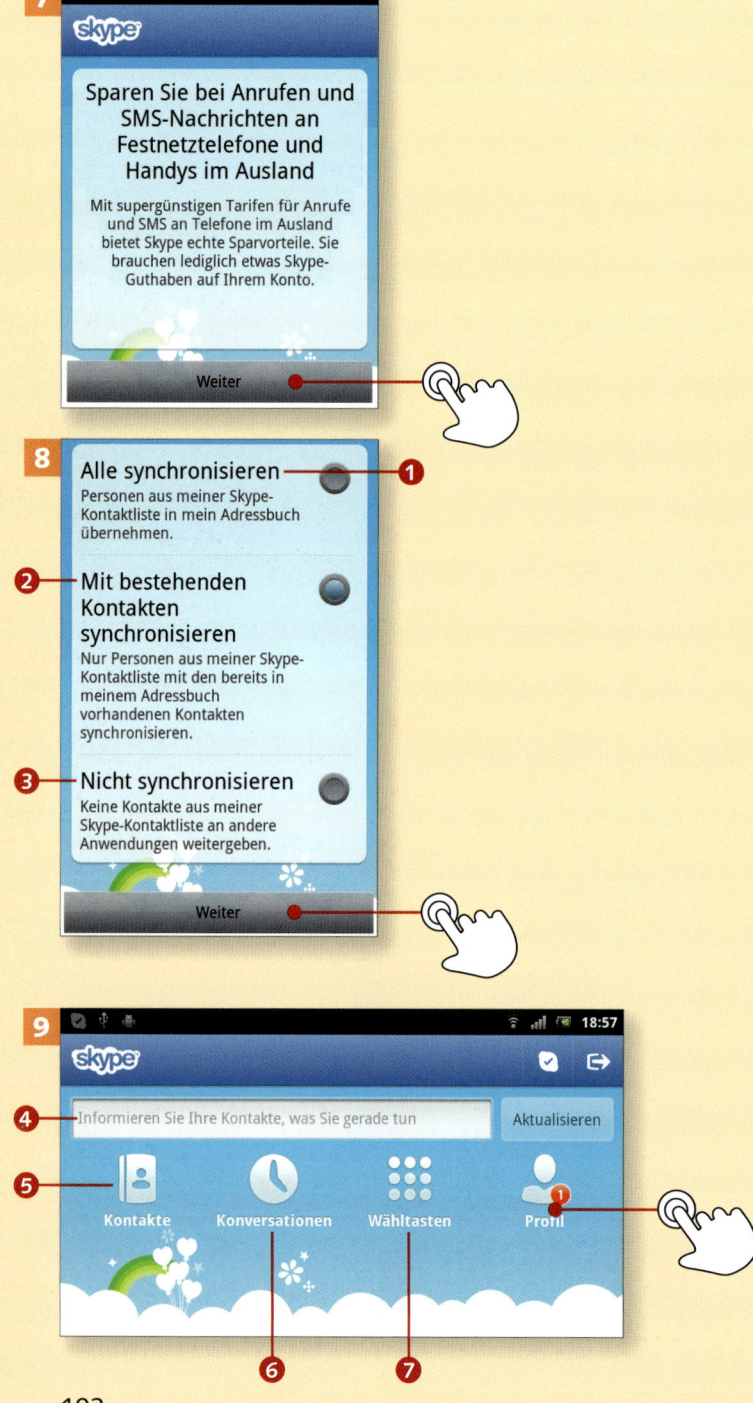

Schritt 7

Vor dem Zugriff auf die Hauptfunktionsoberfläche informiert Skype Sie noch über die neuesten Angebote, Funktionen und Möglichkeiten. Tippen Sie auf **Weiter**.

Schritt 8

Wenn Sie bereits ein Skype-Konto mit Adressbuch haben, schlägt die App Ihnen jetzt vor, diese Kontaktdaten in das Adressbuch Ihres Smartphones zu übernehmen (**Alle synchronisieren** ➊ oder **Mit bestehenden Kontakten synchronisieren** ➋). Wenn Sie sich unsicher sind, wählen Sie **Nicht synchronisieren** ➌, und tippen Sie auf **Weiter**.

Schritt 9

Endlich sind Sie im Hauptbereich der Skype-Anwendung angekommen. Hierüber können Sie Ihren aktuellen Status mitteilen ➍, **Kontakte** ➎ und **Konversationen** ➏ einsehen oder den Ziffernblock ➐ aufrufen. Öffnen Sie aber zunächst einmal Ihr eigenes Profil, indem Sie auf **Profil** tippen.

Schritt 10

In der Übersicht Ihres persönlichen Profils sehen Sie auf der ersten Registerkarte, **Konto** ❽, alle Angaben zu Ihrem Skype-Account, z. B. das verfügbare Guthaben. Berühren Sie den Reiter **Profil** mit dem Finger, um in diese Ansicht zu wechseln.

Schritt 11

Auch im Bereich **Profil** können Sie sämtliche Punkte mit einer Fingerberührung aufrufen und anpassen. Tippen Sie beispielsweise einmal auf den Punkt **Anzeigebild**.

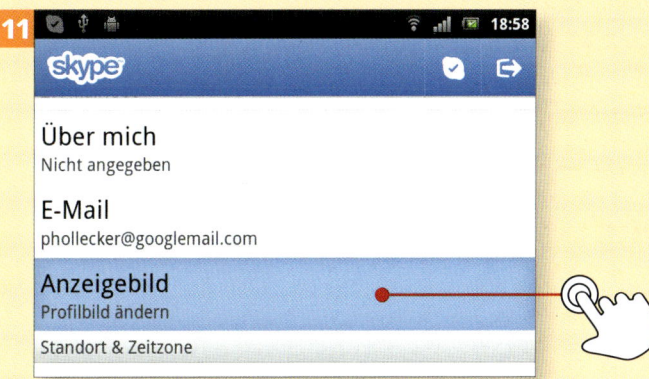

Schritt 12

Ein Android-Menü öffnet sich, in dem Ihnen verschiedene Funktionen angeboten werden, wie Sie Ihr Skype-Profilbild anlegen oder ändern ❾ können. Laden Sie entweder ein neues direkt aus dem Album Ihres Smartphones, nehmen Sie eins mit der Handykamera auf, oder löschen Sie das bestehende Profilbild komplett. Um zur Skype-Hauptansicht zurückzukehren, drücken Sie so oft die **Zurück**-Taste, bis diese Ansicht erscheint.

Die Skype-App nutzen (Forts.)

Schritt 13

Auf der Titelseite der Skype-App wählen Sie nun den Bereich **Kontakte**. Über die beiden Schaltflächen rechts oben können Sie Ihren Onlinestatus ❶ vorgeben oder sich aus Skype ausloggen ❷.

Schritt 14

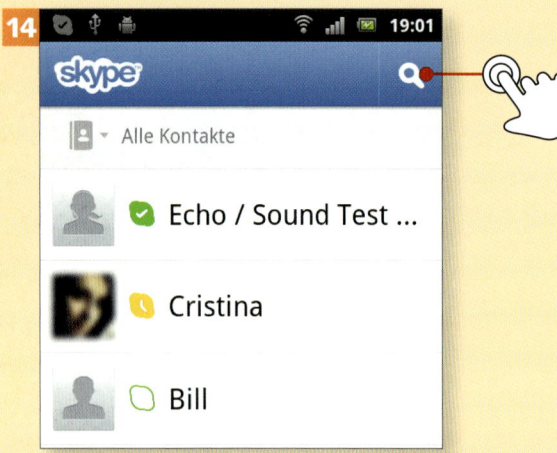

Im Menü **Kontakte** werden all Ihre Skype-Freunde aufgelistet. Sie können in dieser Liste ganz normal durch Wischbewegungen scrollen. Wenn Sie einen Kontakt vermissen, tippen Sie auf das Lupensymbol, um ihn zu suchen.

Schritt 15

Wählen Sie einen der Kontakte in Ihrer Liste durch eine Berührung mit dem Finger aus.

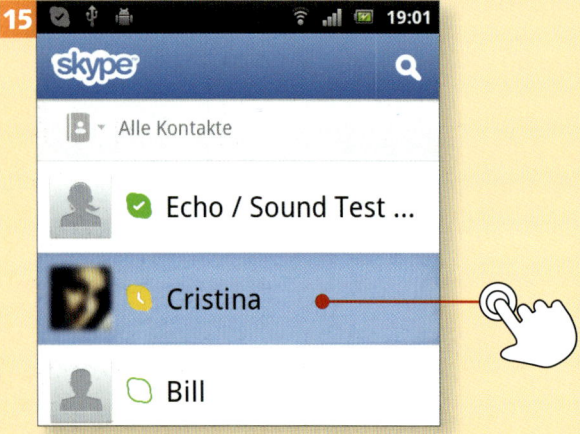

(Versteckte) Funktionen

Die kompakte, aber gut ausgerichtete Skype-App für das Smartphone bietet in fast jedem Bereich die Möglichkeit, jeden Punkt mit einer Fingerberührung anzuwählen, um eine passende Aktion auszulösen. Testen Sie auf diese Weise die vielfältigen Funktionsmöglichkeiten der App.

Schritt 16

Daraufhin öffnet sich die Detailansicht dieses Kontakts. Hier können Sie sein Profil einsehen und verschiedene Aktionen beginnen: ihn anrufen, ein Videotelefonat führen etc. Tippen Sie auf **Chat senden**.

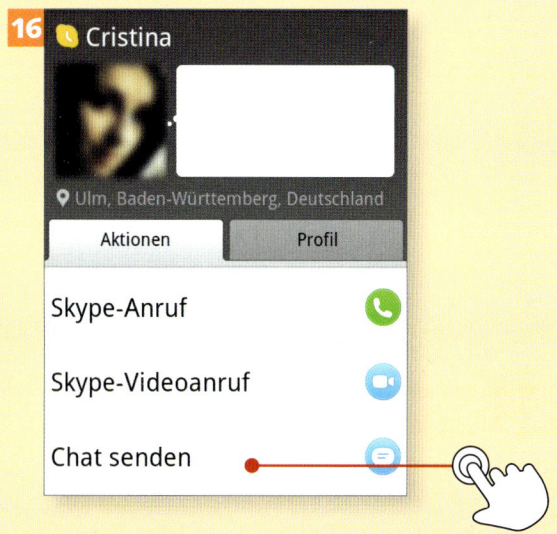

Schritt 17

Wie auch in der Computerversion von Skype können Sie diesem Kontakt nun über den Chatbereich Nachrichten zukommen lassen. Aktivieren Sie das Textfeld ❸ mit dem Finger, geben Sie dort eine Nachricht ein, und senden Sie sie durch Tippen auf die Eingabe-Taste ab.

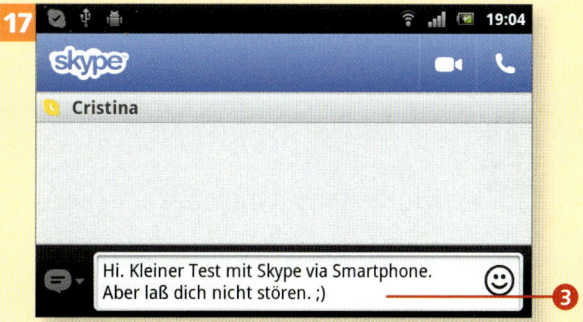

Schritt 18

Wie üblich wird die gesendete Nachricht im Chatbereich angezeigt ❹. Für den Empfänger macht es keinen Unterschied, ob Sie sie über Ihr Smartphone oder den Computer an ihn senden.

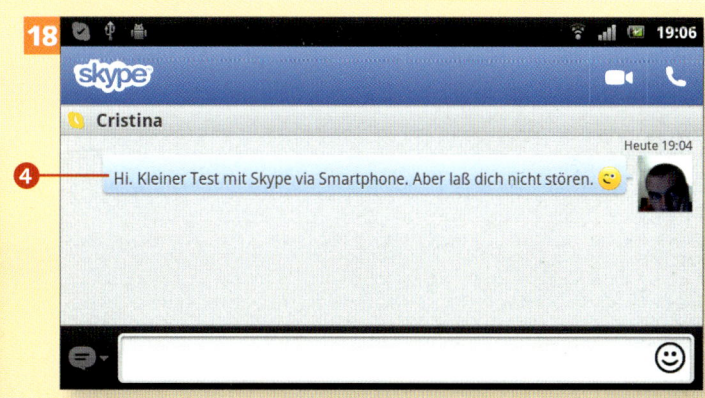

Skype bleibt Skype!

Wenn Sie Sofortnachrichten verschicken, Gespräche führen oder Anfragen bekommen, werden diese Aktionen sowohl in der Computerversion von Skype als auch auf der Smartphone-Variante angezeigt und protokolliert, sind also synchron.

Kapitel 8
Kostenpflichtige Skype-Dienste: Voicemail, Festnetz, eigene Nummer

Sobald Sie ein Skype-Guthaben erstanden haben (es muss nicht einmal hoch sein), können Sie auf weitere nützliche Funktionen zugreifen. Darunter finden sich die Möglichkeit zu weltweiten Telefonaten ins Festnetz und auf Mobiltelefone, ein Anrufbeantworter, SMS-Optionen und einiges mehr.

Ein Skype-Guthaben erwerben
Die beiden ersten Anleitungen dieses Kapitels beschreiben, wie Sie über Ihren Konto-bereich sowohl ein einfaches Guthaben als auch ein Guthaben-Abonnement erwerben ❶, über die Sie die praktischen Zusatzfunktionen von Skype nutzen können.

Kontakte außerhalb von Skype anrufen
Sobald ein Guthaben oder ein Abonnement vorhanden ist, können Sie beliebige Festnetz- oder Mobilfunknummern über Skype anrufen ❷, SMS verschicken und die Gesprächsteil-nehmer auch gleich als Skype-Kontakte speichern.

Über Festnetz oder Handy günstig aus dem Ausland telefonieren
Mit der Skype-to-go-Nummer ❸ richten Sie sich einen Service ein, mit dem Sie eine zuvor festgelegte Rufnummer zu günstigen Tarifen aus dem Ausland anrufen können.

Erwerben Sie Skype-Guthaben, ① und verwalten Sie es über Ihren Kontobereich.

Nutzen Sie den Ziffernblock ② für Telefongespräche mit Handys und ins Festnetz.

Telefonieren Sie günstig ③ mit Handy oder Festnetz aus dem Ausland.

Guthaben für Telefonate und SMS erwerben

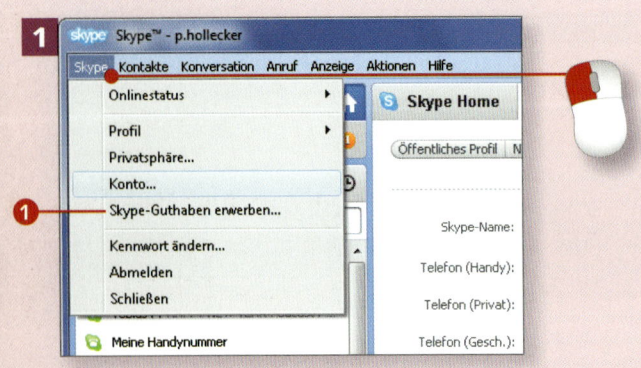

Um die kostenpflichtigen Services von Skype nutzen zu können, müssen Sie ein kleines Guthaben erwerben. Das geht ganz einfach und ist zudem über verschiedene Bezahlmethoden möglich.

Schritt 1

Rufen Sie Ihr persönliches Konto über **Skype ▸ Konto** auf. Sie könnten auch über den Punkt **Skype-Guthaben erwerben ①** direkt auf die Option zugreifen, aber für den ersten Überblick ist die Einsicht in den Kontobereich wichtig.

Schritt 2

Warten Sie einen Moment, ehe Ihr Skype-Konto online über ein separates Programmfenster aufgerufen wird.

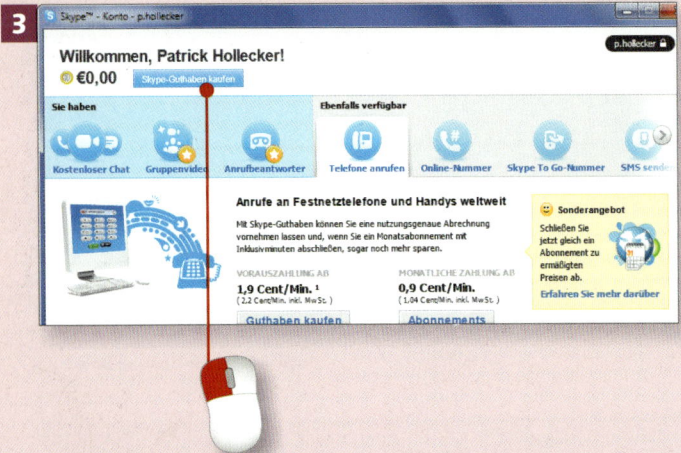

Schritt 3

Auf der Kontoübersicht sehen Sie im blauen Balken, welche Funktionen Sie mit Ihrem Konto nutzen können und welche nicht. Letztere sind grau hinterlegt und werden erst bei bestehendem Guthaben aktiviert. Klicken Sie auf **Skype-Guthaben kaufen**.

Schritt 4

Im nächsten Fenster wird ein Guthaben von 10 Euro vorgegeben ❷, das Sie für die zusätzlichen Skype-Funktionen erstehen können. Der Betrag lässt sich nicht verändern. Unten müssen Sie nun **Rechnungsnamen und -anschrift** eingeben.

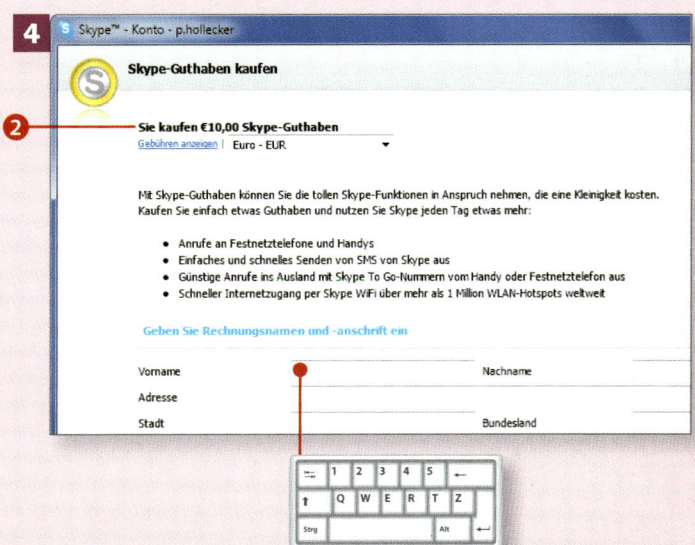

Schritt 5

Nachdem Sie alle Angaben wahrheitsgetreu eingetragen haben, klicken Sie auf die Schaltfläche **Weiter**.

Schritt 6

Nun müssen Sie noch die Zahlungsart festlegen, mit der Sie die 10 Euro Guthaben (11,50 € inklusive MwSt.) begleichen. Mit einem Klick auf **Ändern** ❸ können Sie die Rechnungsadresse noch korrigieren. Falls Sie sich wundern: Weil der Skype-Firmensitz in Luxemburg ist, gilt der dort fällige MwSt.-Satz von 15 %.

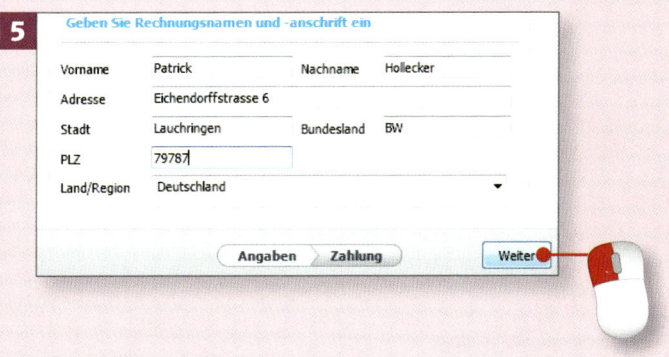

✚ Per Vorkasse bezahlen

Wenn Sie keine Kreditkarten- oder Kontodaten eingeben möchten, können Sie über den Eintrag **Sonstige** in der Auswahlliste auch **Einmalige Banküberweisung** wählen. Hier dauert es aber unter Umständen bis zu 7 Tage, ehe das Guthaben in Skype verfügbar ist.

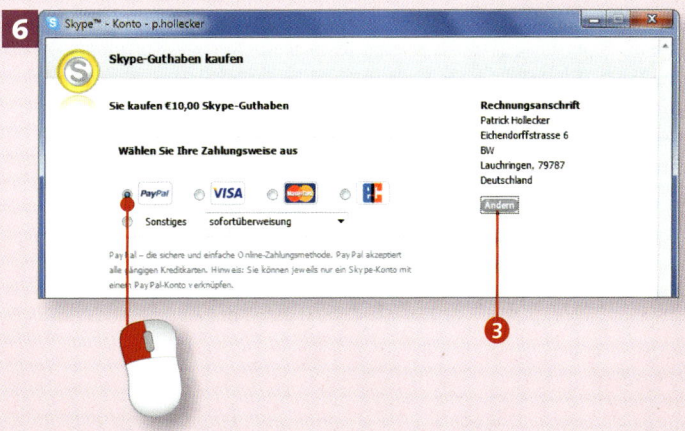

Guthaben für Telefonate und SMS erwerben (Forts.)

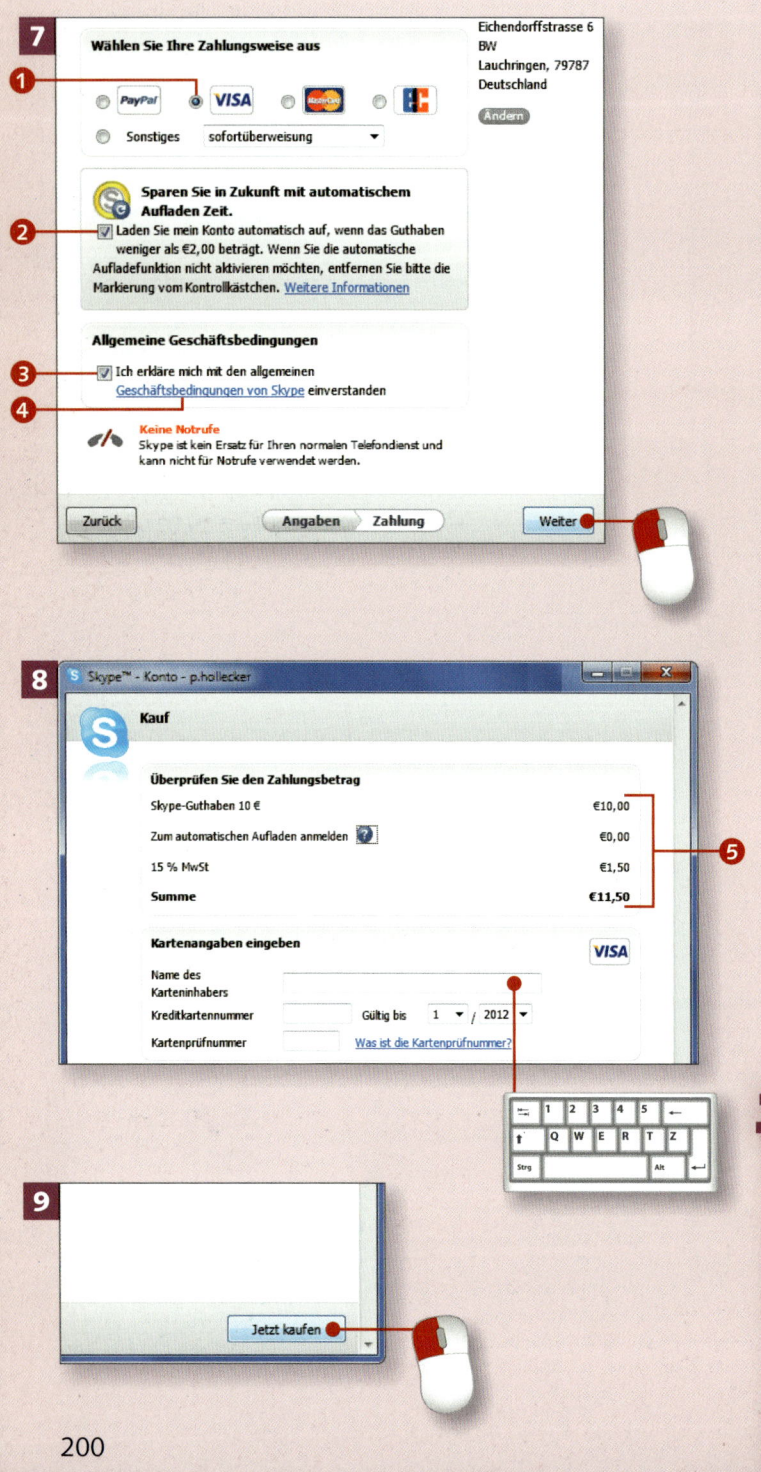

Schritt 7

Wir entscheiden uns für die Kreditkartenzahlung ❶. Entfernen Sie das Häkchen zum automatischen Aufladen ❷, wenn Sie diesen Service nicht nutzen wollen, bestätigen Sie die AGB ❸ (nachdem Sie sie nach einem Klick auf den Link ❹ gelesen haben), und klicken Sie dann ganz unten rechts auf **Weiter**.

Schritt 8

Sie sehen nun eine Übersicht Ihrer Bestellung ❺ inklusive des Mehrwertsteuerbetrags. Geben Sie im unteren Bereich die für die von Ihnen gewählte Zahlungsweise nötigen Daten ein.

Schritt 9

Sobald Sie alle Eintragungen abgeschlossen haben, klicken Sie schließlich zur endgültigen Bestellung des 10-Euro-Guthabens ganz unten rechts im Fenster auf **Jetzt kaufen**.

i Guthaben automatisch aufladen

Wenn Sie das in Schritt 7 angesprochene Häkchen zum automatischen Aufladen Ihres Guthabens nicht entfernt haben, erhöht Skype das Guthaben automatisch, wenn es unter die 2-Euro-Marke zu fallen droht.

Schritt 10

Sie werden über den erfolgreichen Buchungsvorgang informiert. Nun verfügen Sie über Skype-Guthaben, das Sie sofort einsetzen können. Klicken Sie auf **Schließen**, um zum Bereich **Skype Home** zurückzukehren.

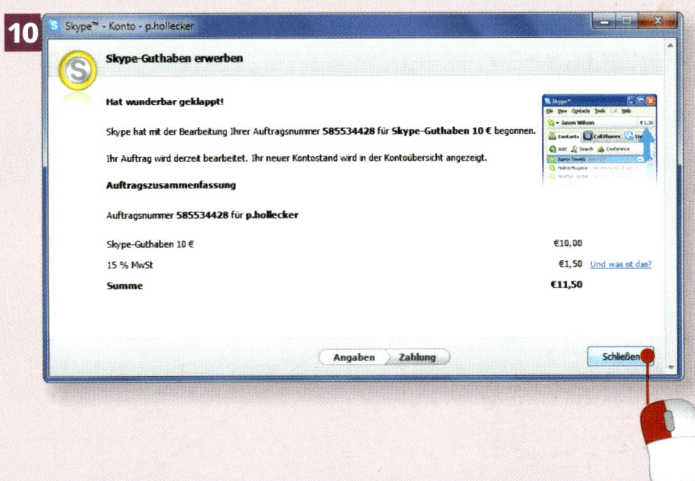

Schritt 11

Auch im Bereich **Skype Home** wird Ihnen eine Bestätigung zu Ihrem neu erworbenen Guthaben angezeigt **6**. In der Leiste oberhalb der Kontaktliste steht der aktuell verfügbare Betrag **7**.

Schritt 12

Wenn Sie über **Skype ▸ Konto** wieder auf Ihre Kontoübersicht zugreifen, sehen Sie sowohl Ihren neuen Kontostand **8** als auch die nun freigeschalteten Funktionen, z. B. **Anrufbeantworter** und **Anrufweiterleitung**.

Guthaben erwerben

Noch schneller können Sie Ihr Guthaben aufstocken, indem Sie in der Menüleiste des Skype-Programmfensters den Menüpunkt **Skype ▸ Skype-Guthaben erwerben** aufrufen.

Per Guthaben-Abonnement bezahlen

Wenn Sie regelmäßig mit Skype ins Festnetz oder aufs Handy telefonieren, bietet sich auch der Erwerb eines Guthabenabonnements an, dessen Kosten (je nach der von Ihnen gewählten Zahlungsweise) monatlich abgebucht werden.

Schritt 1

Um sich ein Guthabenabonnement einzurichten, wählen Sie im Menübereich zunächst den Eintrag **Skype ▸ Konto**.

Schritt 2

Nach einiger Zeit öffnet sich ein neues Programmfenster, in dem Ihr persönlicher Kontobereich vorbereitet wird.

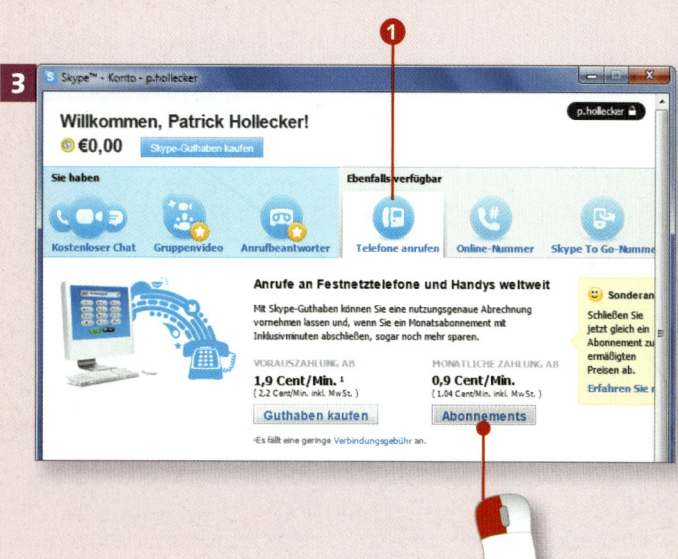

Schritt 3

Wählen Sie in Ihrer Kontoübersicht direkt den Bereich **Telefone anrufen** ❶, in dem sich die Option zur Kauf eines Guthabens und zur Bestellung eines Abonnements präsentiert, sofern Sie noch keines von beidem haben. Klicken Sie auf die Schaltfläche **Abonnements**.

Schritt 4

Ihr Standard-Internetbrowser öffnet sich und stellt den Abo-Bereich der Skype-Webseite dar. Informieren Sie sich hier über die neuesten Preisvorteile zu allen Angeboten, die Abonnements betreffen.

Schritt 5

Wenn Sie nach unten scrollen, werden zwei klassische Guthabenabonnements zur Auswahl angeboten: **Europa-package** und **Welt-package**. Klicken Sie unter **Europa-package** auf **Details anzeigen**.

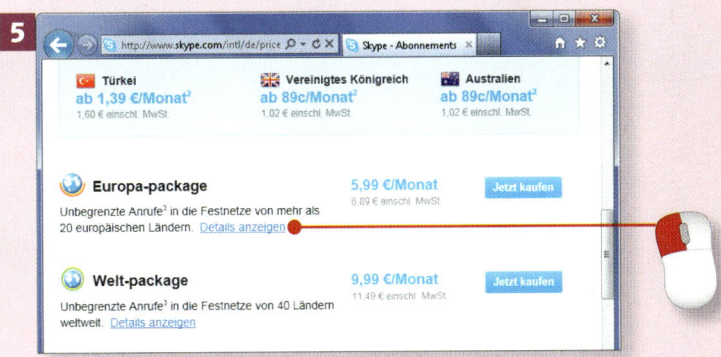

Schritt 6

Daraufhin erscheint eine Auflistung der Länder, in die Sie mit diesem Abonnement unbegrenzt per Skype telefonieren können. Überzeugt Sie diese Variante, klicken Sie auf **Jetzt kaufen**.

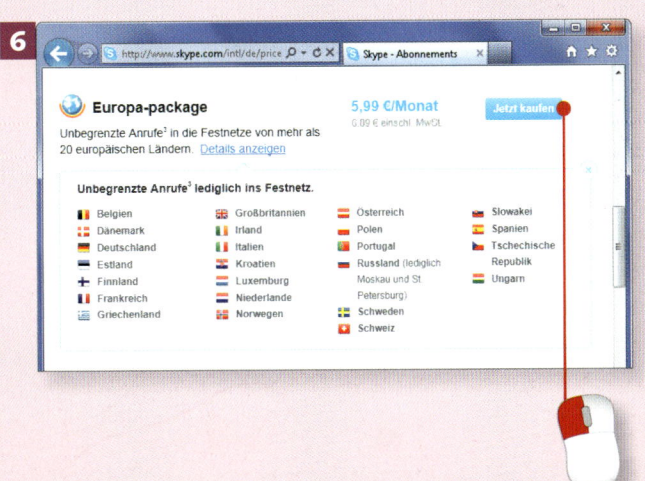

Kostenlose Testangebote

Skype bietet immer wieder kostenlose Abonnements für einen bestimmten Zeitraum (z. B. einen Monat lang) an, in der Sie die Funktion testen und dann, wenn Sie Gefallen daran finden, gegebenenfalls in ein dauerhaftes, kostenpflichtiges Abonnement umwandeln können.

Per Guthaben-Abonnement bezahlen (Forts.)

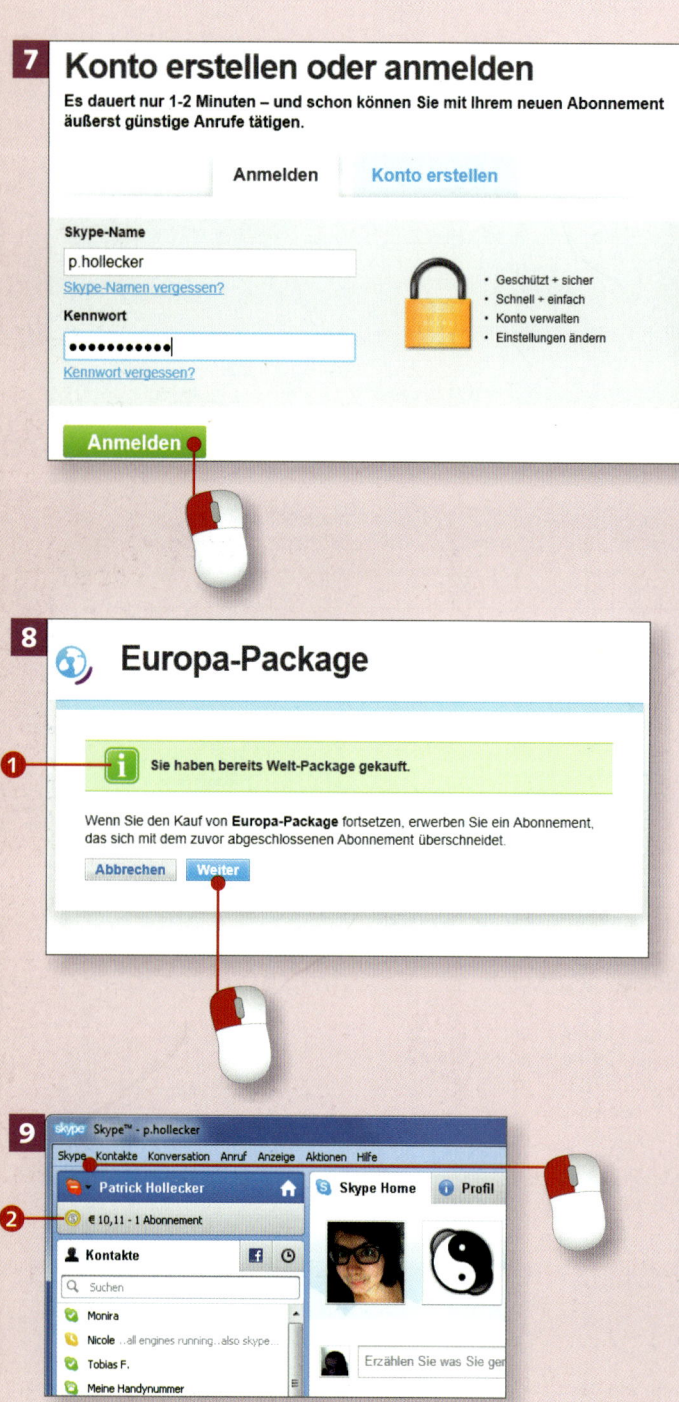

Schritt 7

Falls Sie noch nicht bei Ihrem Skype-Konto eingeloggt sind, werden Sie nun zum Anmeldebildschirm geleitet. Geben Sie Ihre Login-Daten ein, und klicken Sie auf **Anmelden**.

Schritt 8

Wenn Sie bereits Zahlungsdaten hinterlegt haben (siehe den Abschnitt »Guthaben für Telefonate und SMS erwerben« ab Seite 198), können Sie die Bestellung des Guthabenabonnements nun mit einem Klick auf **Weiter** vollenden. Falls Sie schon über ein Abonnement verfügen, wird an dieser Stelle noch einmal darauf hingewiesen **1**.

Schritt 9

Nun sehen Sie auch die Angabe zum Abonnement über der Kontaktliste **2**. Wenn Sie mit der allerneuesten Skype-Version arbeiten, wird diese Angabe allerdings nicht mehr angezeigt (siehe den Abschnitt »Die Skype-Software auf den neuesten Stand bringen: Updates« ab Seite 238). Rufen Sie stattdessen über **Skype ▸ Konto** den Kontobereich auf.

Schritt 10

Nun wird das Abonnement auch im Titelbereich Ihrer Kontoanzeige aufgeführt ❸. Klicken Sie auf **Einstellungen**, um Detailinformationen und weitere Einstellungsmöglichkeiten zu diesem Abonnement aufzurufen.

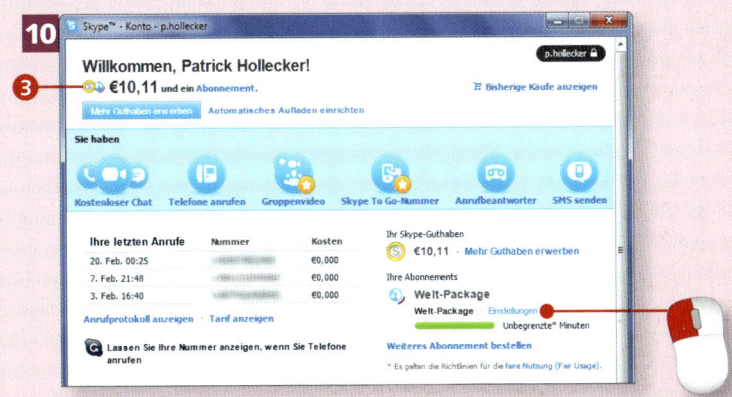

Schritt 11

Sie erhalten einen Überblick über Ihr Abonnement. Um es zu kündigen, klicken Sie auf **Abonnement stornieren** ❹; wenn Sie sich die Details zu einer Rechnung ansehen wollen, klicken Sie auf die Auftragsnummer.

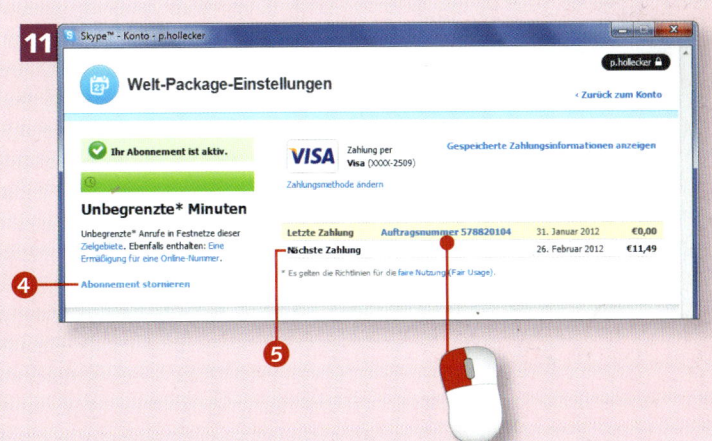

Schritt 12

In der Auftragsanzeige werden einige Kaufinformationen und der Gesamtbetrag für das Abo aufgeführt. Falls Sie die Rechnung ausdrucken möchten (z. B. als Dokument für das Finanzamt), klicken Sie auf **Dies als Rechnung zum Ausdrucken herunterladen**.

ℹ

Abbuchung

Wann Skype den nächsten monatlichen Betrag für das Abonnement von Ihrem Bank- oder Kreditkartenkonto abbucht, erfahren Sie in den Einstellungen bei **Nächste Zahlung** ❺.

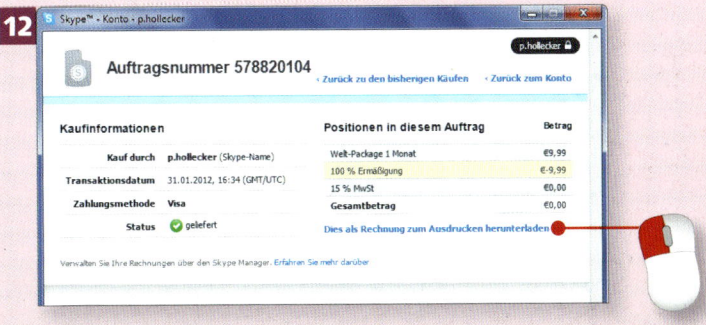

Festnetz- und Handynummern anrufen

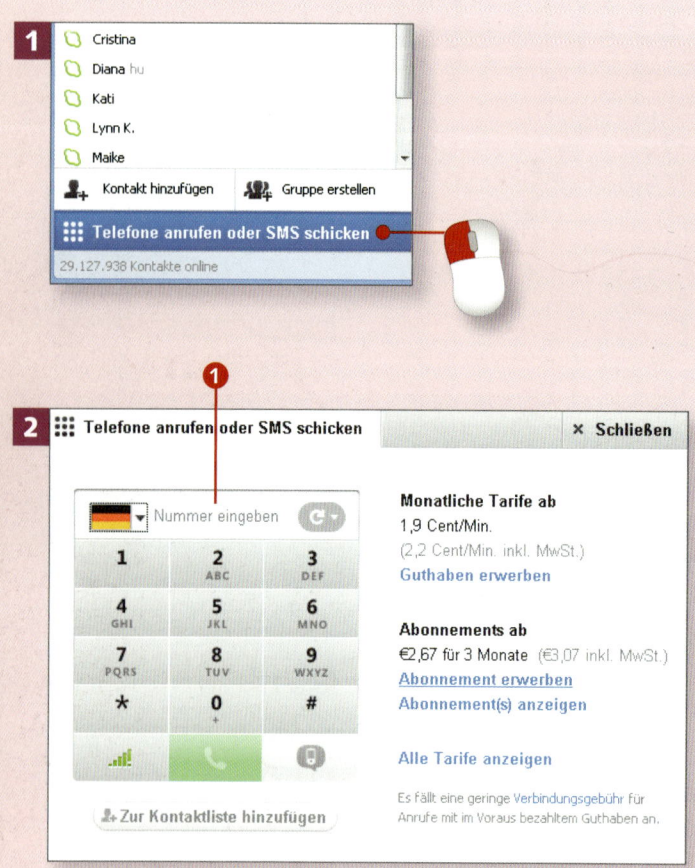

Sobald ein Skype-Guthaben besteht, können Sie mit Skype auch Anrufe ins Festnetz und zu mobilen Rufnummern tätigen.

Schritt 1

Um mit Skype mit einem Festnetzanschluss oder Handy zu telefonieren, klicken Sie auf **Telefone anrufen oder SMS schicken**. (Mit dem neuesten Update heißt die Schaltfläche nur noch **Anrufen** und befindet sich oberhalb der Kontaktliste. Siehe dazu den Abschnitt »Die Skype-Software auf den neuesten Stand bringen: Updates« ab Seite 238.)

Schritt 2

Im Skype-Fenster erscheint daraufhin ein Ziffernblock, über den Sie die Telefonnummer eingeben können. Wenn Sie das Programmfenster sehr klein ziehen, wird lediglich das Feld zur Eingabe der Rufnummer ❶ angezeigt.

Schritt 3

Klicken Sie mit der Maus auf die Ziffern, oder tippen Sie die Nummer direkt über Ihre Tastatur in das Eingabefeld ein. Mit einem Klick auf das Kreuz ❷ löschen Sie die Nummer schnell wieder.

Schritt 4

Bevor Sie eine neue Nummer eingeben, sehen Sie anstelle des kleinen Kreuzes eine Schaltfläche zur Wahlwiederholung. Klicken Sie darauf, um eine bereits gewählte Nummer erneut auszuwählen.

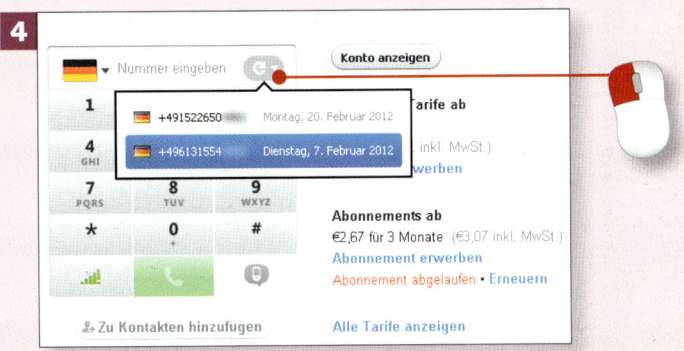

Schritt 5

Wenn Sie eine Telefonnummer vollständig eingegeben haben, können Sie sie mit einem Klick auf die Schaltfläche **Zur Kontaktliste hinzufügen** ❸ direkt als neuen Telefonkontakt anlegen. Um die Nummer anzurufen, klicken Sie auf den grünen Hörer.

Schritt 6

Die Telefonverbindung wird nun genauso wie beim Telefonieren von Skype zu Skype aufgebaut.

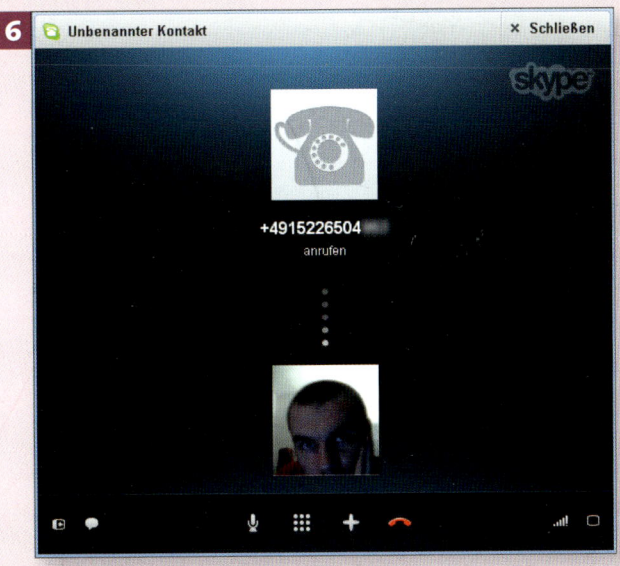

ℹ Vorschläge bei Eingabe

Wenn Sie im Eingabefeld eine Nummer von Hand eintragen (Schritt 3), werden bereits gewählte Rufnummern, die Ihrer Eingabe entsprechen könnten, in einer Einblendung darunter zur Auswahl angeboten. Ist die passende dabei, klicken Sie sie einfach an, um sie zu übernehmen.

Schnell eine SMS verschicken

Von Skype aus können Sie auch SMS schreiben. Dabei können Sie dem Empfänger entweder Ihren Skype-Namen oder Ihre Handynummer anzeigen.

Schritt 1

Klicken Sie auf **Telefone anrufen oder SMS schicken** (bzw. **Anrufen**), um zunächst den Rufnummern-Wählbereich aufzurufen.

Schritt 2

Tragen Sie im Feld zur Rufnummern-eingabe ❶ die Handynummer des Empfängers mithilfe Ihrer Tastatur ein, oder wählen Sie sie über das Tastenfeld, indem Sie auf die Ziffern klicken.

Schritt 3

Ist die Rufnummer vollständig, klicken Sie auf das Handysymbol in der Sprechblase rechts unten im Ziffernblock.

Skype-Guthaben

Wie Sie ein Guthaben anlegen, auf das Sie für spezielle Skype-Funktionen zurückgreifen können, erfahren Sie im Abschnitt »Guthaben für Telefonate und SMS erwerben« ab Seite 198.

Schritt 4

Nun öffnet sich das Kontaktfenster
mit dem Texteingabefeld. Sie haben
hier die Möglichkeit, der SMS Ihre
Handynummer anzufügen, damit der
Empfänger Ihre Nachricht zuordnen
kann. Klicken Sie also auf **Meine
Nummer hinzufügen**.

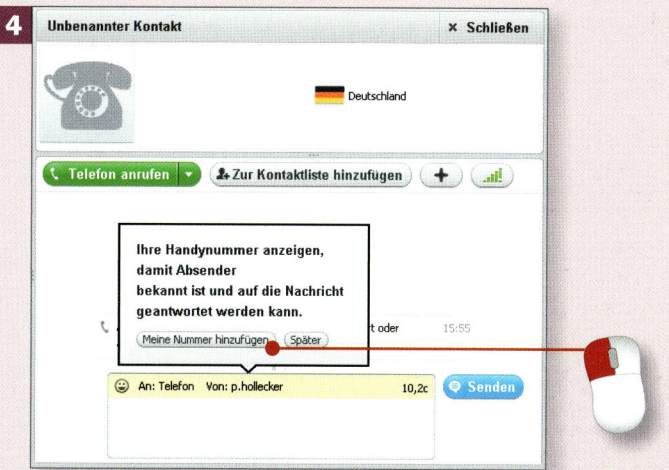

Schritt 5

Daraufhin öffnet sich das Dialogfenster **Optionen** mit der Kategorie
SMS-Einstellungen ❷. Klicken Sie
hier auf den Link **Ihre Handynummer bestätigen**. Damit wird klarge-
stellt, dass die angegebene Handynummer aktuell ist und wirklich
Ihnen gehört.

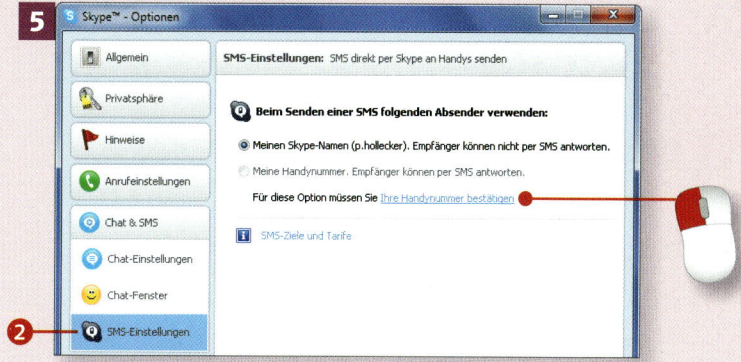

Schritt 6

Geben Sie Ihre Handynummer in das
obere Textfeld ein ❸, und klicken
Sie auf **Senden**. Sie bekommen dann
eine SMS mit einem Bestätigungs-
code, den Sie wiederum in das un-
tere Feld ❹ eingeben. Zu guter Letzt
klicken Sie auf **Abschicken** ❺.

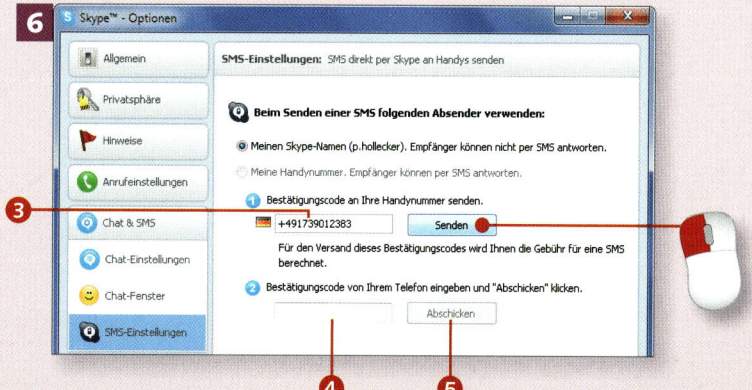

Schnell eine SMS verschicken (Forts.)

Schritt 7

Wenn Ihr Skype-Benutzername aussagekräftig genug ist, können Sie ihn als Absenderinformation für den Empfänger belassen. Dazu wählen Sie im Dialog aus Schritt 4 einfach **Später**. Klicken Sie nun in das Textfeld, um eine SMS-Nachricht zu verfassen.

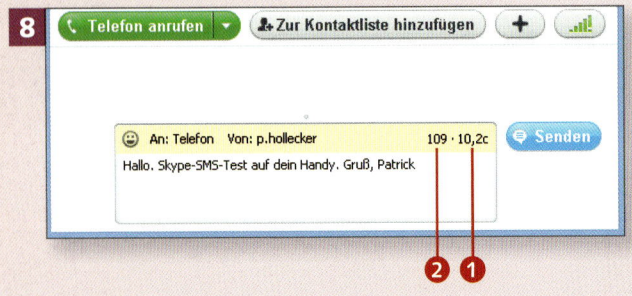

Schritt 8

Rechts oben am Textfeld sehen Sie die Gebühr ❶, die von Ihrem Skype-Guthaben abgezogen wird, sobald Sie die Nachricht mit einem Klick auf **Senden** verschicken. Außerdem sehen Sie dort die Anzahl der bereits verwendeten Zeichen ❷.

Schritt 9

Wie beim Chatten (siehe dazu den Abschnitt »Eine Nachricht verschicken« ab Seite 98) wird die versendete Nachricht über dem Texteingabefeld aufgeführt ❸. Die Gebühren für die SMS werden derweil von Ihrem Skype-Guthaben abgebucht.

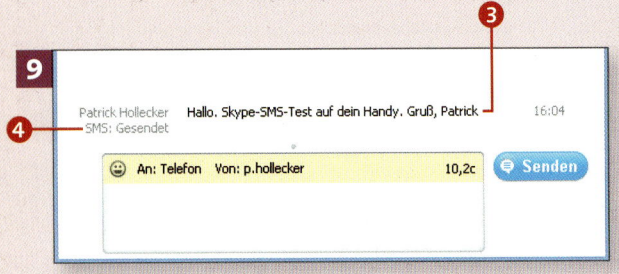

Schritt 10

Die Anzeige unter Ihrem Namen springt von **SMS: Gesendet** ❹ auf **SMS: Zugestellt** ❺, sobald der Empfänger die Nachricht erhalten hat. Das dauert einen Moment.

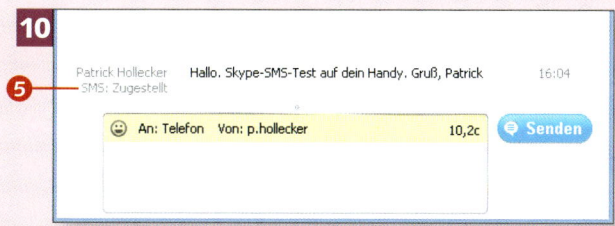

Schritt 11

Sobald Sie eine SMS verschickt haben, können Sie den Empfänger auch kontaktieren, indem Sie auf den Pfeil an der Schaltfläche **Telefon anrufen** klicken, denn Skype »merkt« sich verwendete Rufnummern.

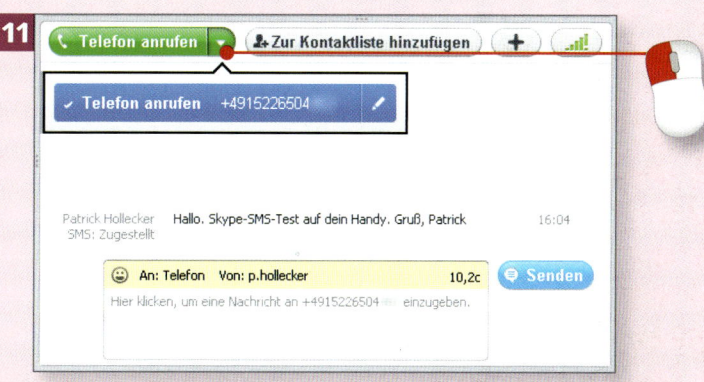

Schritt 12

Außerdem können Sie den Empfänger der SMS direkt als Kontakt aufnehmen. Klicken Sie auf **Zur Kontaktliste hinzufügen**, tragen Sie eine passende Bezeichnung in das Feld **Name** ❻ ein, und bestätigen Sie den Kontakt mit einem Klick auf **Speichern** ❼.

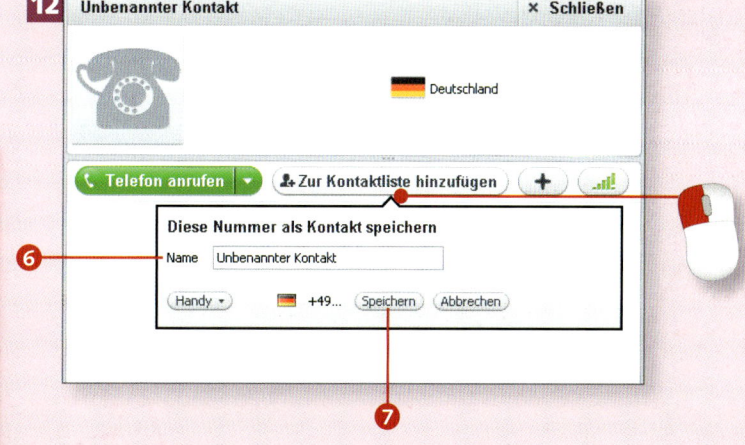

> **i**
>
> **Anzahl der Zeichen in SMS**
>
> Wenn Sie eine Nachricht mit mehr als 160 Zeichen schreiben, wird sie in mehrere SMS aufgeteilt. Jede SMS wird einzeln berechnet. Diese und andere Informationen finden Sie in den Nutzungsbedingungen von Skype unter *http://www.skype.com/intl/de/legal/*.

Sprachnachrichten versenden und abrufen

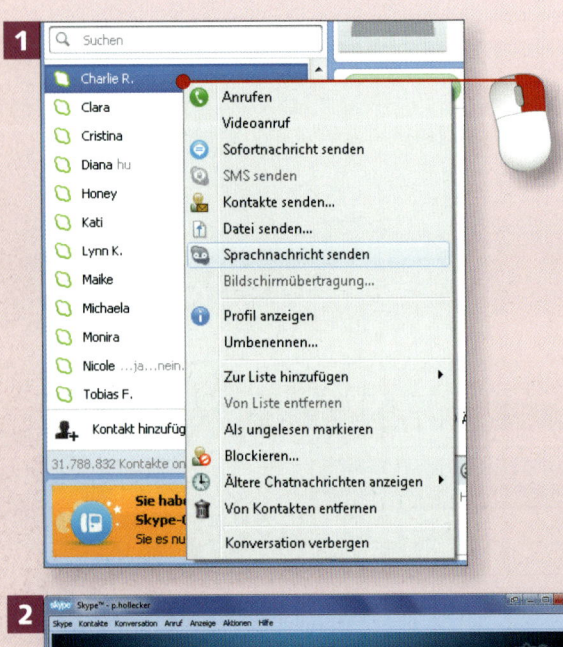

Als Alternative zu Textbotschaften können Sie Kontakten, die aktuell nicht online sind, auch gesprochene Nachrichten zuschicken.

Schritt 1

Um eine Sprachnachricht an einen Kontakt zu senden, klicken Sie diesen mit der rechten Maustaste in Ihrer Kontaktliste an, und wählen Sie aus dem Kontextmenü den Eintrag **Sprachnachricht senden**.

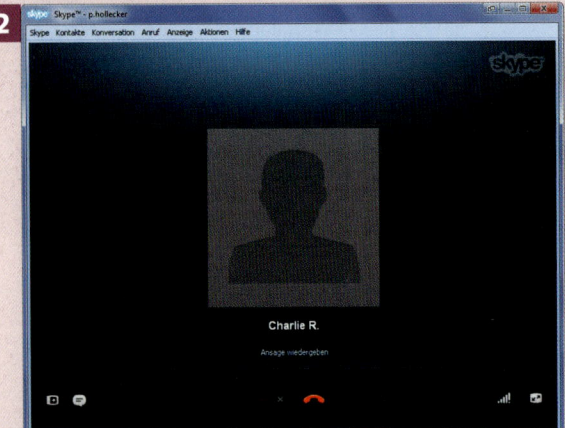

Schritt 2

Nun öffnet sich ein Dialogfenster für die Aufnahme der Sprachnachricht. Zuvor wird ein kurzer Ansagetext des Skype-Services wiedergegeben.

Schritt 3

Sprechen Sie Ihren Text für den Empfänger ins Mikrofon. Mit den Schaltflächen unterhalb der Anzeige starten Sie die Aufnahme erneut ❶ oder brechen sie ab ❷. Wenn Sie mit Ihrer Nachricht zufrieden sind, klicken Sie auf den roten Hörer, um sie zu verschicken.

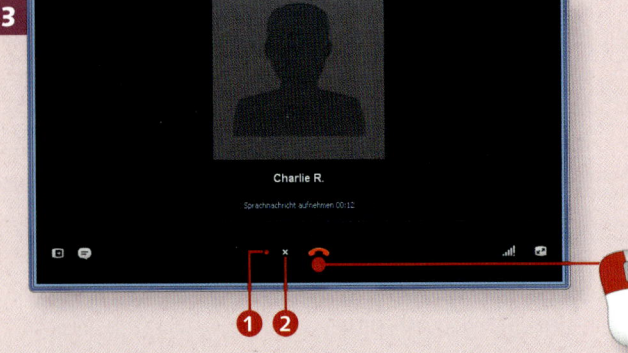

Schritt 4

Im Chatbereich des Kontakts erkennen Sie, dass die Sprachnachricht an ihn geschickt wurde.

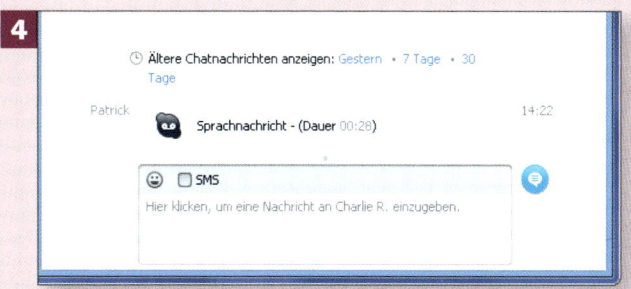

Schritt 5

Werfen Sie nun einen Blick auf die Übersicht der gesendeten und erhaltenen Sprachnachrichten. Klicken Sie dazu auf **Anzeige ▸ Sprachnachrichten**.

Schritt 6

Die bisher empfangenen und verschickten Sprachnachrichten werden aufgelistet. Zeigt der Pfeil ❸ links neben einem Kontakt nach oben, haben Sie dieser Person eine Nachricht geschickt; zeigt er nach unten, waren Sie der Empfänger.

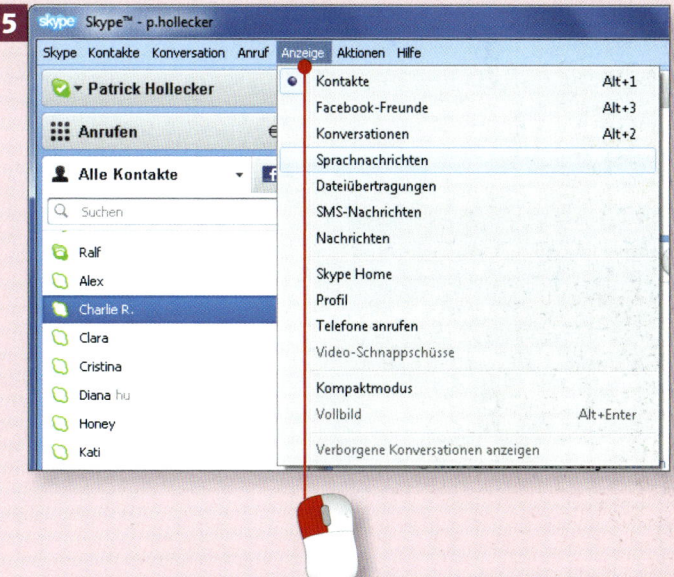

✚ Eigene Sprachnachrichten

Leider lassen sich selbst gesprochene und über die Skype-Software verschickte Sprachnachrichten nicht mehr nachträglich anhören. Sie können dafür aber die App Pamela nutzen (siehe hierzu den Abschnitt »Audio- und Videogespräche aufnehmen« ab Seite 176).

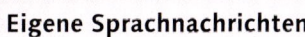

Sprachnachrichten versenden und abrufen (Forts.)

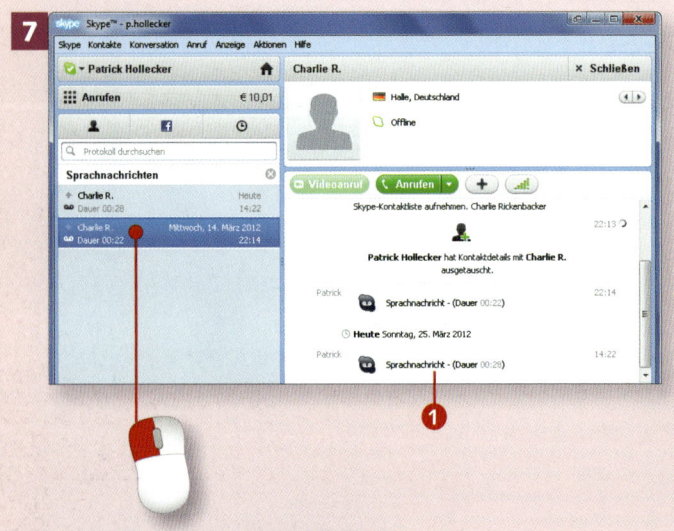

Schritt 7

Klicken Sie einen der Einträge an, wird Ihnen rechts der Chatbereich des Kontakts angezeigt, in dem auch die entsprechende Sprachnachricht aufgeführt ist ❶.

Schritt 8

Haben Sie hingegen selbst eine Sprachnachricht von einem Kontakt erhalten, werden Sie darauf hingewiesen: mit einem orangefarbenen Punkt in der Kontaktliste ❷ und einem bei den Registerkarten oberhalb dieser Liste ❸.

Schritt 9

Wenn Sie auf den Kontakt klicken, der Ihnen eine Nachricht hat zukommen lassen, wird Ihnen im Chatbereich die Sprachnachricht zum Abruf angeboten ❹.

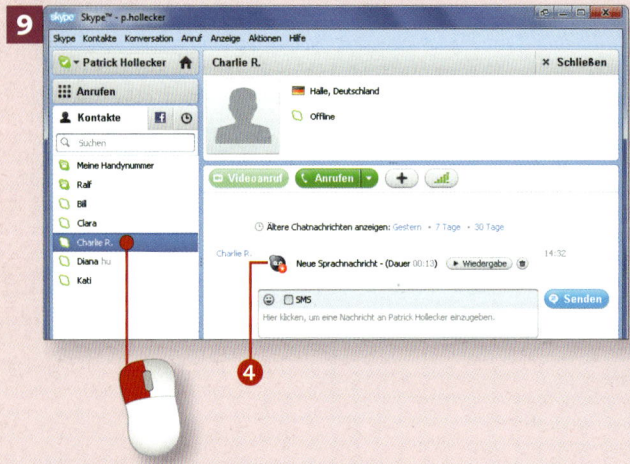

Neue Sprachnachrichten

Wenn Sie per E-Mail oder SMS über den Eingang neuer Sprachnachrichten informiert werden wollen, können Sie das über den Optionsbereich von Skype festlegen. Lesen Sie hierzu den Abschnitt »Einen Anrufbeantworter einrichten« ab Seite 220.

Schritt 10

Wählen Sie die Schaltfläche **Wiedergabe** mit einem Mausklick an, um sich die Nachricht anzuhören.

Schritt 11

Die Sprachnachricht wird abgespielt. Ein Fortschrittsbalken informiert Sie über die Restdauer. Klicken Sie auf die Schaltfläche **Stop**, wenn Sie das Abspielen der Nachricht vorzeitig beenden möchten.

Schritt 12

Um die Sprachnachricht aus dem Chatprotokoll zu löschen, klicken Sie auf die kleine Schaltfläche mit dem Papierkorb.

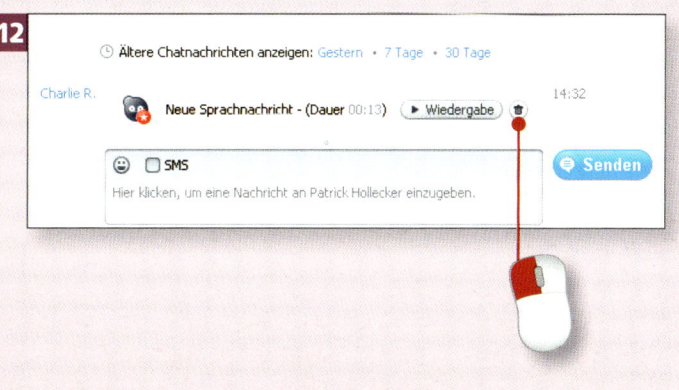

i

Unbeantwortete Anrufe

Um einen Anrufbeantworter einzurichten, aktivieren Sie die entsprechende Funktion über **Aktionen ▸ Optionen ▸ Anrufeinstellungen ▸ Anrufbeantworter**. Dazu benötigen Sie allerdings ein Skype-Guthaben. (Siehe dazu auch den Abschnitt »Einen Anrufbeantworter einrichten« ab Seite 220.)

Skype über Festnetz und Handy nutzen

Praktisch für Telefonate aus dem Ausland ist die kostengünstige Skype-to-go-Nummer, mit der Sie Skype auch vom Festnetz oder Ihrem Handy aus nutzen können und die sehr schnell eingerichtet ist.

Schritt 1

Zur Einrichtung der Skype-to-go-Nummer müssen Sie zunächst auf Ihren persönlichen Kontobereich zugreifen. Wählen Sie also **Skype ▶ Konto** aus dem Menübereich.

Schritt 2

Klicken Sie in der allgemeinen Kontoübersicht auf den Punkt **Skype To Go-Nummer**.

Schritt 3

Sie erhalten eine kurze Erklärung zu der Funktion dieses speziellen Skype-Rufnummernservices. Klicken Sie als Nächstes auf den Link **Weitere Informationen**.

Schritt 4

Im nächsten Fenster erhalten Sie
eine noch umfangreichere Beschrei-
bung zur Skype-to-go-Nummer.
Klicken Sie nun auf den Pfeil am
Feld **Land auswählen**, um das Land
zu bestimmen, von dem aus Sie
anrufen möchten.

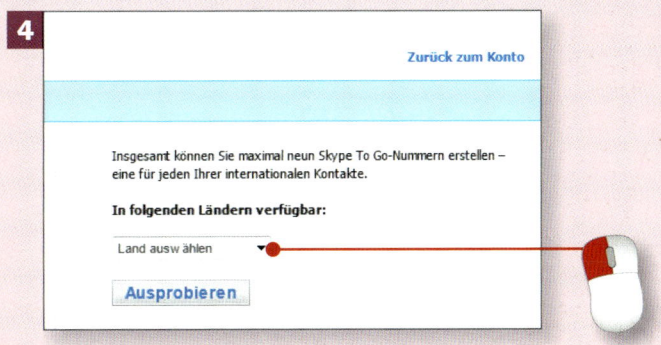

Schritt 5

Eine Liste klappt auf, aus der Sie mit
einem Klick das Land wählen, die Ihren Standort während der Telefonate
darstellen wird.

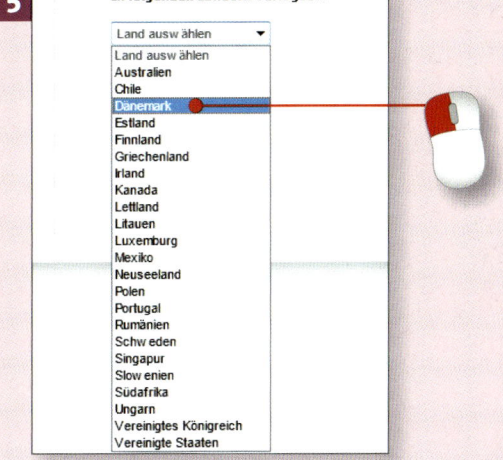

Schritt 6

Sobald Sie einen Standort festgelegt
haben, klicken Sie auf die Schaltfläche **Ausprobieren**. (Sie können
die Landesauswahl später auch noch
einmal verändern, wenn nötig.)

i

Skype To Go- und Online-Nr.

Die Skype-to-go-Nummer nutzen
Sie, um aus dem Ausland kosten-
günstig eine Person in Deutschland
oder in einem anderen Land zu
erreichen, während man Sie über
eine Online-Nummer ebenfalls zu
einem günstigen Tarif weltweit anrufen kann. Mehr dazu finden Sie
im Abschnitt »Günstig telefonieren
mit einer eigenen Skype-Nummer«
ab Seite 224.

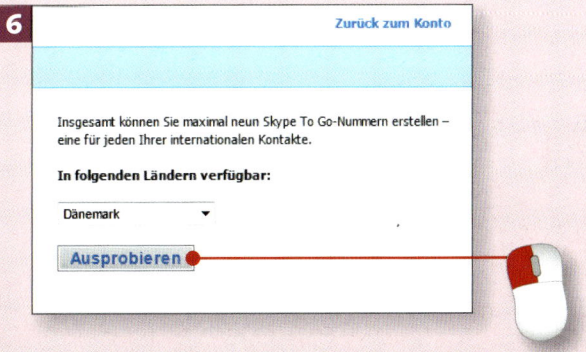

Skype über Festnetz und Handy nutzen (Forts.)

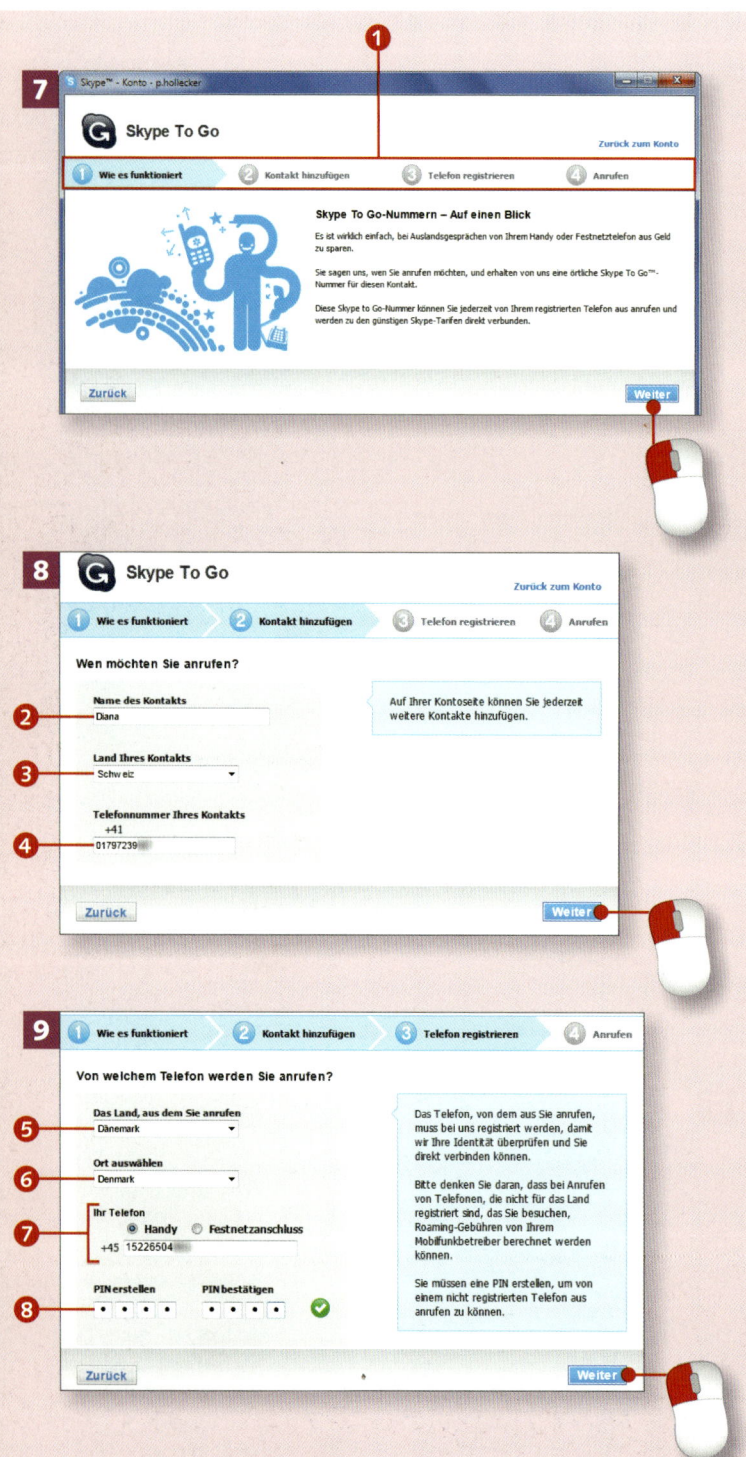

Schritt 7

Nun folgt die eigentliche Einrichtung Ihrer Skype-to-go-Nummer. In vier Schritten ❶ wird sie abgeschlossen sein. Klicken Sie auf **Weiter**.

Schritt 8

Im zweiten Schritt, **Kontakt hinzufügen**, müssen Sie die eine Person und Ihre Nummer angeben, die Sie vom Ausland aus anrufen möchten. Dies kann eine Person in Deutschland oder in einem anderen Land sein. Geben Sie Name ❷, Land ❸ und Telefonnummer ❹ des Kontakts an, und klicken Sie auf **Weiter**.

Schritt 9

In Schritt 3, **Telefon registrieren**, müssen Sie Ihren eigenen Standort und Ihre Rufnummer angeben. Geben das Land ❺ an, aus dem Sie anrufen, und gegebenenfalls auch einen Ort ❻. Wählen Sie aus, ob Sie vom Handy oder vom Festnetz aus anrufen ❼, tragen Sie Ihre Nummer ein, und geben Sie zur Sicherheit eine PIN vor ❽. Zum Schluss klicken Sie auf **Weiter**.

Schritt 10

Ihre Angaben werden schließlich noch einmal zusammengefasst. Notieren Sie sich die Skype-to-go-Nummer **9**, mit der Sie nun aus dem Ausland direkt von Ihrem Handy oder Festnetztelefon aus zu günstigen Tarifen Gespräche mit dem festgelegten Kontakt führen können. Bestätigen Sie die Einrichtung mit einem Klick auf **Fertig stellen**.

Schritt 11

Rufen Sie nun erneut den Bereich **Skype To Go-Nummer** auf, wie in den Schritten 1 und 2 beschrieben. Hier sehen Sie nun die Daten der soeben eingerichteten Nummer. Sie können den Dienst beispielsweise deaktivieren **10** oder die Verbindungsgebühren **11** einsehen.

Schritt 12

Auch im Bereich **Skype Home** wird Ihnen nach der erfolgreichen Einrichtung eine Bestätigung über die Skype-to-go-Nummer angezeigt.

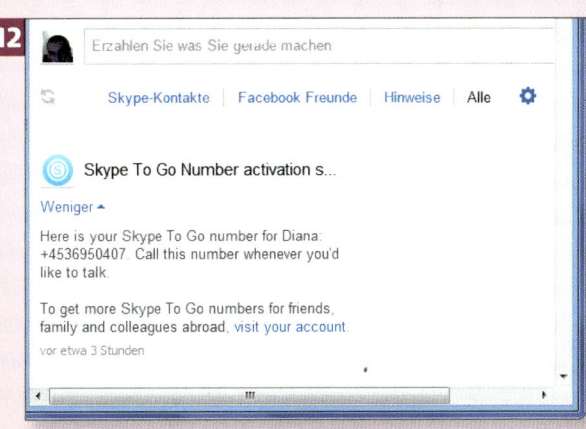

> ℹ **Kosten**
>
> Eine Auslandsrufnummer einzurichten ist kostenlos. Erst wenn Sie sie tatsächlich einsetzen, fallen Telefongebühren an, die von Ihrem Skype-Guthaben abgezogen werden.

Einen Anrufbeantworter einrichten

Auch in Skype können Sie einen Anrufbeantworter einrichten, der auf einen Anruf reagiert, wenn Sie gerade nicht erreichbar sind.

Schritt 1

Zunächst sollten Sie sich den Status Ihres Skype-Anrufbeantworters ansehen. Rufen Sie dazu den Menüeintrag **Skype ▶ Konto** auf.

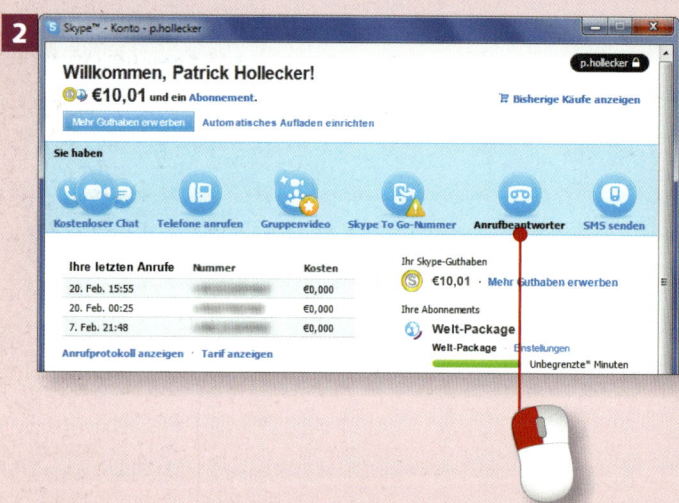

Schritt 2

Auf der Oberfläche der Kontoansicht wählen Sie die Option **Anrufbeantworter** mit einem Mausklick aus.

Schritt 3

Der Voicemail-Service ist aktiviert ❶. Wenn Sie ihn wieder deaktivieren möchten, klicken Sie einfach auf den entsprechenden Link ❷.

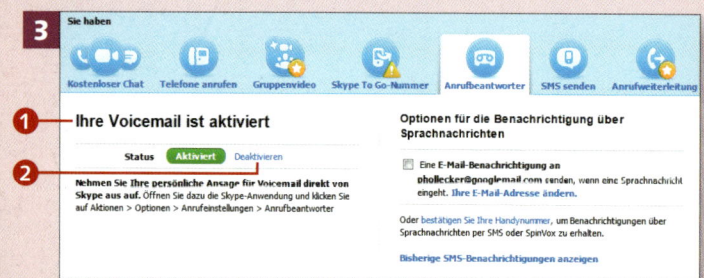

Voicemail-Service – Guthaben

Sobald Sie ein Guthaben erwerben, wird die Anrufbeantworter-Funktion automatisch aktiviert. Ebenso können Sie ab sofort Sprachnachrichten an Ihre Kontakte versenden (siehe dazu den Abschnitt »Sprachnachrichten versenden und abrufen« ab Seite 212).

Schritt 4

Unter **Optionen für die Benachrichtigung über Sprachnachrichten** können Sie angeben, ob Sie per E-Mail über eingehende Sprachnachrichten (Voicemails) informiert werden möchten. Setzen Sie dort gegebenenfalls ein Häkchen. Mit einem Klick auf das Kreuz ganz rechts oben am Fenster schließen Sie den Kontobereich wieder.

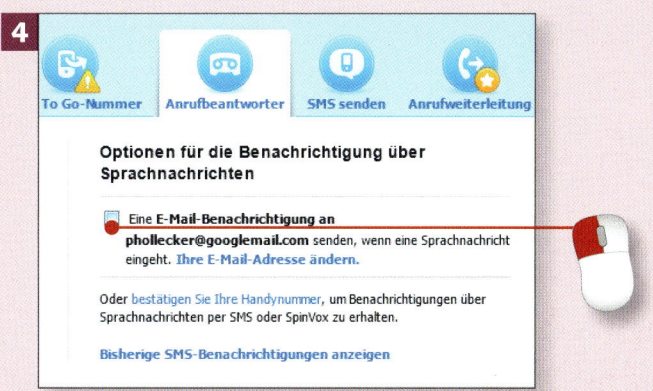

Schritt 5

Wenn Sie nicht möchten, dass eine Standardnachricht abgespielt wird, wenn sich der Anrufbeantworter einschaltet, können Sie selbst einen Ansagetext einsprechen. Klicken Sie dazu auf **Aktionen ▸ Optionen**.

Schritt 6

Im Dialogfenster **Optionen** klicken Sie auf die Kategorie **Anrufeinstellungen**.

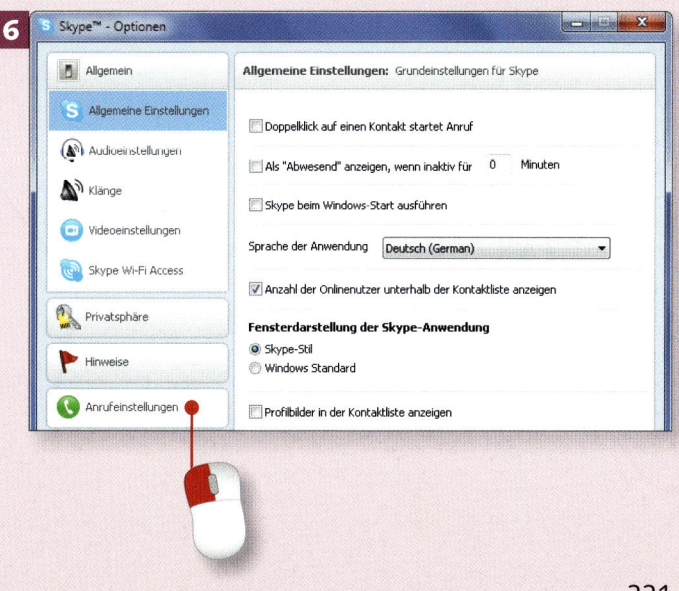

---

i

Sie müssen nicht erreichbar sein …

Den Voicemail-Service können Sie behandeln wie eine Mailbox auf Ihrem Mobiltelefon. Wenn Sie ihn nicht regelmäßig abhören möchten, deaktivieren Sie diesen Service besser (Schritt 3).

Einen Anrufbeantworter einrichten (Forts.)

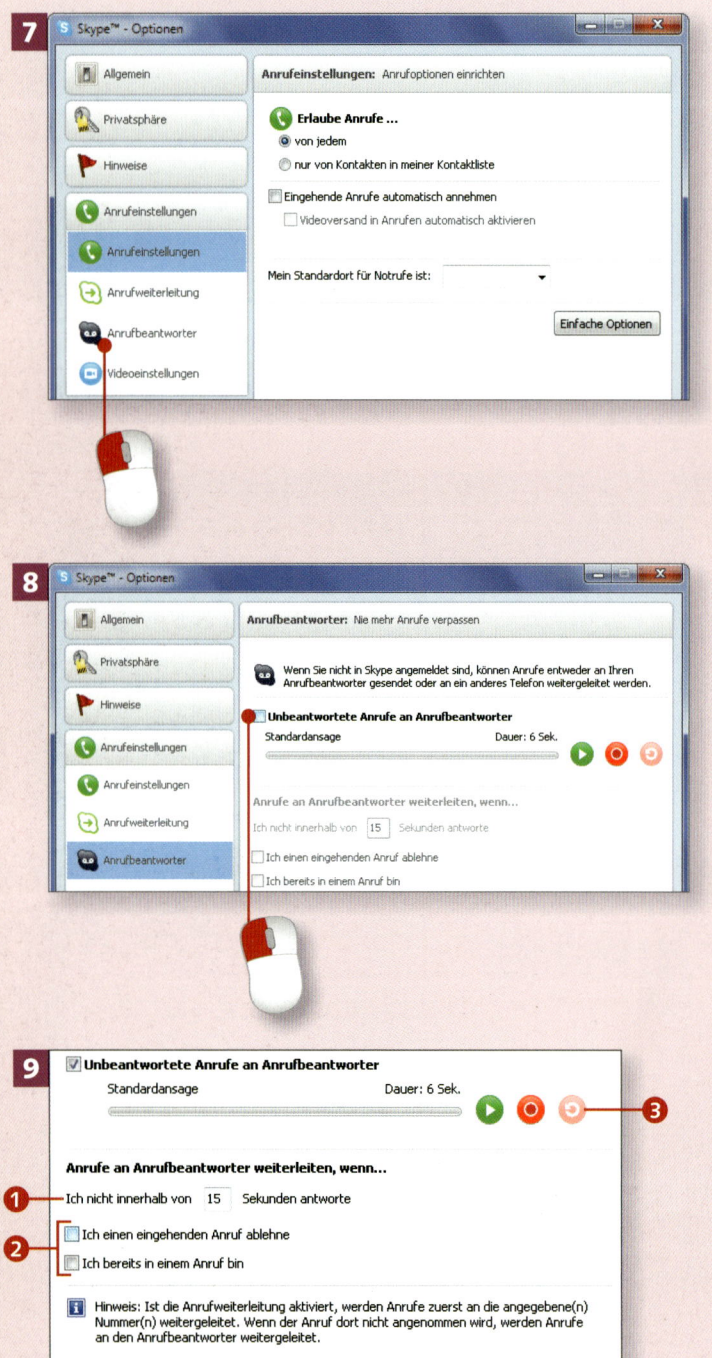

Schritt 7

Aus den Untereinträgen der Kategorie **Anrufeinstellungen** wählen Sie nun noch die Option **Anrufbeantworter** mit einem Klick.

Schritt 8

Aktivieren Sie im rechten Teil des Dialogfensters zunächst den Punkt **Unbeantwortete Anrufe an Anrufbeantworter**, indem Sie per Mausklick ein Häkchen in die Checkbox daneben setzen.

Schritt 9

Daraufhin werden darunter weitere Optionen anwählbar. Geben Sie vor, wie schnell der Anrufbeantworter eingeschaltet wird ❶, und wählen Sie mit einem Klick aus, wann ein Anruf jeweils an den Anrufbeantworter weitergeleitet werden soll ❷.

Standardansage wiederherstellen

Wenn Sie nicht mehr Ihre eigene Ansage, sondern wieder die Standardansage des Skype-Dienstes für Ihren Anrufbeantworter verwenden möchten, klicken Sie auf den roten runden Pfeil ❸ und dann auf **Zurücksetzen**.

Schritt 10

Nun können Sie sich zunächst
einmal die voreingestellte Standardansage anhören, die bei der Aktivie-
rung Ihres Skype-Anrufbeantworters
abgespielt wird. Klicken Sie dazu
auf die **Play**-Schaltfläche. Wenn Sie
genug gehört haben, klicken Sie auf
Stop ❹.

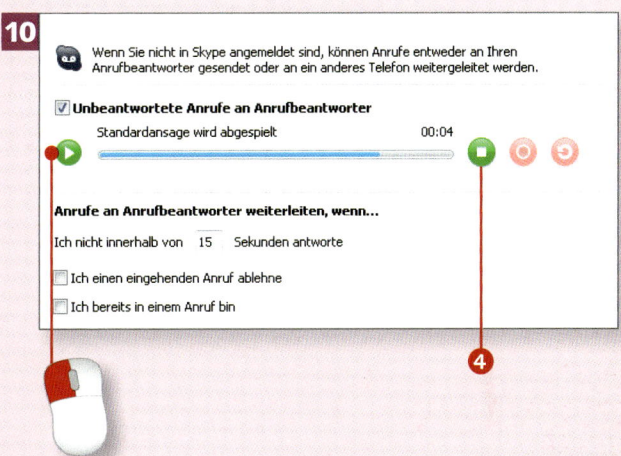

Schritt 11

Wenn Sie lieber eine persönliche Ansage aufnehmen möchten, klicken Sie
auf die rote Aufnahme-Schaltfläche
❺, sprechen Ihre Ansage in das Mikrofon und beenden die Aufnahme
mit einem Klick auf die **Stop**-Schalt-
fläche, wenn Sie fertig sind.

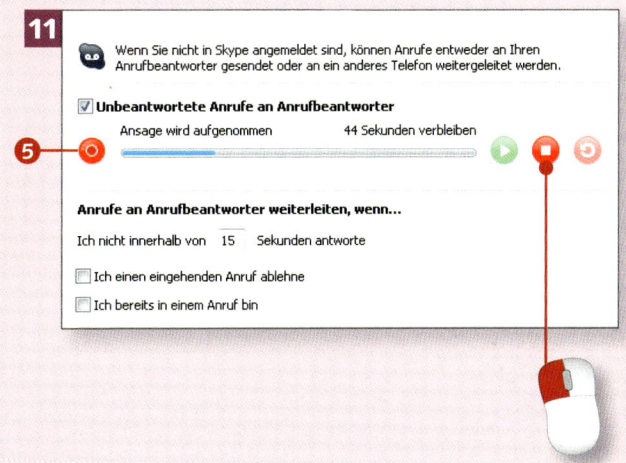

Schritt 12

Ihre persönliche Ansage wurde nun
gespeichert. Klicken Sie noch einmal
auf **Play**, um sich Ihre neu aufge-
sprochene Ansage anzuhören.

Eine Nachricht abrufen

Wenn ein Anrufer Ihnen eine Nachricht auf Ihrem Anrufbeantworter
hinterlassen hat, rufen Sie sie ab,
indem Sie im Skype-Menübereich
auf **Anzeige ▸ Konversationen**,
dann auf den entsprechenden Kontakt und dann im Chatprotokoll auf
Wiedergabe klicken.

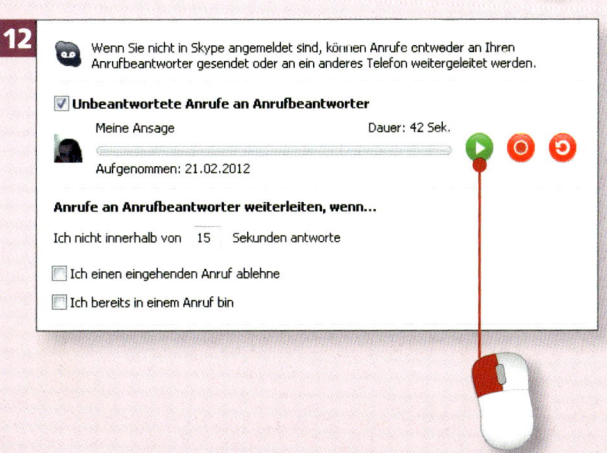

Um weltweit günstig erreichbar zu sein, können Sie sich mit Skype eine Online-Nummer einrichten. So lassen sich beliebige Anrufe jederzeit über Skype entgegennehmen.

Schritt 1

Um eine Online-Nummer zu beantragen, müssen Sie über **Skype ▸ Konto** zunächst auf Ihr Konto zugreifen.

Schritt 2

Vergrößern Sie den Fensterbereich der Kontoansicht, indem Sie mit gedrückter Maustaste an seinem Rahmen ziehen. Ganz rechts erscheint dann die Option **Online-Nummer**. Klicken Sie darauf.

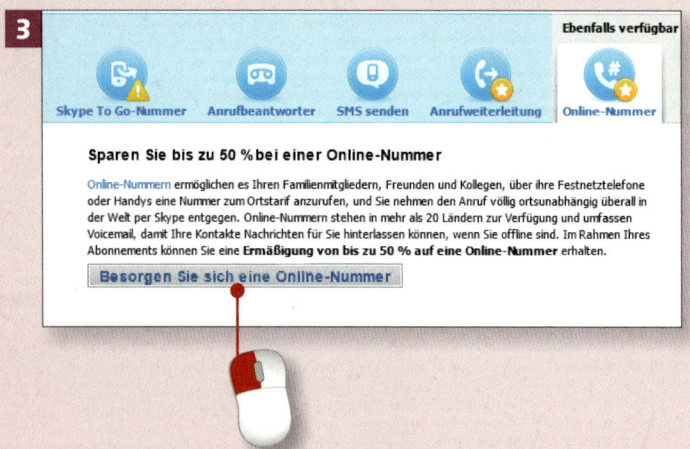

Schritt 3

Die Option ist grau hinterlegt, weil die Nummer noch nicht eingerichtet ist. Sie erhalten entsprechend in diesem Bereich zunächst nur weitere Informationen. Klicken Sie auf **Besorgen Sie sich eine Online-Nummer**.

Schritt 4

Die Online-Nummer ist ortsbezogen. Scrollen Sie auf der Seite nach unten, und wählen Sie mit einem Klick das Land aus, in dem Sie sich befinden. Dieses können Sie auch später noch umstellen.

Schritt 5

Nun klicken Sie auf eine Nummer, die Sie mit Ihrem Skype-Konto verknüpfen möchten. Ihre Gesprächspartner können diese Nummer dann wie eine ganz normale Telefonnummer anrufen. Sie können außerdem angeben, ob diese Online-Nummer dem Empfänger angezeigt wird ❶, wenn Sie ihn von Skype aus anrufen. Klicken Sie anschließend auf **Weiter** ❷.

Schritt 6

Nun wählen Sie noch aus, wie lange diese Online-Nummer gültig sein soll: 3 Monate ❸ oder 12 Monate ❹. Die einzigen Kosten, die dafür anfallen, ist eine einmalige Gebühr für die gesamte Bezugsdauer. Klicken Sie zum Abschluss auf **Jetzt kaufen**.

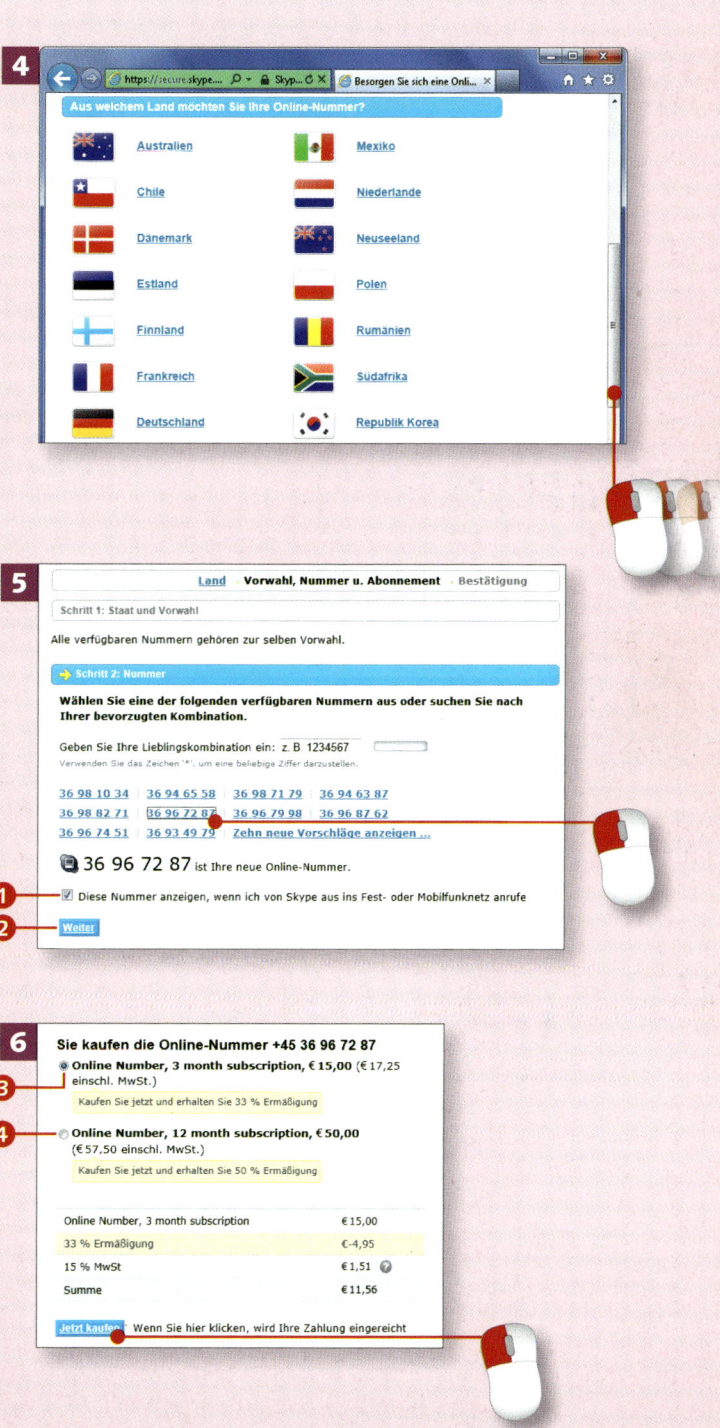

Zahlungs- und Rechnungsdaten

Wenn Sie einmal Angaben zu Zahlungsweise und Rechnungsdaten gemacht haben, werden diese hinterlegt und können für zukünftige Bestellungen genutzt werden.

225

Eine Rufnummernanzeige einrichten

Manche Gesprächspartner nehmen Ihren Anruf vielleicht nicht entgegen, wenn Sie sie über Skype anrufen und sie im Display nur Ihren Skype-Benutzernamen sehen. Die Rufnummernanzeige schafft hier Abhilfe.

Schritt 1

Greifen Sie zunächst auf Ihren Skype-Kontobereich zu, indem Sie im Menübereich auf **Skype ▸ Konto** klicken.

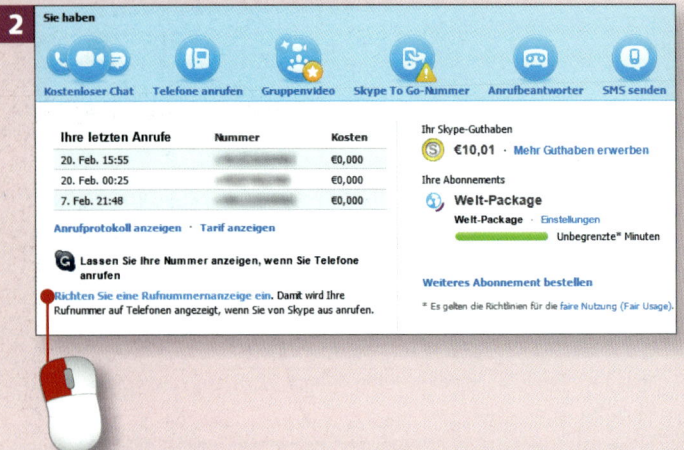

Schritt 2

In der Kontoübersicht wählen Sie mit einem Mausklick den Link **Richten Sie eine Rufnummernanzeige ein** aus.

Schritt 3

Im Bereich **Anrufer-Identifikation** des Dialogfensters **Konto** richten Sie nun die Anzeige Ihrer Rufnummer ein. Geben Sie zunächst das Land an, von dem aus Sie anrufen, indem Sie auf den Pfeil am Feld **Land auswählen** klicken.

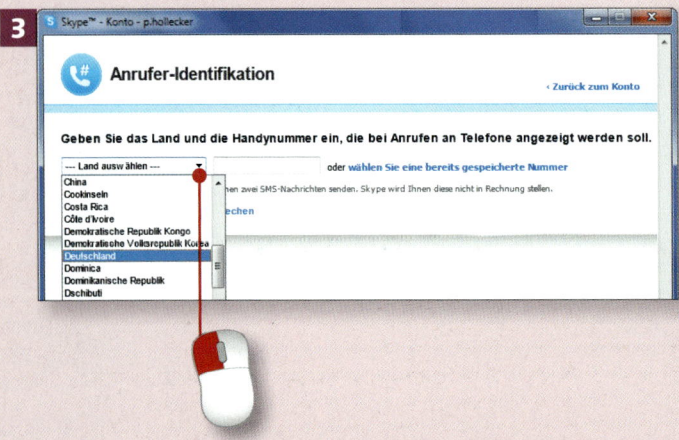

Schritt 4

Tragen Sie im Feld daneben Ihre Handynummer (!) ein, die Ihrem Gesprächspartner angezeigt werden soll, und klicken Sie zum Schluss auf die Schaltfläche **Nummer bestätigen** ❶.

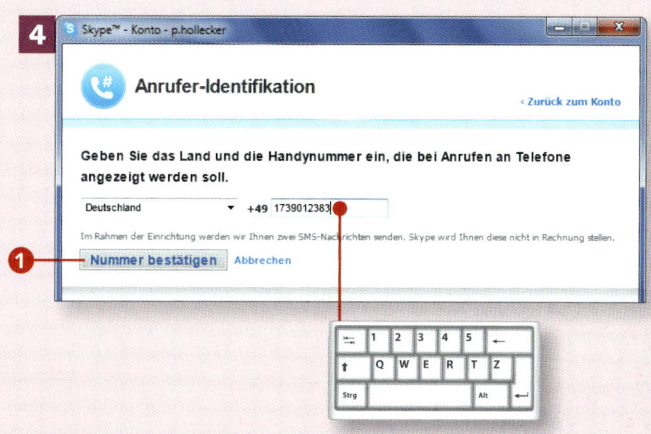

Schritt 5

Daraufhin wird Ihnen per SMS ein Freischaltcode an die angegebene Handynummer geschickt. Diesen Code tragen Sie in das leere Textfeld ein und klicken auf **Bestätigen** ❷.

Schritt 6

Sie werden abschließend darüber informiert, dass die Rufnummernanzeige in vierundzwanzig Stunden eingerichtet wird. Hier können Sie auch nachträglich die angegebene Nummer noch einmal ändern ❸ oder die Anrufer-Identifikation deaktivieren ❹.

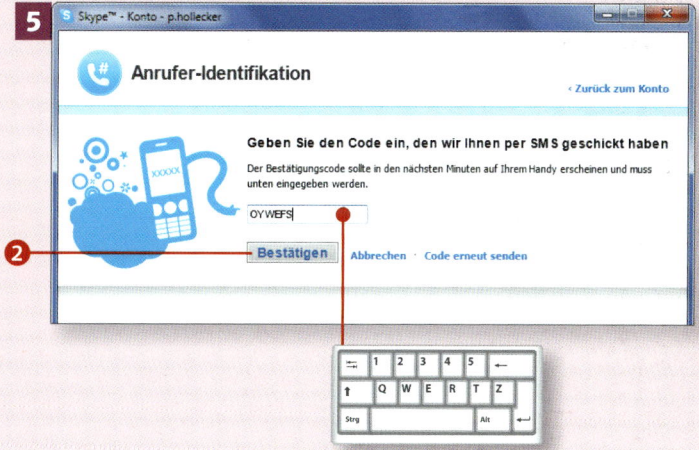

Rufnummer nachträglich ändern

Sobald Sie eine Rufnummernanzeige aktiviert haben, wird dies in Ihrem Kontobereich unter **Telefone anrufen** angezeigt. Klicken Sie dort auf **Einstellungen für die Rufnummernanzeige**, um die Nummer nachträglich zu ändern oder die Funktion zu deaktivieren.

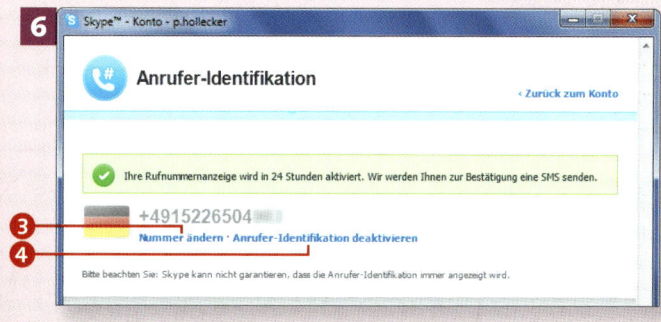

Skype Premium

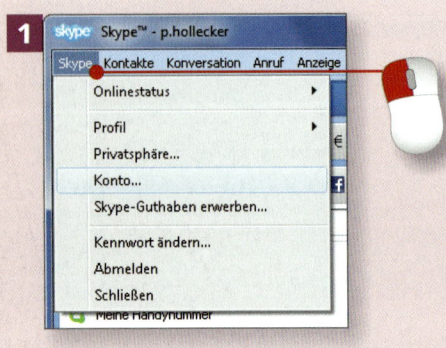

Gegen eine monatliche Gebühr können Sie Skype Premium ordern, das Ihnen Gruppen-Videotelefonate und weitere Vorzüge bietet.

Schritt 1

Öffnen Sie Ihren Skype-Kontobereich, indem Sie den Menüpunkt **Skype ▸ Konto** mit der Maus aufrufen.

Schritt 2

In der Kontoübersicht verbirgt sich die Option zur Einrichtung von Skype Premium hinter dem Punkt **Gruppenvideo**. Klicken Sie also darauf.

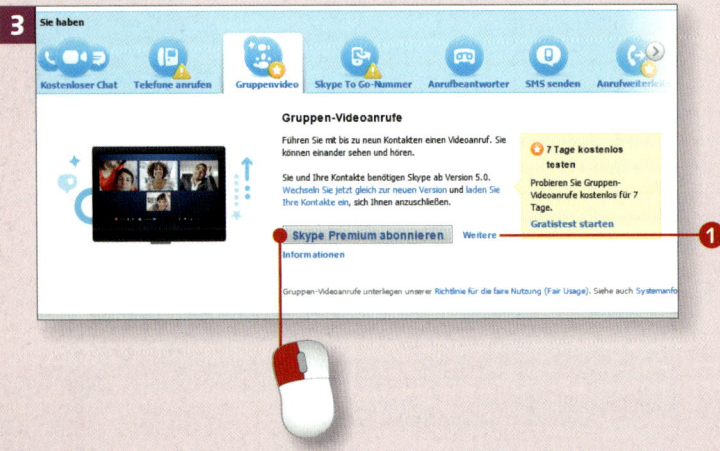

Schritt 3

Hier können Sie mit einem Klick auf **Weitere Informationen** ❶ mehr Details einholen. Klicken Sie auf die Schaltfläche **Skype Premium abonnieren**, um mit der Einrichtung von Skype Premium fortzufahren.

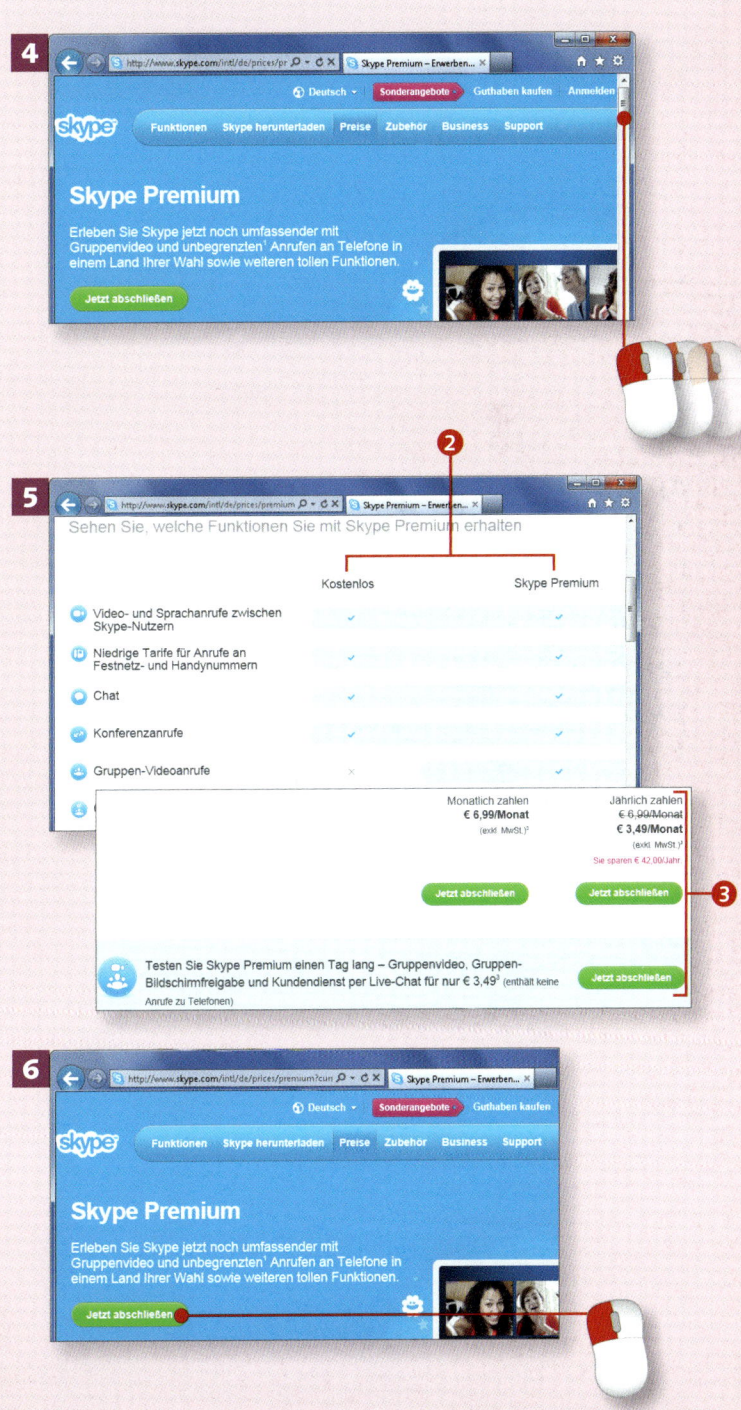

Schritt 4

Mit dieser Auswahl öffnet sich Ihr
Internetbrowser mit einer Webseite für die Bestellung von Skype
Premium. Scrollen Sie auf der Seite
nach unten, um weitere Informationen zu finden.

Schritt 5

Hier sehen Sie den Vergleich ❷ zwischen der kostenlosen Standardversion von Skype und dem erweiterten
Premium-Service. Noch weiter unten
werden Ihnen drei Varianten ❸
zur Bestellung von Skype Premium
angeboten.

Schritt 6

Für eine ganz gewöhnliche Bestellung
von Skype Premium scrollen Sie nun
aber erneut ganz nach oben. Hier
klicken Sie auf **Jetzt abschließen**.

i Premium-Abonnement-Varianten

Verwenden Sie am besten die
monatliche Zahlung, falls Sie die
Premium-Version von Skype nur
in einem absehbaren Zeitraum
von ein paar Wochen brauchen.
Die jährliche Zahlung ist günstiger,
wenn Sie den Premium-Service
längerfristig nutzen. Oder testen
Sie Skype Premium nur für einen
Tag, wenn es Ihnen lediglich um
eine einmalige Verwendung geht.

229

Skype Premium (Forts.)

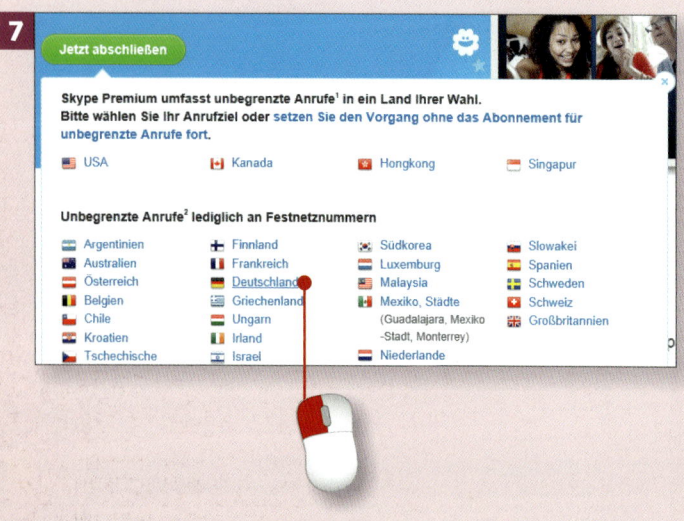

Schritt 7

Als Erstes müssen Sie sich für ein Land entscheiden, in das Sie unbegrenzte kostenlose Telefonate an Festnetzanschlüsse werden führen können. Klicken Sie auf den gewünschten Eintrag.

Schritt 8

Sie werden nun auf die Login-Seite weitergeleitet. Geben Sie dort Ihren Skype-Namen und das Passwort ein, und bestätigen Sie die Eingabe mit der ⏎-Taste.

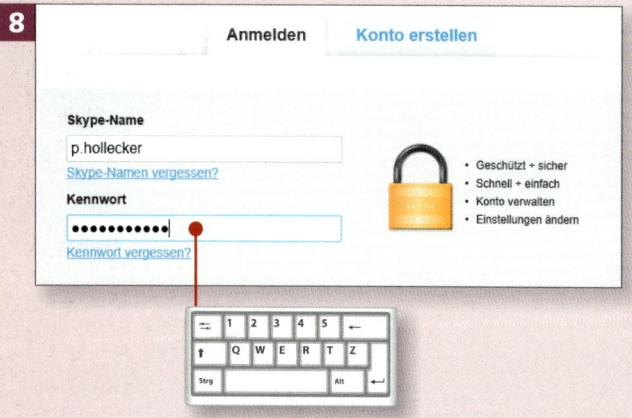

Schritt 9

Sie befinden sich nun direkt im Bestellvorgang für Skype Premium. Wählen Sie dort die gewünschte Zahlungsperiode ❶, und tragen Sie gegebenenfalls die nötigen Rechnungsdaten ein. Scrollen Sie dann auf der Seite ganz nach unten.

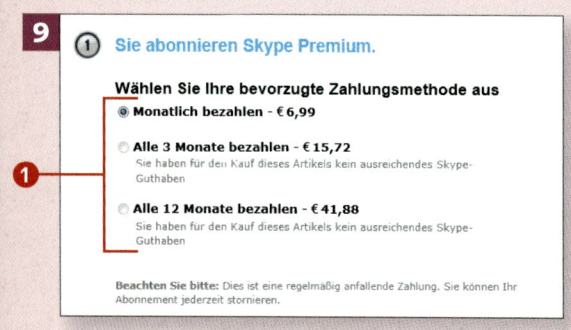

i Kostenlose Testangebote

Mitunter bietet Skype kostenlose Tests bestimmter Sonderfunktionen an, z. B. den gebührenfreien Einsatz von Skype Premium für eine Woche oder die Möglichkeit, einen Monat lang kostenlos in internationale Festnetze zu telefonieren. Sie werden im Kontaktbereich oder per Skype-Newsletter darüber informiert.

Schritt 10

Hier werden die fälligen Gebühren aufgelistet ❷. Anders als bei der Bestellung von Guthaben fällt hier keine Mehrwertsteuer an. Setzen Sie nun noch ein Häkchen zur Bestätigung der AGB ❸, und klicken Sie anschließend auf **Weiter**.

Schritt 11

Ehe die Bestellung abgeschlossen wird, erhalten Sie eine Übersicht aller Kosten. Klicken Sie auf **Einkauf bestätigen**, wenn Sie Skype Premium nun endgültig ordern möchten.

Schritt 12

Wenn Sie nun eine Gruppe erstellen, können Sie sie mit einem Klick auf **Videoanruf** ❹ kontaktieren bzw. auch im Gruppenmodus die Funktion **Bildschirmübertragung** einsetzen, indem Sie auf das Plus klicken und diesen Eintrag im Menü wählen.

Gruppenvideogespräche

Als Voraussetzung für Gruppenvideogespräche gilt, dass zumindest einer der Teilnehmer den Skype-Premium-Service abonniert haben muss. Außerdem müssen alle Teilnehmer über eine Webcam und eine stabile, nicht allzu langsame Internetverbindung verfügen.

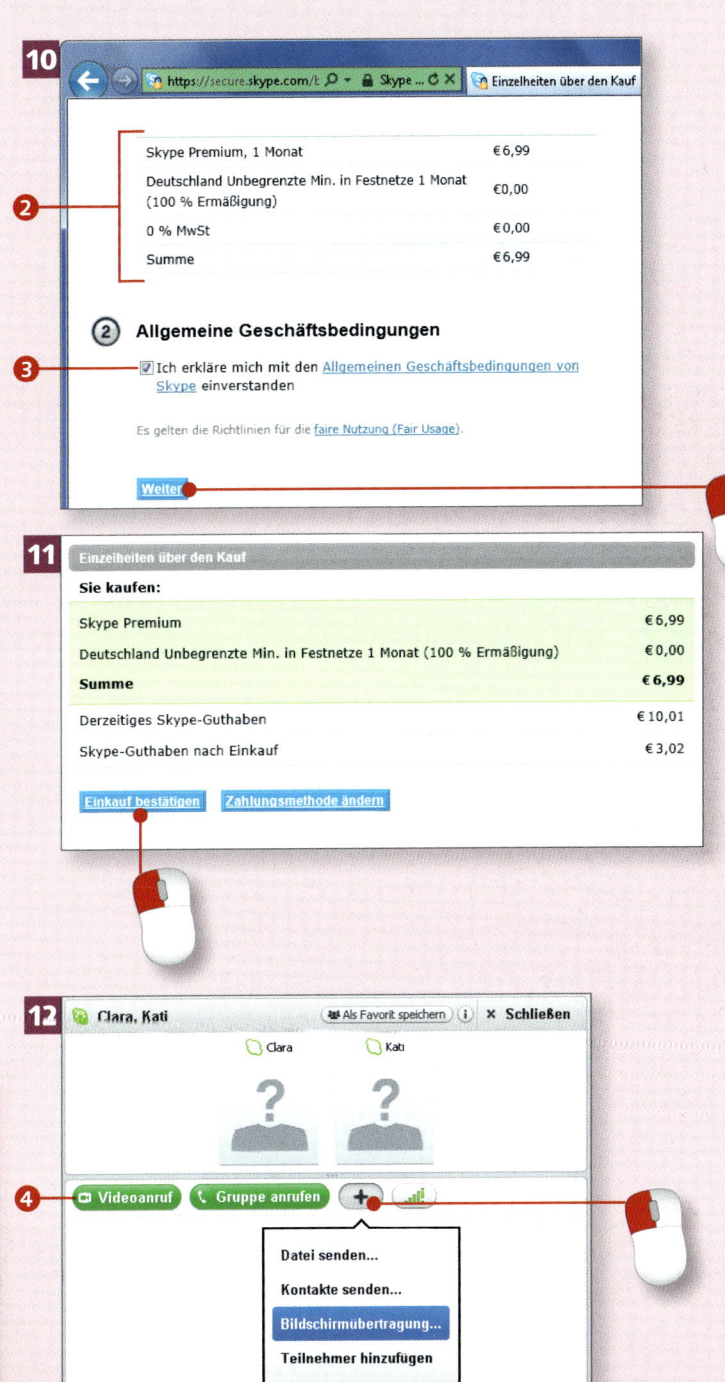

Kapitel 9
Rat und Tat bei Problemen

Mithilfe der Anleitungen dieses Buches können Sie Skype ausgiebig und für viele Zwecke einsetzen. Wenn Sie aber doch irgendwann einmal nicht weiterwissen und ein Problem sich einfach nicht lösen lässt, können Sie sich im Onlinehilfebereich Unterstützung suchen. Diesen und einige andere Tipps finden Sie in den Anleitungen dieses Kapitels.

Online Hilfe zu Skype-Themen finden
Im Onlinebereich von Skype finden Sie ohne großen Aufwand Lösungen zu häufigen, aber auch zu etwas komplexeren Fragen. Mithilfe der zusätzlichen Suchfunktion ❶ finden Sie zudem schnell Antworten zu verschiedenen Problemfällen.

Fragen und Antworten im Skype-Forum
Wenn Sie sich regelmäßig am Skype-Forum beteiligen wollen oder einfach nur gezielt nach einer bestimmten Lösung suchen, könnte das Support Network ❷ von Skype der passende Onlinedienst für Sie sein.

Skype auf den neuesten Stand bringen
Sie müssen Ihre Software nicht updaten, wenn Sie mit Ihrer Skype-Version zufrieden sind. Theoretisch können Sie auch eine seit Jahren überholte Skype-Version problemlos einsetzen. Updates ❸ bringen jedoch oft mehr Sicherheit oder mehr Komfort mit sich, worauf Sie nicht verzichten sollten. Manchmal ändert sich aber auch nur ein Detail der Programmoberfläche.

Im Skype-Support finden Sie Antworten und Hilfe zu fast allen Problemen, die sich Ihnen bei der Nutzung stellen.

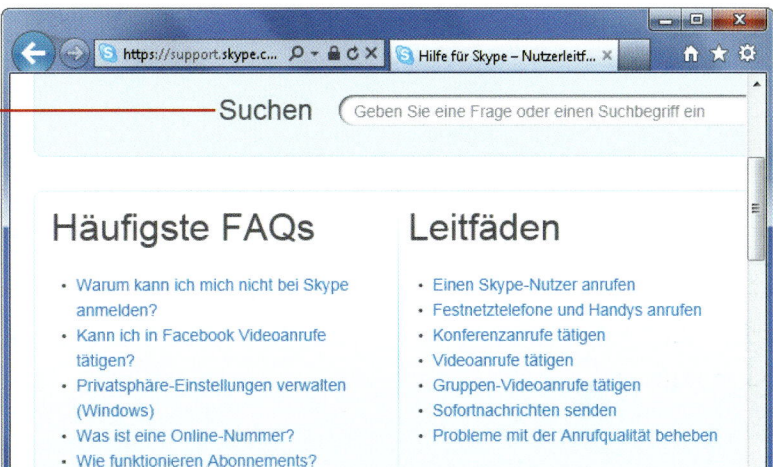

Diskutieren Sie im Skype-Forum mit, oder bringen Sie dort spezielle Probleme an.

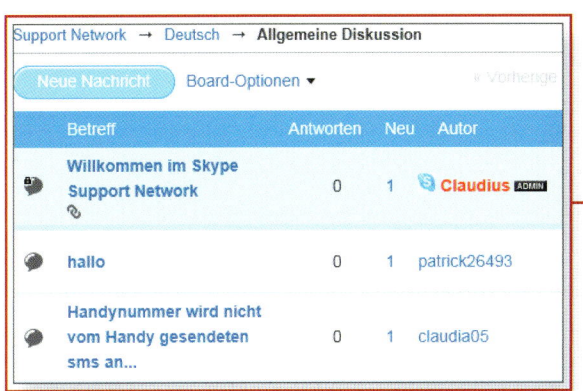

Mithilfe von Updates verbessern Sie Ihre Skype-Version und bringen alle Funktionen auf den neuesten Stand.

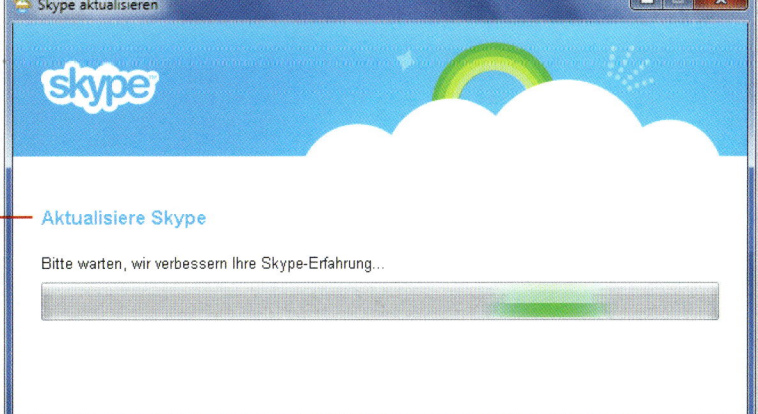

Kennwort vergessen?

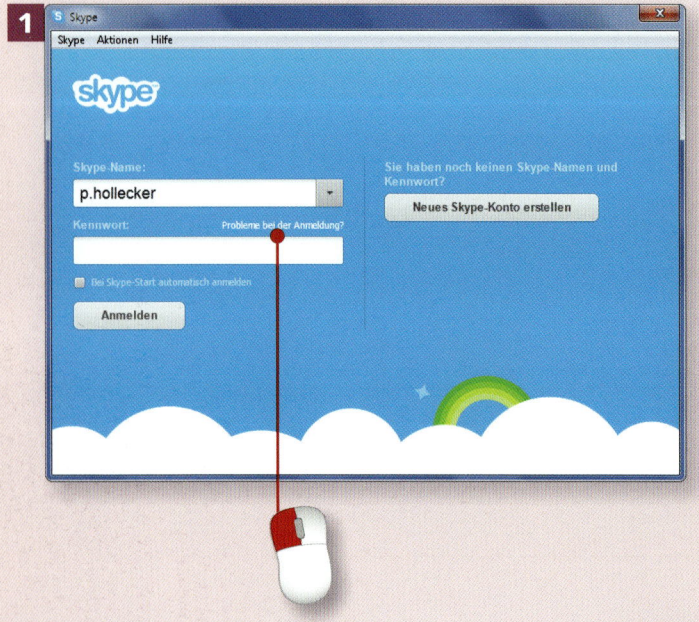

Sollten Sie einmal Ihr Kennwort für den Skype-Zugang vergessen haben, ist das kein Weltuntergang. Mit einer einfachen Option können Sie ein neues einrichten.

Schritt 1

Wenn Ihnen das Passwort zu Ihrem Skype-Namen nicht mehr einfällt oder aus unerfindlichen Gründen alle Versuche scheitern, sich einzuloggen, klicken Sie auf den Link **Probleme bei der Anmeldung?**.

Schritt 2

Daraufhin öffnet sich ein Formular. Tragen Sie Ihre bei Skype registrierte E-Mail-Adresse in das Textfeld ein. Wenn Sie gar diese E-Mail-Adresse vergessen haben, klicken Sie auf den entsprechenden Link ❶.

Schritt 3

Nachdem Sie Ihre E-Mail-Adresse eingegeben haben, klicken Sie auf **Einreichen**. Skype schickt Ihnen nun einen Code an diese Adresse, mit dessen Hilfe Sie ein neues Passwort für Ihren Skype-Zugang anlegen können.

Schritt 4

Eine Meldung im Dialogfenster weist Sie entsprechend an, den Posteingang der eingegebenen Mail-Adresse innerhalb der nächsten sechs Stunden auf eine Nachricht zur Änderung des Kennworts zu überprüfen.

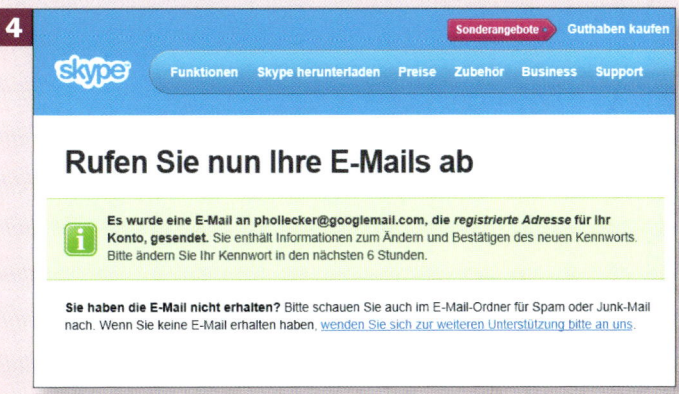

Schritt 5

Loggen Sie sich nun also bei Ihrem E-Mail-Account ein (hier am Beispiel von Google Mail), und öffnen Sie den E-Mail-Ordner **Posteingang**.

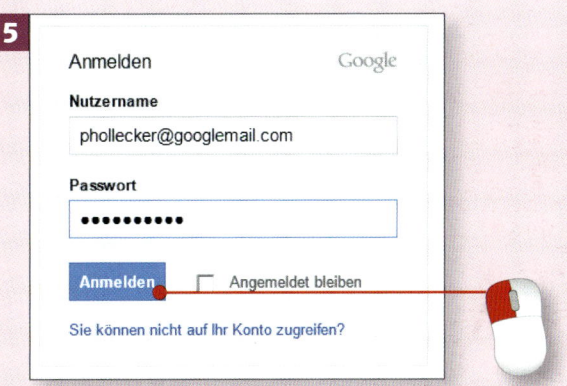

Schritt 6

Die E-Mail von Skype zum *Kennwort-Token* (eine Art elektronischer Schlüssel, der der Authentifizierung dient) sollte bereits eingetroffen sein. Klicken Sie innerhalb dieser Nachricht auf den Link **temporären Code**.

Passwort und Feststelltaste

Achten Sie bei der Eingabe Ihres Passwortes darauf, dass Sie die Feststelltaste auf Ihrer Tastatur nicht aktiviert haben! Skype erkennt eine falsche Passworteingabe, weil ursprünglich kleine Buchstaben dadurch in Großbuchstaben übermittelt werden.

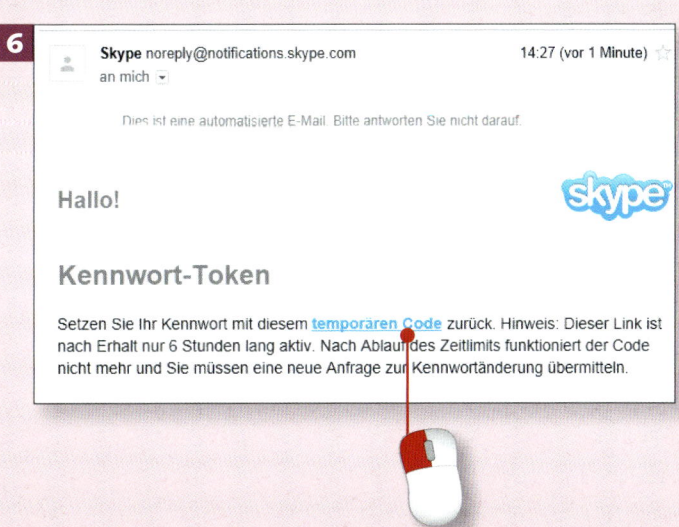

Kennwort vergessen? (Forts.)

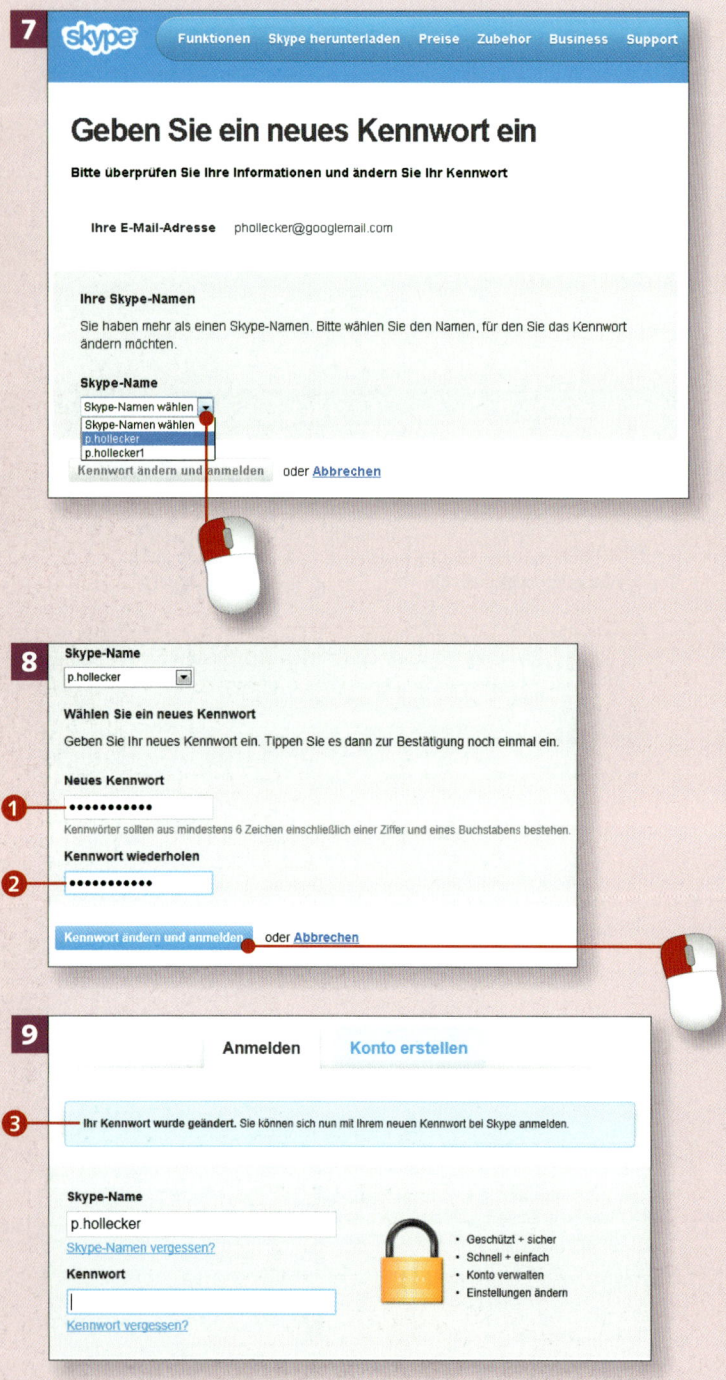

Schritt 7

Sie werden nun erneut zur Skype-Homepage weitergeleitet, wo Sie im Feld **Skype-Name** zunächst auswählen, zu welchem Ihrer Skype-Benutzernamen Sie ein neues Passwort anlegen möchten (sofern Sie mehrere Skype-Konten haben). Klicken Sie dazu auf den Pfeil am Feld.

Schritt 8

Scrollen Sie nach unten, und tragen Sie sowohl im Feld **Neues Kennwort** ❶ als auch im Feld **Kennwort wiederholen** ❷ das neue Passwort ein, das für Dritte nicht leicht zu erraten ist, das Sie sich aber merken können. Bestätigen Sie den Vorgang mit einem Klick auf **Kennwort ändern und anmelden**.

Schritt 9

Damit die neuen Login-Daten zu überprüft werden können, werden Sie zum Anmeldeformular auf der Skype-Webseite geführt. Dort sehen Sie auch eine Meldung ❸, dass das Kennwort geändert wurde.

Schritt 10

Tragen Sie also Ihre neuen Zugangsdaten in die Felder **Skype-Name**
und **Kennwort** ein, und klicken Sie
zur Bestätigung auf **Anmelden** ➍.

Schritt 11

Wenn Sie nun Ihre Kontoübersicht
im Onlineformat zu sehen bekommen, hat alles bestens funktioniert.
Merken Sie sich diesmal Ihr neues
Passwort, und wechseln Sie wieder
zum eigentlichen Anmeldefenster
der Skype-Software.

Schritt 12

Hier tragen Sie nun ebenfalls Ihren
Namen und Ihr neues Passwort ein
und klicken auf **Anmelden**. Wenn
auch hier der Login mit dem neuen
Kennwort geklappt hat, sehen Sie
auch im Bereich **Skype Home** eine
Information ➎ über die erfolgreiche
Kennwortänderung.

! Sichere Passwörter

Wenn es um Internetpasswörter
geht, sollten Sie nie einen allzu
offensichtlichen Begriff wählen.
Besser sind Kombinationen aus
Buchstaben, Zahlen und erlaubten
Sonderzeichen, die Sie sich gut
merken können. Verwenden Sie
möglichst nicht bei allen Gelegen-
heiten dasselbe Passwort.

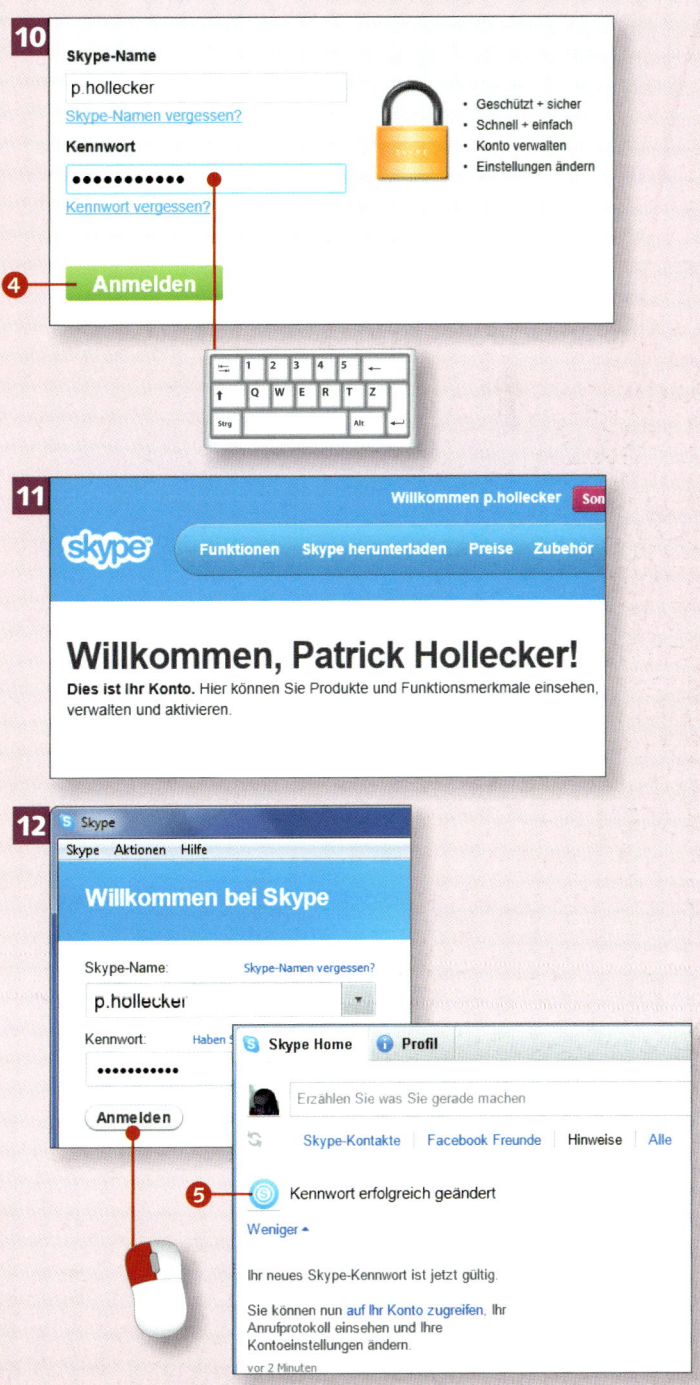

Die Skype-Software auf den neuesten Stand bringen

Mit der Zeit wird Ihre Skype-Version älter und verfügt irgendwann nicht mehr über die aktuellsten Funktionen. Ein einfaches Update bringt sie wieder auf den neuesten Stand.

Schritt 1

Klicken Sie im Skype-Menübereich auf den Eintrag **Hilfe ▸ Auf Aktualisierung prüfen**.

Schritt 2

Ein neues Dialogfenster öffnet sich und informiert Sie darüber, ob ein Update nötig ist oder ob Sie bereits die aktuelle Skype-Version haben. Wenn eine aktualisierte Version verfügbar ist, klicken Sie auf **Herunterladen**.

Schritt 3

Der Fortschritt des Downloads wird in einem Balken dargestellt. Warten Sie ab, bis die Datei vollständig heruntergeladen wurde. Wenn Sie nicht auf den Balken starren möchten, können Sie auf **Verbergen** klicken.

Schritt 4

Sobald die Update-Daten erfolgreich heruntergeladen worden sind, öffnet sich das Fenster **Skype aktualisieren**. Stellen Sie Ihre Sprache ein, indem Sie auf den Pfeil am Feld **Wählen Sie Ihre Sprache** ❶ klicken. Dann klicken Sie auf **Stimme zu – weiter**.

Schritt 5

Nun sehen Sie wieder eine Fortschrittsanzeige. Warten Sie die Aktualisierung ab, und schalten Sie Ihren Computer währenddessen auf keinen Fall aus.

Schritt 6

Sobald der Vorgang abgeschlossen ist, werden Sie im Bereich **Skype Home** darüber informiert ❷. In unserem Beispiel wird die Aktualisierung an der **Anrufen**-Schaltfläche ❸ deutlich. Sie befindet sich nun nicht mehr unterhalb der Kontaktliste, sondern ist mit der Guthabeninformation verschmolzen.

ℹ Was ändert sich bei Updates?

Die in diesem Abschnitt beschriebene Veränderung der Skype-Darstellung (verschobene bzw. verschmolzene Schaltflächenbereiche) dient als einfaches Beispiel dafür, was sich mit einem Update von Skype verändern kann.

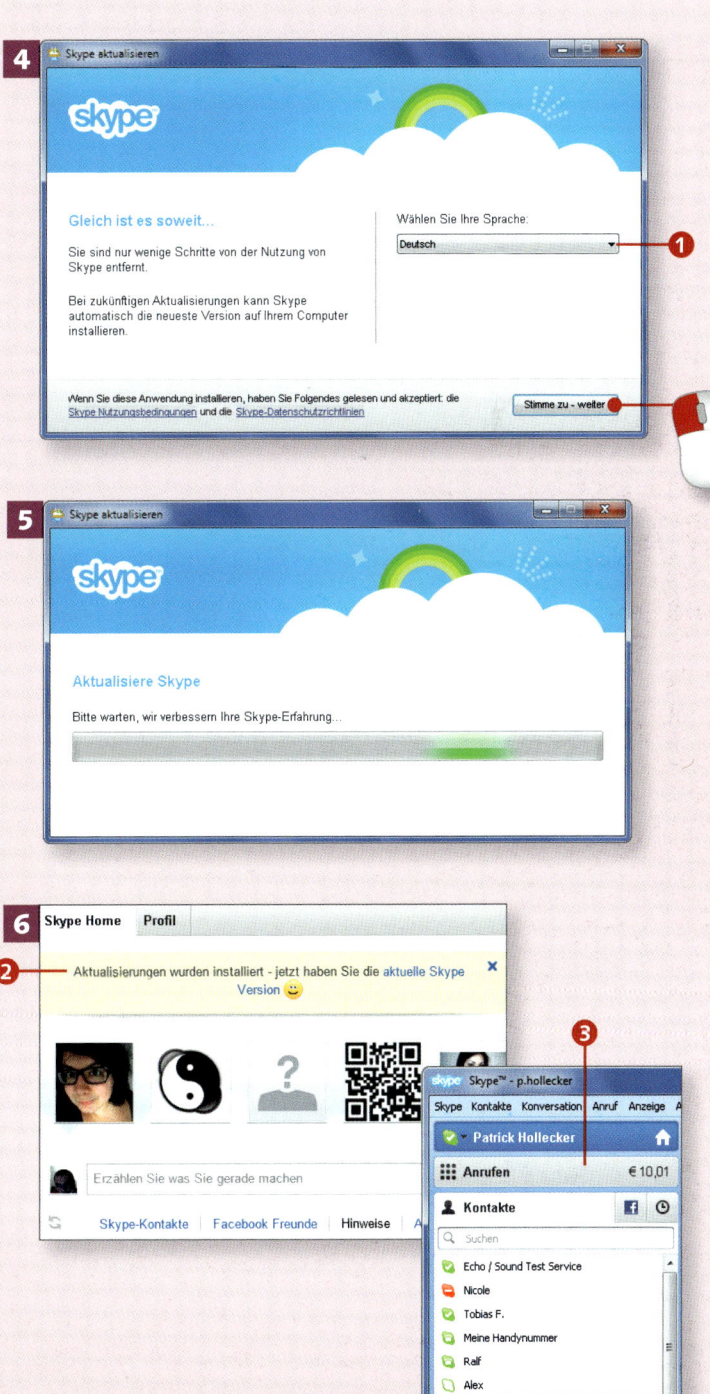

Skype über die Tastatur steuern

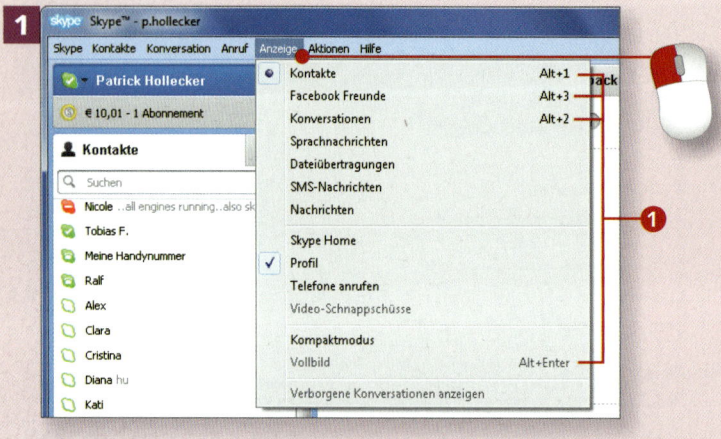

Tastaturbefehle können den Einsatz von Skype vereinfachen und beschleunigen, weil Sie sich so nicht durch das Menü klicken müssen. Viele Anwender verlegen sich gar auf die reine Tastatursteuerung.

Schritt 1

Wenn Sie wissen möchten, wie der Tastaturbefehl zu einer Aktion lautet, schauen Sie einfach mal in den jeweiligen Menübereich, z. B. **Anzeige**. Rechts neben den Befehlen steht jeweils die nötige Tastenkombination **1**, so es denn eine gibt.

Schritt 2

Es gibt noch weitere, spezielle Tastenkürzel, die beispielsweise während eines Gesprächs sehr nützlich sein können. Sie müssen sie jedoch zuerst aktivieren. Klicken Sie auf **Aktionen ▸ Optionen**.

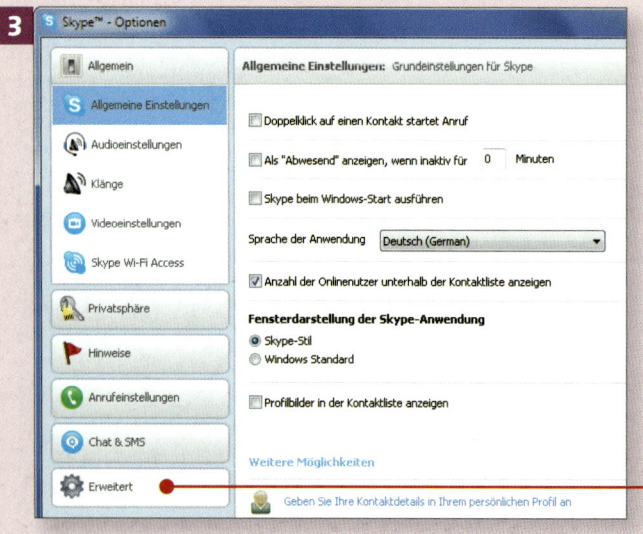

Schritt 3

Im Dialogfenster **Optionen** klicken Sie dann links unten auf die Kategorie **Erweitert**.

Schritt 4

In der Kategorie **Erweitert** klicken Sie wiederum auf den Unterbereich **Tastenkürzel**, um Zugriff auf die speziellen Tastaturkommandos zu bekommen.

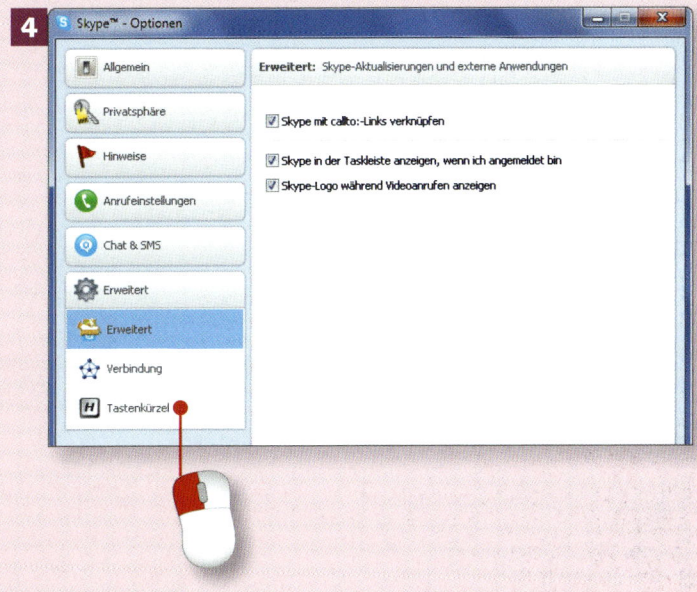

Schritt 5

Die Funktion ist noch komplett deaktiviert. Setzen Sie mit einem Mausklick ein Häkchen vor die Option **Tastenkürzel systemweit verwenden**, damit diese Möglichkeit der Schnellsteuerung verfügbar wird.

Schritt 6

Nun können Sie festlegen, welche Kürzel Sie verwenden wollen. Manchen Befehlen ist bereits ein Tastenkürzel zugeteilt, bei anderen fehlt diese Angabe noch.

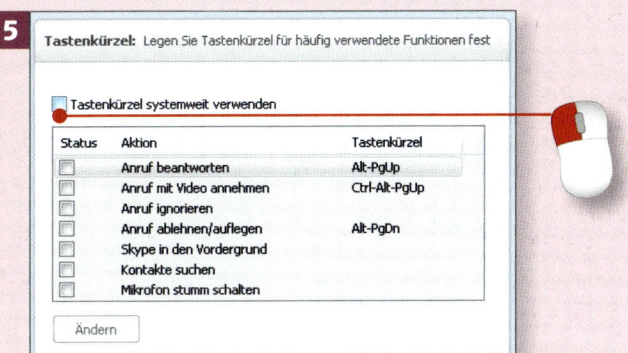

Tastenkürzel richtig verwenden

Sie müssen bei Tastenkürzeln nicht alle Tasten gleichzeitig betätigen. Drücken und halten Sie beispielsweise zunächst die ⌈Strg⌉- und die ⌈Alt⌉-Taste, und drücken Sie dann die jeweilige Buchstabentaste.

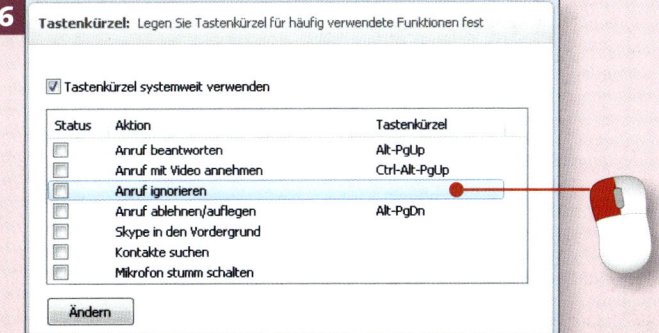

Skype über die Tastatur steuern (Forts.)

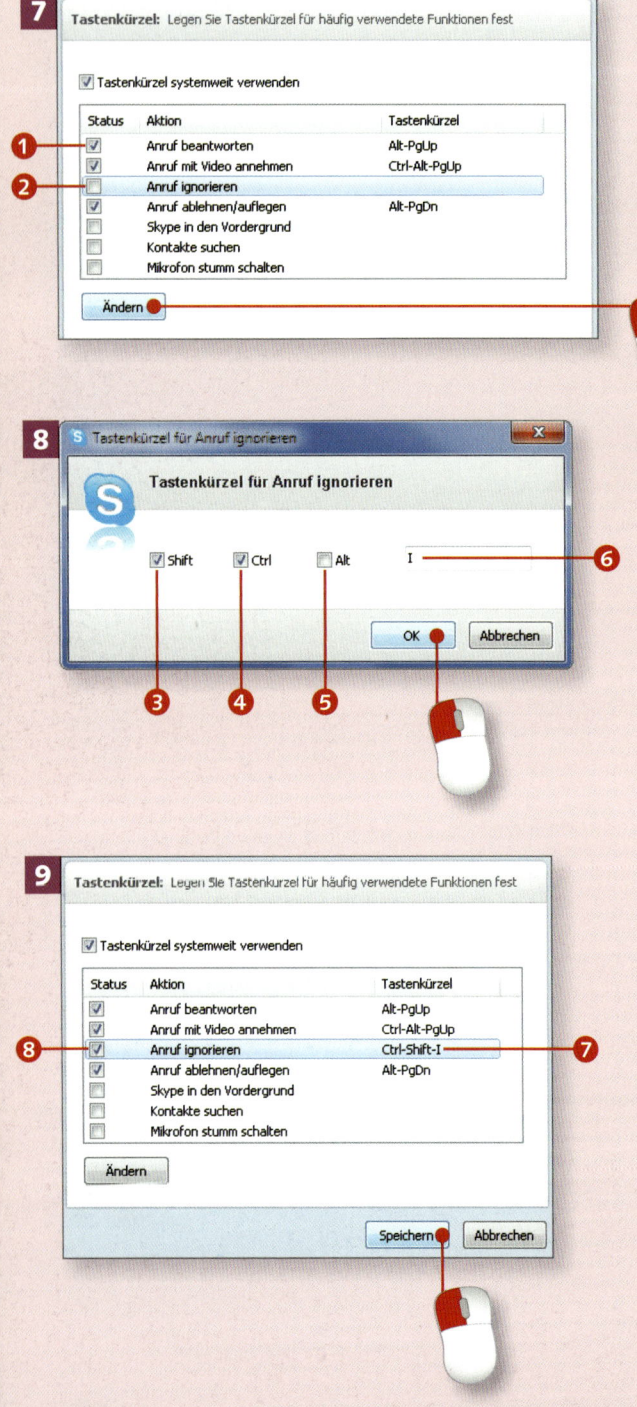

Schritt 7

Setzen Sie also per Mausklick jeweils ein Häkchen in die Checkbox des Tastenkürzels, das Sie einsetzen möchten **1**. Um ein Kürzel für eine Aktion festzulegen, z.B. für **Anruf ignorieren**, markieren Sie es mit einem Mausklick **2** und wählen **Ändern**.

Schritt 8

Im Dialogfenster **Tastenkürzel für [...]**, das sich daraufhin öffnet, tragen Sie das gewünschte Tastenkürzel für diese Aktion ein. Wählen Sie dort eine Kombination aus ⇧ (**Shift**) **3**, Strg (**Ctrl**) **4** oder Alt (**Alt**) **5** und einer beliebigen weiteren Taste **6**. Dann klicken Sie auf **OK**.

Schritt 9

Wir haben uns für die Tastenkombination Strg + ⇧ + I für die Aktion **Anruf ignorieren** entschieden **7**. Nun müssen Sie noch ein Häkchen **8** vor die Aktion setzen und **Speichern** anklicken, und schon können Sie unerwünschte Anrufe zukünftig einfach mithilfe dieser Tastenkombination ignorieren.

Schritt 10

Eine dritte Variante der Tastatursteuerung finden Sie über **Aktionen ▸
Barrierefreiheit ▸ Erweiterte Tasta-
turnavigation**.

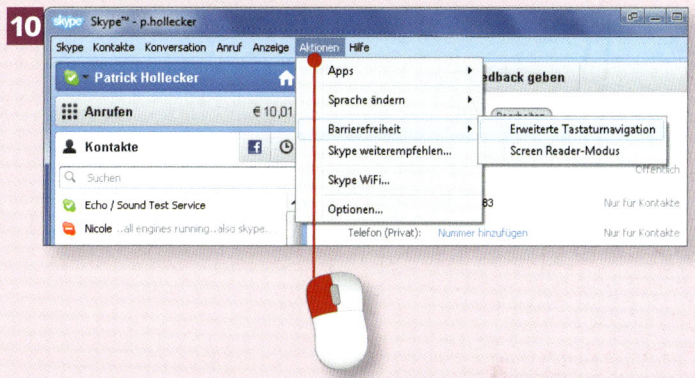

Schritt 11

Mit dieser Option wird auch die
Menüleiste von Skype für die Tas-
tatursteuerung zugänglich. Wenn
Sie ⌜Alt⌟ drücken, wird oben in der
Menüleiste jeweils der Buchstabe
❾ unterstrichen, den Sie drücken
müssen, um zu dem entsprechenden
Menü zu kommen.

Schritt 12

Nun drücken Sie z. B. die Taste ⌜K⌟
(zusammen mit ⌜⇧⌟, um den Großbuchstaben zu erzeugen), um das
Menü **Kontakte** ohne einen Klick
zu öffnen. Um die Unterpunkte zu
öffnen, navigieren Sie mithilfe der
Pfeiltasten ⌜↓⌟, ⌜↑⌟, ⌜→⌟ und
⌜←⌟ dorthin und drücken dann die
⌜↵⌟-Taste.

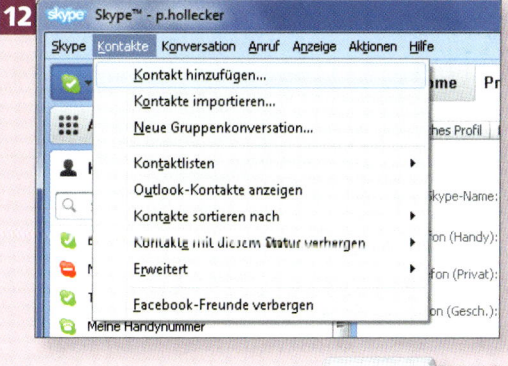

! Tastenkombination vergeben?

Auch wenn eine Kombination
bereits im Bereich **Tastenkürzel**
vergeben ist, wird sie für Ihre
neue Eingabe übernommen. Das
ursprüngliche Kommando ist dann
nicht mehr gültig.

Die Skype-Hilfe aufrufen

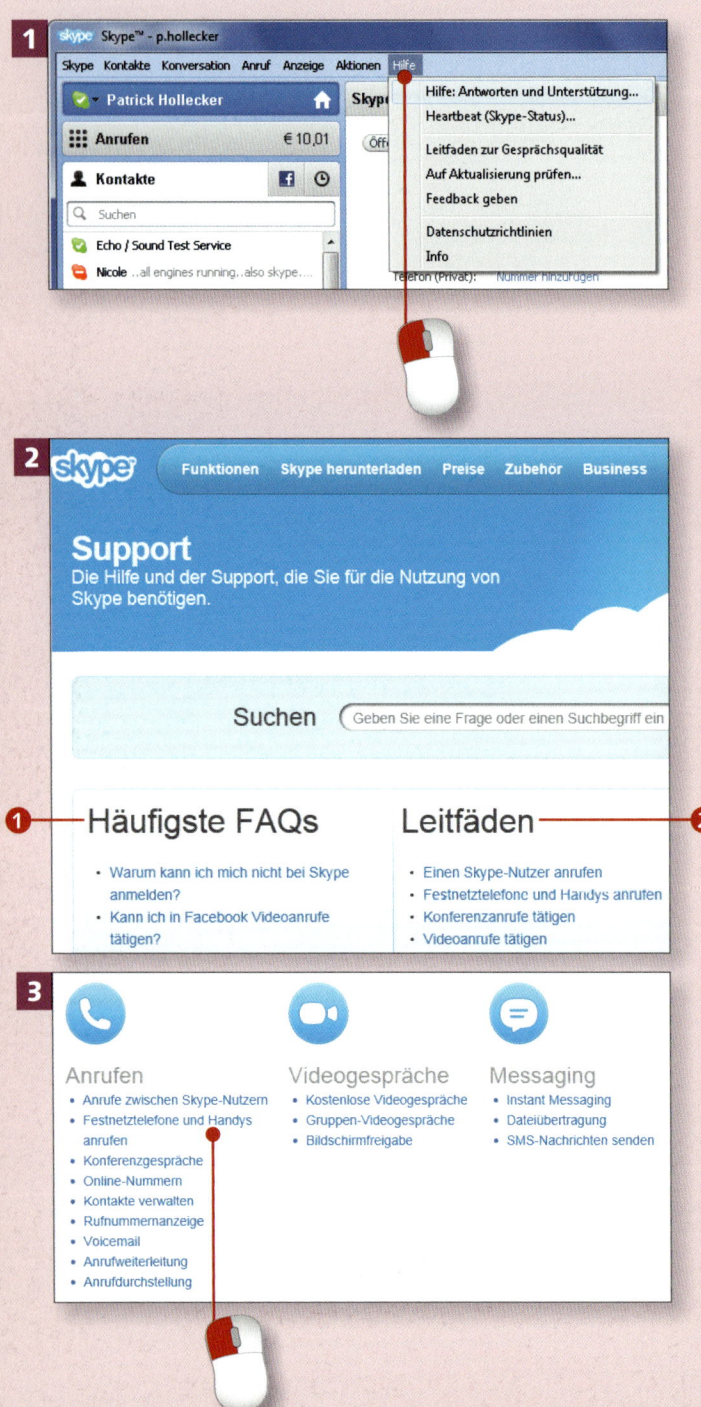

Falls Sie trotz dieses Buches einmal vor einem speziellen oder aus einem anderen Grund unlösbaren Problem stehen, was die Verwendung von Skype betrifft, können Sie über den Hilfebereich nach passenden Antworten suchen.

Schritt 1

Klicken Sie auf **Hilfe ▸ Hilfe: Antworten und Unterstützung**, wenn Sie den Onlinehilfe-Bereich von Skype direkt ansteuern möchten.

Schritt 2

Ihr Standard-Internetbrowser öffnet sich mit dem Bereich **Support** der Skype-Webseite. Hier können Sie mit einem Mausklick auf häufige Fragen ❶ (*Frequently Asked Questions*, FAQ) oder auf spezielle **Leitfäden** ❷ zugreifen.

Schritt 3

Wenn Sie auf dieser Seite nach unten scrollen, finden Sie den Onlinehilfe-Bereich, der je nach Skype-Funktion in verschiedene Kategorien aufgeteilt ist. Wählen Sie hier einfach einen passenden Link (*Verknüpfung*) zu Ihrem Problem.

Schritt 4

Ganz unten auf der Seite finden Sie außerdem Links zu weiteren Hilfsangeboten, z. B. einen Blog ❸, in dem Sie Informationen zu Skype-Funktionen finden, Skype-Experten ❹, die Sie fragen können, oder ein Glossar ❺, in dem Fachbegriffe erklärt werden. Außerdem sind im Fuß der Seite ❻ noch einmal alle Themenbereiche der gesamten Skype-Webseite aufgeführt.

Schritt 5

Um den Hilfebereich nach bestimmten Einträgen zu durchsuchen, scrollen Sie wieder auf der Seite nach oben. Im Feld **Suchen** tragen Sie ein treffendes Stichwort zu Ihrem Problem ein und klicken dann auf die Schaltfläche **Suchen** ❼.

Schritt 6

Die Suchergebnisse werden Ihnen auf der nächsten Seite präsentiert. Zu unserem Beispielsuchbegriff »Anrufweiterleitung« wurden allein unter den häufigsten Fragen fünf Treffer erzielt ❽. Vielleicht finden Sie hier also schon eine Antwort bzw. die Lösung für Ihr Skype-Problem.

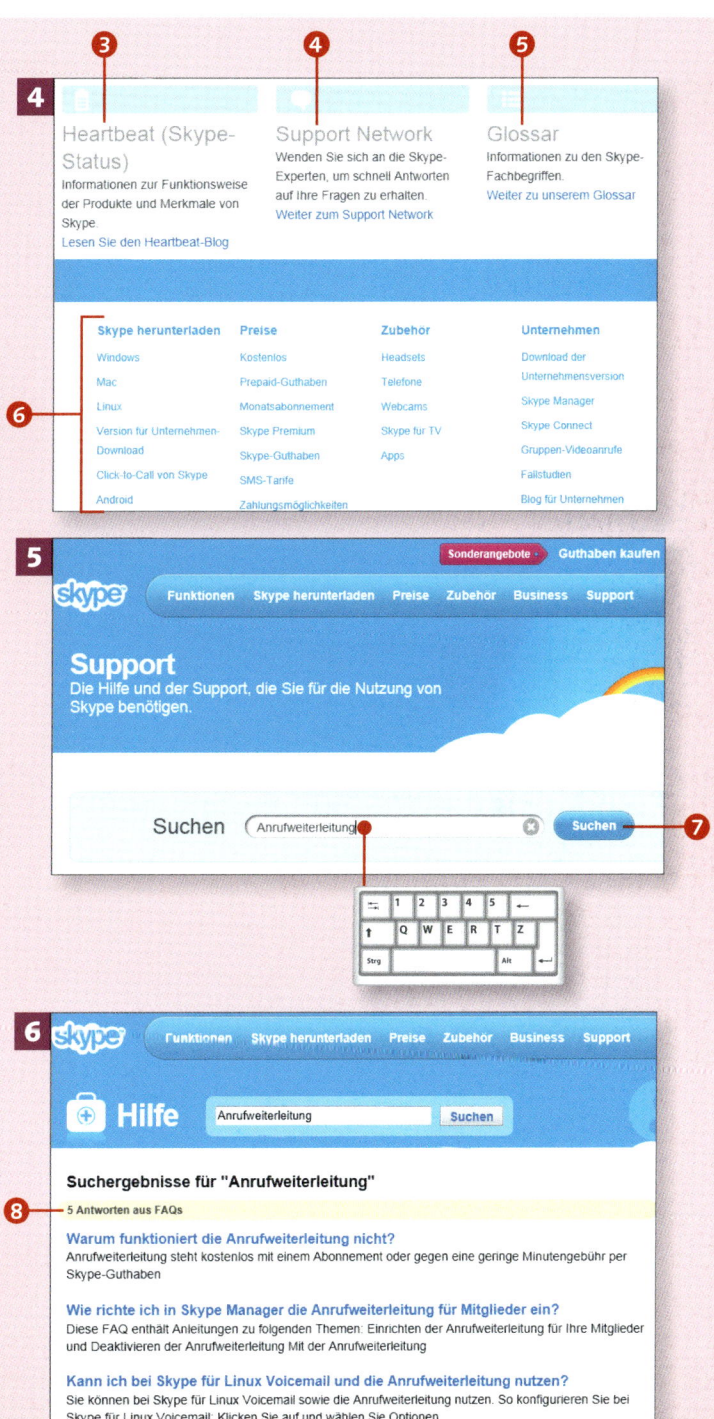

Das Skype-Support-Forum

Wenn gar nichts mehr hilft, weil Ihr Problem mit Skype vielleicht zu speziell ist, finden Sie womöglich im Hilfeforum der Skype-Webseite eine Lösung.

Schritt 1

Klicken Sie im Menü auf **Hilfe ▸ Hilfe: Antworten und Unterstützung**, um über die Onlinehilfe von Skype in das Forum zu gelangen.

Schritt 2

Nachdem sich der Support-Bereich der Skype-Webseite geöffnet hat, klicken Sie im rechten Teil des Fensters auf den Link **Weiter zum Support Network**. Alternativ finden Sie diesen Link auch ganz unten im Fuß der Seite.

Schritt 3

Sie landen nun im Forum der Skype-Hilfe. Hier können Skype-Benutzer Fragen stellen, auf die andere Skype-Nutzer antworten. Vielleicht hatte ein anderer Nutzer schon einmal das gleiche Problem wie Sie. Stöbern Sie einfach einmal in den Beiträgen.

Schritt 4

Wenn Sie nach unten scrollen, fällt Ihnen auf, dass die Beiträge nach Themen geordnet sind (und noch einmal nach Unterthemen ❶, den sogenannten *Threads*).

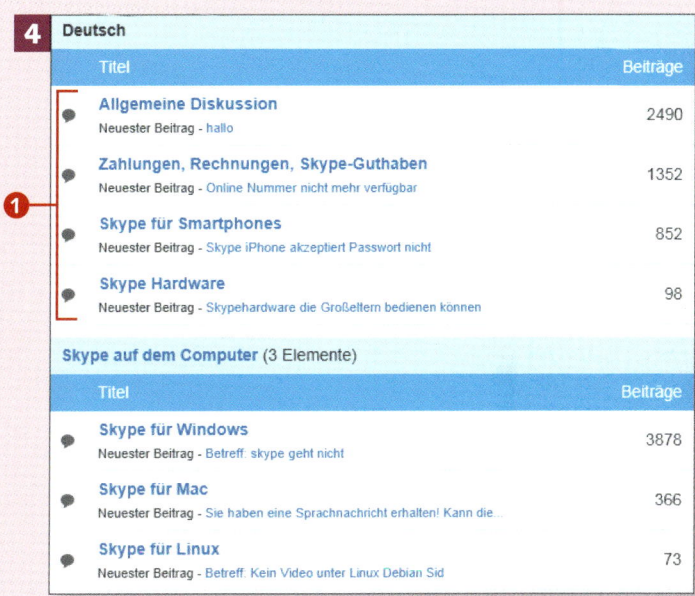

Schritt 5

Sie können auch nach bestimmten Diskussionen suchen. Tragen Sie einfach ein Stichwort in das Feld **Suche im Support Network** ein, und klicken Sie auf **Suche** (die Schaltfläche befindet sich unter dem Textfeld, hier nicht zu sehen). Skype macht sofort passende Vorschläge.

Schritt 6

Als Ergebnis werden die Forenbeiträge aufgelistet, in denen das gesuchte Stichwort vorkommt. Für unser Beispiel »Anrufweiterleitungen« findet sich leider nur ein Thema.

! Zuerst nach dem Thema suchen

Administratoren und Benutzer von Foren reagieren zum Teil empfindlich, wenn eine bereits (unter Umständen mehrfach) gestellte Frage noch einmal in einem neuen Beitrag veröffentlicht wird. Suchen Sie also zunächst gründlich nach einer Lösung zu Ihrem Problem, ehe Sie auf gut Glück einen neuen Beitrag dazu erstellen.

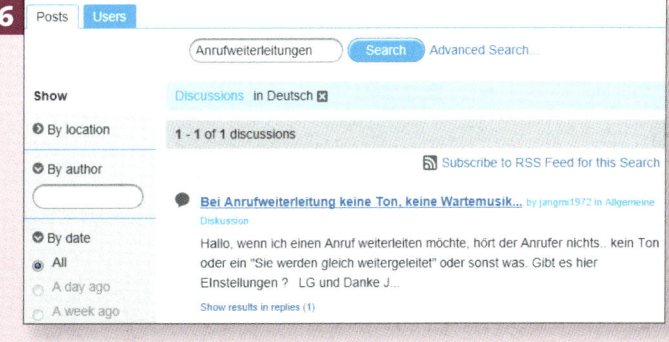

Das Skype-Support-Forum (Forts.)

Schritt 7

Um im Forum an Diskussionen teilzunehmen oder selbst Fragen zu stellen, müssen Sie als Skype-Nutzer registriert sein. Die Teilnahme ist kostenlos. Klicken Sie auf der Hilfe-Startseite auf **Anmelden**.

Schritt 8

Im Browser erscheint der Bereich für die Anmeldung bei Ihrem Skype-Konto. Geben Sie dort wie üblich Ihren Benutzernamen und das Kennwort ein, und klicken Sie auf **Anmelden** ❶.

Schritt 9

Sie werden automatisch wieder auf die Forumsseite des Support Networks zurückgeleitet und sind mit Ihren Benutzerdaten eingeloggt ❷. Nun können Sie Ihre Frage stellen. Bevor Sie einen neuen Thread »aufmachen«, prüfen Sie, ob dieser Themenbereich bereits angelegt wurde.

Lesezeichen

Wenn Sie sich aktiv am Skype-Support-Network-Forum beteiligen, legen Sie diese Seite am besten als Favorit oder Lesezeichen in Ihrem Browser fest. Alternativ rufen Sie dieses Forum schnell über die Webadresse *http://community. skype.com* auf.

Schritt 10

Um eine neue Frage zu einem bereits behandelten Thema, also in einem vorhandenen Thread, zu stellen, scrollen Sie bis zu dem passenden Bereich und klicken auf dessen Überschrift, z. B. **Allgemeine Diskussion**.

Schritt 11

Meistens existieren bereits einige Beiträge ❸ verschiedener Benutzer ❹, die Sie mit einem Mausklick öffnen und durchlesen können. Um einen eigenen Eintrag zu erstellen, klicken Sie auf die Schaltfläche **Neue Nachricht**.

Schritt 12

Ihnen wird ein Formular zum Verfassen eines eigenen Beitrags bereitgestellt. Tragen Sie im Feld **Betreff** ❺ eine möglichst aussagekräftige Überschrift ein, und formulieren Sie Ihr Anliegen im Textfeld. Zum Schluss klicken Sie auf **Absenden** ❻ und warten auf Antworten zu Ihrem neuen Beitrag. (Siehe dazu auch den Kasten auf Seite 247.)

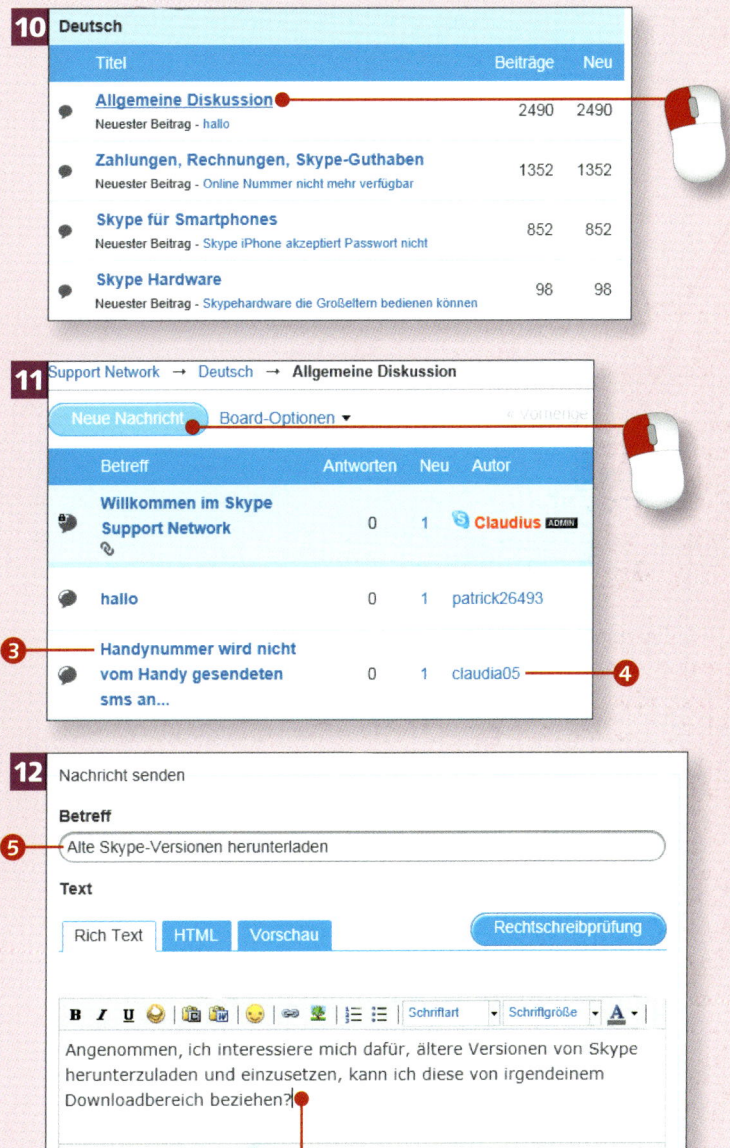

Probleme mit Mikrofon und Ton?

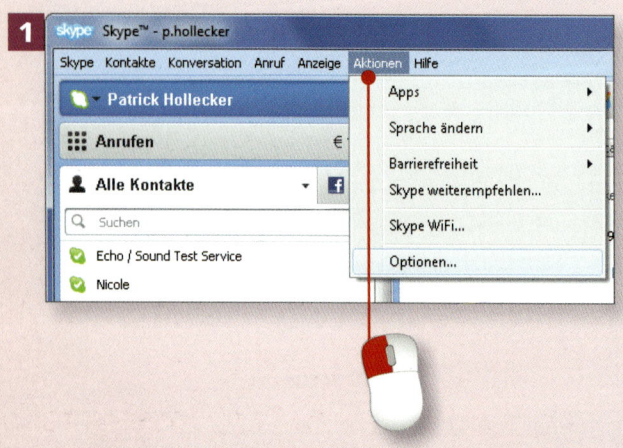

Wenn Sie bei einem Problem mit Ihrem Mikrofon oder den Klängen nicht mehr weiterwissen, finden Sie womöglich auch auf der Skype-Webseite die passende Lösung.

Schritt 1

Wenn Sie einmal Probleme mit dem Mikrofon oder allgemein mit dem Sound haben, rufen Sie zunächst die Optionen von Skype auf, indem Sie im Menü auf **Aktionen ▸ Optionen** klicken.

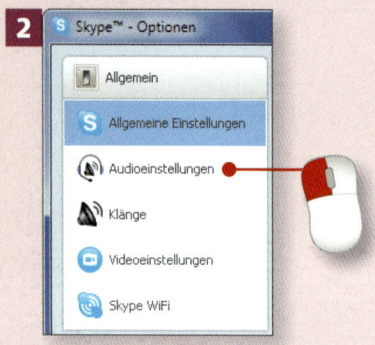

Schritt 2

Das Dialogfenster **Optionen** öffnet sich mit der Kategorie **Allgemeine Einstellungen**. Klicken Sie auf **Audioeinstellungen**, um diesen Unterbereich zu öffnen.

Schritt 3

Im unteren Teil der Audioeinstellungen klicken Sie dann schließlich auf den Link **Mehr Informationen zur Einrichtung Ihrer Audiogeräte**.

Schritt 4

In Ihrem Browser wird daraufhin eine Onlinehilfe-Seite von Skype zur Einrichtung von Mikrofon und Sound aufgerufen. Wählen Sie zuerst Ihr Computersystem aus, z. B. **PC mit Windows 7**.

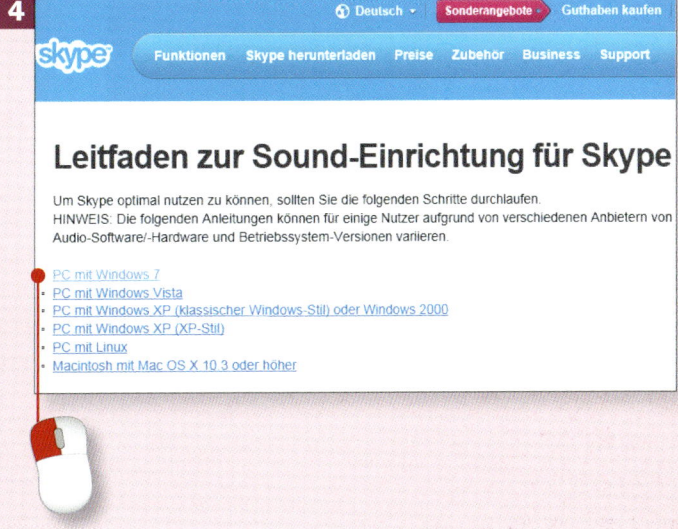

Schritt 5

Auf der nächsten Seite können Sie sich Ihrem speziellen Skype-Problem dann über weitere Verlinkungen annähern. Klicken Sie z. B. auf **Ändern der Wiedergabe-Optionen Ihres PCs**, wenn Sie denken, dass Ihnen dies weiterhelfen könnte.

Schritt 6

Je nach Problem wird Ihnen dann Schritt für Schritt erklärt, wie Sie die entsprechenden Einstellungen handhaben müssen, um Ihr Problem zu lösen.

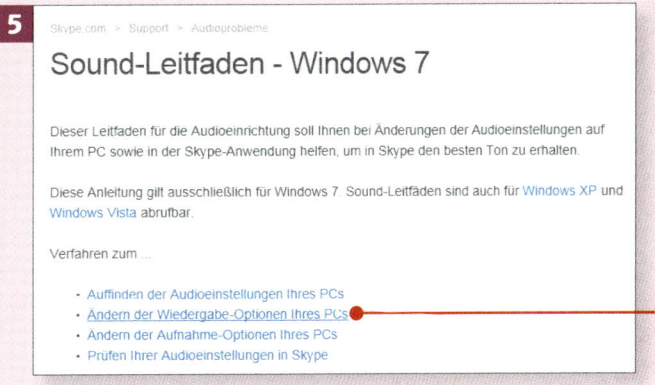

Lösungsansätze in diesem Buch

Auch in dieser Lektüre werden natürlich Lösungen für häufige Probleme beschrieben. Lesen Sie dazu beispielsweise die Abschnitte »Das Mikrofon einrichten« ab Seite 28, »Die Webcam testen« ab Seite 32 oder »Die Gesprächsqualität verbessern« ab Seite 90.

Glossar

Android-Smartphone		Die Symbiose aus Minicomputer und Mobiltelefon nennt sich »Smartphone«. Die Variante mit dem Betriebssystem Android verfügt auch über eine Applikation (App) für den mobilen Einsatz von Skype.
Anrufer-Identifikation	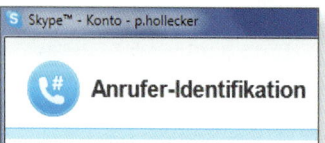	Mit »Anrufer-Identifikation« ist in Skype auch die Rufnummernanzeige gemeint. Sie übermitteln damit einem über die Telefonfunktion mit Skype Angerufenen Ihre persönliche Telefonnummer, damit dieser Sie unter Umständen über sein Adressbuch wiedererkennt.
Anruf-weiterleitung	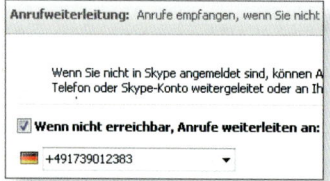	Mit der Anrufweiterleitung werden eingehende Skype-Telefonate an eine gewünschte Rufnummer (z. B. Ihr Handy) weitergeleitet.
App		Apps (auch »Zusatzprogramme«, »Plug-ins« oder »Add-ons« genannt) sind Erweiterungen für ein Hauptprogramm, z. B. Skype. Damit rüsten Sie die Software um weitere (spezielle) Funktionen auf.
Chat		Unter »Chats«, »Textnachrichten« oder »Sofortnachrichten« versteht man in Skype ganz allgemein den Austausch von Text mit einem oder mehreren Gesprächspartnern (Gruppenchat) über die Sofortnachrichtenfunktion im Kontaktbereich, inklusive dem Austausch von Internetlinks.
Checkbox	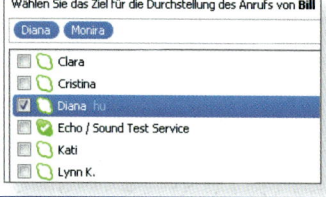	Eine Checkbox ist ein Kästchen, dessen Funktion durch das Setzen eines Häkchens per Mausklick aktiv wird. Bereiche mit Checkboxen erlauben oft eine Mehrfachauswahl.

Clownfish		Eine Live-Sprachübersetzung bietet die App Clownfish, die sich in einem Chat zwischenschaltet und die (fremdsprachigen) Sofortnachrichten Ihres Gesprächspartners für Sie in Ihre Sprache übersetzt.
Explorer		Mit einem »Explorer«, »Datei-Explorer«, »Ordnerbrowser« oder – in spezieller Bezeichnung, wenn Sie ein System von Microsoft besitzen – dem »Windows Explorer« verwalten Sie Ihre Dateien und Ordner.
Desktop		Auf dem Desktop, der Arbeitsoberfläche Ihres Computers, spielt sich alles ab, was mit Programmfenstern, Ordnerbrowsern, Programmverknüpfungen und der Taskleiste zu tun hat.
Dialogfenster	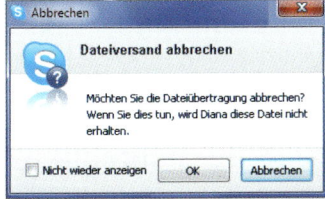	Ein Dialogfenster öffnet sich immer dann, wenn ein Programm z. B. eine Aktion von Ihnen bestätigt haben möchte oder Sie bestimmte Veränderungen vornehmen oder Optionen auswählen wollen.
Drag & Drop		Sie klicken auf ein Objekt, halten die Maustaste gedrückt und ziehen es dann mit der Mausbewegung an eine andere Stelle, wo Sie die Taste wieder lösen, um das Objekt loszulassen. Dieser Vorgang nennt sich umgangssprachlich »Drag & Drop« (Ziehen und Fallenlassen).

Glossar

Dropdown-Menü

Wenn Sie auf solch ein Auswahlmenü klicken, öffnet sich eine Liste verschiedener Optionen. Oft erkennen Sie ein Dropdown-Menü am nach unten zeigenden Pfeilsymbol.

Feedback

Manche Programme bieten eine Feedback-Möglichkeit, mit der Sie den Entwicklern oder dem Service des Herstellers oder Vertreibers Ihre Meinung zu dem Produkt mitteilen können. So auch im Falle von Skype.

Hardware

© iStockphoto, pagadesign

Der Begriff »Hardware« bezeichnet alle physischen Komponenten des Computers. Das können der Monitor und der Tower sein, aber auch Geräte, die an den Computer angeschlossen werden, z. B. Drucker, Tastatur, Maus oder eine externe Festplatte. Das Gegenteil ist die Software, also auf dem Computer installierbare Programme.

Headset

© iStockphoto, pagadesign

Ein Headset kombiniert Kopfhörer und Mikrofon in einem Gerät. Hierzu gibt es verschiedene Varianten, von denen sich die meisten bestens für den Einsatz mit Skype eignen.

Internetbrowser

Ganz gleich, welchen Internetbrowser Sie einsetzen, der in Ihrem Betriebssystem als Standard definierte Browser öffnet sich bei vielen Verlinkungen innerhalb der Skype-Software, z. B. bei einem Klick auf einen Link, eine Hilfefunktion oder eine Bestellung über den Kontobereich.

Kontaktbereich

Der in diesem Buch »Kontaktbereich«, »Kontaktfenster« oder teilweise auch »Chatbereich« genannte Fensterteil von Skype ist der rechte Bereich der Programmoberfläche, in dem Sie Chats, Link- und Dateiaustausch sowie (Video-) Gespräche mit Ihren Kontakten betreiben.

Kontaktliste		Die Bezeichnung »Kontaktliste« bezieht sich in diesem Buch auf den linken Bereich auf der Skype-Oberfläche, der die eigenen Kontakte auflistet und von dort aus auch anwählbar und gruppierbar macht.
Kontaktstatus	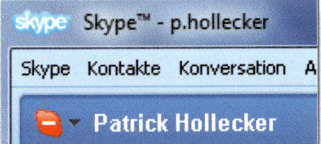	Mit dem Kontaktstatus (Onlinestatus) definieren Sie Ihre aktuelle Erreichbarkeit in Skype, die für alle anderen Benutzer ersichtlich ist. Ändern Sie ihn beispielsweise in »Beschäftigt«, wenn Sie ungestört sein möchten.
Kontextmenü	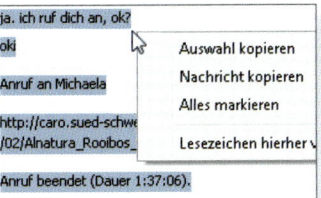	Ein Klick mit der rechten Maustaste auf einen Bereich, und plötzlich taucht ein weiteres Menü auf, das aber sofort wieder verschwindet, wenn Sie auf eine Stelle außerhalb davon klicken. Kontextmenüs sind schnelle Helfer, die in Skype sowohl direkt bei Ihren Kontakten als auch im Kontaktbereich eingesetzt werden können.
Konversation		Der Begriff »Konversation« umfasst in Skype jeglichen Kontaktaustausch. Neben Skype-Telefonaten, Sofortnachrichten/Chats, Festnetz- und Handytelefonaten, Videogesprächen und Konferenzen zählt auch die Übermittlung von Dateien und Kontaktdaten dazu.
Leitfaden	Leitfaden zur Sound-Einrichtung	Ein »Leitfaden« ist in Skype eine Hilfestellung zu einer Problematik bzw. deren Lösungsweg. Vor allem der Hilfebereich der Skype-Webseite bietet den ein oder anderen Leitfaden zu technischen Einrichtungen wie Sound oder Videoübertragung.
Menüleiste		Der Menübereich direkt unter dem oberen Fensterrahmen der Programmoberfläche führt in Skype Auswahlpunkte von **Skype** bis **Hilfe** auf (von links nach rechts). Mit ihnen haben Sie Zugriff auf sämtliche Funktionen innerhalb der Software.

Glossar

Online-Nummer		Mit einer von Skype zur Verfügung gestellten (kostenpflichtigen) Online-Nummer können Sie jederzeit und überall von anderen Personen über Skype kontaktiert werden. Deren (Telefon-)Anrufe werden auf Ihren Skype-Zugang weitergeleitet.
Pamela for Skype	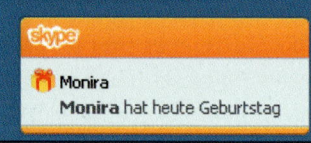	Die kostenlose App Pamela macht es möglich, Skype-Gespräche oder sogar Videokonversationen mit einem oder mehreren Kontakten aufzuzeichnen, um sich diese später wieder anzuhören oder anzusehen. Auch können Sie damit eigene Webcam-Videos aufnehmen.
Popup		Der Begriff »Popup« hat im Internetzeitalter einen schlechten Ruf, da er vor allem für ungewollte Werbeeinblendungen steht. In Skype werden damit die Servicemeldungen und Infoboxen bezeichnet, die zu vielen Ereignissen am unteren Monitorbereich »aufpoppen«.
Register		Der Ursprung der Bezeichnung »Tabs«, der sich inzwischen in der Welt der Internetbrowser etabliert hat, findet sich in sogenannten »Registern« oder »Registerkarten«, die zu einer Ansicht mehrere Oberflächen bereithalten und auf Englisch »tab« heißen. Ein aktuell aktiver Registerbereich wird meist mit einem Effekt (z. B. farblich) hervorgehoben.
Scrollen		Mit dem Scrollbalken oder dem Mausrad ziehen/bewegen Sie eine Fensterdarstellung an eine bestimmte Position, wenn sie zu groß ist, um auf dem gesamten angezeigten Bereich den kompletten Inhalt präsentieren zu können.

Skype-App		Die Variante von Skype für Android-Smartphones wird in diesem Buch als »Skype-App« bezeichnet – nicht zu verwechseln mit den Apps für Skype.
SMS	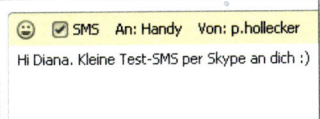	Auch per Skype können Sie eine SMS (*Short Message Service*) als Sofortnachricht an einen Empfänger (z. B. einen Ihrer Kontakte) verschicken, sofern Sie bereits ein kleines Skype-Guthaben besitzen, um die Versandgebühren zu bezahlen.
Sofortnachricht	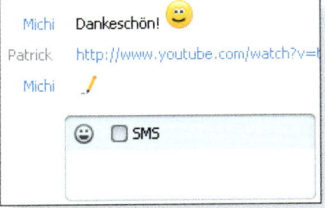	Unter »Sofortnachrichten«, »Textnachrichten« oder »Chats« versteht man in Skype ganz allgemein den Austausch von Text mit einem oder mehreren Gesprächspartnern (Gruppenchat) über die Sofortnachrichtenfunktion im Kontaktbereich, inklusive dem Austausch von Internetlinks.
Startmenü (Windows)		Im Startmenü Ihres Betriebssystems verbirgt sich bei installierter Skype-Software auch ein Bereich, um Skype über das Menü zu starten. Je nach Betriebssystem (hier Windows 7) sieht diese Darstellung anders aus.
Symbol		Funktionssymbole oder »Icons« sind grafisch aufbereitete Tasten zur Schnellanwahl bestimmter Aktionen, die sonst nur über ein trockenes Textmenü verfügbar wären. Nutzen Sie diese Symbole auch in den verschiedenen Situationen mit Skype, z. B. während eines Gesprächs.

Glossar

Taskleiste		Die Leiste am unteren Rand Ihres Bildschirms (manchmal auch am linken oder rechten Bildschirmrand) nennt sich »Taskleiste«. Hierüber steuern Sie direkte Programmzugriffe und technische Funktionen (bei Windows rechts) und können auch Software wie Skype im aktiven Zustand darauf ablegen.
Textnachricht		Unter »Textnachrichten«, »Sofortnachrichten« oder »Chats« versteht man in Skype ganz allgemein den Austausch von Text mit einem oder mehreren Gesprächspartnern (Gruppenchat) über die Sofortnachrichtenfunktion im Kontaktbereich, inklusive dem Austausch von Internetlinks.
Thread	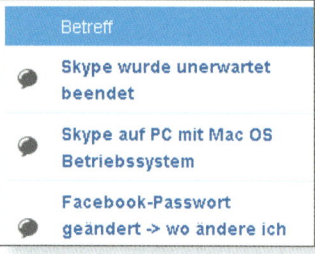	Als »Threads« werden Themen in Foren bezeichnet, wie z. B. im Support Network von Skype. Wenn Sie dort selbst ein neues Thema erstellen, haben Sie »einen Thread eröffnet«.
Voicemail (Anrufbeantworter)		Im Umgang mit Skype kann der Begriff »Voicemail« sowohl für gesprochene Nachrichten verwendet werden – die Sie über die Anrufbeantworterfunktion erhalten, wenn Sie nicht erreichbar sind – sowie für direkte Sprachnachrichten, die Sie versenden und abhören können.
Voicemail (Sprachnachricht)		Mit Skype können Sie einem Kontakt Voicemails, also Sprachnachrichten, zuschicken, die dieser dann jederzeit abrufen, das heißt sich anhören kann. Haben Sie selbst eine neue Sprachnachricht erhalten, informiert Sie der Skype-Service sogar per E-Mail darüber.

Ziffernblock	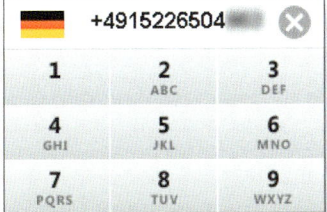	Mit dem Ziffernblock bzw. den Wähltasten können Sie in Skype telefontypisch direkt eine Nummer mit der Maus wählen oder diese in das obere Ziffernfeld von Hand über Ihre Tastatur eintippen.
Zusatzprogramm		Zusatzprogramme (oder »Apps«, »Plug-ins«, »Add-ons«) sind Erweiterungen für ein Hauptprogramm, z. B. für Skype. Damit rüsten Sie die Software um weitere (spezielle) Funktionen auf.

Index

Index

Index

■ Für alle Windows-Versionen
von Starter bis Ultimate

■ Foto, Musik, Videos, Internet,
Mail, Netzwerk u.v.m.

■ Mit klaren Schritt-für-Schritt-
Anleitungen

René Gäbler

Windows 7
Der umfassende Ratgeber

Was immer Sie mit Windows 7 tun wollen, hier finden Sie kompetent
Auskunft. René Gäbler zeigt und erklärt Ihnen das System mit all seinen
Möglichkeiten. Von der Installation und dem Umgang mit Dateien und
Ordnern über die Einrichtung von Hard- und Software bis hin zum
eigenen Heimnetzwerk. Kompetent, praxisnah und vollständig.

808 S., 2011, komplett in Farbe, mit DVD, 39,90 Euro
ISBN 978-3-8421-0017-6

>> www.vierfarben.de/2564

Christine Peyton, Olaf Altenhof

Computer – ganz einfach!

Lernen Sie Schritt für Schritt, wie Sie Ihren Computer sicher bedienen und mit ihm z.B. ins Internet gehen, Fotos bearbeiten oder Word und Excel benutzen. All das wird Ihnen genau erklärt und immer an einem Bild gezeigt.

283 S., 2012, komplett in Farbe,
14,90 Euro, ISBN 978-3-8421-0040-4

>> www.vierfarben.de/3037

Robert Klaßen

Windows 7
Die Anleitung in Bildern

So meistern Sie Ihre täglichen Aufgaben mit Windows 7! Sie sehen, wie Sie Dateien kopieren und verschieben, im Internet surfen, Briefe und E-Mails schreiben, Fotos sortieren und nachbessern u.v.m.

357 S., 2011, komplett in Farbe,
9,90 Euro, ISBN 978-3-8421-0004-6

>> www.vierfarben.de/2473

■ Im Internet surfen, E-Mails und Briefe schreiben, Fotos laden

■ Keine Computerkenntnisse notwendig

■ Für PC und Notebook, aktuell zu Windows 7

Oliver Bruemmer

Mein erster Computer
Der verständliche Einstieg

Willkommen am Computer! Dieses Buch ist der ideale Einstieg für alle, die zum ersten Mal mit einem PC oder Notebook arbeiten. Oliver Bruemmer macht Sie in klaren Worten mit allen wichtigen Anwendungsmöglichkeiten vertraut. Er zeigt Ihnen, wie Sie Briefe und E-Mails schreiben, im Internet surfen, einen Drucker anschließen oder Ihre Fotoaufnahmen sortieren und bearbeiten. Mit vielen Bildern, Schritt-für-Schritt-Anleitungen und vor allem ohne Fachchinesisch.

287 S., 2012, komplett in Farbe, 12,90 Euro
ISBN 978-3-8421-0021-3

>> www.vierfarben.de/2900

320 S., 2011, komplett in Farbe,
12,90 Euro, ISBN 978-3-8421-0013-8

>> www.vierfarben.de/2517

Frank Möller

Office 2010
Die Anleitung in Bildern

Mit Word Briefe schreiben, mit Excel rechnen, E-Mails mit Outlook verwalten oder gelungene Präsentationen mit PowerPoint erstellen – Schritt für Schritt zeigt Ihnen dieses Buch, wie Sie Office gekonnt für sich nutzen. Außerdem erfahren Sie, wie Sie Office zusammen mit dem Internet verwenden.

255 S., 2011, komplett in Farbe,
9,90 Euro, ISBN 978-3-8421-0005-3

>> www.vierfarben.de/2474

Christine Peyton

Word 2010
Die Anleitung in Bildern

Lernen Sie Word 2010 Schritt für Schritt kennen. Die Autorin dieser einfachen Anleitung zeigt Ihnen u.a., wie Sie Texte schreiben und gestalten, wie Sie Briefe problemlos ausdrucken oder wie Sie Ihre Dokumente mit Bildern interessanter gestalten.

Ausführliche Informationen: www.vierfarben.de

Petra Bilke, Ulrike Sprung

Excel 2010
Die Anleitung in Bildern

Schritt für Schritt zeigen Ihnen die
Autorinnen, wie Sie Daten in Excel
eingeben und bearbeiten, Diagramme
gestalten oder Serienbriefe erstellen.
Jeder Schritt wird an einem Bild
verdeutlicht, sodass Sie Excel auch ohne
Vorkenntnisse sicher nutzen können.

345 S., 2011, komplett in Farbe,
9,90 Euro, ISBN 978-3-8421-0003-9

>> www.vierfarben.de/2472

Sabine Drasnin

PowerPoint 2010
Die Anleitung in Bildern

Sabine Drasnin zeigt Ihnen mit vielen
Abbildungen, wie Sie PowerPoint richtig
einsetzen. Ohne mühsames Herum-
probieren werden Sie verständliche und
vorzeigbare Folien anfertigen, Texte
sinnvoll gestalten, Ergebnisse anschaulich
präsentieren und Musik und Videos
einbinden.

318 S., 2011, komplett in Farbe,
9,90 Euro, ISBN 978-3-8421-0016-9

>> www.vierfarben.de/2916

Vierfarben

840 S., 2012, komplett in Farbe,
39,90 Euro, ISBN 978-3-8421-0010-7

>> www.vierfarben.de/2509

Florian Gründel

Mac OS X Lion

Der umfassende Ratgeber – inkl. iCloud

Was immer Sie mit Ihrem Mac tun wollen, hier finden Sie Auskunft. Der Apple-Experte Florian Gründel zeigt Ihnen in diesem umfassenden Ratgeber, wie der Mac „tickt". So sind Sie schnell in der Lage, alle Möglichkeiten zu nutzen, die Ihnen das neue Betriebssystem OS X Lion bietet.

367 S., 2011, komplett in Farbe,
19,90 Euro, ISBN 978-3-8421-0031-2

>> www.vierfarben.de/2924

Robert Jacobi

Mein erster Mac

Der leichte Einstieg

Lernen Sie Ihren Mac kennen und lieben. Schritt für Schritt und in verständlicher Sprache werden Sie mit allen Anwendungsmöglichkeiten Ihres Macs vertraut gemacht. Der ideale Einstieg für alle, die zum ersten Mal mit dem Mac arbeiten.

Jacqueline Esen

Digitale Fotografie
Grundlagen und Fotopraxis

Dieses Buch ist Ihr kompetenter Begleiter beim Einstieg in die digitale Fotografie! Verständlich und kompakt finden Sie hier schnell alles, was Sie wissen müssen, um die digitale Fotografie zu meistern, von den Grundlagen der Fototechnik bis zur digitalen Bildbearbeitung und der gekonnten Präsentation Ihrer Bilder – inklusive Profitipps für bessere Fotos!

304 S., 2011, komplett in Farbe,
16,90 Euro, ISBN 978-3-8421-0018-3

>> www.vierfarben.de/2572

Joachim Brückmann

Photoshop Elements 10
Die Anleitung in Bildern

Joachim Brückmann zeigt Ihnen , wie Sie mit Photoshop Elements umgehen. Bild für Bild sehen Sie, wie Sie Ihre Fotos sortieren und Effekte und Techniken der Software nutzen.

288 S., 2012, komplett in Farbe,
14,90 Euro, ISBN 978-3-8421-0033-6

>> www.vierfarben.de/2975

- Für Fotoenthusiasten: Einfach anders fotografieren

- Neue Bildideen entwickeln und kreativer fotografieren

- Zahlreiche Projekte für zu Hause und unterwegs

Jacqueline Esen

Fotografieren!
Die Fotoschule zum Mitmachen

Sie fotografieren gerne, aber es mangelt Ihnen an Ideen? Dieses Buch bietet Ihnen haufenweise Fotoideen und Anregungen! Ob Sie wenig Zeit haben oder viel, ob Sie gerne drinnen oder lieber draußen fotografieren, für jeden ist etwas dabei: von kleinen Fotosnacks für zwischendurch bis zu ausgewachsenen Tages- und Monatsprojekten. Die Vollblutfotografin Jacqueline Esen weist Ihnen auf dem großen Spielplatz der Fotografie den Weg, und erklärt Ihnen wenn nötig alles haarklein. So können Sie sofort loslegen!

379 S., 2012, komplett in Farbe, 29,90 Euro
ISBN 978-3-8421-0034-3

>> www.vierfarben.de/2982

Leseprobe im Web!